19.95

Histoire du catholicisme québécois ***

Tome 2
De 1940 à nos jours

Histoire du catholicisme québécois ✳✳✳

dirigée par Nive Voisine

Jean Hamelin

Le XXᵉ siècle

Tome 2
De 1940 à nos jours

Boréal Express

Photocomposition et mise en pages: Les Éditions Marquis Ltée

Distribution
Pour le Canada: Dimedia
539, boul. Lebeau, Saint-Laurent (Québec)

Pour la France: Distique
9, rue Édouard-Jacques
75014 Paris

© Les Éditions du Boréal Express
5450, ch. de la Côte-des-Neiges, Montréal
ISBN 2-89052-100-1
Dépôt légal: 3e trimestre 1984
Bibliothèque nationale du Québec

Avant-Propos

La Seconde Guerre mondiale, comme tous les événements historiques, revêt plusieurs significations. Elle est sans conteste un promontoire surplombant le cours du temps, d'où l'on peut discerner un avant et un après. Au Québec, peut-être plus qu'ailleurs, elle aura constitué une ouverture sur de grands espaces: espace bétonné de la ville, espace spirituel de la pensée étrangère, espace charnel de la fraternité humaine. Surgissant de ces espaces, le vent de la modernité, qui a l'haleine de la rationalité, ébranle les poutres doctrinales de la chrétienté sociale. Confronté à l'altérité, ce qui lui permet de prendre la mesure de sa taille, le Québécois découvre que ses ailes d'ange l'empêchent de voler. Il se met à l'écoute des théories pour décoder le langage des réalités terrestres. Commence alors l'exaltante aventure de la découverte de la liberté, de la récupération de la conscience individuelle et de l'évaluation du patrimoine. Cette remise en question culmine au sein d'une mutation de la culture occidentale d'une profondeur telle que même le visage de Dieu s'estompe dans les nuages de l'immanence. La mort d'une certaine représentation de Dieu tient à distance des Églises la masse des fidèles sécularisés. Dans la foulée du christianisme, le catholicisme québécois se tourne vers le Tu sans visage de la Bible pour trouver les cohérences qui rétabliront l'harmonie entre son Église et son peuple. Ce Tu, à la fois immanent et transcendant, sorte «d'au-delà dans le centre» selon certains théologiens, pourrait servir de fondement à l'édification d'une chrétienté humaniste dont le cri, jaillissant des entrailles des sociétés humaines, les projetterait toujours en avant d'elles-mêmes. Rien de ce qui est humain ne m'est étranger, proclame *Pacem in terris*.

Décrire ces temps où la mort se collette avec la vie pose un problème à un historien qui pour pratiquer son métier a besoin d'une distance et de matériaux. La distance entre hier et aujourd'hui, dont je disposais pour raconter avec Nicole Gagnon l'histoire de la chrétienté sociale, s'est amenuisée. Les courants idéologiques contemporains sont de piètres véhicules pour explorer les quarante dernières années. Ils s'enlisent ou ils tournent en rond. Pas de distance donc, et guère plus de matériaux; du moins de ces bois durables avec lesquels les historiens d'un certain âge aiment échafauder leur construction, soit les correspondances, les journaux intimes, les mémoires confidentiels où les hommes se livrent sans fard ni masque. Conçu dans des conditions aussi précaires, tout récit historiographique se dilue en un essai, événementiel et sans profondeur. Il épuise l'historien, non le sujet.

En cours de recherche et de rédaction, j'ai contracté envers une collègue et des amis une dette considérable. Nicole Gagnon m'a suggéré des idées, des retouches, des ajouts. Nive Voisine et Jean Drapeau m'ont proposé d'heureux remaniements. Giselle Turcot et Pierrette Laflamme, du secrétariat de l'A.E.Q., Mgr Paul Joncas, du diocèse de Gaspé, ont facilité mon travail de recherche. Enfin, le Conseil de recherches en sciences humaines m'a versé une subvention. Que tous ceux qui, de près ou de loin, m'ont aidé dans cette entreprise téméraire trouvent ici l'expression de ma gratitude.

Jean Hamelin
En la fête de la Toussaint
Sainte-Foy, 1983

Chapitre I

ARRIVER EN VILLE, 1939-1950

Dix ans après le krach boursier de New York, l'invasion de la Pologne par les armées allemandes déclenche un cataclysme de plus grande envergure encore que la dépression des années 1930. Le 10 septembre 1939, le Canada entre en guerre aux côtés de l'Angleterre et, au fur et à mesure que les armées allemandes étendent leur emprise sur l'Europe, il est amené à s'engager totalement dans le conflit. La décision de faire la guerre à outrance amène le gouvernement canadien à faire voter par les Communes, en juin 1940, l'Acte de réquisition des ressources naturelles, lequel lui donne plein pouvoir sur les citoyens et les biens du pays. Le Canada devient rapidement l'un des réservoirs des Alliés et une puissance militaire non négligeable. Per capita, l'effort de guerre canadien est de même amplitude que celui des grandes puissances. L'impact sur le Québec, comme sur toutes les régions canadiennes d'ailleurs, est considérable.

L'effort de guerre provoque au Québec une forte croissance économique inégalement répartie entre les secteurs de l'économie et entre les régions. L'expansion des activités manufacturières à haute technologie et à forte intensité de capital donne au mouvement d'industrialisation un nouveau rythme et un nouveau visage. L'émergence d'une industrie pétrochimique, l'expansion de l'activité extractive, le boom dans la production du matériel de transport et des appareils électriques renforcent et diversifient la structure de l'économie

Le cardinal Villeneuve rend visite aux troupes d'un camp d'entraînement militaire à Montmagny, en novembre 1940. (Archives publiques du Canada PA 134374)

québécoise. Dès 1943, la répartition de la main-d'œuvre, soit 108 000 ouvriers dans les produits du fer, 76 000 dans le textile, 46 500 dans les industries chimiques, témoigne des orientations nouvelles prises par l'économie québécoise.

La guerre fait plus que transformer les infrastructures économiques. Elle interrompt le cours normal des choses, remettant en question les us et coutumes, la morale, et partant les institutions qui en découlent. En ce domaine, les transformations sont si brutales qu'elles balaient complètement les efforts de restauration de «l'ordre social». Les observateurs de l'époque n'en finissent pas de recenser les symptômes d'une dislocation de la société québécoise. On peut tous les inclure dans un diagnostic général. La guerre, à l'origine de la mobilisation de la main-d'œuvre, soit pour les armées, soit pour les industries, mine la contrainte sociale qu'exerçaient tout naturellement les milieux de vie et les institutions. Elle facilite, de ce fait, l'émancipation des individus: les migrations internes les libèrent de l'emprise des communautés locales;

la séparation des ménages, qu'elle soit physique du fait qu'un membre du couple est cantonné dans un autre lieu de résidence ou psychologique du fait des milieux de travail différents, affaiblit la famille. Face à l'insertion dans la société, des enfants manquent d'encadrement; face à de nouvelles valeurs et à une nouvelle morale que sécrètent les milieux de travail et la propagande de guerre, des adultes jouissent d'une plus grande autonomie. La guerre se révèle un creuset où se forgent de nouvelles attitudes.

La guerre est aussi le catalyseur d'une crise d'identité. D'accord avec leurs partenaires canadiens pour participer à l'effort de guerre, les Canadiens français du Québec ont une opinion divergente sur l'intensité et les modalités de cette participation. Ils s'opposent notamment à l'enrôlement obligatoire pour le service militaire hors du Canada. Dès le début de la guerre, le fantôme de la «crise conscriptionniste de 1917» hante les esprits. Le parti libéral, alors au pouvoir à Ottawa, donne des garanties à la population francophone, qui lui prouve sa reconnaissance en retirant sa confiance, lors des élections de l'automne de 1939, au gouvernement provincial nationaliste de Maurice Duplessis. Elle vote massivement en faveur du parti libéral que dirige Adélard Godbout. Mais après l'attaque de Pearl Harbor en décembre 1941 et l'écrasement par les Japonais de deux bataillons canadiens à Hong Kong, les pressions en faveur de la conscription se font irrésistibles au Canada anglais. Désireux d'éviter une crise, le gouvernement canadien temporise. En 1942, il tient un référendum par lequel il demande aux citoyens de le délier des garanties qu'il a données aux francophones. La campagne plébiscitaire prend une allure d'antagonisme racial. Dans le *Winnipeg Free Press*, Bruce Hutchison constate que «la question était moins de trouver des renforts que de remettre les Canadiens français à leur place». Les résultats témoignent de la division des esprits: à plus de 80% les anglophones se prononcent en faveur de la conscription et les francophones, contre. Pour de nombreux Canadiens français, cette campagne n'est qu'un moment plus violent dans la lutte entreprise à la fin du XIXe siècle par les éléments extrémistes du Canada anglais pour changer le pacte à l'origine de la Confédération canadienne. Ils voient dans la politique centralisatrice du gouvernement canadien la poursuite, à la faveur de l'effort de guerre total, d'un noir dessein assimilateur.

1. Tensions au sein de l'épiscopat

Un cardinal sur la brèche

La guerre met l'épiscopat face à des choix difficiles. Quelle position prendre vis-à-vis de la politique de guerre? Se taire en des heures aussi graves serait compromettre à long terme le mode d'insertion traditionnel de l'Église dans les affaires temporelles. S'en tenir à des déclarations de principe serait une autre manière de prendre une distance avec le passé. Prendre position sur une question qui divise autant l'opinion publique québécoise, en un temps où les mécanismes de contrôle sur la population s'affadissent, serait encourir le risque d'une crise au sein même de l'Église. La position des extrêmes, d'une part les politiciens libéraux engagés dans une guerre totale et, d'autre part, les factions nationalistes canadiennes-françaises partisanes d'une participation modérée, voire d'une abstention, est inconciliable. L'Église inévitablement déplaira et elle devra en payer le prix. L'épiscopat est conscient, dès 1939, que la guerre est porteuse de ruptures, soit avec les pouvoirs, soit avec de larges couches de la population.

La question est politique et c'est en hommes politiques que les évêques envisagent leur prise de position. Ils ont pour se guider une doctrine, une tradition et des précédents. La première enseigne la soumission au pouvoir établi (saint Paul) et l'obligation morale d'intervenir pour aider les nations opprimées (Pie IX, 1860). La seconde constitue un témoignage de fidélité indéfectible envers le roi d'Angleterre et le gouvernement canadien. Le cardinal Villeneuve l'avait rappelé en avril 1937: «Jamais je n'ai désiré que la province de Québec devînt un État clérical ou fasciste. L'Église n'admet aucunement que le patriotisme se borne à l'amour de l'isolement, d'un village, d'une ville ou d'une province; non, le patriotisme doit s'étendre au Canada tout entier et s'accompagner d'un vif sentiment de loyauté envers notre Souverain Roi, Georges VI.»[1]* Quant aux précédents, ils incitent à se méfier des politiciens et à craindre les affrontements avec les masses populaires. On se rappelle dans les milieux ecclésiastiques de quelle manière Mgr Bruchési avait été piégé en 1917. De fait, l'épiscopat est paralysé par la lecture divergente que les évêques font de la situation: les principes sont une chose, mais leur application en est une autre. À l'automne de 1939, les évêques s'entendent sur un point: «ne pas couvrir du manteau de l'autorité ecclésiastique» les décisions des politiciens.[2]

La réunion épiscopale de septembre occasionne une lecture collective de la situation. L'urgence paraît être d'assurer les services religieux aux soldats. Déjà Pie XII, à la suggestion du cardinal, a nommé Charles Leo Nelligan, de Pembroke, évêque militaire, et les évêques d'Ontario ont demandé au premier ministre canadien d'éviter que, comme durant la première guerre, les aumôniers catholiques soient sous la dépendance de chapelains non catholiques. De son côté, le cardinal a insisté auprès du ministre Charles Gavan Power pour que les aumôniers soient choisis à partir d'une liste établie par les évêques. Lors de cette réunion, ceux-ci acceptent de patronner des comités de la Croix-Rouge, afin de «ne pas laisser aux protestants le monopole de cette œuvre». Mais les opinions demeurent partagées sur la situation globale et sur l'avenir. Il semble aux évêques québécois qu'une loi de conscription serait «douteusement pénale» et qu'on pourrait tenter «d'y échapper par les moyens légitimes», hormis la «résistance par la force ou la violence». Tous s'opposent «à une déclaration publique approuvant, même avec restrictions, les vues du gouvernement canadien», mais certains sont d'avis qu'on devrait «rassurer privément [le ministre de la Justice Ernest Lapointe] sur les sentiments de l'épiscopat à propos de la cause des Alliés et des mesures de défense décrétées par [les] gouvernants, mesures qui semblent tenir un juste milieu entre deux opinions fort divergentes». Mgr Alphonse-Emmanuel Deschamps, auxiliaire de l'évêque de Montréal,

---

* Les notes et références se trouvent à la fin du volume.

rappelle avec émotion «le souvenir des angoisses subies par Mgr Bruchési, déclarant qu'on ne serait pas disposé cette fois, à Montréal, à entrer dans le même guêpier». On s'entend pour fixer au 8 octobre une journée de prières nationales «pour le retour de la paix et le triomphe de la justice».[3]

Le consensus des évêques pour contenir leur intervention collective dans le domaine religieux, sous la forme de prières publiques, de services religieux aux soldats et de patronage des associations de charité, ne les lie pas individuellement. Chacun demeure libre d'exprimer son opinion et de choisir ses modes d'intervention. Les divergences ne tardent pas à s'accentuer, sous l'action des hommes politiques qui ne cessent privément de solliciter l'appui et le concours des évêques. En la fête du Sacré-Cœur, en juin 1940, le cardinal Villeneuve, selon l'expression de Lionel Groulx, «brûlait ses vaisseaux et lançait à la foule une sorte d'appel aux armes», qui l'amènera successivement à inviter le clergé à se soumettre aux autorités civiles (juin) et à faciliter l'enregistrement national (septembre). Mgr Napoléon Labrie lui emboîte le pas dans une lettre pastorale relative à la mobilisation (28 juin 1940). À l'opposé, Mgr François-Xavier Ross refuse toute collusion avec les pouvoirs publics, n'autorisant même pas qu'on lise en chaire des communiqués sur les bons de la Victoire. Mgr Joseph Charbonneau, nommé coadjuteur de Montréal en mai 1940, puis archevêque en août, adopte une position mitoyenne. Sa circulaire du 22 janvier 1941 sur les bons de la Victoire est prétexte à une apologie de la tempérance, de la prévoyance et du civisme. Mgrs Georges Courchesne et Philippe Desranleau parlent et écrivent le moins possible. Ces prises de position tiennent à des perceptions différentes de la situation: les tièdes sont hantés par l'impérialisme anglais qui tirerait les marrons du feu dans cette guerre et les plus ardents sont sensibles à la solidarité internationale. Le cardinal, lui, est «persuadé que Hitler et le nazisme sont un péril épouvantable et prochain pour [le] christianisme et tous [les] droits» et qu'il «est de son devoir d'en persuader [le] monde et d'aider à la victoire». Il ne «s'aveugle pas», cependant, «sur des à-côtés qui ne sont pas l'innocence même, mais qui ne détruisent pas le dessein général de la cause». En homme politique, il pense aussi à l'après-guerre: «l'isolement ne saurait servir» les intérêts bien compris des catholiques et des Canadiens français. Tranchant et sûr de lui en public, il reconnaît en privé «qu'on puisse voir les choses autrement et que le milieu puisse exiger une autre attitude».[4] Convaincu que l'enjeu du combat est «la défense du territoire, du christianisme et de la liberté», il se compromet de plus en plus en faveur d'un effort de guerre total, sans toutefois réussir à faire l'unanimité au sein de l'épiscopat. À contrecœur, le corps épiscopal accepte que le dimanche de la Septuagésime de février 1941 soit proclamé, à la demande du lieutenant-gouverneur Eugène Fiset, alors inspiré par le ministre de la Justice Ernest Lapointe, «Jour national de prières». L'épiscopat pose comme condition «que rien ne sente la propagande, que tout, au contraire, ne soit qu'une immense prière pour la victoire».[5] Grâce à la complaisance du cardinal, la manifestation tourne à la propagande et devient, selon l'expression du ministre Lapointe, «une occasion de vouer tous les Canadiens français à l'effort de guerre». Ce jour-là, les troupes défilent devant Notre-Dame, à Montréal, tandis que les élites s'entassent dans sa nef. L'honorable Lapointe débite une prière officielle et le cardinal entonne les louanges de la Grande-Bretagne. Dès lors, le cardinal ne cesse de se démarquer de l'aile modérée de l'épiscopat. Il avait des allures de propagandiste, désormais il assume le rôle de saint Bernard prêchant la croisade contre les infidèles. Sa photo au volant d'une voiture de l'armée, prise en juillet 1941 dans un camp militaire, soulève des milliers de protestations. «On en fait, au dire de Mgr Desranleau, un symbole impérialiste: le cardinal livrant l'Église canadienne à l'impérialisme anglais.»

L'annonce du référendum, qui sera tenu en avril 1942, accroît la pression sur l'épiscopat. La population est divisée. Les nationalistes canadiens-français publient, le 7 février 1942, un manifeste invitant les citoyens à ne pas délier le gouvernement de ses promesses. Les passions s'avivent et se libèrent en une agitation que d'aucuns interprètent comme le signe annonciateur d'une guerre civile. L'épiscopat doit-il prendre position? Les évêques ontariens le croient, souhaitant que tout l'épiscopat canadien «assure l'honorable M. King de son appui». Les évêques du Québec ne partagent pas leur point de vue. Le 10 février, ils se montrent favorables à une lettre collective de l'épiscopat canadien qui se bornerait à rappeler au peuple «la notion de l'autorité légitime et les devoirs que chacun a envers elle» et à «insinuer aux gouvernants que la paix véritable devra tenir compte des principes posés par le Saint-Père».[6] Mandaté par ses collègues, le cardinal prépare, avec l'aide des archevêques canadiens, un projet de lettre pour, selon son expression, «guider à bon escient et raffermir le sentiment catholique dans notre cher pays, pour bien placer l'Église dans son rôle de formatrice des consciences surtout aux périodes troublées, et pour assurer à l'épiscopat lui-même et à la religion la part qui devra leur revenir dans les reconstructions sociales de l'après-guerre».[7] De fait, ce projet de lettre qui proclame la légitimité de l'entrée du Canada en guerre, la sainteté de la cause, le devoir de redoubler d'efforts, est-il opportun? N'est-ce pas contribuer à préparer l'opinion à la conscription pour le service outre-mer? Les évêques les plus nationalistes le pensent. Ils trouvent excessif de dire au peuple «saignez-vous encore, c'est pour une cause sacrée» et craignent de «consacrer à jamais l'obligation impérialiste de suivre l'Angleterre sur tous les champs de bataille». Mgr Ross ne croit pas qu'il y va de la sauvegarde de la civilisation chrétienne, «ce slogan des bourreurs de crâne qui se fichent de la civilisation et du christianisme». À ses yeux, la civilisation chrétienne ne tiendrait pas «au triomphe de l'empire anglais, bras-dessus, bras-dessous avec la Russie Rouge». Une Angleterre victorieuse ne songerait qu'à établir sa paix à elle. Aussi, Mgr Ross conclut-il qu'on doit s'en tenir au domaine spirituel et éviter les questions qui ne sont pas du ressort des évêques. Il recommande que la lettre se borne à des «directives de conscience qui sont nécessaires [au] peuple pour accomplir ses devoirs moraux pendant la guerre et préparer l'après-guerre», à des mises en garde contre les dangers du communisme «auquel nos gouvernants laissent une liberté d'action fort surprenante», et à «dénoncer l'inconduite et le relâchement auxquels la guerre donne lieu». Il ne lui paraîtrait pas sage ni prudent de «signer un document qui couvre tant de manœuvres qui soulèvent la colère [du] peuple».[8] Mgr de

Gaspé n'est pas seul de cet avis. À Sherbrooke, Mgr Desranleau, d'accord pour qu'on «respecte les ordres d'un gouvernement sur la présomption que la guerre est juste», refuse de signer une lettre qui «indignerait 95% de la population» de son diocèse. Le cardinal va trop loin. Mgr Desranleau, qui n'a pas oublié que la photographie du cardinal «a soulevé des milliers de protestations jusque chez les hommes les plus chrétiens», aligne bien d'autres arguments pour étayer son refus. Les Alliés n'acceptent pas «les cinq points» de l'ordre nouveau prôné par le Pape; la guerre «aurait été voulue, désirée, préparée et déclenchée par les Juifs, au profit des Juifs et pour l'avenir des Juifs»; si les épiscopats de tous les pays déclarent la guerre juste, cela revient à dire que «l'enseignement de l'épiscopat se mesure sur le gouvernement du pays, sur le nationalisme de chaque peuple et non sur la vérité objective».[9]

Les objections des dissidents ébranlent le cardinal qui tient à l'unanimité. Le document est discuté, remanié, révisé à plusieurs reprises. Dépouillé de ses appuis intempestifs aux hommes politiques, il ne paraît que le 31 mai — donc après le référendum, comme les évêques de la province ecclésiastique de Montréal l'avaient demandé.[10] Le document réclame un ordre international bâti sur l'Évangile, dénonce la barbarie et l'irréligion des nazis, loue les efforts consentis par la population depuis 1939 et l'incite à soutenir les combattants. Il dénonce vigoureusement la recrudescence du vice commercialisé, les méthodes anticonceptionnelles qui se propagent à la faveur de la guerre, de même que l'alcoolisme, la non-observance du dimanche, le travail des femmes et le communisme. Les évêques casqués et bottés, mis en minorité, restent sur leur appétit. Ils se reprennent lors de l'Assemblée des archevêques canadiens en octobre de la même année. Ils donnent au cardinal le mandat d'écrire au premier ministre canadien qu'ils encourageront «[les] jeunes gens à s'enrôler au service [du] pays et à faire tous les autres sacrifices qui pourraient s'imposer», s'attendant cependant à ce que le gouvernement s'efforce de corriger les situations qui entraînent une dégradation morale du peuple. L'intervention du cardinal auprès du premier ministre clôt un épisode ardu. Le consensus atteint est fragile, porteur d'un profond malaise qui n'incite pas à récidiver. L'épiscopat canadien n'intervient à nouveau qu'en janvier 1945 et retient comme thème de sa lettre pastorale les principes fondamentaux d'un ordre chrétien et les problèmes de l'heure. Son message insiste sur la conception chrétienne de l'homme, la place de la famille dans la société, la finalité de l'État déterminée par le bien commun, le droit des nations à la vie et celui des minorités à leur culture.

François-Albert Angers a bien résumé l'attitude de l'épiscopat québécois durant la guerre: «nos évêques se sont abstenus de toute critique de notre effort de guerre et se sont appliqués plutôt à rallier le sentiment populaire aux décisions de l'autorité constituée».[11] Les divisions au sein de l'épiscopat ne dépassent guère les cercles bien informés. Les paroles et les gestes du cardinal occupent l'avant-scène, projetant l'image d'une Église compromise dans un effort de guerre total et à la remorque des politiciens fédéraux. «Ses déclarations dans les journaux, à la radio, sur disques, ainsi que ses nombreuses photographies, choquent même les plus calmes et les plus respectueux», lit-on dans un manifeste de la Ligue anticonscriptionniste. Mgr Ross s'inquiète du fossé que l'agir du cardinal creuse entre l'épiscopat et le peuple: «c'est fantastique, confie-t-il dans une lettre, c'est effarant d'entendre tout ce qui se dit, non pas parmi les ennemis de notre race et de notre religion mais dans la partie la plus saine de notre population».[12] Le coup de crosse que le cardinal sert, en août 1944, à Henri Bourassa, qui l'avait mis en garde «contre son rôle de défenseur ardent de la participation»,[13] lui vaut cette observation cinglante d'un groupe de jeunes: «Monsieur Bourassa n'est peut-être pas docteur autorisé dans l'Église; le cardinal ne doit pas être davantage docteur motorisé dans le monde, assis dans un jeep pour servir la maudite propagande anglaise.»[14] L'opposition au cardinal laisse présager une crise d'autorité.

Un prophète encombrant

Au cours des années 1930, l'Assemblée des évêques du Québec, dominée par le cardinal Villeneuve, s'apparentait à un conseil d'administration. Les évêques y faisaient tantôt des considérations générales sur les problèmes du temps, tantôt s'attardaient longuement sur des questions de quincaillerie diocésaine. Seuls les problèmes juridiques — les seuls, croit-on à l'époque, sur lesquels un honnête homme ne peut improviser — étaient généralement précédés d'une expertise soumise dans un rapport. Sans remettre en cause ce mode de fonctionnement, la nomination de Mgr Ildebrando Antoniutti comme délégué apostolique, le 4 juillet 1938, l'arrivée de deux nouveaux visages au tournant des années 1940, les tensions que suscitent l'effort de guerre et l'ouverture du Québec au monde altèrent le climat des réunions et ébranlent le leadership du cardinal.*

Mgr Antoniutti incarne la politique centralisatrice de Pie XII, qui préside officiellement aux destinées de l'Église universelle depuis le 2 mars 1939. Aux yeux des témoins du temps, le délégué cherche à domestiquer l'épiscopat: les évêques ne doivent être que des agents exécutifs soumis au pouvoir de Rome et — donne-t-il à entendre — «le Vatican, c'est moi». Cette politique se reflète dans les nominations épiscopales. Parmi les dix-sept évêques titulaires au moment de son départ, il a eu son mot à dire dans la nomination de treize d'entre eux. Tous sont des produits du triomphalisme romain. Lorsque le délégué quittera le Canada en 1953, d'aucuns prétendent que ce sera sans laisser de regrets. À lui seul, cependant, il aura accompli «plus de travail d'organisation hiérarchique que ses trois prédécesseurs en vingt-cinq ans». Poursuivant la politique amorcée en 1926 avec le parachutage de Mgr Rouleau à Québec, Mgr Antoniutti décide de remplacer, en mai 1940, un Mgr Gauthier vieillissant, et qui mourra quelques mois plus tard, par un Franco-Ontarien d'ascendance irlandaise: Mgr Joseph Charbonneau, ancien vicaire général d'Ottawa et récemment nommé évêque de Hearst. Vraisemblablement, le délégué compte sur son nouveau protégé pour mettre la hache dans les solidarités épiscopales qui font échec à sa politique de contrôle de l'Église du Québec. Ce parachutage ne plaît guère aux membres de la curie diocésaine: personne

---

* Ces pages sur l'épiscopat ont été révisées avec le concours de Nicole Gagnon.

n'accueille Mgr Charbonneau à son arrivée à l'archevêché. Effectivement, le nouvel archevêque de Montréal se découvre fort peu d'affinités avec ses collègues. Il ne vibre pas du tout à l'idéal de chrétienté traditionnelle de Mgr Courchesne, non plus qu'aux stratégies de défense de la culture canadienne-française. Par contre, il refuse carrément de servir d'instrument à la politique de Mgr Antoniutti, auquel il se permet de rappeler que l'épiscopat est d'institution divine alors que la délégation apostolique n'est qu'une institution ecclésiastique. Mgr Charbonneau entend mener sa propre politique. Il n'est ni nationaliste ni ultramontain; c'est un pasteur attentif aux besoins concrets de son troupeau, animé du double idéal populiste et œcuménique. Il veut «être archevêque non seulement de tous les catholiques mais de tous les Montréalais»; le tout premier, il se préoccupe de l'évangélisation des protestants. Mgr Charbonneau apparaît comme l'homme des temps nouveaux. Inévitablement, il se heurtera à Mgr Courchesne, «l'homme de la fidélité», selon son biographe *(Noël Bélanger)*: fidélité à l'idéal de formation intégrale du chrétien, fidélité aux œuvres qui imbriquent le spirituel et le temporel, fidélité aux Jésuites qui ont été les agents de la sacralisation de la société. Entre deux visions du monde divergentes, entre le diocèse de Montréal et celui de Rimouski, entre deux personnalités également intolérantes, aucun terrain d'accord ne peut s'aménager. Sur les grandes questions de l'heure, tels l'Action catholique spécialisée, la confessionnalité des œuvres, les clubs neutres, la place des clercs et des laïcs, les attitudes à prendre face au socialisme, les opinions divergent et les prises de position s'entrechoquent. Impuissant, tout autant à faire entendre raison à ses collègues qu'à entendre leurs raisons, Mgr Charbonneau décide de faire cavalier seul. Après la mort du cardinal Villeneuve (1947), il cesse de participer régulièrement à l'Assemblée des évêques du Québec. Est-ce sagesse ou manière de montrer en quelle piètre estime il tient «ces petites mitres de province»?

À la fin de 1937, le corps épiscopal a fait l'acquisition d'un premier évêque ouvriériste. Adversaire notoire du régime Duplessis, Mgr Desranleau, évêque de Sherbrooke, est aussi celui qui déclarera en 1949: «Le capitalisme est la cause de tous nos maux. Nous devons travailler contre lui, non pour le transformer, car il ne peut être transformé, non pour le corriger, car il est incorrigible, mais pour le remplacer.» De mentalité, il est cependant beaucoup plus près d'un Courchesne ou d'un Ross que d'un Charbonneau. Tout compromis soit-il en faveur de la classe ouvrière, c'est un authentique représentant de l'idéal de chrétienté, des valeurs traditionnelles et du pouvoir clérical. Mgr de Sherbrooke règne en maître, au nom du pape, sur son diocèse. C'est toujours lui qui parle, et il parle fort car il proclame la vérité éternelle. «J'ai l'intention d'appeler bien ce qui est bien et mal ce qui est mal [...] Je défendrai la justice sociale et j'irai jusqu'au fond des choses.» Au premier coup d'œil, le personnage semble paradoxal. Ce «lion rugissant» se révèle soudain tout en douceur. Travailleur infatigable, impliqué dans la gouverne des affaires temporelles, il se préoccupe avant tout de la sainteté de son clergé. Il s'est ainsi érigé en défenseur du mouvement lacouturiste, lequel semble l'exacte contrepartie de son engagement social et dont son pareil, Mgr Courchesne, est le plus féroce adversaire. C'est qu'il prétend vraiment fonder sur les valeurs spirituelles l'autorité intégrale et absolue qu'il s'arroge de par son titre d'évêque.

Le phénomène Desranleau inquiète tout autant le cardinal Villeneuve que Mgr Antoniutti: on craint «une coalition lacouturiste» qui lui donnerait le leadership dans l'épiscopat.*
En 1939, peut-être sur le conseil du cardinal et du délégué, le provincial des Jésuites intime à Lacouture l'ordre de cesser toute prédication et l'exile en Californie. Deux ans plus tard, un certain père Maher, alors assistant de la Compagnie de Jésus aux États-Unis et disposant, à cause de la guerre, des pleins pouvoirs, lui interdit tout ministère, même la confession. La lutte n'est pas pour autant terminée. Le jésuite Joseph Ledit, le franciscain Adrien Malo et le sulpicien Clément Morin continuent à diffuser le lacouturisme. Jusque-là du domaine

---

* Onésime Lacouture, prédicateur jésuite qui, dans les années 1930, prônait un vigoureux retour à l'Évangile. Voir: Nicole Gagnon et Jean Hamelin, *Histoire du catholicisme québécois. Le XXe siècle. Tome 1: 1898-1940*, dernier chapitre.

privé, l'affaire Lacouture éclate au grand jour durant l'été de 1941. À l'instigation du délégué apostolique, Roland Fournier, sulpicien, professeur au Grand séminaire de Montréal, publie dans le *Séminaire* (15 août 1941) un article intitulé «Grâce et Nature» dans lequel il pourfend la vieille hérésie manichéenne qui semble fermenter dans le lacouturisme. Il lui oppose quatre thèses orthodoxes:

> 1. Il n'y a pas de coupure dans l'homme. L'âme est l'unique principe de toutes les activités de l'homme. Celles-ci ne sont pas divisées mais subordonnées. Est donc fausse cette affirmation: «Agir et jouir sont toujours dans le même plan. Vous mangez une pomme, c'est le corps qui agit, c'est une action animale.»
> 2. Même dans l'ordre naturel, l'homme est tenu de vivre une vie d'homme, c'est-à-dire une vie d'être raisonnable, ordonné aux biens supérieurs de l'intelligence et de la volonté. Donc Dieu est la fin dernière de l'homme dans l'ordre naturel. Est donc étrange cette proposition: «Sur le chemin des limbes nous aurions pu prendre le plus possible des biens de la vie. Nous serions entrés dans les limbes tels que nous sommes, en fumant notre pipe, en buvant notre bière, en nous amusant.»
> 3. Dieu n'a jamais répudié ni réprouvé la nature qu'il nous a donnée, mais Lui-même la conserve, l'élève et l'ennoblit par la grâce. Est donc blâmable cette proposition: «Dans l'état actuel des choses, les créatures sont les rivales de Dieu dans notre affection.»
> 4. Toute activité humaine volontaire qui découle de notre être surnaturalisé par la grâce est surnaturelle, méritoire, orientée vers Dieu. Ce qui place l'action dans la réalité surnaturelle, c'est l'état de grâce qui transforme la personne agissante. Est donc contraire à l'enseignement catholique: «La grâce fait aussi la lutte aux tendances bonnes, à l'activité saine de notre nature.»

Très juste sur le plan doctrinal, l'article du père Fournier laisse quand même place à la discussion. La thèse exposée fait abstraction de l'idée de péché originel. Et les thèses combattues correspondent-elles à la substance du lacouturisme? Évidemment, Mgr de Sherbrooke n'en croit rien. Dans une lettre au ton percutant, datée du 30 août 1941, adressée au supérieur de Saint-Sulpice et distribuée à plus de dix mille exemplaires par les disciples, il juge cet article «une impertinence et une faute». «C'est être intellectuellement malhonnête que de détacher une phrase de son contexte.» Et Mgr de conclure: «Y a-t-il un saint authentique qui ait suivi la voie que recommande l'article? Y a-t-il un saint que l'Église a canonisé qui ait osé écrire ‹pour plaire à Dieu, traitons bien la nature›?» Le débat se poursuit tout l'automne. Un bénédictin prend la défense du prophète. Le délégué apostolique, qui reproche à Lacouture de n'être pas «doué de cet esprit de discipline et de soumission qui est le secret de toute œuvre bénie par le bon Dieu», dénonce son rigorisme: «Notre-Seigneur n'a pas imposé indistinctement à tous toutes ses paroles, comme loi indispensable de vie chrétienne. Quelques-unes, les plus élevées, restaient et restent des conseils.» Le délégué tente par la même occasion d'imposer silence à Mgr Desranleau et au pieux Mgr Langlois, qui prend la relève de son imposant collègue dans la défense du lacouturisme.

L'Affaire Lacouture s'éteint tout doucement — en surface du moins. Cantonné en juillet 1948 sur la réserve iroquoise de Saint-Régis, Lacouture attend patiemment et joyeusement que le Père l'en délivre. Il y mourra le 16 avril 1951, sans cependant que ses disciples aient désarmé. En 1943, Mgr Langlois avait présenté un long mémoire au provincial des Jésuites dans lequel il réfutait une à une les objections des adversaires. En 1949, il était revenu à la charge auprès du général, qui ne l'écouta pas plus que son devancier n'avait écouté le cardinal Villeneuve plaidant pour un adoucissement des peines. En octobre 1950, Mgr Langlois s'était alors adressé directement à Pie XII qui, en janvier 1951, lui fit répondre par Mgr J.-B. Montini: «l'enseignement du Père révèle sans doute un grand zèle pour la réforme spirituelle des cœurs, mais trahit également des déviations et des incertitudes doctrinales qui ont justifié et justifient encore les mesures dont il est l'objet. Il n'est d'ailleurs pas question, ici, Votre Excellence le comprendra, de contester les bonnes intentions du père Lacouture, mais il s'agit seulement de préserver les fidèles, et en particulier le clergé, contre une prédication qui n'offre pas toutes les garanties souhaitables.»

2. Une société sans projet

En imprimant un nouvel élan aux forces de changement nord-américaines, la guerre accroît l'écart entre le projet de société clérical et l'expérience de la réalité. La guerre, en remettant en marche le système économique et en posant des problèmes plus urgents, range dans l'armoire aux souvenirs le programme de restauration sociale. Le corporatisme perdure comme thème idéologique usé, un thème qui n'éveille guère de résonnance dans les masses. Il a le malheur d'être accolé au fascisme et de conduire, dans certains pays catholiques qui l'expérimentent, à l'abolition du syndicalisme libre. Sa mise au rencart tient à des raisons plus profondes encore. Ses tenants ne parviennent pas à élaborer un projet du cru, propre à rallier de larges couches de la population. Les hommes politiques

---

L'Idéologie du pluralisme

Je voudrais ici vous inviter à réfléchir sur un mythe tenace: le mythe de l'unanimisme où notre idéologie nationale a tenté d'enfermer la représentation de notre société. Grâce à la sainte alliance du profane et du sacré, notre société a vécu une longue période de son histoire comme si elle formait une entité unitaire.

Les historiens ne contrediront pas l'affirmation que notre société n'est pas du type unitaire, mais du type pluraliste; cette société a, dès les commencements de son histoire politique, reconnu le principe constitutionnel de la biculture et de la biconfessionnalité; elle l'a ensuite consacré dans toutes les institutions politiques, religieuses, scolaires.

Mais ce pluralisme institutionnel, inscrit dans notre histoire, est longtemps demeuré une simple et gênante promiscuité sociale, d'où toute valeur d'échange entre les groupes humains était à peu près exclue.

Or, depuis vingt-cinq ans, l'évolution de notre milieu humain a élargi, approfondi à des dimensions nouvelles

trouvent le corporatisme incompatible avec des institutions parlementaires de type britannique. Les ouvriers craignent que les corporations n'avalent leurs syndicats. Les syndicats internationaux redoutent une dictature de droite sur le mouvement ouvrier.

Sous une nouvelle poussée d'urbanisation, les assises écologiques d'une chrétienté de type médiéval s'effondrent. La reprise du processus d'industrialisation sécrète de nouvelles agglomérations et engraisse les villes anciennes; la population se concentre à un rythme accéléré dans la région montréalaise. D'autres facteurs, l'amélioration des moyens de transport, l'électrification rurale, l'expansion des mass media, se conjuguent pour conférer à la grande ville une position dominante qui en fait une force culturelle de plus en plus envahissante et irrésistible. Désormais, l'aménagement du territoire s'ef-

---

la réalité du pluralisme politique, religieux, culturel. Ce pluralisme, infiniment plus divers, s'exprime aujourd'hui par des contradictions et des recherches qui menacent déjà de faire éclater notre humanisme traditionnel jusqu'à l'intérieur de la chrétienté et du capitalisme, jusque-là considérés comme nos composantes les plus monolithiques.

Surtout, ce nouveau pluralisme tend à devenir communication et dialogue. Il fonde la diversité même de la nation; il l'individualise, la différencie, la rajeunit, l'enrichit selon un schème qui va, par un transfert de plus en plus complexe, rapatrier à l'intérieur de la société québécoise nos difficultés historiques avec l'Autre.

En simplifiant, on pourrait dire de notre société que le temps de l'industrialisation est révolu; celui de la désacralisation s'achève, celui de la pluralisation est désormais engagé dans un mouvement irréversible.

(Maurice Blain, «Situation de la laïcité», *L'École laïque*, 1961, p. 46-47.)

fectue tout naturellement par l'expansion d'un réseau urbain, hiérarchisé et centralisé, intégrateur des campagnes. Villes et villages perdent graduellement leur autonomie et leur identité au profit d'une métropole. L'œkoumène québécois acquiert la texture d'un tissu urbain et, de Rouyn à Gaspé, on commence à ajuster sa montre sur Radio-Canada, heure de Montréal.

L'avortement du projet libéral

Montréal, avec ses banques et ses usines, ses ghettos ethniques et ses quartiers huppés, ses bourgeois, ses intellectuels et ses prolétaires, préfigure le Québec de demain.

La cité cosmopolite se révèle une société pluraliste, où la voix de l'Église n'est plus la voix dominante. D'autres paroles disposent de canaux puissants qui en répercutent l'écho hors de Montréal. Des militants de l'Action catholique le soulignent en 1942: «on signale dans les diocèses de Nicolet, Chicoutimi, Mont-Laurier, Sherbrooke une distribution massive d'écrits protestants»; «les clubs sociaux neutres y sont aussi une plaie»; «les activités communistes sont intenses partout» et l'entrée en guerre de l'U.R.S.S. aux côtés des Alliés les favorise; «la littérature malsaine» se répand de plus en plus et «le cinéma se fait plus corrupteur».[15] Le Comité des œuvres catholiques de Montréal recense les signes de cette disparité: manifestation au Forum avec Mme Roosevelt, réunion de l'Union démocratique du Canada français, arrivée de savants étrangers à l'Université de Montréal et à McGill. Un incident, le 21 juin 1944, officialise la nouvelle idéologie du pluralisme. Ce jour-là, T.-D. Bouchard, «le Diable de Saint-Hyacinthe», prononce au Sénat un réquisitoire anticlérical contre l'enseignement de l'histoire au Québec dont le contenu confinerait au racisme et conduirait à des menées subversives. À preuve, dit-il, l'activité de l'Ordre Jacques-Cartier, cette société secrète des Canadiens français, fondée vers 1927 avec «les bénédictions du clergé français et catholique» qui cherche à «contrôler secrètement les sociétés patriotiques, les gouvernements et l'administration publique». Bouchard offre en modèle la société états-unienne «composée de gens de diverses croyances religieuses et de diverses origines raciales». Le discours soulève l'ire de la presse catholique et suscite un concert de réprobation. Le cardinal a beau donner la réplique au sénateur Bouchard en plein congrès eucharistique de Saint-Hyacinthe, la ville dont il est le maire, ce discours est un signe des temps.

Et ces temps sont aussi à la paganisation de la société, du moins si on les observe à travers les lunettes de l'Église militante. En 1940, les aumôniers des ligues du Sacré-Cœur constatent «la diminution de l'esprit de foi», l'émergence «de l'anticléricalisme et de l'indifférence religieuse chez un certain nombre dans le peuple et dans l'élite», l'intempérance et une plus grande liberté dans les comportements sexuels, «le manque d'honnêteté dans les affaires, de charité et de zèle apostolique».[16] Le Comité des œuvres catholiques de Montréal consigne dans ses procès-verbaux les progrès du mal: étiolement des mœurs dû au travail des femmes dans les usines et au libertinage des membres des forces armées, expansion des loisirs commercialisés le dimanche, marée de la littérature obscène d'importation américaine que propagent *Esquire, Coronet, Screen Guide*, etc. La presse catholique attire l'attention sur de nouveaux maux sociaux: le vice organisé, la criminalité juvénile, le *birth control*. En novembre 1942, les évêques pointent du doigt l'une des sources du mal: les écrits distribués aux soldats avec la connivence des autorités militaires, qui incitent «au relâchement dans la pratique religieuse et dans la morale sexuelle» et conduisent «à la perte de la croyance au surnaturel».[17] Une enquête de la L.O.C. et de la J.O.C., menée en 1941 dans soixante-douze paroisses auprès de deux mille deux cents jeunes ouvriers, révèle une situation alarmante pour l'Église: 22% de ces jeunes ne pratiquent plus et 19% pratiquent irrégulièrement.

Le déclin de l'emprise morale de l'Église sur la population sape sa capacité politique d'imposer, voire de résister. À l'inverse, elle accroît l'emprise des hommes politiques qui proposent un autre projet de société. L'attitude du premier ministre libéral Adélard Godbout, au pouvoir à Québec de 1939 à 1944, qui prend une distance respectueuse avec l'Église, est révélatrice. Trois exemples illustreront la situation en émergence. Considérons en premier lieu les amendements à la loi des liqueurs. En ce domaine, l'honorable Godbout est soumis à des pressions contradictoires: les tenanciers d'auberges et de restaurants demandent un assouplissement de la loi, mais les évêques réclament « la prohibition, le dimanche, comme en Ontario ».[18] Le 24 janvier 1940, il reçoit courtoisement une délégation conduite par le père Joseph-Papin Archambault, mais laisse, quelques jours plus tard, ses ministres annoncer une libéralisation de la loi. Les associations catholiques répliquent par des pétitions. Au printemps, le cardinal qui sollicite une entrevue reçoit «une réponse évasive qui a tout l'air d'une réponse négative».[19] Le cardinal revient à la charge en décembre. Un secrétaire lui apprend que «le projet de refonte est à l'étude et que, celui-ci, une fois terminé, il [Godbout] se rendra au désir des évêques». Le cardinal doit à nouveau frapper à la porte du premier ministre pour obtenir enfin une entrevue le 21 février, dont les résultats seront minimes.[20]

Par ailleurs, dans la question du vote des femmes, promesse électorale que Godbout tient à remplir, le cardinal doit encore jeter du lest. Le 2 mars 1940, il publie un communiqué qui rend public «le sentiment commun des évêques». Influencé par une vision du monde qui attribue à la femme une nature spécifique et un rôle social confiné à la maternité physique, spirituelle et morale, il émet une opinion défavorable aux suffragettes, parce que le suffrage féminin «va à l'encontre de l'unité et de la hiérarchie familiale», parce que «son exercice expose la femme à toutes les passions et à toutes les aventures de l'électoralisme», parce que «la très grande majorité des femmes» ne le désirent pas, parce qu'enfin «les réformes sociales peuvent être aussi bien obtenues grâce à l'influence des organisations féminines en marge de la politique».[21] C'est une affaire non de principe, mais d'opportunité, argumente le cardinal auprès du premier ministre. «Il peut se faire que dans certains pays d'Europe des hommes d'Église aient été en faveur du suffrage féminin. Cela tient à ce que les problèmes à résoudre y revêtent un caractère confessionnel plutôt que politique. Il se peut qu'un jour ou l'autre le suffrage féminin devienne désirable. Présentement, je n'en vois pas la nécessité.»[22] Godbout use alors d'un stratagème: il confie au cardinal son intention de démissionner et de passer les rênes du gouvernement au radical Bouchard. Afin d'éviter un plus grand mal, le cardinal s'incline et demande à la presse catholique de mettre une sourdine à son opposition au suffrage féminin.

La question de l'instruction obligatoire se pose dans des termes similaires à ceux du suffrage féminin. En 1929, Pie XI avait reconnu que l'État devait faire en sorte que tous les citoyens aient la formation civique et l'instruction requises par le bien commun. La question en est donc une d'opportunité. Conseillé par Hector Perrier, secrétaire de la province, et Victor Doré, surintendant de l'Instruction publique, Godbout entreprend la réforme du système scolaire. Il a en cette matière l'appui de l'épiscopat qui reconnaît «la nécessité de mettre de l'ordre dans [l']enseignement à tous [l]es degrés» et «l'urgence de modifier [l']enseignement classique» en introduisant «l'enseignement classico-scientifique».[23] Mais à l'intérieur de l'Église on ne s'entend pas ni sur la nature ni sur les modalités de la réforme. Les clercs tiennent à leur monopole sur l'enseignement classique et ne veulent pas le partager avec les frères et les laïcs. La presse catholique et de nombreux laïcs s'opposent à l'instruction obligatoire. Les uns, comme *Relations*, redoutent «la parenté spirituelle» qui relie à la franc-maçonnerie les partisans de l'instruction obligatoire; les autres, tels certains militants d'action catholique, arguent que l'absentéisme découle de la pauvreté des familles ouvrières, de sorte que toute législation scolaire devrait «s'intégrer dans un corps de législation sociale qui établirait les allocations familiales, le salaire familial, etc.». L'épiscopat aimerait éviter des réformes partielles et partiales effectuées à la hâte, en dehors de son leadership. L'enseignement technique qui lui échappe lui cause déjà des soucis. Sa stratégie est de procéder globalement et par étape, en élargissant un débat jusqu'ici trop centré sur l'instruction obligatoire qu'on utilise comme une machine de guerre contre le clergé. À ses yeux, toute réforme doit tenir compte des ressources disponibles en locaux, en maîtres et en argent.[24] En septembre 1941, l'épiscopat suggère donc la tenue d'un congrès axé sur l'enseignement primaire: les programmes, le financement, la fréquentation scolaire. Bien que les évêques prétendent «qu'il serait dangereux de poser le second étage d'un édifice avant d'en avoir fait ou consolidé la base», il n'est pas exclu que des préoccupations pastorales, avivées par la récente enquête de la L.O.C. révélant le faible taux de scolarisation et de pratique religieuse chez les jeunes entre 16 et 25 ans, soient à l'origine de la priorité qu'ils accordent au primaire.[25]

Mais les libéraux sont pressés de passer aux actes: à cause de l'accroissement de la main-d'œuvre féminine sur le marché du travail, le taux de fréquentation scolaire aurait baissé, en deux ans, d'environ 15%. Tout en faisant effectuer une enquête sur la fréquentation scolaire, le gouvernement procède à une réforme de l'enseignement de l'anglais, à la création du Conseil supérieur de l'enseignement technique et il s'apprête à mettre sur pied le Conservatoire de musique et d'art dramatique. Ne voulant pas se laisser damer le pion par les évêques, il est prêt à livrer la bataille de l'instruction obligatoire. Mais l'affrontement n'aura pas lieu, du moins pas avec l'épiscopat. En novembre 1942, le cardinal accepte de présider un sous-comité du Comité catholique du Conseil de l'instruction publique mandaté pour examiner les données de l'enquête menée sur la fréquentation scolaire. Le Comité catholique prend position en décembre sur la question de l'instruction obligatoire: le cardinal et vingt autres membres s'y montrent favorables. Parmi les six opposants, on relève les noms de quatre évêques. La loi est votée en 1943.

Le gouvernement Godbout est en passe, mine de rien, d'effectuer tranquillement une révolution. Le projet qu'il prône est axé sur la modernisation de l'appareil politique, l'émergence d'un État-providence et interventionniste, la réduction du rôle de suppléance de l'Église et le dédouanement des idées. Son projet comporte une lacune: le refus ou l'incapacité de prendre en charge le destin national jusque-là assumé par l'Église. Cette déficience lui coûte le pouvoir aux élections de 1944.

L'agonie du projet clérical

Au Québec, comme chez tous les peuples minoritaires, le libéralisme comporte trop de déficiences pour donner seul consistance à un projet de société. Maurice Duplessis qui succède au premier ministre Godbout a assez d'instinct politique pour assumer le devenir national que le cardinal a semblé laisser choir durant la guerre, assez de sens pratique pour ne pas endosser, sinon verbalement, le projet d'une chrétienté rurale que la montréalisation croissante du Québec rend caduc, mais pas assez de stature politique pour imaginer un projet de société. La crise des années 1930 avait semblé revigorer le projet prôné par l'Église. Elle avait stoppé l'urbanisation et donné de l'élan à un mouvement de ruralisation caractérisé par le retour à la terre, la renaissance de l'artisanat et de l'agriculture familiale, l'expansion des Caisses populaires et des coopératives, l'émergence des écoles moyennes d'agriculture et des écoles ménagères, la popularisation de la chanson folklorique et de l'architecture «canadienne». En relançant l'urbanisation, la guerre ne met pas fin aux espoirs de l'Église et des élites traditionnelles qui la voient comme un accident de parcours. La sagesse commande d'élaborer dès maintenant un plan de colonisation pour recycler les démobilisés.[26] Le père Archambault utilise donc les Semaines sociales du Canada pour relancer l'idée de colonisation. Il organise un congrès qui tient ses assises à Montréal, les 10 et 11 avril 1944. Les clercs y véhiculent le cliché du «renouvellement continuel de l'alliance sacrée des chrétiens et de la terre». Les experts laïques innovent davantage en développant l'idée d'un Québec quadrillé en régions dotées d'une vocation économique spécifique à leurs ressources, capables d'assurer le développement intégral de la personne et d'ouvrir des perspectives d'avenir aux générations montantes. À leurs yeux, le succès de l'entreprise repose sur un inventaire des ressources naturelles, la régionalisation de la politique de colonisation, la décentralisation de l'industrie, du commerce et de la finance, la mise en chantier d'infrastructures avant l'arrivée des colons, la formation de chefs pour animer la vie communautaire, l'assistance de l'État aux colons étalée sur une dizaine d'années.

La colonisation n'est plus seulement la mise en valeur du sol arable mais, selon Esdras Minville, «l'établissement autonome sur l'une ou l'autre des diverses ressources du sol». Le mythe de la terre promise, transmuté par les experts en projet d'aménagement régional, est lesté d'ambiguïtés. Mais il conserve toute sa vertu auprès des élites traditionnelles. Pris d'enthousiasme, les congressistes mettent sur pied l'Aide à la colonisation. Cette association, sous le haut patronage de l'épiscopat et de quelques figures populaires — Félix-Antoine Savard, Lionel Groulx, Thomas Chapais, Pamphile du Tremblay — canalise toutes les forces de la société traditionnelle: la Société Saint-Jean-Baptiste de Montréal, la Fédération des sociétés diocésaines de colonisation, le Comité de la survivance française en Amérique, la Société nationale des Acadiens, l'Union catholique des cultivateurs, l'École sociale populaire, la Confédération des travailleurs catholiques canadiens, l'Association professionnelle catholique des voyageurs de commerce, la Corporation des agronomes. Son objectif: «agir sur la masse, y déterminer un courant irrésistible en faveur d'une colonisation rationnelle et intensive, soutenir et organiser ce courant».[27]

Le mouvement de colonisation jouit d'un appui inconditionnel dans les milieux traditionnels. Les évêques y vont d'une lettre collective sur la colonisation (1945) qui reprend les thèmes des anciennes lettres sur le même sujet. Esdras Minville, président d'un comité nommé par le ministère de la Colonisation, remet la même année un rapport détaillé sur les principes qui doivent fonder et régir une politique de colonisation.[28] Avec le concours de la Société Saint-Jean-Baptiste, le Comité des œuvres catholiques de Montréal lance une campagne de colonisation dans les paroisses de Montréal. La Fédération des sociétés de colonisation fonde Guyenne, en Abitibi, une paroisse qui intègre sur le mode coopératif la forêt et l'agriculture. En novembre 1946, l'Aide à la colonisation tient, sous la présidence de Paul Gouin, un congrès national. Joseph-Papin Archambault réaffirme la mission providentielle des Canadiens français. Les congressistes fondent la Société canadienne d'établissement rural qui coordonnera les associations existantes. Elle établira les stratégies et effectuera la propagande, sélectionnera les régions prometteuses et les colons, encouragera par tous les moyens «l'éducation rurale chrétienne». L'épiscopat endosse l'idée d'une souscription publique annuelle, fixée au 24 juin, dont l'objectif serait de quelque 100 000$ par année. Dans les années qui suivent sa fondation, cette société fait montre d'une grande activité: elle tient des journées d'études, organise des excursions, anime des émissions radiophoniques et met sur pied des sociétés d'établissement rural. De 1953 à 1958, elle investit 200 000$ à Sainte-Clotilde, petite localité sise dans les terres noires du comté de Châteauguay.

Cette activité fébrile se bute à la résistance populaire qu'alimentent la séduction des villes, les difficultés de la vie sur la ferme et l'anémie de la vie régionale. La Société canadienne d'établissement rural, dont la quête annuelle rapporte à peine 29 000$ par année durant la décennie 1950, manque de moyens et prêche dans le désert. Elle n'établit guère plus qu'une centaine de familles dans le Québec, l'Ontario et l'Ouest canadien. Elle en vient à porter ses efforts sur l'établissement au Canada des familles catholiques dispersées par la guerre. En collaboration avec la Commission papale établie à Genève, elle regroupe 13 000 familles, soit 46 800 personnes. À l'automne de 1958, les missionnaires-colonisateurs, dans un rapport confidentiel remis à l'épiscopat, constateront que «les paroisses de colonisation fondées depuis vingt-cinq ans sont un échec»: leurs effectifs émigrent. Le gouvernement ne croit pas à la colonisation. La population s'en désintéresse. Une conclusion s'impose: «Les missionnaires-colonisateurs ne peuvent, en conscience, recommander présentement l'établissement en colonie d'un jeune cultivateur, si bien doué et préparé soit-il, à moins qu'il n'ait l'argent nécessaire à l'organisation de sa ferme.»[29] Le mythe agonise, mais on ne l'enterrera qu'au milieu des années 1960.

Une querelle de frontière

Dans les années 1940, le mouvement de colonisation correspond aux derniers sursauts d'une culture qui refuse de mourir et qui germe ses «repoussons»: ils auront nom Guyenne, Joutel, Opérations Dignité... La substitution graduelle — et si lourde d'ambiguïtés au sein même des élites — du concept d'aménagement régional à celui de colonisation marque l'émergence d'une nouvelle problématique issue du mouvement d'urbanisation lui-même. C'est tout le territoire québécois qui est appelé à s'urbaniser et, du coup, c'est «l'état de chrétienté», au sein duquel l'Église explicite le projet national et détient la haute main sur les mécanismes de socialisation, qui est menacé dans son existence même. L'état de chrétienté qui ne peut plus être rural pourrait-il devenir urbain?

À distance, l'on voit bien que c'est l'un des enjeux qui se cache derrière la mise sur pied dans les années 1940 d'un régime de sécurité sociale. En ce domaine, l'expansion du salariat et l'expérience états-unienne ont renouvelé l'approche du problème de l'indigence. Un consensus est en train de se faire sur l'insuffisance de l'assistance matérielle, qu'elle provienne de l'Église ou de l'État, pour régler les problèmes de l'indigence. Celle-ci doit être complétée par les techniques et les méthodes du Service social qui s'attaquent à la racine de l'indigence: les facteurs psychologiques et les facteurs sociaux. Cette approche chambarde les pratiques et nécessite une réorganisation de tout le champ du bien-être social qui a évolué jusqu'alors sans aucune logique de service. Mais elle laisse ouverte plusieurs questions: qui doit défrayer les coûts de ces services hautement spécialisés? Qui doit concevoir une politique d'ensemble? Au Québec, deux philosophies continuent de s'affronter. La doctrine catholique assigne à l'État et à la charité publique l'assistance financière; aux travailleurs de la base et aux institutions autonomes la gestion des fonds, l'application des techniques de prévention et de réhabilitation, la détection des besoins; à l'Église, la coordination sur une base diocésaine des œuvres sociales. Par contre, la philosophie libérale s'en remet à l'État, qui dispose des leviers pour intégrer le développement social et la redistribution des revenus, pour concevoir et administrer une politique d'ensemble. Durant la guerre, les libéraux qui sont au pouvoir à Québec et à Ottawa élaborent des programmes de sécurité sociale en accord avec leur philosophie. Le rapport Marsh, commandé par le gouvernement canadien, prépare en février 1943 l'émergence de l'État providence canadien en suggérant des régimes d'assurance-chômage, d'allocations familiales et d'assurance-maladie. À Québec, le premier ministre Godbout fait montre de préoccupations similaires: il commande à la Commission d'assurance-maladie de Québec, présidée par Antonio Garneau, une enquête sur les garderies et la protection de l'enfance.[30] De son côté, l'Église repense ses pratiques et complète son réseau d'œuvres sociales. Les premières agences diocésaines concernent la sauvegarde de l'enfance. La plupart des diocèses s'inspire de la Société d'adoption et de protection de l'enfance de Montréal. Ces agences sont dotées d'un personnel de plus en plus qualifié et sont reconnues, à partir de 1940, comme des institutions d'assistance publique, donc aptes à recevoir des subventions gouvernementales. Ces agences s'ouvrent à la fin de la décennie 1940 à tous les problèmes reliés à la famille, et non plus seulement à l'enfance, et étendent leurs ramifications à la grandeur des diocèses par un système de filiales qui a pour effet de déconcentrer les services et de les rapprocher de la population. Par ailleurs, les diocèses coordonnent leurs œuvres sociales par un Conseil central des œuvres, dont le premier était apparu à Montréal en 1933, et le deuxième, à Québec en 1944. Un Conseil central pourrait se définir ainsi: «une organisation communautaire laïque, d'action et d'inspiration catholiques, soumise à l'autorité religieuse diocésaine, érigée en corporation civile, groupant les œuvres et sociétés de bien-être social et d'assistance sociale, en vue de coordonner, promouvoir, soutenir leur action sociale». À Montréal, on lui assigne en 1944 les objectifs suivants: «aider à améliorer le travail des œuvres», faire naître des œuvres nouvelles, empêcher l'étatisation du service social et de la charité, présenter un front politique commun.[31] Dans cette réorientation de l'activité caritative, les Sœurs de Notre-Dame-du-Bon-Conseil, communauté fondée par Marie Gérin-Lajoie et spécialisée dans les services d'aide paroissiaux, auront joué un rôle novateur. Déjà en 1932, elles dispensaient des cours sur le bien-être social pour former un corps d'auxiliaires sociaux qualifiés, tant clercs que laïcs.

Tout régime de sécurité sociale comporte un volet assurance et un volet assistance. L'Église n'a pas objection à ce que l'État conçoive et gère le premier volet, mais elle le relègue à un rôle de suppléance dans le second volet. Aux yeux de l'épiscopat d'alors, un état de chrétienté urbain implique que l'Église garde le contrôle de l'assistance. En ce domaine, le premier rapport Garneau (1944), qui recommande

---

L'Assistance publique à Montréal

J'ai été parachuté dans le diocèse de Montréal presque à mon insu, en mai 1942, après entente avec l'archevêque de Montréal et les supérieurs dominicains, à titre de directeur du Conseil des œuvres de la Fédération des œuvres de charité. [...] En arrivant à Montréal, je me suis vu en face de la situation suivante: une Fédération d'œuvres qui émergeait lentement de conflits assez pénibles, cette Fédération ayant pour mission de faire annuellement une collecte pour bon nombre d'œuvres de charité canadiennes-françaises. [...]

Après plusieurs mois d'études et de délibérations, le Conseil des œuvres proposa à l'archevêque de Montréal de faire du Conseil des œuvres un organisme officiel de l'archidiocèse, responsable de la politique sociale et d'assistance du diocèse avec pouvoir et autorité d'imposer dans certains cas des directives pratiques.

Il faut, pour comprendre la nécessité de cette décision, connaître un peu la situation qui prévalait à ce moment-là chez nous. La ville de Montréal comptait tout près de 200 œuvres ou agences sociales catholiques d'expression française, toutes et chacune nées d'une initiative privée au fur et à mesure qu'un groupe de personnes généreuses découvraient des besoins auxquels aucun service existant ne pouvait répondre, de sorte que la ville était couverte d'œuvres grandes et petites, agences ou organisations, chacune travaillant à sa guise selon l'esprit et quelquefois l'arbitraire des personnes qui s'en

«la création d'un Département du bien-être social», le recours à des «techniciens en assistance» et un accroissement des subventions aux «Facultés des sciences sociales de nos universités», l'incite à une vigilance de tous les instants. Un premier affrontement se produit au printemps de 1945. Des avocats se préparent à soumettre à la législature des modifications concernant la loi d'adoption, dont l'effet serait d'au-

> étaient constituées responsables. Ajoutez à cela la méfiance et la jalousie — pas toujours conscientes cependant — qui, il faut bien l'avouer, existaient d'une communauté religieuse à l'autre. Je me rappelle très bien que, pendant mes deux premières années de travail, il était à peu près impossible d'obtenir des communautés religieuses des représentants qui viendraient siéger à côté de représentants d'autres communautés pour étudier ensemble les problèmes communs, des objectifs communs et discuter de méthodes de travail dont l'efficacité semblait pour le moins douteuse. Si, par hasard, on arrivait à amener ensemble des représentants de communautés, personne n'osait parler; jamais un religieux d'une communauté n'aurait admis certaines faiblesses dans son service devant des représentants d'une autre communauté qui donnait le même type de services, et encore moins s'il y avait des laïcs présents à la réunion. Le travail des communautés était quelque chose de caché qu'on ne devait jamais dévoiler en public, pas même dans le but d'une analyse critique aux fins d'améliorer les services.
>
> Il est facile alors d'imaginer dans ce climat de méfiance, de secret et d'autonomie mal comprise, les problèmes qu'avait à affronter une personne qui venait parler de coordination, de planification, d'améliorer des services...
>
> (André Guillemette, o.p., «Vingt-cinq ans de service social», *Communauté chrétienne*, 70, juillet-août 1973, p. 272-274. Numéro spécial intitulé *Pour l'amour d'un pays. Cent ans au service d'un peuple*.)

toriser l'adoption par de non-catholiques d'enfants issus de catholiques. L'épiscopat s'empresse d'informer le gouvernement québécois que ces amendements sont «dangereux et inadmissibles» et que certains «sabotent inconsidérément [le] droit civil». L'épiscopat charge l'évêque de Montréal d'informer l'auteur de ces amendements que l'épiscopat ne saurait les admettre et «de voir à ce qu'il ne présente plus d'amendements à aucune loi sans les soumettre à son évêque».[32] En septembre, l'épiscopat proteste contre «le paiement des allocations (familiales) à la mère plutôt qu'au père. Ceci constitue une attaque à la famille et au principe d'autorité.»[33] Un accrochage plus grave se produit à l'automne. Le gouvernement Godbout avait voté dans les derniers jours de son existence la loi concernant la protection de l'enfance (3 juin 1944).[34] Ni Godbout ni son successeur, Maurice Duplessis, ne l'avaient fait promulguer, sans doute de crainte d'avoir à mener une bataille avec l'Église. Duplessis, cependant, à l'automne de 1945, songerait à la mettre en application après l'avoir fait amender. La loi serait appliquée par un conseil formé de huit catholiques et de deux protestants. Bien que les catholiques disposent de la majorité, ce conseil unique constituerait une brèche dans le système confessionnel à la base même de «l'état de chrétienté». Appelés comme à l'accoutumée à donner leur avis, les évêques proposent que l'administration de la loi soit plutôt confiée à deux comités, l'un catholique et l'autre protestant,[35] «placés sous l'autorité du Conseil de l'instruction publique». Ces comités régiraient les établissements de protection de l'enfance: les crêches, les maternelles, les orphelinats et les patronages; par ailleurs, le Conseil de l'instruction publique approuverait leurs programmes d'éducation et d'études. L'épiscopat profite de l'occasion pour rappeler aux «honorables messieurs que l'épiscopat de la province verrait d'un très bon œil la réintégration de tout l'enseignement public sous la juridiction du CIP».[36] En clair, la visée des évêques est de resserrer leur emprise sur l'instruction, l'éducation et le bien-être. Dans ces conditions, Maurice Duplessis préfère remettre à plus tard l'application de la loi concernant la protection de l'enfance.

Ces affrontements ralentissent, mais ne paralysent pas l'évolution des services de bien-être que l'urbanisation oblige à repenser. Inspiré par le premier rapport Garneau, le gouvernement crée en 1944 le Département du bien-être social qui devient en 1946 le ministère de la Jeunesse et du Bien-Être social. Ce ministère ne reçoit que l'administration des mesures spéciales d'assistance — et non pas la juridiction sur tous les établissements régis par le régime d'assistance publique. De plus, les programmes d'études dont il a l'administration sont «préparés et appliqués sous l'autorité et la surveillance du Conseil de l'instruction publique». Procéder autrement aurait été risquer un conflit avec l'épiscopat. En 1945, le gouvernement crée une Clinique d'aide à l'enfance, rattachée à la Cour des jeunes délinquants de Montréal. C'est le premier organisme de service social public. De 1940 à 1950 donc, la notion de besoins s'élargit, les problèmes se diversifient. L'Église, l'État et des gens de bonne volonté s'efforcent de trouver des solutions. En 1952, il existe quatorze organismes de service social public, dont huit sont reconnus juridiquement en vertu de la troisième partie de la loi des compagnies, et six le sont en vertu de la loi des évêques catholiques romains, votée en 1950. Celle-ci accorde au seul Ordinaire du lieu tout le pouvoir de décision sur les œuvres diocésaines érigées en corporation.

Durant la décennie 1940, l'Église réussit à sauvegarder l'essentiel de ses droits dans l'assistance publique. Mais l'État ne cesse de gruger sa chasse gardée. En 1950, tout le problème de l'assistance est à reconsidérer. La loi de 1921 est vieillotte. Elle ne prévoit pas les cas pénibles d'assistance; les subsides gouvernementaux sont insuffisants et les institutions privées ne peuvent plus payer le tiers des dépenses. Par ailleurs, la société a des exigences plus élevées en matière de santé et d'assistance; les institutions manquent d'un personnel compétent; la charité publique s'affadit. À l'automne de 1949, les évêques demandent à leurs directeurs d'œuvres de se réunir pour établir une liste de modifications à la loi de l'assistance que l'épiscopat pourrait suggérer au gouvernement. L'opération est-elle possible sans toucher au rôle traditionnel de la charité publique et à l'autonomie des institutions religieuses?

La sainte alliance

L'intérêt commun des élites traditionnelles transcende leurs divergences de vue sur le contenu d'un projet de société. Sur le front idéologique, lieu où le spirituel et le temporel sont étroitement imbriqués, l'Église et l'État tendent à présenter un front uni face aux idéologies susceptibles de chambarder l'ordre naturel des choses, surtout si le mouvement social qui les porte provient de l'extérieur.

L'une de ces idéologies subversives est le socialisme. Mgr Gauthier et le cardinal Villeneuve, ce dernier au nom de l'épiscopat, avaient condamné la Commonwealth Cooperative Federation (C.C.F.) durant les années 1930, parce qu'elle «[n'offrait] qu'une conception matérialiste de l'ordre social». Ce parti a atténué ses positions. Il offre maintenant un programme qui en bien des questions rejoint la doctrine sociale catholique, «au point qu'on pourrait difficilement aujourd'hui l'accuser de socialisme».[37] La C.C.F. jouit d'une vogue grandissante au Canada anglais. En 1942, elle prend le pouvoir en Ontario et nombreux sont les observateurs qui lui prédisent une éclatante victoire aux prochaines élections fédérales. Des catholiques québécois déplorent cette condamnation de la C.C.F. James Charles McGuigan, archevêque de Toronto, s'inquiète de cette situation. Pourquoi condamner la C.C.F. quand aucun parti politique canadien n'a de «programme de restauration morale» et que tous affichent, de fait, une philosophie vaguement matérialiste et humanitaire? N'est-il pas temps de lever l'interdit sur ce parti? La question divise l'épiscopat québécois. La situation confuse qui prévaut au sein de la C.C.F. quant à ses orientations idéologiques alimente la discussion: le leader du parti s'inspire du travaillisme anglais, mais il est débordé sur sa gauche par des groupes qui subissent l'influence communiste (Vancouver) ou qui réclament une étatisation excessive de l'éducation, des services sociaux et du crédit (Edmonton).

À la suggestion de Murray Ballantyne, le fils du sénateur Charles Colquhoun Ballantyne, qui a l'oreille de l'archevêque McGuigan, Mgr Charbonneau soumet la question à un comité d'études en novembre 1942. Le comité se divise non sur la question du socialisme, mais sur le fait que «l'esprit et le programme de la C.C.F. s'opposent à la survivance canadienne-française». De fait, semble-t-il, des membres du comité qui sont au courant de la fondation prochaine du Bloc populaire, ce parti nationaliste francophone né en réaction à l'effort de guerre total et dans la foulée de l'Action libérale nationale, craignent de nuire au parti en formation, si on donne le feu vert à la C.C.F. La pression de l'épiscopat de l'Ouest canadien, pour qui «la C.C.F. n'était pas pire que les vieux partis», ramène la question à l'ordre du jour de l'Assemblée de l'épiscopat canadien, tenue à Québec en octobre 1943. Les discussions sont longues et houleuses. Elles rappellent la querelle du rougisme au XIXe siècle. On se souvient du célèbre syllogisme: le libéralisme est condamné par Pie IX; le parti libéral canadien professe le libéralisme; le parti libéral est condamnable. En 1943, seul le moyen terme du syllogisme est changé et la question est de savoir si la C.C.F. professe le socialisme que l'Église a mis au ban. Des évêques canadiens ne le croient pas et craignent que maintenir la condamnation serait encourir le risque de voir «naître un parti anticlérical, de diviser le pays, de plonger l'Église dans la politique et de fausser le fonctionnement [du] système de parti». Un consensus s'établit sur un communiqué qui s'en tient aux principes généraux: «Les fidèles ont toute liberté d'adhérer à un parti politique quelconque, pourvu que ce parti maintienne les principes fondamentaux du christianisme qui sont traditionnels au Canada, pourvu aussi qu'il favorise, dans l'ordre économique et social, les réformes nécessaires réclamées avec tant d'insistance dans les documents pontificaux.» De crainte de paraître appuyer la C.C.F. — plus vraisemblablement pour respecter le veto de certains évêques québécois et peut-être pour ne pas encourir l'ire du premier ministre du Québec —, le communiqué ne dédouane pas nommément la C.C.F. Toutefois, les archevêques McGuigan, Charbonneau et Villeneuve autorisent le *Canadian Register, le*

Devoir et *l'Action catholique* à préciser dans leurs éditoriaux que désormais un catholique pourra voter en faveur de ce parti.

Le communiqué et les éditoriaux suscitent une vive réaction dans les milieux politiques et d'affaires. Des personnages influents rendent visite au cardinal Villeneuve. Ils déplorent «que les évêques [aient] encourag[é] les forces révolutionnaires au moment où la citadelle de l'entreprise privée était menacée». Les Jésuites soutiennent, non sans raison, que la lettre du communiqué ne libère pas automatiquement la C.C.F. Ce sera aux fidèles de juger et à la C.C.F. de profiter de son prochain congrès pour clarifier ses positions. À l'instigation du père Émile Bouvier, qui a fait récemment une analyse de l'idéologie de la C.C.F., les Jésuites recommandent «une attitude de prudente expectative». Le débat dans la presse ne lève pas toute l'ambiguïté qui entoure le communiqué. Il ne blanchit pas non plus la C.C.F. La plupart des fidèles demeurent méfiants envers ce parti, et le premier ministre Duplessis peut continuer d'assimiler ses membres aux gauchistes et aux communistes.

À l'instar de la C.C.F., la secte des Témoins de Jéhovah est un produit d'importation. Elle a été fondée à Pittsburgh par Charles T. Russel en 1872. Les Témoins pratiquent le baptême par immersion. Ils croient en une fin prochaine du monde. Leur principal devoir religieux est d'honorer le nom de Jéhovah en prêchant le Royaume qui est déjà incarné dans la Watch Tower Bible and Tract Society. Ils n'ont pas d'églises. Ils rendent témoignage en distribuant des tracts et en faisant du porte à porte. Ambassadeurs de la théocratie, ils en prennent à leur aise avec les lois civiles, ce qui leur vaut d'incessants démêlés avec la justice. Vers la fin de sa vie, le président Rutherford avait accentué ses attaques contre l'Église catholique. Son successeur, Nathan H. Knorr, continue dans cette voie et range le Pape parmi les alliés des forces de l'Axe. Au Québec, les Témoins de Jéhovah sont une infime minorité: on en dénombre 136 en 1941 et 1422 en 1951. Durant la guerre, le gouvernement canadien les déclare une association illégale, mais se soucie peu de mettre l'interdit en application. De nombreux Témoins en provenance de l'extérieur viennent s'installer au Québec et mener une intense campagne de publicité. À la fin de la guerre, la Watch Tower Bible and Tract Society fait du Québec son principal champ de bataille en Amérique du Nord. Ses missionnaires pratiquent un militantisme agressif et provocateur: distribution sans permis dans les maisons privées de tracts injurieux et utilisation de haut-parleurs dans les villages pour dénoncer le catholicisme. Ils ne ménagent pas leurs attaques contre l'Église et les prêtres. Le Québec traditionnel encaisse mal cette offensive. En milieu rural, les convertis sont spontanément marginalisés. En milieu urbain, des accrochages se produisent dans les rues. Bientôt, la réaction s'organise. Les curés alertent les mouvements d'action catholique et contactent les autorités municipales pour qu'on interdise le porte à porte. Le premier ministre Duplessis donne ordre à la Sûreté provinciale de tenir à l'œil les Témoins de Jéhovah. On les accusait durant la guerre «de distribuer de porte en porte de la littérature illégale» et «de violer les lois de la défense du Canada qui interdit toute distribution de tracts susceptibles de nuire à l'effort de guerre».[38] La guerre terminée, on les accuse de faire du colportage. À partir de 1944, les arrestations se multiplient. En 1946, des centaines d'accusations — huit cents au dire des Témoins — sont portées devant les tribunaux. Les Témoins accusent Duplessis et la Hiérarchie catholique de conspirer contre eux. Cette année-là, Nathan H. Knorr et ses principaux acolytes états-uniens viennent à Montréal lancer publiquement une brochure exposant crûment les faits. Des Témoins, pour avoir distribué des bibles, conduit des services religieux dans des maisons privées et tenu des conférences publiques, ont été assaillis et battus, ont vu leurs publications détruites par des individus et leur demeure, envahie. Les Témoins font état de l'animosité de la police qui les traite comme des criminels. Ils dénoncent l'Église catholique comme la force qui se cache derrière ces poursuites. Intitulé *la Haine ardente du Québec pour Dieu, pour Christ et pour la liberté est une honte pour tout le Canada*, le pamphlet aurait été publié en trois langues, en français, en anglais et en ukrainien, et tiré à 1 500 000 exemplaires qu'on aurait distribués à travers le Canada. Il est suivi d'un autre encore plus violent: *Quebec, you have failed your people*. Pour Duplessis, les Jésuites et beaucoup de catholiques, la manœuvre est claire: les Témoins tentent de «monter les Canadiens de langue anglaise contre le Québec».[39] C'est de la subversion! Les Témoins qui distribuent ces pamphlets sont arrêtés et accusés «de conspiration séditieuse ayant pour but de susciter de la haine et du mécontentement parmi les sujets de Sa Majesté et de déclencher la lutte des classes». Les Témoins portent l'affaire devant les tribunaux. Le 5 décembre 1949, la Cour suprême annule la condamnation d'un Témoin de Jéhovah pour conspiration séditieuse et ordonne un nouveau procès. La presse anglophone exulte. Mais la situation ne change guère. Le 14 décembre, à Joliette, une quinzaine d'hommes, dont l'action, selon la rumeur publique, semble inspirée par les Chevaliers de Colomb, expulsent de Joliette deux Témoins de Jéhovah. Les Témoins protestent: le chef de police refuse d'intervenir. Le retour des missionnaires à Joliette provoque une échauffourée. Le Comité des libertés civiques de Montréal proteste et exige une enquête. Celle-ci n'a pas lieu. Pour Duplessis, comme pour les évêques, la liberté illimitée n'existe pas: n'arrête-t-on pas les faux monnayeurs? Un prêtre donne dans le *Saturday Night* le point de vue des élites dominantes: «Dans une société presqu'entièrement catholique, lorsqu'une perturbation de ses principes catholiques tend à troubler son mode de vie catholique, alors, un État ouvertement catholique (disons l'Autorité du Québec) cherchant à empêcher cette perturbation ne fait que sauvegarder le bien commun.»[40] La lutte contre les Témoins dégénère en querelle politique partisane. La Commission des liqueurs enlève son permis de vendre des boissons alcooliques à Frank Roncarelli, ce restaurateur montréalais qui aurait cautionné en 1944 et en 1946 quelque 390 Témoins devant les tribunaux. Roncarelli qui voit dans cette décision la manœuvre d'un premier ministre soucieux de plaire à la Hiérarchie porte l'affaire devant les tribunaux. Les Témoins, cependant, jugeant peu rentable leur stratégie provocatrice mettent une sourdine à leur agressivité.

Le contrôle des idées implique de soi la diffusion de valeurs et de normes. En ce domaine, l'Église a déjà une longue expérience dans la presse écrite. Elle dispose en 1940 de deux quotidiens populaires, *le Droit* (Ottawa) et *l'Action catholique* (Québec), et de l'appui d'un troisième rédigé à l'intention des élites, *le Devoir* (Montréal). Deux hebdomadaires, *la Semaine religieuse de Québec* et *la Semaine religieuse de Montréal* diffusent les directives papales et épiscopales. Les mouvements d'action catholique possèdent leur mensuel ou leur hebdo; les paroisses, leur bulletin; les communautés, leurs annales. De plus, l'Église possède les principales revues intellectuelles: *Culture, la Revue dominicaine, les Carnets viatoriens, la Revue de l'Université Laval, la Revue de l'Université d'Ottawa*. Il manque à ce réseau de presse catholique un quotidien populaire à Montréal. La Consistoriale le signale à l'épiscopat qui, faute de fonds, ne peut acheter «l'un des mastodontes qui empoisonnent l'opinion».[41] On se rabat sur des projets plus modestes. La L.O.C. commence en décembre 1944 la publication du *Front ouvrier*, un hebdo destiné en principe à traiter les problèmes dans leur relation avec la vie spirituelle des familles ouvrières. L'année suivante, Léopold Richer publie *Notre Temps* à l'intention des élites catholiques. L'un et l'autre hebdos reçoivent des subventions de l'épiscopat. De leur côté, les Jésuites occupent un secteur en pleine expansion: les magazines. Ils publient depuis 1940 *Relations*, un magazine qui accorde une attention particulière aux problèmes sociaux, sans pour autant négliger les autres questions d'un intérêt général. En 1945, ils modernisent leur bulletin paroissial et publient, sous le titre de *Ma Paroisse*, un magazine religieux dont la mission est de diffuser les directives de la Hiérarchie, de lutter «contre les idées erronées» et d'animer la vie paroissiale. La presse catholique atteint son apogée dans les années 1940, mais son importance relative décline. Les grands quotidiens populaires, la presse de fin de semaine et les magazines américains pénètrent de plus en plus le marché québécois. La parution en 1943 de *Sélection du Reader's Digest*, qui atteint 125 000 exemplaires en 1948, marque un tournant. La formule plaît aux classes moyennes, même si des clercs déplorent que le périodique syncrétise et œcuménise la religion. Dans les années 1950, la presse catholique se ressent du conservatisme de l'Église officielle. *L'Action catholique* s'enlise dans un anticommunisme simplet et l'exaltation de l'ordre existant. Sa circulation diminue en milieu rural à partir de 1952. Quelques années plus tard, sa Une révèle les symptômes d'une sclérose avancée.

Le gouvernement Duplessis soutient «la bonne presse» dans son combat pour le maintien d'un ordre catholique. *Le Devoir* et *l'Action catholique* bénéficient de contrats d'impression gouvernementaux. Bien des œuvres de presse sont financées à même les revenus tirés des manuels scolaires approuvés par le Comité catholique du Conseil de l'instruction publique.

3. L'INSTITUTION ET LES PRESSIONS DE L'ENVIRONNEMENT

La conférence catholique canadienne

Henri Bourassa avait souligné en 1935 qu'il n'y avait pas «une Église canadienne, cellule intégrante de l'Église universelle: il y a[vait] une Église de langue française et une Église de langue anglaise, dont les membres [étaient] plus étrangers et parfois plus hostiles les uns aux autres que ne [l'étaient] entre eux les catholiques et les non-catholiques appartenant aux mêmes groupements politiques, sociaux, professionnels».[42] En favorisant les forces d'unification politiques et culturelles à l'œuvre dans la Confédération canadienne, du même coup l'impact de l'effort de guerre total concourt à centraliser le leadership et l'administration au sein de l'Église canadienne. L'ampleur et la complexité croissante des questions qui transcendent les frontières politiques des états provinciaux et la juridiction des Ordinaires, telles que le communisme, l'imposition du clergé, les mariages mixtes, l'interventionnisme de l'État, l'action catholique, les clubs neutres, la formation des prêtres, les missions, obligent les évêques canadiens à rechercher une plus grande concertation de leur action. Cette tendance s'affirmit dans l'après-guerre avec l'expansion des organismes internationaux. La concertation n'est pas une idée neuve. Les délégués apostoliques la moussaient depuis les années 1920 et déjà les réunions quinquennales des évêques canadiens, commencées en 1928, préfiguraient l'émergence d'une structure de coordination. Le délégué Andrea Cassulo avait suggéré, en 1932, que l'on tienne ces réunions tous les trois ans.[43] Les réunions quinquennales de 1933 et de 1938 montrèrent qu'il pourrait être opportun d'en tenir plus fréquemment. Grâce à une action concertée de tout l'épiscopat canadien, on avait pu régler la situation financière des diocèses de Régina, de Gravelbourg et de Prince-Albert qui ne pouvaient rembourser les emprunts qu'ils avaient contractés auprès de la Sun Life, du Crédit foncier, de l'Alliance nationale et des banques. Lors du plébiscite de 1942, les discussions qui entourent la préparation d'une lettre collective montrent maintenant la nécessité d'une fréquence accrue de ces réunions. Mgr Ildebrando Antoniutti, délégué apostolique, suggère de remplacer l'Assemblée quinquennale des évêques canadiens par une réunion annuelle des archevêques.[44] Au printemps de 1942, l'épiscopat québécois se rallie à l'idée d'une réunion annuelle des archevêques et d'une réunion quinquennale des évêques canadiens.[45] Les archevêques tiennent leur première réunion à Québec, les 28 et 29 octobre 1942. Le cardinal Villeneuve, qui la préside, soulève la question de la concertation de l'action: l'étendue du pays, la diversité des milieux, la différence des mentalités rendent problématique «une attitude uniforme de l'épiscopat sur certaines questions d'intérêt général». Il suggère que l'épiscopat canadien siège régulièrement en assemblée plénière et qu'entre ces réunions un conseil de l'épiscopat veille à rendre uniformes la pensée et les directives des évêques canadiens.[46] La proposition du cardinal est vague, mais les archevêques pour l'incarner peuvent référer à deux modèles: la National Catholic Welfare Conference, née aux États-Unis après la première guerre, et les associations protestantes canadiennes qui «grâce à une organisation centrale pouvaient prendre une plus large part à la vie nationale du pays». Ils élaborent un projet que les évêques discutent et précisent lors de leur réunion quinquennale, tenue à Québec en octobre 1943. Ceux-ci s'entendent sur la mise à l'essai d'une structure qu'il suffira de roder au cours des ans. Cette structure comprendra: 1. une assemblée quinquennale de l'épiscopat canadien; 2. un conseil national où siégeront annuellement les archevêques et les évêques à la tête des commissions; 3. un comité exécutif composé du cardinal et de quatre archevêques; 4. neuf commissions permanentes mandatées pour étudier, sous la présidence d'un évêque et avec le concours de théologiens et d'experts, des questions complexes à soumettre au conseil national; 5. un secrétariat. Les évêques sont aussi d'avis de faire procéder à une analyse du fonctionnement de la National Catholic Welfare Conference, afin d'évaluer s'il ne serait pas préférable que l'assemblée plénière de l'épiscopat ait lieu tous les deux ans. Commence alors la mise en place du nouvel organisme. Le comité exécutif tient sa première réunion à Québec le 15 décembre 1943. Il met sur pied le Secrétariat permanent de l'épiscopat, dont le siège social sera à Ottawa et dont le fonctionnement sera supervisé par deux secrétaires, l'un francophone et l'autre, anglophone. Ce secrétariat, financé par une cotisation répartie entre les diocèses, commence à fonctionner au début de 1944. Paul Bernier, ancien chancelier de l'archevêché de Québec et premier secrétaire francophone de ce qui allait devenir la Conférence catholique canadienne, prépare un rapport sur la National Catholic Welfare Conference. Amorcée par le Conseil national le 26 septembre 1945, la discussion du rapport Bernier donne lieu à un document qui, remanié à plusieurs reprises, devient une constitution approuvée par la Consistoriale pour une période de cinq ans, en juin 1948, et par l'Assemblée des évêques, le 13 octobre de la même année. Selon cette constitution, la Conférence catholique canadienne (C.C.C.) est une organisation volontaire des évêques canadiens vouée à l'avancement de l'Église et à la coordination de l'activité catholique au Canada. Ses rouages sont: 1. une assemblée annuelle de tous les évêques; 2. un bureau d'administration composé ex officio des cardinaux, de l'archevêque de Québec et de six évêques élus par l'assemblée; 3. six commissions chargées d'aviser les évêques et de donner suite aux décisions prises par l'assemblée et le bureau d'administration; 4. un secrétariat à Ottawa dirigé par deux secrétaires.

La C.C.C. est une institution originale. Elle n'est pas une institution canonique. Les évêques ne sont pas obligés juridiquement d'assister à ses réunions. Ses décisions n'ont pas force de loi et la C.C.C. ne saurait se substituer aux évêques qui, de droit divin, restent les législateurs et les chefs de leur diocèse respectif, sous l'autorité du Saint-Siège. N'ont force de loi dans un diocèse que les directives promulguées par l'Ordinaire. À toutes fins utiles, la C.C.C. est un organisme de vigilance, de consultation et de coordination qui assure une plus grande influence et un plus grand prestige à l'Église canadienne. L'assemblée n'est pas composée à partir d'une représentation proportionnelle des ethnies qui composent la population catholique. Compte tenu de la composition ethnique de la catholicité canadienne en 1941 — francophones (66,4%), anglophones (16,14%) et néo-Canadiens (17,3%) — , il ne devrait y avoir que 9 évêques anglophones au lieu de 21, puisque les francophones en ont 37. Dans ses rouages et dans son fonctionnement, la C.C.C. reconnaît en principe et en pratique la dualité linguistique. Le secrétariat et les commissions ont une branche anglophone et une branche francophone. Les membres élus au bureau d'administration sont pour moitié francophones et pour moitié anglophones. Cette dualité ne fut pas reconnue sans discussion. Des évêques anglophones n'en voyaient pas la nécessité. Même l'archevêque de Montréal, Mgr Charbonneau, favorisait la «commission unique», sous prétexte que la C.C.C. n'aurait qu'à traiter des problèmes d'un intérêt général. C'est Mgr Desranleau qui plaida la nécessité, «sur le plan de l'exécution, des organes distincts». Dans la pratique, cependant, la C.C.C. subira comme les institutions canadiennes la pression du groupe culturel dominant. Tout comme au XIXe siècle la reine avait choisi Ottawa comme capitale du pays, la Consistoriale choisit Ottawa comme siège social de la C.C.C., même si les réunions avaient lieu jadis à Québec, Église primatiale du pays, et si des évêques, «afin de répartir les frais de déplacement et d'honorer les diverses régions du pays», auraient préféré un système d'alternance. Dans les discussions, la langue anglaise est la plus couramment utilisée, car il s'y trouve toujours quelques unilingues anglophones. Au fil des ans, la C.C.C. se bureaucratisera. En 1968, elle comprendra cent deux membres, huit commissions épiscopales, un bureau de contrôle des finances; sur son Secrétariat général se grefferont quinze départements dotés de secrétariats français et anglais. De 10 500$ en 1944, ses dépenses seront estimées à plus de

900 000$ en 1966-1967. Par bien des aspects, la C.C.C. deviendra une petite curie romaine au sein de laquelle les cadres permanents et les experts pèseront lourd dans les orientations et les décisions que l'épiscopat prendra. Le poids des permanents tiendra en partie au fait que la C.C.C. constituera alors une superstructure mal articulée aux chancelleries diocésaines et aux assemblées épiscopales régionales, que les hommes qui composeront son assemblée plénière se connaîtront peu, communiqueront difficilement, n'auront pas l'habitude du travail en équipe ni les mêmes idées sur le Canada et le mode d'insertion de l'Église dans un pays aussi diversifié.

L'impact de la C.C.C., un organisme canadien, sur l'épiscopat québécois est difficile à évaluer. Elle constitue un lieu où celui-ci peut veiller aux intérêts spécifiques des catholiques francophones répartis à travers le pays. Elle constitue aussi tout à la fois un horizon élargi et un mécanisme d'insertion de l'épiscopat québécois dans les affaires canadiennes et internationales. Elle est un carrefour d'idées qui facilite son adaptation à la société urbaine.

Le fonctionnement de la C.C.C. renouvelle les méthodes de travail de l'épiscopat québécois, aux prises lui aussi, lors des réunions trimestrielles qu'il tient au palais cardinalice de Québec, avec des problèmes accrus et complexes. Lors de leur réunion de février 1950, les évêques du Québec décident de créer une commission d'action catholique et une autre d'action sociale. Au fil des mois, ils mettent sur pied des commissions sur le clergé, sur les communautés religieuses et les missions, sur la coopération apostolique Canada-Amérique latine, sur l'éducation, sur l'enseignement religieux, sur les hôpitaux et œuvres d'assistance, sur l'information, sur la législation, enfin sur la pastorale, la liturgie et les arts sacrés. En 1957, on dénombre onze commissions patronnées par ce qui allait devenir l'Assemblée des évêques du Québec. Au sein de chacune siègent quatre évêques: l'un à titre de président, l'autre à titre de secrétaire et les deux autres à titre de membres. Chaque évêque participe aux travaux d'au moins deux commissions.

La subdivision des paroisses

Statistiquement, le catholicisme demeure la religion dominante au Québec. Ses effectifs englobent 85,7% de la population québécoise en 1931 et 88% en 1961. L'anglicanisme, la deuxième religion en importance, ne groupe en 1961 que 3,7% de la population et, la même année, les six plus importantes confessions protestantes rassemblent au plus 8,5% de la population. À peine 6 351 Québécois se déclarent incroyants en 1961. En somme, le Québec continue d'être un pays catholique. La pression sur les cadres ecclésiaux origine non d'une diminution des effectifs catholiques, mais de leur déplacement géographique et de l'évolution de leur mentalité.

La reprise de l'urbanisation a comme conséquence, selon le sociologue Gérald Fortin, de «déplacer graduellement du village vers la ville avoisinante et même la grande ville le centre de la vie quotidienne». De communautés vivantes tirant leur cohésion et leur dynamisme de la similitude des genres de vie, des liens du sang et des relations face à face, les paroisses deviennent, en moins de vingt-cinq ans, des créations anémiques sinon artificielles. Jusque-là confinée dans Montréal, la dissolution du tissu paroissial s'étend à tout le Québec. Dans les grandes et petites villes, le volume, la morphologie, les problèmes de la paroisse varient selon les quartiers. Ces paroisses ont en commun d'être de petites sociétés hétérogènes, composées d'éléments dont les occupations diffèrent et dont les préoccupations et les valeurs divergent. L'émergence de milieux de travail, de milieux scolaires, de milieux de loisir en dehors de leurs frontières les ouvre au vent du large, substituant au sens paroissial un sens d'appartenance à la cité ou à la région. D'autres univers sociaux que la paroisse sont source d'identité et de comportements. Même les paroisses rurales, de plus en plus divisées entre des villageois qui travaillent à la ville et des agriculteurs spécialisés, sont aspirées par ce mouvement d'hétérogénisation.[47] De plus en plus de fidèles échappent à l'action de l'Église. Le jésuite Robert Bernier constate en 1945 que «Montréal est une brousse et que les ouvriers sont peu atteints par l'atmosphère paroissiale». Analysant quelques années plus tard la situation qui prévaut

Le temps des ruptures

Une boutade populaire exprime bien la réaction canadienne devant la guerre: «la guerre nous fait du bien en nous permettant de faire de l'argent». Nous savons l'essor prodigieux de l'économie canadienne obligée de produire beaucoup et rapidement pour équiper nos armées et celles de nos Alliés, pour sustenter l'Angleterre. L'industrie urbaine comme l'industrie agricole connaissent leurs beaux jours et la civilisation de l'argent prend forme dans le cœur de la population avec sa séquelle, le confort, le bien-être, la sécurité.

Une observation approfondie de ce phénomène d'économie fébrile nous apprend cependant que des mutations de fond s'opèrent sur la scène de notre mode de vie. L'urgence de la productivité déplace de façon subite des millions de bras, de la campagne à la ville, du foyer à l'usine, du fonctionnariat au travail industriel, du chômage au service militaire d'abord libre, plus tard obligatoire. Il s'en suit une déroute momentanée des relations humaines, heureusement reportée au domaine de l'inconscient grâce à l'enivrement des gros salaires et des convoitises enfin satisfaites. En dépit de certaines protestations contre le travail industriel des femmes, le peuple acquiesce inconsciemment aux bouleversements de ses mœurs. Il faut parler d'ébranlement décisif de nos comportements traditionnels, pour ne pas dire de mise au ban de tabous héréditaires: la séduction du travail rémunéré rejetant le mythe de notre vocation rurale, le rythme du travail intensif ébranlant les imperméabilités de notre vie familiale, les nécessités de la productivité obligeant à l'acceptation factuelle de la «majorité» des jeunes, les valeurs d'efficacité et de technique lançant un défi aux valeurs classiques de toujours, la solidarité avec les autres peuples évacuant les exclusivismes d'un certain nationalisme. Évidemment la période de la guerre est surtout de gestation, en ce sens qu'elle amorce les orientations indiquées plus haut, celles-ci ne devant se cristalliser en credos, mœurs et institutions que dans la période d'après-guerre.

Faisant suite au craquement des anciennes normes, l'après-guerre voit l'apparition de nouvelles formes de culture et de civilisation. Devenu effectivement tributaire du cosmos, particulièrement de la civilisation nord-américaine, le Canada change littéralement de face.

Les nouveaux citadins, empêtrés dans leurs complexes ruraux ou «petits villageois», dépourvus de tout sens critique se laissent emporter par les courants de la vie, ingurgitant sans résistance les nouvelles valeurs du bien-être et du succès. Nos retours du front rapportent des doutes sur un lot de questions «allant de soi», depuis des générations, accordant volontiers le même crédit aux différentes religions, partisans acharnés de la tolérance religieuse. Le service militaire, les films étrangers, les voyages en Europe, le voisinage des Néo-Canadiens, les révélations systématiques de la propagande, plusieurs facteurs contribuent à nous «démystifier», balançant la vieille rengaine suivant laquelle «tout va bien ici alors que tout va mal ailleurs»; nos horizons deviennent à l'échelle du monde. Une certaine continuité de la prospérité économique conduit les étudiants sur les chantiers de construction, les bateaux, dans les usines, les restaurants, faisant d'eux des ouvriers du monde grassement rémunérés. La course à l'efficacité économique oriente la recherche des savants en vue de perfectionner la technique, la machine, l'énergie, et il en sort d'une part une vogue généralisée pour la culture dite scientifique et technique, d'autre part une expansion rapide de notre enseignement professionnel et technique. Sous la poussée des mêmes facteurs, l'accession des étudiants aux études s'amplifie grâce à la multiplication des écoles dans les centres urbains grossis rapidement, écoles supérieures, écoles techniques, écoles d'arts et métiers, externats classiques, écoles d'affaires (business colleges): mais du coup les étudiants endossent le régime de l'externat, ne se refusant pas une certaine désaffection de l'école-institution.

(*Cahiers d'action catholique*, décembre 1954, p. 212-214.)

dans la paroisse de l'Immaculée-Conception, une unité de vingt mille âmes desservies par dix-sept jésuites, Wilfrid Gariépy, s.j., observe que le curé ne connaît pas ses paroissiens et que ceux-ci ne tiennent pas à se rencontrer les uns les autres; que les écoles, les loisirs et les œuvres sociales lui échappent, de même que la plupart des problèmes qui se posent maintenant à l'échelle de la cité; que le centre de gravité de la vie quotidienne, même au plan religieux, n'est plus la paroisse; que la pratique religieuse baisse et que sous l'action des influences païennes les fidèles se détachent de la paroisse.[48] Cette mutation affecte le leadership et le rôle des curés. Même confinés au domaine spirituel, ceux-ci sont débordés. Ils font du bureau, des apparitions dans la chaire le dimanche et s'affairent à dispenser les sacrements.

Le problème est de taille pour l'Église. Sa solution appelle une révision en profondeur de son mode d'insertion dans le monde, des pratiques pastorales, du rôle des clercs, des religieux et des laïcs au sein de l'institution ecclésiale. Cette révision est encore prématurée. C'est à partir des anciens schèmes que la Hiérarchie s'efforce de ranimer la vie paroissiale. Elle applique les solutions traditionnelles: la division des paroisses et le recours aux communautés religieuses. De 1930 à 1939, décennie caractérisée par un arrêt de l'urbanisation, la Hiérarchie avait érigé quelque cent vingt-six paroisses. À peine une trentaine était issue d'un mouvement de subdivision des paroisses trop populeuses. Les autres étaient la résultante du mouvement de colonisation: on en avait érigé trente-deux dans le seul diocèse d'Amos. Durant la guerre, le mouvement se renverse. De 1940 à 1968, l'Église érige 491 paroisses, soit 181 de 1940 à 1949, 218 de 1950 à 1959 et 92 de 1960 à 1969. Quelque 73% des nouvelles paroisses procèdent du mouvement de subdivision des anciennes paroisses. Par comparaison avec la situation en 1932, cette stratégie freine l'expansion des paroisses monstrueuses et maintient les deux tiers des paroisses en deçà de la norme maximale de 2 500 — norme quantitative basée sur la parole évangélique: «Je connais mes brebis et mes brebis me connaissent.» Montréal, cependant, demeure un cas. Seulement 17,3% des paroisses correspondent en 1962 à cette norme idéale et, depuis 1940, les paroisses

TABLEAU 1

RÉPARTITION DES PAROISSES DU QUÉBEC ET DU DIOCÈSE DE MONTRÉAL
SUIVANT LEUR POPULATION EN 1932 ET EN 1962

| Population | 1932 | | 1962 | |
de la paroisse	Montréal	Le Québec	Montréal	Le Québec
1 — 999	23,6%	39,9%	2,0%	28,6%
1 000 — 2 499	33,9%	41,7%	15,3%	37,6%
2 500 — 3 999	11,9%	7,8%	20,7%	13,1%
4 000 — 5 999	9,7%	4,1%	23,6%	10,2%
6 000 — 8 999	7,4%	2,9%	18,3%	6,7%
9 000 +	12,9%	3,0%	19,5%	3,0%

Source: *Le Canada ecclésiastique*.

monstrueuses ont augmenté de 7,4%. L'affermage des grosses paroisses à des communautés ne corrige qu'en partie la situation. D'une part, cette façon de faire est un facteur de tension dans le clergé — les séculiers n'aiment pas voir les grosses cures cumulées par les communautés ni subir les comparaisons peu flatteuses des fidèles à leur égard. D'autre part, un curé, fût-il religieux, ne saurait entretenir des rapports étroits avec dix mille fidèles. Ses vicaires, nombreux mais souvent de passage, n'arrivent pas à constituer des équipes stables et efficaces. D'ailleurs, nombre de religieux acceptent mal de se confiner au ministère paroissial qui n'est pas le centre de leur engagement religieux.

La refonte de la carte des diocèses

Les forces qui sapent le cadre paroissial, telles l'action catholique spécialisée et les agences d'assistance, ont souvent pour résultat de renforcer la vie diocésaine. Si ces organismes supraparoissiaux empruntent leurs ressources, leurs membres et leurs clientèles à la paroisse, ils commencent à fonctionner à partir de visées, de structures et de stratégies diocésaines. Il importe donc que la réalité diocésaine colle à des ensembles régionaux homogènes. Dans la création des diocèses, Rome continue de procéder en tenant compte de trois critères: le nombre de catholiques, l'étendue du territoire et les problèmes spécifiques à une région. En un sens, «toute création de diocèse a pour conséquence le développement spirituel et matériel de la région concernée».

Les années 1930 n'avaient pas favorisé l'éclosion de nouveaux diocèses. Trois diocèses dans l'Ouest canadien étaient au bord de la faillite. À Gaspé, Mgr Ross se débattait dans de difficiles problèmes financiers. Il avait été obligé en 1929 de s'endetter personnellement pour reconstruire la crypte de sa cathédrale incendiée, puis plus tard de cesser de tenir évêché et se mettre en pension dans une communauté. Son séminaire «s'enfonçait dans les dettes» et, lors de son voyage *ad limina* en 1935, il n'avait pu remettre, comme le veut la coutume, le Denier de Saint-Pierre au pape. En cette conjoncture dépressive, Rome s'en était tenu à l'essentiel. L'expansion de Montréal sur la rive sud avait nécessité l'érection, le 9 juin 1935, du diocèse de Saint-Jean qu'on avait découpé à même celui de Montréal. Le mouvement de colonisation de l'Abitibi avait justifié l'érection du diocèse d'Amos, suffragant de Québec, le 3 décembre 1938. Rome avait profité de cette fondation pour réaménager l'encadrement des catholiques cantonnés plus au nord. Le siège épiscopal de Haileybury, diocèse érigé le 31 décembre 1915, avait été transféré à Timmins; le vicariat de l'Ontario-Nord était devenu le diocèse de Hearst, et le territoire de la baie James, dont les frontières chevauchaient le Québec et l'Ontario, avait été érigé en vicariat apostolique. Sauf la création du diocèse d'Amos, les autres mesures avaient été des aménagements peu coûteux.

Durant la guerre, la prudence et la vigilance continuent d'être de mise. Par son impact politique sur les rapports de force entre francophones et anglophones, la création de nouveaux diocèses demeure au Canada un problème délicat. En juillet 1941, la nomination de Lawrence Patrick Whelan au poste d'évêque auxiliaire de l'archevêque de Montréal donne à nouveau l'occasion aux antagonismes de se manifester. Cette nomination déclenche une autre guerre de statistiques. Mgr Charbonneau estime que les soixante-trois mille catholiques anglophones montréalais ont droit à un auxiliaire de leur langue: les quelque quarante mille francophones de la Saskatchewan n'ont-ils pas deux évêques francophones, l'un à Prince-Albert et l'autre à Gravelbourg? Piqués dans leur fierté, les Montréalais francophones ne l'entendent pas ainsi. La Société Saint-Jean-Baptiste en fait une question de «droit d'aînesse» et de justice. Donner un auxiliaire à des catholiques anglophones qui constituent à peine le treizième des fidèles du diocèse de Montréal, c'est du coup mépriser les catholiques francophones qui n'ont pas droit à un auxiliaire dans Sault-Saint-Marie et Pembroke où ils comptent pour la moitié des fidèles, dans London où ils sont le tiers, dans Edmonton où ils sont le cinquième, dans Kingston et Peterborough où ils sont le sixième. Survenant dans un moment où l'effort de guerre divise la population suivant des clivages ethniques, la nomination de Mgr Whelan prend des proportions nationales. Louis-Athanase Fréchette, président de la Société Saint-Jean-Baptiste, s'empresse de rappeler au délégué apostolique que si «la Nouvelle-France ne jouit pas du prestige de l'État souverain, elle a des droits politiques qu'on ne peut mépriser sans troubler l'ordre établi». Il conclut que cette nomination n'est pas un incident, mais l'expression d'une politique devenue intolérable pour les francophones et dont les conséquences pourraient être de faire «dégénérer les sentiments d'une population jusqu'ici fidèle à sa foi en irrémédiables rancœurs individuelles et en douloureux conflits publics». Dans une circulaire envoyée à tous les évêques du Québec, la Société Saint-Jean-Baptiste réclame un redressement de la situation et propose de créer à même le diocèse de Halifax un diocèse francophone dont le siège épiscopal serait à Yarmouth ou à Pointe-de-l'Église, d'ériger Rimouski en archevêché, avec Gaspé et un diocèse à créer sur la rive sud comme suffragants, enfin, de délimiter une autre province ecclésiastique autour de Sherbrooke ou de Saint-Hyacinthe.

Des ecclésiastiques inspirent-ils en sous-main ce projet? Celui-ci révèle à tout le moins des aspirations profondes. Ainsi, la question d'une province ecclésiastique dans la région de Sherbrooke est dans l'air depuis quarante ans. Ce projet correspond à la nécessité de renforcer les structures régionales et il rejoint des visées nationalistes. Le délégué apostolique prend sur lui de piloter auprès des évêques et de la curie romaine un projet qui emprunte largement à celui de la Société Saint-Jean-Baptiste. Les modifications sont effectuées en deux temps. Le développement de la Côte-Nord et du Labrador laissant espérer l'implantation d'îlots de population, on érige, le 13 juillet 1945, le vicariat apostolique de Labrador-Schefferville que l'on confie aux Oblats — il sera promu au rang de diocèse le 22 juillet 1967. De plus, le 24 décembre 1945, le vicariat apostolique du Golfe Saint-Laurent est élevé au rang de diocèse — il changera son nom en celui de Hauterive en 1960. Avec Gaspé, ces deux diocèses sont rattachés à une nouvelle province ecclésiastique dont le cœur sera le siège épiscopal de Rimouski. Pendant ce temps, les discussions se poursuivent sur l'opportunité de créer la province ecclésiastique de Sherbrooke. En février 1945, l'épiscopat québécois endosse ce projet à l'unanimité, sauf l'évêque de Saint-Hyacinthe qui met son diocèse sur les rangs. Le diocèse de Sherbrooke met de l'avant ses vingt centres industriels, son rayonnement sur une dizaine de comtés, ses cent cinq paroisses et sa capitale régionale forte alors de quelque 40 000 âmes, comparativement à 18 000 pour Saint-Hyacinthe. Il exploite au maximum les avantages de sa situation géographique: sise à 140 milles de Québec et à 100 milles de Montréal, la ville de Sherbrooke, plus que Saint-Hyacinthe déjà intégrée à Montréal, serait promise à un grand avenir.[49] Autant que les statistiques, la présence à Sherbrooke d'une université et de trois collèges, tous protestants, milite en faveur d'une forte présence catholique. Sherbrooke est érigé en archidiocèse le 2 mars 1951: Nicolet et Saint-Hyacinthe en seront les suffragants. On procède la même année à l'aménagement de deux autres diocèses: le 23 juin, Sainte-Anne-de-la-Pocatière, taillé à même le diocèse de Québec, et Saint-Jérôme, détaché de Montréal, sont élevés au rang de diocèses. Hull, qui avait demandé au printemps de 1945 d'être détaché du diocèse d'Ottawa, se heurte toujours au refus de l'Ordinaire de ce diocèse qui, fort de l'appui de quelques évêques québécois, estime qu'Ottawa «comme diocèse de la capitale a besoin d'être fort et conserver une puissante majorité catholique».[50] Ce n'est qu'à partir des années 1950 que l'épiscopat s'efforcera de faire coïncider les frontières des diocèses avec celles des provinces civiles. Ainsi, en 1952, les îles de la Madeleine seront rattachées au diocèse de Gaspé. Cette tendance jouera en faveur de Hull qui sera érigé en diocèse le 27 avril 1963. La reconnaissance officielle de Québec comme église primatiale de l'Église canadienne, le 25 janvier 1956, couronnera la refonte de la carte des diocèses amorcée sous la pression de l'urbanisation du Québec.

Lors du concile Vatican II, l'Église québécoise comptera quatre provinces ecclésiastiques et dix-huit diocèses. De larges portions du territoire québécois relèveront encore de deux vicariats apostoliques, Labrador-Schefferville et Baie-James, ou seront rattachées à deux diocèses ontariens: Pembroke et Timmins. Classés selon la population, ces diocèses se distribuent en cinq catégories. Classification peu significative à la vérité: chacun a sa physionomie propre et ses problèmes spécifiques. Sainte-Anne-de-la-Pocatière, peuplé de ruraux et desservi uniquement par des séculiers, est le plus homogène et le plus stable. Hauterive connaît les problèmes des régions en pleine expansion avec deux villes en émergence. Montréal est une arche sur une mer en furie.

TABLEAU 2
RÉPARTITION DES DIOCÈSES SELON LA POPULATION CATHOLIQUE EN 1964

Population du diocèse	Diocèses
64 000 – 101 000	Mont-Laurier, Hauterive, Amos, Sainte-Anne-de-la-Pocatière, Gaspé, Joliette
133 000 – 150 000	Valleyfield, Hull, Saint-Jérôme, Nicolet
188 000 – 256 000	Rimouski, Saint-Jean, Sherbrooke, Trois-Rivières, Saint-Hyacinthe, Chicoutimi
690 000	Québec
1 350 000	Montréal

Source: *Le Canada ecclésiastique.*

4. En quête d'un renouveau pastoral

La pastorale traditionnelle se remet en question

Les temps nouveaux ne chambardent pas la pastorale traditionnelle. La vie paroissiale continue de se dérouler selon l'ecclésiologie du Concile de Trente: les clercs qui se définissent comme les pasteurs d'un troupeau s'adonnent à une pastorale d'application. La piété populaire s'alimente aux retraites, aux triduums et aux sermons du dimanche, et perpétue les dévotions traditionnelles: le culte des saints, les indulgences, le chemin de la croix, la procession des Rogations et de la Fête-Dieu. La liturgie conserve son caractère de fête caractérisé par des luminaires, de l'encens, des banderolles, des chorales, des cierges et des orgues.

Les évolutions sont lentes et s'effectuent sous l'emprise de l'orthodoxie et de la tradition. Dans le domaine de la musique sacrée, les progrès sont encourageants depuis une vingtaine d'années. Les Bénédictins de Saint-Benoît-du-Lac ont beaucoup fait pour restaurer la musique sacrée. L'École de musique de l'Université Laval (1922) a formé des centaines d'étudiants «dans la plus pure tradition grégorienne de Solesme». De nouveaux répertoires, *Delporte*, *Latour* et *Gadbois*, ont remplacé le *300 cantiques* de Bouhier. Des diocèses se sont dotés d'un comité diocésain d'action liturgique ou d'une commission de musique religieuse et de chant sacré. Mais les progrès sont inégaux. À Ottawa, le chœur Palestrina, fondé et dirigé par Jules Martel, o.m.i., est la seule chorale francophone spécialisée dans l'exécution de la polyphonie classique. Le Québec ne compte encore que vingt-cinq manécanteries et maîtrises qui diffusent la musique palestrinienne et grégorienne, tout en travaillant à la formation spirituelle et culturelle des enfants. En de nombreux endroits, le désordre règne dans les jubés. On se plaint de ces «chantres qui vocifèrent la messe des morts en parcourant le journal du matin... qui font la sieste, couchés sur les bancs, entre les différentes parties chantées, qui fument la cigarette en arrière de l'orgue».[51] À la requête des musiciens d'église, l'épiscopat se préoccupe de codifier la législation ecclésiastique en matière de musique religieuse, d'expurger les répertoires et de cataloguer les pièces dignes d'être exécutées. En 1949, un comité interdiocésain de musique sacrée reçoit mission d'uniformiser et d'accélérer la réforme. Il publie en 1952 le *Code de musique sacrée pour les provinces ecclésiastiques de Québec, Montréal, Ottawa, Rimouski et Sherbrooke*. Le code impose «la bonne musique», les morceaux «déjà connus et chantés aisément par [le] peuple». L'épiscopat reconnaît la *Revue Saint-Grégoire* comme la revue officielle des musiciens d'église, dont la mission est d'aider les maîtres de chapelle à mieux servir l'Église.

Le renouveau liturgique trouve un appui dans le mouvement biblique propagé, à ses origines, par la J.O.C. En décembre 1943, l'épiscopat décide d'appuyer et de coordonner ce mouvement. Il crée l'Association catholique des études bibliques pour le Canada dont la présidence est confiée au franciscain Adrien Malo.[52] Le nouvel organisme reçoit la mission de promouvoir les études bibliques, d'unir les spécialistes de l'Écriture sainte, de préparer des textes bibliques en langue française et de mettre des compétences à la disposition des évêques. La société siège deux fois l'an. Elle produit une traduction canadienne du Nouveau Testament, un périodique trimestriel, le *Bulletin biblique*, qui renseigne sur les principales activités bibliques au Canada, et de courts commentaires bibliques qu'elle soumet aux journaux. Sous son impulsion, des diocèses se dotent d'une société biblique qui propage la lecture de la Bible et prend les moyens pour en faciliter la compréhension.

Le renouveau biblique n'est pas étranger aux orientations que prend la catéchèse. Mais en ce domaine la réforme provient principalement d'un nouveau courant pédagogique: l'École nouvelle. S'inspirant de nouvelles conceptions pédagogiques, des professeurs, dans les années 1930, substituent à un enseignement religieux axé sur la mémorisation, le passivité et l'explication littérale du catéchisme un enseignement plus actif. La «classe de catéchisme» prend l'allure d'un dialogue, voire d'un forum. La parution en 1939 de la collection *Aux petits du royaume* marque un tournant. Axée sur l'idée «d'enfant de Dieu», utilisant toutes les ressources de la pédagogie (illustrations, tableaux, films), la collection propose un cheminement qui éveille à la foi.⁵³ L'épiscopat suit de près les progrès de la catéchèse. Il publie en 1948 le *Nouveau Programme de religion à l'intention des écoles primaires*, dont le mérite est de présenter l'Écriture sainte comme la source de la doctrine et de garder au catéchisme sa place centrale dans l'enseignement religieux. La réforme du programme est suivie en 1951 de la parution du *Catéchisme catholique*, manuel préparé par une commission présidée par Mgr Desranleau et inspiré de l'ancien *Catéchisme de la province de Québec* et du manuel du cardinal Gasparri. Le texte rédigé par question et réponse évite les mots hermétiques, les longs exposés et tend à développer le jugement. Il marque un progrès, non une nouvelle orientation. Il manque encore un Office catéchistique provincial, tel que décrit dans le décret de la Sacrée Congrégation du Concile en janvier 1935, pour animer le mouvement catéchistique et lui imprimer un souffle nouveau. Seul le diocèse de Joliette dispose d'un organisme de ce genre depuis 1945: là se forme un personnel spécialisé qui sera à l'origine du réveil catéchistique des années 1950.

À ces tentatives de renouveau pédagogique correspond une extension de l'enseignement religieux dans les écoles publiques non rattachées au Conseil de l'instruction publique. Les enquêtes de la J.O.C., qui ont révélé un haut taux d'abandon de la pratique religieuse chez les jeunes travailleurs, incitent l'épiscopat à se soucier davantage de leur formation religieuse. Ce dernier accepte la mise sur pied d'un ministère de la Jeunesse, duquel dépendrait tout le secteur de l'enseignement technique, mais il pose ses conditions: les élèves seront soumis à un enseignement religieux. Le Service de l'aide à l'apprentissage de ce ministère (1945) devient le bras séculier de l'Église. Il veille à ce que les centres d'apprentissage aient un aumônier, un cercle d'études et de la littérature moralisante. L'abbé Ovila Bélanger y enseigne sous couvert de sociologie la doctrine sociale de l'Église. Le matériel pédagogique que distribue ce service met l'accent sur le respect de l'autorité et les valeurs de la culture cléricale.

L'adaptation au monde urbain amène aussi les mouvements traditionnels à moderniser leur visage. La substitution des cercles Lacordaire et Sainte-Jeanne-d'Arc aux sociétés de

Le père Ubald Villeneuve, o.m.i., aumônier général de l'Association des cercles Lacordaire et Saint-Jeanne-d'Arc, en 1954.

François-Régis Deschênes, 1890-1948. Apôtre de l'abstinence totale et volontaire, il a porté la parole dans tous les coins du pays.

Congrès interdiocésain des cercles antialcooliques Lacordaire à Sainte-Anne-de-Beaupré, en 1946.

tempérance en est un exemple manifeste. Une lettre pastorale collective sur la tempérance avait en 1938 relancé le mouvement de tempérance. De 1938 à 1941, quatre-vingt mille personnes dans le seul diocèse de Québec signent les promesses de la Société de la croix noire. Les évêques embrigadent ces recrues contre la vente des boissons alcooliques le dimanche. Quand le cardinal Villeneuve rencontre le premier ministre Godbout à ce sujet en février 1941, il lui remet une pétition portant deux cent mille signatures.[54] Peu à peu, cependant, les sociétés de tempérance s'effacent devant un nouveau mouvement, l'Association Lacordaire et Sainte-Jeanne-d'Arc du Canada. Le mouvement est d'importation états-unienne. Il a été fondé en février 1911 par le père Joseph-Amédée Jacquemet, o.p., le pasteur des Franco-Américains de Fall-River, au Massachusetts. À l'opposé des sociétés de tempérance qui prêchaient la modération, c'est un mouvement d'abstinence totale: des gens sobres s'abstiennent de boire pour éviter de tomber un jour dans l'alcoolisme et pour aider les alcooliques à se réhabiliter. Les membres se vouent à l'enseignement antialcoolique et militent en faveur du contrôle légal de la production et de la vente de l'alcool. Les Lacordaire et Jeanne-d'Arc ne s'en prennent jamais aux vendeurs de boisson. Leur effort porte sur l'éducation des individus, l'encadrement des alcooliques et la régénération de la famille chrétienne. Ce mouvement a mis du temps à s'implanter au Québec. Un premier cercle avait été fondé à Saint-Ours en 1915 et un deuxième à Saint-Ferdinand-d'Halifax en 1935, à l'instigation d'un Franco-Américain. Les nouveaux membres avaient été initiés à Fall-River. Le père Jacquemet leur avait rendu visite et un laïc, Réal Roberge, de Saint-Ferdinand-d'Halifax, s'était fait le propagandiste du mouvement dans les Cantons-de-l'Est. Ce dernier est à l'origine des quelque quarante cercles qui existent en 1939. Au cours de l'été de cette année-là, le père Ubald Villeneuve, o.m.i., alors prédicateur à Jésus-Ouvrier et disciple du père Victor Lelièvre, vient en contact avec ces premiers Lacordaire à l'occasion d'une prédication à Saint-Martin-de-Beauce. Ubald Villeneuve se prend d'enthousiasme pour ce mouvement qui lui semble apte à prévenir l'alcoolisme et à aider les alcooliques à se réhabiliter. Homme autoritaire, fougueux, audacieux, le père Villeneuve a le sens de l'organisation et de la publicité. Il pressent que faute d'une organisation centrale et de l'appui officiel de l'épiscopat le mouvement risque de s'enliser. Il s'en ouvre au cardinal qui lui donne le feu vert. Le 18 décembre 1939, il procède à la fondation du Centre canadien des cercles Lacordaire et Sainte-Jeanne-d'Arc, un organisme d'animation et de coordination. Dès lors, l'avenir du mouvement est assuré. En janvier 1940, le père Villeneuve fonde à Québec le premier cercle urbain et, en juin, il tient à Saint-Ferdinand-d'Halifax la première convention du mouvement. Les statistiques annuelles se font triomphantes: 11 500 membres en septembre 1941, 38 943 en juin 1945, 138 095 en janvier 1955, soit 951 cercles répartis en 28 diocèses canadiens.

La montée des cercles Lacordaire et Sainte-Jeanne-d'Arc tient à plusieurs facteurs. Les qualités d'animateur du père Villeneuve, si grandes soient-elles, ne suffisent pas à rendre compte de ce succès. L'Église a deux attitudes face à la tempérance. La Hiérarchie place le mal non dans la boisson mais dans son utilisation. Elle prône la modération. Par contre, les prédicants populaires érigent la boisson en mal absolu, qui est à la source de tous les maux. Cette représentation de la boisson suscite la ferveur populaire. Par ailleurs, la formule du mouvement est simple, précise, facile à comprendre. Elle s'adresse à tous indistinctement. Elle est à base d'entraide mutuelle et valorise l'individu. De plus, les cercles sont dirigés par des laïcs. Ceux-ci donnent leur témoignage, expliquent les règlements et président à l'initiation des nouveaux membres. Certains parmi eux, convaincus, tenaces, disponibles, ont consacré leur vie à la cause: Roland Lelièvre, le militant actif de 1939 à 1961; Gilberte Armstrong, la spécialiste de la propagande écrite de 1942 à 1967; Maurice Huot, le secrétaire discret et omniprésent de 1940 à 1960; Albert Vézina, le propagandiste jovial de 1949 à 1963, etc. Sous le leadership du père Villeneuve, le mouvement recourt à toutes les ressources de la publicité, mettant à contribution la presse, la radio, la télévision et le cinéma. Les dirigeants utilisent des techniques qui collent à la culture ambiante: recrutement par familles et par réseaux sociaux, système de décoration qui fait appel à la fierté et à la vanité, atmosphère de fête.

De ce mouvement naîtra dans les années 1950 un ensemble d'œuvres qui sont à l'origine de l'actuel réseau de prévention et de traitement dans le domaine de la toxicologie: la Conférence du clergé canadien sur l'alcoolisme (1955+), les maisons Domrémy (1956+), l'Institut d'études sur l'alcoolisme (1957). Ces organismes se regrouperont en 1965 dans l'Office provincial de traitement de l'alcoolisme et des autres toxicomanies (OPTAT). En janvier 1974, la loi 65, qui rattachera aux centres de santé régionaux les services de traitement de la toxicomanie, amènera le démembrement de l'Optat.[55]

De nouveaux champs d'apostolat

L'urbanisation ouvre à la pastorale de nouveaux champs d'action. Le «Voir, Juger, Agir» de l'Action catholique pousse les militants à détecter les besoins et à inventer des formules d'intervention. De là origine la mise sur pied de nombreux «services», incarnation de la charité en exercice dans une action sociale organisée. L'inventaire de ces services est encore à faire. Un regard sur les activités de la L.O.C. illustre les orientations nouvelles. Une équipe familiale jociste fonde à Montréal, en 1939, la Ligue ouvrière catholique (L.O.C.). Le mouvement reçoit de l'épiscopat la mission de rendre plus chrétienne la famille ouvrière. Ses enquêtes lui révèlent les conditions pénibles dans lesquelles se débattent les familles ouvrières: pauvreté occasionnée par les bas salaires, insécurité causée par le chômage, instabilité engendrée par le travail des femmes à l'extérieur du foyer et par la mobilité des travailleurs, misère morale que traduisent le divorce, la criminalité juvénile, l'alcoolisme. La L.O.C. travaille à deux niveaux. Par ses cercles, ses rencontres populaires, son journal, elle s'efforce d'amener les ouvriers à prendre conscience de leurs problèmes et à les assumer. Par ailleurs, elle tente d'améliorer les conditions concrètes d'existence de la famille ouvrière. Elle met sur pied l'Entraide familiale ouvrière, un organisme coordonnateur d'un réseau de services spécialisés: coopératives ouvrières, jardins ouvriers, habitations ouvrières, budget familial, vacances familiales, etc.

Ces nouvelles voies de la pastorale ne sont pas le lot exclusif de l'Action catholique. La jeune génération de Jésuites s'oriente, elle aussi, dans cette direction. En 1939, le père Richard Ruest d'Auteuil, rédacteur de *Relations*, fonde une coopérative de logements avec l'appui de l'Union catholique des voyageurs de commerce. La coopérative tient de nombreuses réunions où des gens expérimentés initient les futurs propriétaires aux arcanes de la législation gouvernementale sur le crédit aux constructeurs de logements, à l'art de tenir un budget familial et de prévoir les dépenses reliées à l'entretien d'une propriété. Les coopérateurs tentent d'amener les ingénieurs de la ville et les architectes à penser leur projet en fonction des petits propriétaires. En dépit de la pénurie des matériaux engendrée par l'effort de guerre total, l'entreprise va bon train. Le 8 décembre 1944, on procède à la bénédiction de l'église Notre-Dame-du-Foyer, sise en plein cœur d'une petite cité comprenant cent soixante-six maisons. Au printemps de 1945, on amorce la construction de deux cents autres habitations. Dans plusieurs villes du Québec, des associations s'inspirent de cette initiative.

Plus que tous les autres nouveaux secteurs de pastorale, l'organisation des loisirs des enfants préoccupe l'Église et nécessite des investissements considérables. Parce qu'ils prolongent l'école et la famille, l'Église estime que les terrains de jeux sont une œuvre éducative qui relève de son ressort. Aux États-Unis, le problème a été pris en charge par les municipalités. Au Québec, il a émergé durant la première guerre dans la conscience de l'Église. L'œuvre des terrains de jeux s'est développée lentement dans une certaine anarchie, chaque Église diocésaine inventant ses solutions. À Montréal, durant les années 1920, les cours des écoles devenaient, l'été, des terrains de jeux. Des professeurs se muaient en moniteurs, prenaient les présences et amenaient le mercredi les enfants à la confession, le jeudi à la communion. En 1927, la centralisation scolaire avait détruit, à Montréal, cette organisation. Les Jésuites avaient alors pris la relève au parc LaFontaine. Plus de quatre mille enfants s'y inscrivent à l'été de 1939. La journée s'ouvre le matin à neuf heures par une prière. Le responsable donne le mot d'ordre de la journée: franchise, obéissance ou quelque autre valeur que les enfants s'efforceront de vivre durant la journée. Les jeux s'arrêtent à onze heures pour le chant, la prière, la gymnastique et le lunch. Ils reprennent à treize heures. Le club Kiwanis, bien que condamné pour sa neutralité en matière de religion, fournit des biscuits pour la collation. La journée se termine à seize heures. Un système de points et de récompenses attire les enfants et les incite à participer aux différentes activités. À Québec, les enfants sont encore mieux desservis. L'abbé Arthur Ferland y a fondé en 1929 l'Oeuvre des terrains de jeux de Québec. C'est une œuvre d'action catholique dirigée par un aumônier et un comité de laïcs. La ville fournit les installations, l'O.T.J. les administre et organise les loisirs qui sont orientés vers la formation physique, intellectuelle et morale des enfants. «Les prières, récitées chaque jour au début et à la fin des séances de jeux, sont pour les responsables une excellente occasion de rappeler fréquemment aux jeunes qu'ils se doivent de travailler à leur conquête personnelle, par la lutte contre l'hypocrisie, les mouvements de jalousie, d'orgueil et d'égoïsme.» En 1942, Québec dispose de dix terrains de jeux fréquentés par quelque dix-sept mille enfants, de vingt-cinq directeurs et directrices, de deux cents gardiens et gardiennes.

Québec est de loin le diocèse le mieux organisé. Dans l'ensemble du Québec, la situation est lamentable en 1940, au moment où la reprise de l'urbanisation pose avec acuité le problème des loisirs des jeunes. La plupart des petites villes n'ont ni équipement ni organisation. Montréal n'a qu'une dizaine de terrains de jeux. Par comparaison avec les villes américaines, il manque à Montréal, selon les reportages de *Relations*, 16 terrains de golf, 400 terrains de tennis, 60 piscines extérieures, 180 terrains de balle au camp, 40 centres récréatifs. Les investissements à consentir dépassent les ressources financières de l'Église. Les communautés, les clercs, les militants d'action catholique peuvent gérer des budgets et encadrer les enfants; ils ne sauraient financer des installations adéquates. L'Église va au plus pressé, improvise des installations de fortune et, à long terme, recherche une collaboration avec les municipalités et les gouvernements analogue à celle qui prévaut dans le bien-être et l'éducation. À l'évidence, l'Église vise à étendre son emprise sur les loisirs et à confessionnaliser ce secteur. Mais politiciens et fonctionnaires ne l'entendent pas ainsi. En 1942, le Service des travaux publics de la ville de Montréal commence à intervenir dans ce domaine. Il veut bien reconnaître une responsabilité morale à l'Église, ce qui l'amène à accepter les aumôniers, mais il ne veut pas partager ses responsabilités sur l'organisation des loisirs et la formation des moniteurs. Entre l'Église et l'État s'amorce la lutte sourde pour le contrôle des terrains de jeux. L'imminence de la création d'un ministère de la Jeunesse, duquel relèveraient les loisirs, avive la lutte. En décembre 1945, l'épiscopat approuve la mise sur pied de la Confédération provinciale catholique des fédérations otéjistes diocésaines.[56] Les évêques craignent avec raison de «se faire damer le pion par le nouveau ministère de la Jeunesse».[57] Ces craintes sont justifiées. L'heure n'est plus à la sacralisation de la société: graduellement les municipalités et l'État assumeront leurs responsabilités en ce domaine.[58]

L'action catholique canadienne

L'action catholique s'est développée dans une anarchie liée à l'ambiguïté de la doctrine pontificale, à l'improvisation et aux rivalités des communautés religieuses. En 1940, la situation est confuse. Pie XI avait défini l'action catholique comme «la participation du laïcat à l'apostolat hiérarchique», et cette définition, précisait-il, il l'avait donnée «d'une façon réfléchie, bien délibérée, on peut même dire: non sans une inspiration divine». Cette «trouvaille de génie» semble rencontrer certaines réserves chez son successeur: avec Pie XII, on parlera désormais de «collaboration» ou de «coopération» du laïcat. C'est préciser que les laïcs n'auraient pas part à la mission apostolique des évêques; ils seraient de simples exécutants de la Hiérarchie. Dès lors, on ne s'entend plus sur ce qu'est l'action catholique. Au congrès national de la J.E.C.F., en 1939, la propagandiste du mouvement a causé scandale en déclarant publiquement qu'elle ne tenait pas à être «le prolongement du bras et du sacerdoce de l'évêque: [...] nos messages doivent être conçus et exprimés par nous». Simone Monette se fait taxer de «graine de franc-maçon», dont la spiritualité souffre d'une «déviation protestante». En privé, Mgr Charbonneau la réconforte: «ma fille, jouez pleinement votre rôle dans l'Église, quels que soient les obstacles que celle-ci met sur votre route». Chez Mgr Desranleau, l'action catholique se différencie des associations pieuses à titre de champ d'apostolat des laïcs plutôt que des clercs. Le franciscain Adrien Malo, reconnu comme spécialiste en la matière, souligne par contre que «c'est du clergé que l'Action catholique reçoit l'être, la vie, le mouvement». La définition de Mgr de Rimouski rallierait probablement la majorité des esprits: c'est le mandat de la Hiérarchie qui spécifie l'action catholique et tout type d'association peut être promu tel, selon le désir et le bon jugement de l'évêque. Mgr Charbonneau mettra au contraire l'accent sur la forme d'apostolat, privilégiant par le fait même l'action catholique spécialisée au détriment de l'action catholique générale.

À ce flottement doctrinal viennent s'ajouter des lacunes dans l'organisation que masque une propagande bien orchestrée. Les effectifs réels sont encore peu nombreux. Les associations ont peine à pénétrer les milieux sociaux auxquels ils sont destinés: la J.E.C. n'a pas encore de ramifications dans le secteur universitaire, ni le technique ni le primaire supérieur. La J.O.C. n'arrive pas à pénétrer les réalités du milieu de travail, cantonnée qu'elle demeure dans l'organisation des loisirs et dans la préparation des jeunes au mariage. Les associations manquent de «chefs naturels» et leur spiritualité est incertaine. La J.I.C. se raccroche encore à la formule du cercle d'études empruntée à l'A.C.J.C., et la J.I.C. féminine met de l'avant une spiritualité de confrérie, coupée des problèmes sociaux. L'administration de toutes ces associations laisse à désirer et la coordination de leurs activités est à peu près inexistante. Tout d'abord, plusieurs communautés s'en disputent le leadership: les Oblats contrôlent la J.O.C., les pères de Sainte-Croix, la J.E.C. secondaire, les Clercs de Saint-Viateur, la J.A.C., les Jésuites, la J.E.C. primaire et la J.I.C. Deux associations jécistes, la J.E.C. primaire et la J.E.C. secondaire, se disputent la jeunesse étudiante et s'efforcent d'imposer leur spiritualité. L'Union des jeunesses catholiques canadiennes (U.J.C.C.), fondée en 1938 à l'instigation du délégué apostolique, se révèle encombrante: elle semble faire double emploi avec les comités diocésains d'action catholique qu'on est en train de bâtir. D'ailleurs, on ne sait trop ce qui spécifie l'U.J.C.C. qui s'apparente davantage à une association de catholiques qu'à un organisme d'action catholique.[59] Entre l'action catholique et d'autres formes d'apostolat, des rivalités malsaines existent, quand ce n'est pas de l'hostilité. La J.A.C. manque d'argent. L'A.C.J.C. mandatée dans les années 1930 pour coordonner l'action catholique se sent écartelée entre ses origines nationalistes et sa nouvelle mission apostolique. Évêques et curés s'inquiètent des agissements des jeunes aumôniers fort peu soucieux des lignes d'autorité traditionnelles. Il est urgent de mettre de l'ordre.

Au printemps de 1940, l'épiscopat entreprend le «grand ménage». En mai, il donne priorité aux comités diocésains d'action catholique sur ceux de l'U.J.C.C. Il aide la J.A.C. à surmonter ses problèmes financiers. Il accepte l'idée émise par les directeurs de l'action catholique de mettre sur pied un conseil provincial d'action catholique pour assurer l'unité du mouvement.[60] Le conseil tient sa première réunion le 9 septembre, au Collège Sainte-Marie. Ses délibérations axées sur la moralisation — campagne de tempérance, sanctification du dimanche, moralité des plages, etc., — témoignent d'une incompréhension de la vraie nature de l'action catholique et des limites de son action. Il manque une réflexion d'ensemble et des directives précises. Une lettre pastorale de Mgr Charbonneau, en date du 29 juin 1941, veut combler cette lacune. Rédigée en coulisse par cinq aumôniers, cette lettre présente l'action catholique comme la coordination des associations spécialisées dont la méthode est la sanctification du milieu par les apôtres du milieu. Toutes les autres associations ne seraient que des œuvres auxiliaires tenues d'appuyer l'initiative centrale de l'action catholique. À partir de 1942, les Journées sacerdotales d'action catholique, qui chaque année rassemblent sous l'égide de l'U.J.C.C. les aumôniers et les directeurs diocésains d'action catholique, viennent enrichir la réflexion pastorale de Mgr Charbonneau. Publiés en volumes — *En pleine masse ouvrière* (1942), *Spécialisation et unité en action catholique*

(1943), etc. — les exposés et les discussions de ces journées alimentent la réflexion des militants.

Pendant ce temps, l'épiscopat poursuit sa réflexion sur la révision des structures. Au niveau diocésain, il laisse aux Ordinaires toute liberté d'action. Mgr de Montréal opte pour des structures diocésaines décentralisées: un comité composé des aumôniers, de représentants de comités paroissiaux et du directeur de l'Institut Pie XI anime l'action catholique. Mgr de Québec maintient une structure centralisée: il nomme lui-même les sept membres du comité qui coordonnera l'activité des associations. Mgr de Saint-Hyacinthe rêve d'une structure pyramidale parfaite, mais, de fait, chaque mouvement continue de traiter directement avec lui.

Au niveau national, l'épiscopat met du temps à trouver une formule adéquate. À l'automne de 1942, il réorganise l'U.J.C.C. Celle-ci devient une fédération de deux sections, l'une de langue française et l'autre de langue anglaise, chacune ayant à sa tête un archevêque.[61] La formule n'est pas heureuse. Elle présente l'inconvénient d'être peu représentative, autoritaire, et de grouper des associations de toute nature. De plus, elle ne fait pas la jonction avec le Conseil provincial d'action catholique. Au printemps de 1945, l'épiscopat québécois met au rancart l'U.J.C.C. et fonde le Comité national de l'action catholique canadienne (section française) qu'il substitue à l'U.J.C.C. et au Conseil provincial. Le comité comprend les aumôniers nationaux, les présidents nationaux des associations d'action catholique spécialisée et les présidents des comités diocésains d'action catholique spécialisée. La direction est confiée à des laïcs. Le nouvel organisme s'efforce d'animer les militants par des journées d'études qui rassemblent les aumôniers et les dirigeants. Les thèmes qu'il aborde le plus souvent sont la notion de milieu, la formation des militants, les services, la représentation extérieure, la moralité publique et les «questions de jeunesse». Son problème est de maintenir le contact avec la base.

À partir de l'automne de 1948, les contacts du Comité national de l'action catholique canadienne avec les comités diocésains deviennent de plus en plus occasionnels. De fait, dès sa fondation, le Comité national a les yeux rivés sur le monde. Les mouvements de jeunesse canadiens d'après-guerre aspirent à nouer des contacts avec l'Europe. Le climat favorise la coopération internationale. Et celle-ci a un effet de rétroaction: le renforcement de la coordination des mouvements de jeunes au pays. L'envoi d'une délégation à la Conférence mondiale de la jeunesse, tenue à Londres en octobre 1945, marque le point de départ d'une collaboration internationale qui s'étendra en 1952 à une cinquantaine d'organismes extérieurs.[62] Durant toutes ces années, la lutte au communisme, qui s'efforce, tant au Canada que sur la scène internationale, de noyauter à son profit les organismes de jeunesse, absorbe le gros des énergies du Comité national. Selon Laurent Morin, aumônier général de l'action catholique, «ces efforts ont eu pour résultat de paralyser complètement l'effort des communistes pour coordonner la jeunesse à l'échelon provincial, de leur enlever l'initiative au niveau national et, au plan international, d'opposer à la Fédération mondiale de la jeunesse démocratique (communiste) un organisme sérieux et positif: l'Assemblée mondiale de la Jeunesse».

À la fin des années 1940, le Comité national de l'action catholique canadienne coiffe cinq associations, la J.A.C., la J.E.C., la J.I.C.F., la J.O.C. et la L.O.C., qui, sauf la J.I.C.F., possèdent chacune sa centrale nationale. Toutes disposent de bureaux permanents et ont leurs propres publications. Leur personnel plein temps comprend huit aumôniers, vingt dirigeants, vingt-cinq employés dans l'administration et six personnes à temps partiel. Leur budget est élevé: quelque 325 000$ en 1947, y compris les dépenses extraordinaires. Les revenus proviennent des cotisations, des dons, des allocations directes et indirectes du gouvernement, des revenus tirés du Service de la librairie de la J.O.C. et des deux journaux de la J.E.C., *François* et *Vie étudiante*. Les mouvements manquent de liquidité et, pour les stabiliser, l'épiscopat porte de 11 000$ à 30 000$ sa subvention annuelle.

L'intégration de l'action catholique dans l'appareil de l'Église insère dans le catholicisme québécois un ferment porteur de tensions, voire de ruptures. Par sa méthode du «Voir, Juger, Agir»,l'action catholique s'ouvre aux réalités urbaines c'est-à-dire sociales, et recourt à la rationalité scientifique pour les comprendre; par son insistance sur la vocation apostolique de tous les baptisés, elle privilégie la dimension engagement social, fondée sur les valeurs de responsabilité et de solidarité. Elle introduit un nouvel agent: le laïc, ce chrétien

---

Mouvements et organismes de jeunesse

1. Commission canadienne de la jeunesse (C.C.J.)
Organisme mis sur pied en 1942 par le Conseil national du YMCA pour étudier les problèmes de la jeunesse. Il devient autonome en 1943. Il publie entre 1946 et 1949 le résultat de ses recherches dans une douzaine de volumes. Il disparaît vers 1950. La C.C.J. organise des congrès nationaux: Montréal 1945, Ottawa 1946, etc.

2. Fédération mondiale de la jeunesse démocratique (F.M.J.D.)
Organisme mondial de coordination des mouvements de jeunesse fondé à Londres durant l'automne de 1945. Soixante pays, dont le Canada, sont représentés au congrès de fondation. Fernand Jolicœur, Lucien Roy et Pierre Juneau représentent le Québec. Paul Gérin-Lajoie y assiste à titre d'observateur. La prédominance des communistes amène graduellement la jeunesse des démocraties occidentales à s'en retirer. En avril 1947, les mouvements de jeunesse du Québec coupent les ponts avec la F.M.J.D.

3. Comité provisoire des jeunes du Québec
Organisme fondé en 1947 à l'instigation de sympathisants communistes désireux d'assister au Festival de Prague organisé par la F.M.J.D. Cet organisme semble avoir eu une existence éphémère.

4. Fédération des mouvements de jeunesse du Québec (F.M.J.Q.)
Cet organisme a été fondé en décembre 1947, vraisemblablement en réaction à la mise sur pied du Comité provisoire des jeunes du Québec. En juin 1948, vingt-

non tonsuré mais autonome, responsable, ayant des droits et une mission propre. Ce nouvel acteur, qui s'efforce de distinguer une évaluation morale d'une démarche analytique, de dissocier le social du national, le spirituel du temporel, la

---

cinq associations ratifient sa constitution. En 1950, le comité consultatif de la F.M.J.Q. comprend Gérard Pelletier, Alfred Rouleau et Fernand Cadieux.

5. ASSEMBLÉE MONDIALE DE LA JEUNESSE (A.M.J.)

Cette Internationale des mouvements de jeunesse est née en réaction à la F.M.J.D. Elle groupe des mouvements de tendance chrétienne ou spiritualiste ou tout simplement démocratique. Elle est fondée à Londres en août 1948: Claude Ryan dirige la délégation canadienne, dont les membres québécois sont Pierre Juneau (J.E.C.), Edgar Guay (Scouts), Léopold Grenon (J.O.C.), Alfred Rouleau (F.M.J.Q.). Sa charte est ratifiée l'année suivante à Bruxelles. Lors de cette réunion, Maurice Sauvé, président de la délégation canadienne, est élu président du conseil de l'A.M.J. Pierre Juneau avait assisté en 1947 à une réunion préliminaire à Londres.

6. CO-ORDINATING COMMITTEE OF CANADIAN YOUTH GROUPS (CCCYG)

Cet organisme de coordination a été fondé à Toronto en avril 1948. Il groupe des mouvements d'une importance nationale. En décembre 1949, des dirigeants francophones, Pierre Juneau, Camille Laurin, Claude Ryan, contactent le CCCYG.

7. COMITÉ NATIONAL DES MOUVEMENTS DE JEUNESSE DE LANGUE FRANÇAISE

Carrefour où se rencontrent les dirigeants de la jeunesse canadienne-française engagés dans des mouvements sociaux ou patriotiques ou culturels. Le comité a été fondé en janvier 1950 avec l'appui du Comité permanent de la survivance française. La fondation avait été précédée de recontres auxquelles avaient participé Joseph Rouleau, Claude Ryan, Pierre Juneau, Jean-Guy Blouin.

responsabilité du laïc de la soumission passive du fidèle, pose problème.[63] Il dérange les clercs et heurte les nationalistes, qui regrettent qu'on dissocie le religieux du national, comme si l'Église universelle n'était pas une idée incarnée dans des Églises particulières. En inculquant «un catholicisme irréel, une sorte d'angélisme sans prise valable sur l'humain, sur le temporel», l'action catholique, au dire de Groulx, déracinerait la jeunesse».

Cette tension entre le religieux et le national qui, de fait, masque une tension entre le social et le national, se répercute au sein même de la jeunesse: de jeunes nationalistes boudent l'A.C.J.C. devenue dans les années 1930 un organe d'action catholique, et des jécistes supportent mal le chapeautage de leur mouvement par l'A.C.J.C. En mai 1941, les évêques libèrent donc l'A.C.J.C. de la direction des mouvements d'action catholique et lui redonnent son caractère antérieur. Le sort de l'A.C.J.C. n'en est pas pour autant scellé. Il faut préciser son champ d'action. Les Jésuites suggèrent qu'on lui assigne de «former des jeunes par la piété, l'étude et l'action, en vue surtout du devoir national» — national incluant le social, le syndical, le politique. Groulx et ses amis manœuvrent afin qu'on supprime «piété, étude et action» et qu'on ne retienne que la formation nationale. Sous une autre étiquette, l'A.C.J.C. serait une résurrection du mouvement Jeunes-Canada. Le 2 février 1942, un manifeste du conseil de l'A.C.J.C. souhaite ouvrir le mouvement aux non-catholiques et mettre en veilleuse la formation religieuse. Le manifeste ne plaît pas à l'épiscopat. En septembre, le cardinal Villeneuve endosse la formule du père Samuel Bellavance, s.j.: «L'A.C.J.C. sera un mouvement d'éducation et d'action religieuses, patriotiques et sociales.» La décision déplaît aux radicaux de l'A.C.J.C. qui s'en vont grossir les rangs des Jeunes Laurentiens, un mouvement de tendance séparatiste moussé par les Clercs de Saint-Viateur. La formule Bellavance ne ramène pas la paix: les deux camps s'accusent de dépasser leur juridiction.

Les affrontements s'étendent à tous les niveaux de l'appareil ecclésiastique. Niveau des mentalités: l'action catholique introduit dans les milieux ruraux des manières de voir, d'agir et de penser montréalaises. Le comportement des jécistes, lors du congrès de Chicoutimi, au printemps de 1945, scandalise un Mgr Eugène Lapointe vieillissant: «représentations, ballets, danses en costume approprié — et quel costume et quels gestes! Cela se répète dans la soirée jusqu'à, m'a-t-on dit, 2 heures du matin. Tout le monde s'en retourne en partie la nuit, six ou sept par auto — mêlés toujours...»[64] Niveau du leadership: le mouvement transcende les paroisses et les diocèses, échappant en partie au contrôle des curés et des évêques. Il introduit dans les milieux fermés un vent d'ailleurs pollué par la fabrique montréalaise de laïcisants. Niveau de l'organisation: le prosélytisme monopolitique de l'action catholique spécialisée sape les institutions traditionnelles qui identifient le religieux, le national et le social. Conçues pour embrigader les adultes dans l'apostolat, la L.O.C. et la L.A.C. — cette dernière comportant comme services les cercles agricoles et les cercles de fermières — menacent de réduire la C.T.C.C. et l'U.C.C. à des associations professionnelles délestées de leur vocation religieuse. L'action catholique ne serait-elle pas en train de saborder l'œuvre d'un siècle de labeurs? À trop vouloir séparer le spirituel du temporel, elle menace, au dire de certains évêques, d'orienter la société québécoise sur la voie d'un libéralisme destructeur de la primauté du spirituel, voire d'un laïcisme trompeur accordant aux valeurs profanes une indépendance complète.

Deux hommes incarnent aux yeux des observateurs les contradictions qui secouent l'Église québécoise: Mgr Charbonneau et Mgr Courchesne. Évêque d'un diocèse encore très rural, Mgr de Rimouski s'érige en procureur de la société traditionnelle. Au printemps de 1942, en complet désaccord avec la lettre pastorale de Mgr Charbonneau sur la nature de l'action catholique, il abolit l'action catholique spécialisée dans son diocèse et retourne à une formule d'action catholique générale sous le leadership de l'évêque. Désormais, l'action catholique de Rimouski inclura les comités paroissiaux d'action catholique et les œuvres dites auxiliaires, qu'elles soient religieuses comme les confréries ou socio-économiques comme l'U.C.C. Chez Mgr Courchesne, le milieu de vie, c'est la paroisse, et non pas la classe ou l'état de vie. L'action catholique est au service des curés de paroisse et de l'évêque du diocèse. Cette réorganisation de l'action catholique fournit à Mgr Courchesne l'occasion de présenter à son métropolitain un long réquisitoire qui résume — non sans les caricaturer — les inquiétudes que l'action catholique soulève au sein de l'Église:

> 1. Les publications de l'action catholique sont rédigées par de piètres théologiens dans un langage hermétique. Les disciples sont suffisants. «J'ai peur des ignorants comme du diable en une affaire aussi considérable.»

LA RESPONSABILITÉ LAÏQUE: MYTHE OU RÉALITÉ

Qu'est-ce donc au juste que la responsabilité laïque? On m'objectera avec raison qu'il n'appartient pas aux laïques de la définir. Ne peuvent-ils pas toutefois y réfléchir pour leur part, à la lumière d'une doctrine clairement énoncée par les papes et d'un commencement de tradition établie par l'Action catholique elle-même? [...]
Comme il est faux le ton de certains ouvrages, publiés ici même en notre province, et qui arrangent à toutes les sauces locales la dignité de cette mission. Inventaires de l'Action catholique à travers le monde, définition des objectifs à poursuivre, citations sur citations. Et l'on garde l'impression que l'Action catholique est une vaste entreprise de théologiens et d'organisateurs religieux, dont jamais les laïques ne se sont mêlés. Jamais il n'est question d'eux, de leur vie, de ce qu'ils pensent ou disent, de la façon dont ils considèrent cette participation qui les concerne en tout premier lieu. La responsabilité laïque? Oui, sans doute. Mais l'important pour le moment est de savoir ce que le père Untel en pense et comment l'abbé Chose y a adapté ses œuvres déjà existantes. Le principal est escamoté...
Pour eux, la responsabilité laïque se ramène à une simple technique, j'oserais dire un camouflage. Tout l'appareil extérieur en est respecté: silence [des aumôniers] dans les réunions, tout faire par l'intermédiaire des di-

2. Les publications s'adressent aux citadins. Elles déroutent les ruraux, tant clercs que laïques. Elles érigent Montréal en norme pour la province, forçant de la sorte les curés «à y faire leur plein d'essence».
3. Les aumôniers en prennent à leur aise avec l'autorité diocésaine. Les évêques donnent l'impression «d'être menés par de jeunes intrigants qui ont d'ailleurs l'imprudence de s'en vanter». «Il faut que tout parte, non de l'évêque bien qu'on professe un grand respect pour lui, mais de la centrale jéciste.»

---

rigeants, ne jamais apparaître en scène. Mais n'allez pas proposer quelque plan imprévu, quelques modifications à l'élan déjà donné; vous rencontreriez une résistance opiniâtre...

Ai-je besoin d'ajouter ce que tout le monde sait, que pour nombre de gens la responsabilité laïque se borne à la cuisine de l'action? Paperasse, achats et ventes, campagnes, tralala, voilà la part des dirigeants. Qu'ils la prennent, qu'ils inventent des trucs, qu'ils publient des journaux, qu'ils tiennent des assemblées, à la bonne heure. Mais on admet moins facilement qu'ils pensent personnellement [...]

Cette responsabilité n'est donc ni un piège, ni un terme de cuisine, encore moins une figure littéraire. C'est une responsabilité réelle, extrêmement grave, qui implique des obligations sérieuses et des droits correspondants. L'Action catholique sera intégralement l'affaire des laïques ou elle ne sera pas. Sans doute appartient-il à l'Église de fixer les limites, mais à l'intérieur de ces limites, ce sont les laïques qui pensent, les laïques qui agissent et qui décident. En cette façon, et de cette façon seulement, sera formée une génération de chrétiens émancipés, autonomes, capables de marcher sur leurs propres jambes et de ne pas compter toujours sur le prêtre pour penser, concevoir et agir à leur place.

(Gérard Pelletier, président général de la J.E.C., *Cahiers d'action catholique*, avril 1944, p. 345-350.)

4. Les aumôniers, «ces voyageurs de commerce, entourés de jolis minois», sèment la zizanie dans les paroisses et les collèges. Les curés savent que les journées d'études se «terminent par des critiques du prêtre et des dénonciations du paganisme universel». L'action catholique se fait «mystérieuse dans les collèges» et se révèle «un agent de division». Elle «noyaute les convertis» pour les «lancer en grand secret à la conversion des autres».
5. L'action catholique introduit une rupture avec le passé. La L.A.C. organise au nom de l'apostolat une lutte contre l'U.C.C. «avec la connivence amusée des fonctionnaires du gouvernement».
6. L'action catholique manifeste «des tendances monopolaires» et un exclusivisme d'allure sectaire.

En bref, aux yeux de Mgr Courchesne, l'action catholique avec ses «disciples suffisants», ses «zélotes anticléricaux», ses aumôniers «aux propos incohérents et aux airs de fakir» est un «mauvais calque européen».[65]

5. De nouveaux rapports au monde profane

Affaibli par son échec dans l'industrie textile en 1937, le syndicalisme catholique connaît des moments difficiles au début des années 1940. Les syndicats internationaux, qui se sont adaptés à la syndicalisation industrielle, retrouvent leur dynamisme et accroissent leurs effectifs. Les circonstances les favorisent. Les fonctionnaires du gouvernement canadien, de qui dépendent les relations de travail dans les industries de guerre, de même que le patronat anglophone, ont des préjugés en leur faveur. L'année 1942 est une année noire pour le syndicalisme catholique. Le président de la Donnacona Pulp and Paper Company déclare sans ambage: «nous décidons unanimement de refuser de négocier avec un syndicat catholique». À Lennoxville, la Philip Corey Company, appuyée par le conciliateur du gouvernement canadien, accorde trente jours aux ouvriers catholiques pour s'affilier à un syndicat international. Chez la Dominion Lime Company (Limeridge), la Canada Paper Company (Windsor-Mills), la Gaspesia Sulphite and Paper Company (Chandler), la Lake St-John and Paper Company, la C.T.C.C. est en butte à une sourde hostilité. En août 1943, le *Rapport Prévost* reconnaît que chez Price Brothers des conventions collectives, signées avec les syndicats internationaux, comprennent une clause d'atelier fermé «dans les usines où des groupements ouvriers, sinon majoritaires, adhéraient aux syndicats nationaux». La situation amène le gouvernement Godbout à passer une législation ouvrière, et l'épiscopat, à suivre de près la crise que traverse le syndicalisme catholique.

En décembre 1942, l'épiscopat nomme «un comité de sociologues» pour étudier la question et voir «s'il y a lieu de donner aux syndicats catholiques des patrons: un laïc influent et un évêque». Le laïc «trouverait peut-être la clef capable d'ouvrir la porte des "gros bonnets" et des chefs d'industrie»; l'évêque «travaillerait à faire l'unité parmi les aumôniers».[66] Les évêques demeurent aux aguets et les informations qu'ils reçoivent ne les rassurent pas: la C.C.F. essaie de se gagner la sympathie des ouvriers, les communistes noyautent des syndicats, les internationaux font de la surenchère. Un aumônier de Chicoutimi, Omer Genest, dit tout haut à l'épiscopat ce que bien des aumôniers pensent tout bas: s'imposent de toute urgence «une législation de liberté syndicale», la suppression du mot catholique dans l'appellation des syndicats, l'organisation d'une école de chefs, l'engagement de diplômés formés en sciences sociales, la nomination d'un aumônier général qui cesserait de «faire la cuisine».[67] À partir de 1942, la question ouvrière acquiert une dimension nouvelle. L'épiscopat la hisse au rang de ses priorités. Il n'entend pas laisser écraser le seul mouvement grâce auquel il peut espérer édifier une société urbaine sur des bases chrétiennes et francophones. Du coup, les aumôniers trouvent auprès des évêques une audience qu'ils avaient en vain réclamée depuis 1927.

La formation des chefs

Lors de leur congrès de 1945, les aumôniers syndicaux expriment le vœu qu'on mette l'accent sur la formation des chefs laïques, que la C.T.C.C. améliore ses techniques de recrutement et renforce ses mécanismes d'organisation, qu'on tolère les syndicats neutres là où il n'y a pas possibilité d'implanter le syndicalisme catholique, et que l'action des aumôniers se fasse plus discrète et plus respectueuse des laïcs.[68] L'amélioration de la condition des travailleurs serait affaire d'organisation et, avant tout, d'éducation. Cette pensée avait guidé l'épiscopat qui avait encouragé dans les années 1930 l'enseignement de la sociologie catholique dans les universités — enseignement qui très tôt échappe au contrôle clérical et emprunte les voies de la raison positive. Elle inspire aussi les apôtres sociaux qui s'affairent à bâtir un réseau d'écoles pour la formation des chefs. Le père Joseph-Papin Archambault avait été l'un des pionniers en ce domaine. En 1933, il avait mis sur pied, à Vaudreuil, une école de formation sociale où, durant l'été, des sociologues catholiques dispensaient des cours de formation sociale. Transportée à Boucherville en 1941, cette école fonctionne durant toute la décennie 1940. Elle recrute sa clientèle chez les ouvriers, les aumôniers, les militants laïques. Une session dure dix jours et groupe quinze à trente participants. Les conférenciers commentent la doctrine et initient aux méthodes d'action.

Joseph-Papin Archambault avait eu des imitateurs. La faculté de théologie de l'Université de Montréal avait commencé à dispenser des cours publics d'action catholique et de doctrine sociale. Le succès avait été si considérable qu'en mai 1938, sous l'impulsion de l'abbé J.-B. Desrosiers, elle avait fondé l'Institut Pie XI qui accueillait ses premiers étudiants en octobre 1939. Son objectif était de «répandre les connaissances nécessaires aux laïcs pour se former et travailler à la restauration du règne du Christ dans la société». Réparti sur deux ans, son programme comprenait des enseignements sur l'action catholique, la doctrine sociale, le dogme, la morale, l'apologétique, le droit ecclésiastique et l'Écriture sainte. Ses conférences, publiées dans une collection intitulée *Nos Cours*, servaient de documentation aux professeurs des séminaires. Ces cours étaient suivis principalement par des clercs, des religieux et des professionnels. Les ouvriers, eux, avaient besoin d'un enseignement plus concret. Jacques Cousineau, s.j., aumônier syndical à Sorel, installe en septembre 1942, dans une maison de vacances de l'île Saint-Ignace, en face de Sorel, un Collège du travail. En dix ans, le collège accueillera quelque mille militants. Cette initiative fait boule de neige. Jean-Charles Leclaire crée, en 1945, à Saint-Hyacinthe, l'École d'action ouvrière et, en 1949, le Conseil général des syndicats catholiques de Québec procède à une fondation similaire à Berthier-en-Bas.

L'activité des aumôniers renforce les initiatives des dirigeants laïques qui se préoccupent de plus en plus de la formation des syndiqués. Depuis 1934, ceux-ci avaient investi le gros de leur énergie dans des tâches d'organisation plutôt que de formation. Ainsi, en 1937, il existait tout au plus une vingtaine de cercles d'études, la plupart moribonds. Au congrès de Victoriaville en 1940, la C.T.C.C. met à son ordre du jour la formation de ses membres. Il en sort la création d'un service d'études et, quelques mois plus tard, la parution du *Syndicaliste*, un mensuel destiné à la formation des militants. Désormais, on tente d'implanter un cercle par syndicat. Ces cercles groupent de dix à quinze membres, exceptionnellement plus de vingt. Ils tiennent des réunions bimensuelles. Les animateurs substituent aux causeries une pédagogie plus active: table ronde, atelier, échange de vues à partir de manuels ou de textes publiés dans le *Syndicaliste*. La doctrine sociale, la législation ouvrière, la coopération, les conditions de vie sont les thèmes les plus courants. Ces cercles continuent d'être confrontés à un même problème: la faible participation des aumôniers et des dirigeants qui sont absorbés par des tâches d'organisation.[69] En 1948, les dirigeants de la C.T.C.C. mettent sur pied un service d'éducation syndicale.

Une nouvelle stratégie

En réponse aux tensions sociales et aux luttes de classes, l'Église avait proposé l'organisation de la société sur une base corporative. Les Jésuites en étaient, au Québec, les plus ardents propagandistes, et la C.T.C.C., l'instrument qui allait l'incarner. En 1940, le Bureau confédéral de la C.T.C.C. dépose pour fin de discussion un programme de restauration sociale centré sur des corporations professionnelles chrétiennes enracinées dans des syndicats ouvriers et patronaux. L'épiscopat approuve cette orientation en 1941. Lors de son congrès de 1942, la C.T.C.C. adopte le projet du Bureau confédéral, mais, par la suite, on ne se soucie guère de le mettre en œuvre. Les luttes pour la liberté syndicale accaparent le gros des énergies. Quand, en 1944, la loi des relations ouvrières et un décret du gouvernement canadien assainissent les relations de travail, l'heure n'est plus au corporatisme que les syndicats internationaux ont associé au fascisme et que le gouvernement de Vichy a discrédité en abolissant les confédérations syndicales françaises pour faire place à un corporatisme étatique et paternaliste. Une nouvelle stratégie se dessine que propagent les périodiques français *Masses ouvrières*, *Monde ouvrier* et *Libertés ouvrières*. En juin 1945, l'École sociale populaire publie le manifeste du syndicaliste français Paul Bacon, qui esquisse les contours d'une nouvelle organisation du travail:

> 1. «Formation de comités ouvriers d'entreprises chargés de collaborer avec la direction en tout ce qui concerne les conditions de travail et de la vie du personnel»;
> 2. «Présence dans les conseils d'administration de délégués ouvriers admis à délibérer au même titre que les représentants de capitaux»;
> 3. «Participation ouvrière aux bénéfices»;
> 4. «Par une organisation professionnelle et financière [...] enlever aux détenteurs du crédit leurs pouvoirs discrétionnaires de commandement.»

De nouvelles représentations, telles que la «réforme de l'entreprise», la «cogestion», la «copropriété» — encore trop floues pour être qualifiées de concepts — enrichissent le vocabulaire de l'apôtre social et du militant syndical. Elles ne signifient pas une rupture avec l'enseignement pontifical dont elles conservent les éléments fondamentaux: rejet de la lutte des classes et de la libre concurrence absolue, collaboration des classes dans la poursuite du bien commun, rôle des corps intermédiaires, etc. Puisant dans les encycliques et les écrits des disciples d'Emmanuel Mounier la substance de sa doctrine, le nouveau courant idéologique met l'accent sur les valeurs de liberté et de créativité, d'autonomie du temporel, et il se fixe, au niveau de l'action, des objectifs moins globalisants que le corporatisme, mais plus pragmatiques et plus ponctuels. La réforme des structures, c'est-à-dire de l'entreprise, devient un préalable à toute restauration chrétienne de la société. Cette ouverture aux valeurs socialistes et cette stratégie réaliste collent à la sensibilité de la nouvelle génération d'aumôniers qui ont acquis leur formation dans les facultés de sciences sociales. Les aumôniers, tels Georges Côté, diplômé en sciences sociales de l'Institut catholique de Paris, et Émile Bouvier, s.j., docteur de Georgetown University, qui avaient acquis une solide formation dans ces disciplines, constituaient une exception avant la guerre. Après la guerre, la sociologie, les relations industrielles, l'économique font partie du bagage intellectuel d'un plus grand nombre d'aumôniers: Jacques Cousineau est diplômé en sciences sociales de l'Université de Montréal et de l'École libre des sciences politiques de Paris; Gérard Dion détient une maîtrise en relations industrielles de Queens University; Émile Bolté, p.s.s., et Henri Pichette sont diplômés en sciences sociales de l'Université Laval.

À la demande de l'épiscopat soucieux de voir s'instaurer une unité de pensée et d'action, les aumôniers engagés dans l'action sociale commencent à se réunir en congrès annuel à partir d'avril 1945.[70] Ils ont mission d'organiser les travailleurs et les patrons suivant les principes de l'Église et de coordonner les rapports des organisations ouvrières et patronales. Organisé par Georges Côté, aumônier général de la C.T.C.C., et Jean-Charles Leclaire, de Saint-Hyacinthe, le premier congrès réunit quarante-cinq aumôniers à Sainte-Anne-de-Beaupré. Il s'institutionnalise en 1948 sous le nom de Journées sacerdotales. C'est lors du congrès de 1947 que les aumôniers abordent la question de la réforme de l'entreprise et, pour la circonstance, invitent des spécialistes des questions sociales. Ils publient leurs délibérations sous le titre de *la Participation des travailleurs à la vie de l'entreprise* (1948). L'épiscopat juge opportun de créer en 1948 la Commission sacerdotale d'études sociales, dont la présidence est confiée à l'abbé Jean-Charles Leclaire, pour aviser les évêques en matière sociale et animer les travailleurs sociaux. Cette commission, remaniée en 1960 sous le nom de Conseil sacerdotal d'études sociales, disparaîtra en juillet 1965. Sous le leadership de la commission, les idées nouvelles font leur chemin et l'action sociale s'intensifie. Lors de son congrès de 1948, la C.T.C.C. met à l'étude la réforme de l'entreprise et en fait un postulat dans sa constitution de 1951: «Dans l'entreprise, les travailleurs doivent être considérés comme des coopérateurs participant à une œuvre commune. Ils doivent s'y sentir intégrés et participer à sa gestion et à ses bénéfices.»[71]

En Allemagne, les idées qui ont cours sur la réforme de l'entreprise divisent les catholiques: les plus conservateurs d'entre eux estiment qu'elles pavent la voie à la désintégration de l'entreprise. Au Québec, elles posent un problème moral aux évêques et aux théologiens. Les travailleurs ont-ils le droit d'exiger la cogestion, de forcer en cette matière les employeurs? Ne doivent-ils pas s'en remettre à des ententes à l'amiable, à des stratégies en consonnance avec le système économique, telles la coopération, l'achat d'actions et d'obligations? Analysant les publications de la Commission sacerdotale d'études sociales, le jésuite Arthur Dubois y décèle une doctrine «confuse», «utopique à plus d'un point de vue autant que troublante». Il craint que «par des positions trop avancées» on nuise «à l'économie de l'apostolat de l'Église». En 1950, Pie XII lui-même demande de ne pas aller trop vite dans cette direction. Les incertitudes de la doctrine conduisent l'épiscopat à prendre ses distances avec la Commission sacerdotale d'études sociales. Les aspects utopiques et les relents de corporatisme de la nouvelle idéologie amènent la C.T.C.C. à la dépasser par «l'humanisme démocratique», mais celle-ci renaîtra sous le visage de l'utopie actuelle de l'autogestion.

L'enjeu d'une bataille de moines

En réponse à l'éclatement des solidarités primaires, l'Église avait proposé à la fin du XIXe siècle des associations professionnelles catholiques. Cette stratégie reposait sur deux postulats: «l'oubli officiel de Dieu équivaut à la négation de Dieu» et la foi surnaturelle imprègne la foi naturelle. Du premier principe, l'Église avait tiré l'obligation pour tous les fidèles non seulement d'accepter la foi intérieurement, mais de la manifester quand il était opportun de le faire. Cette disposition s'appelle la confessionnalité. Du second principe, l'Église avait conclu qu'aucun acte humain, même si l'objectif qu'il poursuivait était purement naturel, n'échappait à l'emprise de la foi et, partant, aux directives de l'Église. Raisonner autrement serait introduire une déchirure dans les consciences individuelles qui se doivent d'intégrer tous les actes qu'elles posent. Ces postulats avaient amené l'Église à distinguer deux catégories d'institutions: les confessionnelles qui manifestent la foi d'une confession et les neutres qui n'en manifestent aucune. Parce qu'elle assigne aux associations, aux mouvements et aux institutions un rôle fondamental dans la socialisation de leurs membres, l'Église interdit à ses fidèles d'adhérer à des sociétés neutres. Elle craint que, soumis à des influences corrosives ou écartelés entre leurs croyances et les principes que professent les associations auxquelles ils adhèrent, ses fidèles ne sombrent dans la déviation protestante de la religion privée. Sa politique est de les inciter à se regrouper dans des associations catholiques. Une confessionnalité appliquée aux individus a donc donné lieu à une confessionnalité appliquée aux personnes morales. Mais les papes n'ont jamais énoncé les attributs d'une association ou d'une personne morale confessionnelle, laissant aux Ordinaires la responsabilité de le faire, compte tenu des circonstances de temps et de lieu. Au Québec, les évêques n'ont jamais statué sur la question. De leur pratique, cependant, on peut inférer qu'ils considèrent comme catholiques les associations qui adhèrent aux principes de la doctrine catholique, qui les approfondissent dans des cercles d'études et qui acceptent l'autorité morale d'un aumônier. Ce sont des exigences minimales. Ils recommandent aussi que les personnes morales confessionnelles recrutent leurs membres parmi des catholiques seulement et que leur appellation comporte le mot «catholique». Ainsi, en 1929, la Confédération des travailleurs catholiques possédait tous ces attributs, mais non les coopératives qui ne répondaient souvent qu'aux exigences minimales.

Grâce à la position dominante qu'occupait l'Église québécoise, les associations confessionnelles avaient proliféré dans le premier tiers du XXe siècle. Ce mode d'insertion dans les affaires temporelles avait conduit à la sacralisation de la société, lente absorption du profane par le religieux. Mais des milieux de vie, notamment les villes, ayant perdu leur homogénéité, la structuration confessionnelle de la société posait alors divers problèmes, dont l'acuité était fonction de l'écart croissant entre l'hétérogénéité des milieux et la confessionnalisation de l'organisation sociale. Ainsi, dans les années 1920, l'insertion des Juifs dans un système scolaire confessionnel avait provoqué de graves tensions. Au même moment, les efforts de la C.T.C.C. pour pénétrer la région montréalaise soulevaient la question de l'admissibilité des protestants dans un syndicat catholique. En Europe, la chose allait de soi. Ce précédent avait autorisé, en octobre 1929, le Conseil supérieur des syndicats nationaux de Montréal de les accepter, pour autant que ceux-ci «s'engageaient à respecter la constitution [de la C.T.C.C.], acceptaient loyalement les principes de la doctrine sociale catholique et suivaient les directives morales» de l'aumônier. C'était une concession au patronat protestant qui se montrait hostile aux unions qui repoussaient ses coreligionnaires. En province, on continuait, cependant, d'exclure les non-catholiques.

Durant la guerre, l'accélération de l'industrialisation étend le problème du *membership* syndical à la grandeur du Québec. Les évêques le soumettent à une commission d'experts en février 1942. Celle-ci suggère de ne pas imposer l'étiquette catholique dans les dénominations des syndicats et d'accepter des non-catholiques, concessions qui n'empêchent pas un syndicat de demeurer catholique dans ses principes et ses moyens d'action. Les conclusions de la commission tiennent compte du fait que les commissions gouvernementales canadiennes, qui appliquent les décrets dans les industries de guerre, tendent à accorder le monopole de la représentation au syndicat majoritaire dans une entreprise. Comment un syndicat catholique appelé à représenter des ouvriers non catholiques pourrait-il les exclure de son *membership*? Le cas se présente à la Price Brothers en 1943. Le gouvernement exige alors que pour représenter tous les ouvriers de cette compagnie les syndicats catholiques suppriment le mot catholique dans leur appellation et accordent l'égalité de droits à tous leurs membres. La situation qui prévaut chez Price Brothers incline la C.T.C.C., qui cette année-là tient son congrès à Granby, à s'ouvrir davantage aux non-catholiques à qui l'on ne demande plus que de conformer «leurs paroles et leurs actes de syndiqués aux principes directeurs de la C.T.C.C.». En 1944, la Loi des relations ouvrières oblige tous les syndicats à recruter leurs membres sans distinction de religion. Les aumôniers en viennent donc par la force des choses à ne reconnaître que trois attributs aux syndicats catholiques: l'adhésion aux principes sociaux exposés dans les encycliques, la présence d'un aumônier et l'influence prépondérante des catholiques dans le syndicat.

L'évolution de la société remet en question l'opportunité de maintenir la confessionnalité des institutions. Déjà fortement acculturés aux courants de pensée nord-américains, les catholiques anglophones se méfient des ghettos confessionnels. Le clergé irlandais en prend à son aise avec les décrets du Concile plénier de Québec, et leurs ouailles rejettent le syndicalisme catholique. Par désir de promotion sociale, de plus en plus de catholiques francophones adhèrent à des clubs neutres, tels le Rotary et le Kiwanis. La confessionnalité des institutions est à l'ordre du jour.

C'est dans ce contexte qu'éclate l'Affaire de la non-confessionnalité des coopératives. Dans ce domaine d'action sociale, la situation est plutôt confuse. Le mouvement coopératif a évolué jusqu'en 1940 dans une sorte d'anarchie. Les Caisses populaires et diverses coopératives sont confessionnelles. D'autres, telle la Coopérative fédérée de Québec, ne le sont pas. Les situations révèlent des intérêts divergents. L'exclusion des protestants freine l'expansion de certaines coopératives de consommation mais favorise les mutuelles-vie. Des dirigeants de coopérative utilisent la confessionnalité à des fins nationalistes ou encore pour échapper aux lois de la concurrence. La confessionnalité des coopératives est chose

Le professeur Georges-Henri Lévesque, o.p.
(Fonds Pierre-Georges Roy, Archives nationales du Québec.)

discutée et discutable. En avril 1939, le père Georges-Henri Lévesque, o.p., directeur de l'École des sciences sociales de l'Université Laval, avait jeté les bases du Conseil supérieur de la coopération, un organisme voué à la diffusion de la doctrine coopérative et à la coordination du mouvement coopératif. Le conseil adopte en 1940 le principe de la non-confessionnalité et celui de «la neutralité politique et raciale». L'expression non-confessionnalité est nouvelle et, selon Georges-Henri Lévesque, signifie que «les coopératives, comme d'ailleurs les banques […], bien qu'étant tenues d'agir catholiquement, ne sont pas des choses officiellement catholiques».[72] Le cardinal aurait verbalement approuvé le contenu et l'expression de cette déclaration de principes. Cette politique du conseil ne fait pas l'unanimité des coopérateurs. En décembre 1945, le père Lévesque publie dans la revue *Ensemble* un article intitulé: «La non-confessionnalité des coopératives». L'auteur, qui s'efforce de définir le principe de non-confessionnalité et de justifier son fondement théorique, parle en théologien. Le poste qu'il occupe donne à son article une haute portée doctrinale. Il intervient à un moment où bien des gens trouvent encombrante l'emprise de l'Église. Les brandons ne manquent pas. Il vaut mieux ne pas trop frotter les principes. Le père Lévesque ne s'en soucie guère. Son article débute par une distinction entre la neutralité (absence d'acceptation tant intérieure qu'extérieure de la foi) et la non-confessionnalité (acceptation intérieure de la foi, sans sa manifestation extérieure). Suivent alors des arguments qui militent en faveur de la non-confessionnalité ou de la non-opportunité pour les coopératives de confesser leur foi: 1. «la non-confessionnalité est une nécessité de fait étant donné la co-présence de catholiques, de protestants, etc., dans une même société civile»; 2. la confessionnalité qui provoque inutilement l'hostilité des protestants enraie l'essor du mouvement coopératif; 3. «pour vraiment accomplir les buts économiques qu'elle poursuit», la coopération doit «faire abstraction des différenciations religieuses de ses adeptes»; 4. enfin, la faillite d'une coopérative catholique aurait de mauvais effets sur l'Église. Au dire du cardinal Villeneuve, la thèse est rédigée sur un ton «libérateur, doctrinal et transcendant»; elle contiendrait des «équivoques et des faussetés doctrinales»; elle paraît s'appliquer à toutes les œuvres socio-économiques et ouvre la porte à une réinterprétation des encycliques; elle évite d'expliciter concrètement ce qui distingue une association neutre d'une association non confessionnelle ou confessionnelle; elle passe sous silence un corollaire important: la non-confessionnalité d'une coopérative n'implique pas la non-confessionnalité de son cercle d'études. Quand il prendra parti en faveur de la thèse, le supérieur des Dominicains insistera sur ce dernier point: «la non-confessionnalité des coopératives n'entraîne nullement la non-confessionnalité des cercles d'études, bien au contraire elle suppose la confessionnalité de ces cercles».

Décantée de ses oripeaux scolastiques et complétée par la mise au point que le père Lévesque publie en avril 1946, la thèse énonce une opinion déjà répandue chez les aumôniers engagés dans l'action sociale: une coopérative n'a pas à afficher le mot catholique sur sa devanture, ni à être administrée par des curés, ni à limiter son recrutement aux milieux catholiques, ni à chercher dans les encycliques les techniques de marketing. Mais en tentant de mettre la doctrine en accord avec la pratique, le père Lévesque déclenche un incendie. En fait, la distinction entre neutralité et non-confessionnalité est purement scolastique; ce qui est proposé, c'est bel et bien la neutralité des institutions, mais sous une étiquette nouvelle qui libère la notion des connotations péjoratives qu'elle véhicule depuis le *Syllabus*. Le père Lévesque joue sur les mots et les Jésuites ne sont pas dupes. Mgr Philippe Perrier, grand vicaire de Montréal, et d'autres alertent le délégué apostolique, qui procède immédiatement à une consultation auprès des théologiens de l'Université d'Ottawa et de l'École sociale populaire. Les premiers regrettent que la forme du document prête à confusion. Les seconds y débusquent tout à la fois une «prudence excessive de la chair», une erreur doctrinale qui repose sur un sophisme, une interprétation fautive des textes et une «idée trop économique» de la coopération. La controverse déborde très tôt les cercles privés. Mgr Courchesne et Mgr Douville défendent la nécessité de maintenir confessionnels les cercles d'études des coopératives. Le cardinal Villeneuve publie un communiqué rappelant que «toutes les organisations sociales et économiques doivent favoriser la vraie religion, l'Église et les fidèles». L'École sociale populaire met tout le monde en garde contre l'orthodoxie douteuse du principe de non-confessionnalité. Vexé par les communiqués émis par l'École sociale populaire, le père P.-M. Gaudrault, supérieur provincial des Dominicains, se porte à la défense du père Lévesque dans un pamphlet et ramène la controverse à une rivalité de moines: «On a peut-être peur, insinue-t-il, que cette doctrine, dite libérale, nuise à certaines positions acquises et jalousement gardées.» On s'attend à une intervention collective de l'épiscopat qui, les mains liées par l'*imprimatur* que Mgr de Montréal a donné au pamphlet du père Gaudrault, préfère rester coi. Ce tintamarre amène le père Lévesque à relativiser sa pensée en avril dans la revue *Ensemble*: les cercles d'études peuvent demeurer confessionnels. Les évêques sont soulagés. «C'est tout ce qui importe», s'exclame Mgr Courchesne. «C'est l'élément d'éducation qui importe et qui est l'élément formel de tout le service social rendu par la coopération. C'en est l'âme. Le reste n'est qu'une opération commerciale.»⁷³

Les explications du père Lévesque suscitent un consensus de surface non sur ses positions théoriques mais sur les conclusions qu'il en tire. En clair, les coopératives peuvent être non confessionnelles. C'est affaire d'opportunité. L'étude des mécanismes de la coopération est a-confessionnelle. L'éducation à la coopération devrait être confessionnelle, mais il n'est pas nécessaire de le proclamer sur tous les toits. Quant aux unions ouvrières, elles relèvent d'une autre problématique. De fait, seuls les plus intransigeants demeurent favorables à la confessionnalité à tout crin des coopératives. Chacun s'efforce d'éteindre le feu pour ne pas faire le jeu des libéraux. L'épiscopat trouve «l'article du père Lévesque inopportun» et «très malheureux le beau tapage qu'a occasionné la brochure du R.P. Gaudrault».⁷⁴ Il décide cependant de ne pas statuer sur la question. Le supérieur des Jésuites ordonne aux membres de sa communauté, le 4 juin 1946, de «ne plus traiter de cette question-là tant que tous les évêques ne se seront pas prononcés». Le débat est clos au printemps de 1946. En privé, c'est une toute autre affaire. Chacun règle ses comptes à sa façon.

La forme scolastique — encore l'instrument de pensée des élites — a moulé ce débat sur la confessionnalité. Cet extrait d'un commentaire du philosophe Henri Grenier donne l'allure de la discussion: «On applique ces notions (neutralité et non-confessionnalité) aux institutions et aux sociétés, sans penser qu'une institution ou une société ne peut avoir d'acte intérieur. C'est un sophisme *aequivocationis*, parce que l'on passe illégitimement des individus à la société.» En ce sens, l'historien Louis Rousseau conclut justement que ce débat clôt une époque, celle où la société québécoise posait et solutionnait ses problèmes à l'aide des règles discursives de la *Somme* de Thomas d'Aquin. Ce tribut que le père Lévesque a payé à l'idéologie dominante pour qu'elle avalise le débat alourdit la phraséologie de l'argumentation, mais ne rend pas son message tout à fait inaudible. Les puissances de l'heure — l'épiscopat et les Jésuites — comprennent vite que ces vieilles outres recèlent un vin nouveau dont la robe a la couleur du libéralisme et dont les Dominicains portent le ferment. De fait, les articles du père Lévesque reflètent l'émergence au sein du catholicisme québécois d'un courant de pensée, inspiré des catholiques de gauche de France, en quête d'une redéfinition des rapports du profane et du religieux respectueuse de l'autonomie du temporel et du laïcat. De surcroît, ils révèlent une nouvelle attitude: la prétention de débattre publiquement toutes les questions. Ils annoncent l'apparition des nouveaux prophètes formés dans les universités. Ce ferment révolutionnaire n'échappe pas au père Archambault qui regrette qu'«en faisant cette recommandation d'action aux catholiques, le père Lévesque assume un rôle réservé jusqu'ici à l'épiscopat, surtout quand il s'agit de rompre avec une règle générale».

L'intervention du père Lévesque est un signe des temps que les milieux traditionnels lisent correctement. D'où la vivacité de leur réaction. Le cardinal s'empresse d'affirmer l'autorité de l'épiscopat au lendemain de la parution de l'article: «Dans les institutions publiques, il appartient aux évêques, rappelle le cardinal, de déterminer selon les temps et les milieux, quelle mesure de tolérance est nécessaire et prudente.»[75] Mgr Courchesne identifie le principe de non-confessionnalité à un chemin qui mène tout droit à la non-confessionnalité du système scolaire, et partant à l'effondrement de l'ordre social chrétien. Plusieurs évêques «s'inquiètent [de ce] que trop de [...] professeurs d'université et [d']agronomes aillent chercher leur complément de formation à Harvard et Cornell dont les tendances matérialistes ne font pas de doute».[76] Mgr Desranleau pressent que les temps sont gros d'une révolution: la montréalisation du Québec. «Cet article, commente-t-il, n'est que la résultante de la poussée laïcisante, a-confessionnelle, inter-confessionnelle et neutre qui ravage Montréal depuis la tête jusqu'aux pieds.» Il mourra trop tôt pour voir l'accomplissement de son pressentiment.

Une Église engagée dans la cité

Durant les années 1940, on assiste donc à un renouvellement des agents du changement social. Qu'ils soient des travailleurs sociaux formés dans les universités, des aumôniers regroupés dans les Journées sacerdotales, des militants issus du milieu syndical, ces agents ont en commun des connaissances étendues sur les rapports sociaux, une attitude pragmatique et combative, une liberté d'opinion et d'action dont ne disposaient pas leurs devanciers. Sous leur impulsion, l'action sociale se radicalise. La C.T.C.C. devient le fer de lance d'un mouvement de restauration sociale. Bien que ne groupant que le tiers des syndiqués québécois — et dans des secteurs peu propices au déclenchement de grèves — la C.T.C.C. organise la résistance à la politique antisyndicale du gouvernement Duplessis, qui reflète l'attitude conservatrice des élites et des ruraux. Duplessis s'efforce de soustraire le secteur public et parapublic à l'activité syndicale et de restreindre le pouvoir de négociation des syndicats dans l'entreprise privée. Des laïcs sont à la fine pointe du combat. Jacques Cousineau le constate en 1947: «Le monde ouvrier a atteint sa majorité. Les travailleurs organisés sont devenus capables de réaliser par eux-mêmes leurs légitimes destinées.»[77] Mais les syndiqués trouvent dans l'Église des alliés indispensables. La Commission sacerdotale d'études sociales leur fournit des munitions idéologiques et les réhabilite aux yeux de l'opinion publique. En février 1949, la déclaration du président de cette commission contre le projet d'un code du travail restreignant les droits des travailleurs et la marge de manœuvre des syndicats émeut l'opinion publique. Duplessis recule et maquille son code en un projet de loi concernant les municipalités et les commissions scolaires, de même que leurs employés. La Commission sacerdotale dénonce cette manœuvre qui «aurait donc pour effet de troubler la paix sociale». Le Conseil législatif adopte quatre des cinq amendements proposés alors par un cartel syndical, dont la C.T.C.C. est le pivot.

La combativité et la radicalisation des syndicats inquiètent les milieux conservateurs. L'Association professionnelle des industriels (A.P.I.), fondée en 1943 par Émile Bouvier, s.j., et Eugène Gibeau, tient en suspicion les idées véhiculées sur la réforme de l'entreprise. Le patronat anglophone, fortement influencé par la loi Taft-Hartley et la «chasse aux sorcières» aux États-Unis, assimile ces idées à «une philosophie plus apparentée au communisme ou au socialisme». C'est dans ce contexte qu'éclate la grève des mineurs de l'amiante, à Asbestos, le 13 février 1949. Les mille huit cents ouvriers de la Canadian Johns-Manville Corporation débraient sans recourir à l'arbitrage qu'ils pressentent pipé en faveur du patronat. Ils entraînent à leur suite les autres travailleurs de l'amiante. Les ouvriers revendiquent des hausses de salaire, des mesures pour les protéger contre les effets nocifs de la poussière d'amiante, l'application de la formule Rand, un fonds d'assurances sociales pour les indemnités en cas d'accident et de maladie. La compagnie, semble-t-il, serait prête à prendre ces revendications en sérieuse considération, n'était-ce leur formulation, inspirée par les idées qui ont cours sur la réforme de l'entreprise et qui donnent à penser que le syndicat s'en prend au droit de propriété et de gérance. Lewis H. Brown, le président de la Canadian Johns-Manville Corporation, trouve dans cette formulation le prétexte à une guerre sainte contre «une doctrine révolutionnaire». «Le point crucial de la grève, écrit-il, est l'insistance que les chefs du syndicat mettent à obtenir pour eux-mêmes une part d'autorité et de contrôle sur l'administration.» Forte de l'appui des milieux patronaux, et aussi de l'apathie dont font montre les syndicats internationaux et l'opinion publique, la Canadian Johns-Manville Corporation entreprend de casser les syndicats catholiques. Maurice Duplessis annonce qu'il n'interviendra pas tant et aussi longtemps que les ouvriers n'auront pas repris le travail. Sa logique n'est pas celle des syndiqués: avocat de formation, il n'admet pas qu'une grève illégale puisse être juste; chef de parti, il a des comptes à régler avec les syndicats qui l'ont humilié lors des discussions entourant le Code du travail; premier ministre préoccupé davantage de croissance économique que de développement social, il ne veut pas s'aliéner le capital américain. La grève s'enlise et les syndiqués montrent des signes d'essoufflement. Les aumôniers pressent l'épiscopat d'intervenir et celui-ci presse le gouvernement d'agir. Mgr Courchesne, puis Mgr Roy s'adressent directement au premier ministre qui, de son côté, recherche l'appui du délégué apostolique. En accord avec l'épiscopat, la Commission sacerdotale d'études sociales en appelle, le 29 avril, au nom de la charité, à toutes les classes pour qu'on achemine des secours matériels aux grévistes. Les quêtes publiques commencent dans les diocèses. Le 1er mai, l'archevêque de Montréal réclame un Code du travail et proclame: «notre cœur est et restera près de la classe ouvrière». Des quatre coins du Québec, les secours affluent dans le pays de l'amiante. La médiation de l'archevêque de Québec pave la voie à un retour au travail.

C'est la première fois que l'épiscopat intervient collectivement, avec tant de force et de façon aussi spectaculaire, en faveur des ouvriers. Son geste s'explique par la volonté manifeste depuis 1942 de ne pas laisser écraser le syndicalisme catholique, l'épine dorsale d'un état de chrétienté urbaine et le rempart élevé contre le communisme et le socialisme. Les rumeurs voulant qu'en cas d'échec les ouvriers de l'amiante s'affilient à des syndicats du C.I.O. pèsent lourd dans sa décision d'intervenir. Dans une première lettre au premier ministre, Mgr Courchesne l'informe qu'«il ne [...] sera pas possible [aux évêques] de laisser s'accréditer la légende que l'Église cède à l'ascendant du capital jusqu'à sacrifier les travailleurs». Revenant plus tard à la charge, Mgr Courchesne le supplie de faire céder la compagnie sur «cette différence (2 cents) qui permettrait aux ouvriers de sauver la face et aux syndicats catholiques de garder leurs membres qu'on dit menacés d'être ramassés par les C.I.O.».[78] Asbestos est un aboutissement qui ne se comprend que si on le replace dans l'ensemble du climat socio-politique qui prévaut durant les années 1940: la prise de conscience croissante que le Québec est colonisé par le capital américain et la volonté de l'épiscopat d'offrir aux ouvriers une solution de rechange aux idéologies de gauche. Ce climat colore toute l'action sociale catholique de l'époque. Ainsi, sur la Côte-Nord, Mgr Napoléon-Alexandre Labrie mène un combat similaire à celui des travailleurs d'Asbestos. Sa lettre pastorale sur la forêt, en juin 1948, dénonce le pillage des ressources naturelles par les compagnies papetières et l'exploitation éhontée des bûcherons par le capital étranger. Ses revendications sont radicales: abolition des villes fermées, création de villages forestiers, réhabilitation de la classe ouvrière par la coopération et la syndicalisation. Mais lui aussi a une épée dans le dos: les militants du Parti communiste qui s'efforcent d'enrégimenter les bûcherons. Asbestos, cependant, n'est pas un épisode dans une lutte entre l'Église et l'État. L'épiscopat a agi le plus discrètement possible et il a motivé son intervention au nom de la charité et non pas de la justice, ce qui lui évitait de prendre parti dans le conflit et de nourrir la lutte des classes. À distance, Asbestos semble un désaccord accidentel entre la Hiérarchie et le gouvernement sur une stratégie. L'un et l'autre pouvoir poursuivent le même objectif, le maintien de l'ordre social, mais dans les circonstances, l'un a choisi la voie de la charité et l'autre, celle de la légalité.

Asbestos est un révélateur des orientations prises par le syndicalisme catholique et des divergences idéologiques au sein même du catholicisme québécois. La plupart des catholiques conservateurs endossent l'intransigeance légaliste du premier ministre. Par contre, l'intelligentsia, qu'elle soit laïque ou cléricale, récupère l'événement à son profit en le haussant au rang de mythe-fondateur de la gauche catholique, libérale et laïcisante. C'est bien à tort qu'en certains milieux on croit que cette grève a forcé l'épiscopat à faire le point sur la doctrine sociale. Cette décision avait été prise quelques mois auparavant, à l'instigation des aumôniers rendus insécures par le dégommage du directeur de *Relations*. Les aumôniers avaient alors réclamé une intervention épiscopale collective sur la liberté d'expression. L'idée avait évolué en une mise au point sur les conditions nouvelles engendrées par l'urbanisation. En décembre 1948, l'épiscopat avait confié à la Commission sacerdotale d'études sociales la tâche d'écrire un projet de lettre pastorale.[79] En février 1949, la commission dépose un premier brouillon qui est discuté par un comité épiscopal, analysé par chaque évêque et remanié par la commission. Le document est prêt le 14 février 1950 et paraît sous le titre de: *Le problème ouvrier en regard de la doctrine sociale de l'Église*. Long de trente-cinq mille mots et d'une facture classique, il comporte une introduction sur la mission de l'Église, trois sections sur les conditions actuelles de la vie ouvrière, sur la restauration de ces conditions, sur les agents de cette restauration, et une conclusion qui est une invitation à l'étude et à l'action. Ce document est l'aboutissement d'une pensée collective qui a mûri dans la réflexion et la praxis. Il traduit une rupture avec le discours académique clérical tout centré sur la ruralité. «C'est donc un fait, souligne la lettre collective, la majorité de notre peuple ne vit pas à la campagne, ni de l'agriculture.» Cette observation est suivie d'un constat théologique: ce milieu ouvrier et industriel peut être sanctificateur. Voilà qui donne sens à l'action des aumôniers et des travailleurs sociaux en milieu urbain et permet d'intégrer l'évolution récente du Québec dans une vision théologique de l'histoire et dans le plan divin. Le ton du document est serein, rempli d'espérance, dégagé des particularités de la conjoncture qui l'a fait naître. Il constitue une codification cohérente et claire des acquis récents de la doctrine sociale de l'Église. Rome par la voix du cardinal Piazza, secrétaire de la Consistoriale, reconnaît son exceptionnelle qualité et sa portée universelle: «la voix de ces pasteurs des âmes outrepasse les frontières de leurs diocèses et de leur province au point qu'il faut lui reconnaître une valeur universelle».[80] La qualité doctrinale explique le retentissement de ce document traduit en plusieurs langues et tiré à plus de 250 000 exemplaires, dont des extraits seront repris par Jean XXIII dans *Mater et Magistra*.

En dépit de sa haute qualité doctrinale cependant, la lettre pastorale comporte des ambiguïtés. La doctrine sociale n'est pas un enseignement figé, mais une tradition vivante qui s'explicite et se précise au fil du temps. Pour intégrer à cette doctrine l'idéologie de la réforme de l'entreprise, les rédacteurs de la lettre ont dû faire l'exégèse des allocutions les plus récentes de Pie XII. Mgr Courchesne regrette qu'en dépit de ses objurgations, les rédacteurs aient tronqué certains textes de Pie XII et en aient fait une interprétation abusive — du moins une interprétation divergente de celle des autorités romaines. Ces ambiguïtés éclateront lors des grèves chez Dupuis & Frères et chez les tisserands de Louiseville en 1952. Elles concernent la finalité et le rôle du syndicalisme, de même que la participation des travailleurs aux bénéfices de l'entreprise. Consulté par Mgr Albertus Martin en 1953, Pie XII, par l'intermédiaire de Mgr J.B. Montini, son prosecrétaire, précise ainsi sa pensée:

> 1. «Le syndicalisme n'a pas comme finalité d'exprimer, d'orienter ou de canaliser toutes les aspirations du monde ouvrier»;
> 2. «Le syndicat n'a pas le droit de prétendre à s'intégrer d'une façon organique dans la marche même de l'entreprise en vue d'y réaliser la promotion ouvrière»;
> 3. «Il ne peut pas être soutenu que les ouvriers ont [un] droit strict en raison de leur travail, non seulement à une rémunération ‹suffisamment abondante› pour assurer leur vie et celle de leur famille, mais aussi, en justice commutative, à une part du profit de l'entreprise, comme s'il fallait restituer à l'ouvrier une part de la ‹plus value› que leur travail a produit.»

Ces discussions doctrinales, dont les conséquences sur le plan de la praxis sont grandes, expliquent en partie certains silences de l'épiscopat dans les luttes ouvrières durant la décennie 1950, l'attitude de plus en plus distante de celui-ci vis-à-vis de la Commission sacerdotale d'études sociales et, aussi, l'isolement que ressentent les aumôniers les plus progressifs.

6. Les derniers feux d'une chrétienté

Le 10 décembre 1946, en la fête de la translation de la maison de la sainte Vierge, Mgr Alexandre Vachon annonce la tenue d'un congrès marial dans sa ville épiscopale d'Ottawa, du 18 au 22 juin de l'année suivante.[81] C'est un projet qu'il mûrit depuis plus d'un an déjà, pour souligner le centenaire de son diocèse. Son congrès sera une action de grâce et une supplique. Action de grâce pour le bien accompli par l'Esprit dans l'Église d'Ottawa. Action de grâce pour la miséricorde du Père qui a épargné aux Canadiens les horreurs d'une guerre sur leur propre territoire. Supplique à Marie pour qu'elle obtienne de son Fils une paix mondiale basée sur la justice et la charité. Tous ceux que Mgr d'Ottawa a consultés l'ont fortifié dans son dessein. Le clergé diocésain entrevoit les bienfaits pastoraux de l'événement. L'épiscopat canadien y voit l'occasion d'une reprise en main d'une population dont le sens moral a été émoussé par la guerre. Le pape anticipe la manifestation d'une fraternité retrouvée entre les peuples. Ce congrès acquiert rapidement le statut d'un événement international.

La madone itinérante

Dans la tradition catholique, les congrès ne s'improvisent pas. Ils sont précédés d'une longue préparation à laquelle participent clercs et laïcs. Les premiers s'occupent du conditionnement spirituel; les seconds, des conditions matérielles. Mgr d'Ottawa ayant placé le congrès sous le signe de la prière, de la pénitence et de l'aumône, ses conseillers procèdent à la mobilisation des clercs et des religieux. Dès l'automne de 1946, la Faculté de théologie de l'Université d'Ottawa dispense des conférences publiques aux clercs et aux religieux sur le thème «la Sainte Vierge, notre mère à tous». Le Centre catholique prépare les plans d'une quinzaine de sermons qui durant l'hiver seront prêchés dans toutes les églises diocésaines. Ces initiatives pavent la voie à la fondation en décembre 1947 de la Société canadienne des études mariales qui continuera la réflexion amorcée à l'occasion du congrès.

Durant l'hiver de 1947, les clercs sont prêts à embrigader les masses. Le 12 janvier, Radio-Canada met à l'affiche un programme marial hebdomadaire et chaque dimanche les curés dissertent sur un aspect ou l'autre de la mariologie. Le 25 mars, Mgr d'Ottawa impose les triduums marials paroissiaux, de même que l'établissement dans chaque paroisse du Rosaire perpétuel, de la Confrérie du Saint-Rosaire et du Rosaire vivant. Une trentaine de dominicains prêchent ces triduums qui, outre la prédication sur le rosaire, comportent des manifestations collectives de piété: messe de minuit, heures mariales, processions et consécration au Cœur Immaculé de Marie. En mai, Mgr d'Ottawa ordonne à ses fidèles un mois de prières et de pénitences: confession, communion fréquente, récitation du rosaire et chemin de croix quotidien, abstinence le mercredi. Prolongées par l'action incitative des clercs, des religieux et des institutrices, les consignes épiscopales sont suivies. La prière se fait plus intense: le diocèse d'Ottawa devient un sanctuaire à ciel ouvert. Les enfants offrent des bouquets spirituels. Les vieillards d'un hospice «se taxent à un million d'Ave Maria». Les malades se consacrent au Cœur Immaculé de Marie. La ferveur gagne les diocèses canadiens et états-uniens. Le diocèse de Québec fait un triduum marial les 23, 24 et 25 mai. La Croisade eucharistique canadienne engerbe un immense bouquet spirituel: 1 205 583 messes, 843 672 communions, 1 799 572 visites à l'autel de Marie, 3 533 922 chapelets, 14 295 973 actes d'amour envers Marie, 6 282 989 sacrifices. Chaque diocèse a ses croisades de prières et de pénitences. Du 1er mai au 27 juin, jour et nuit on récite le rosaire dans l'un ou l'autre foyer canadien catholique.

Quand le 1er mai, Notre-Dame-du-Cap quitte son sanctuaire en route pour Ottawa, l'émotion populaire atteint son paroxysme. La nouvelle fait le tour du monde. L'idée est un calque du «Grand Retour» de France où Notre-Dame de Boulogne parcourt ce pays. Dressée sur un char triomphal commémorant le pont des Chapelets, une réplique de la statue miraculeuse entreprend le voyage qui, de paroisse en paroisse, la mènera au reposoir d'Ottawa. Quarante missionnaires précèdent son arrivée et organisent dans les paroisses hôtesses une réception digne de cette visiteuse du ciel. Partout, c'est le même scénario. La veille: prédication mariale et réception des sacrements. Le jour de l'arrivée: les fidèles se rendent en procession par les rues pavoisées du village ou de la ville à la rencontre de Marie. Une veillée d'armes, comprenant messe, communion et consécration au Cœur Immaculé de Marie, souligne le séjour de la Vierge. Le lendemain: nouveau défilé jusqu'à la frontière de la localité. À Montréal, où la madone séjourne en sept lieux différents, les scènes sont émouvantes. La ville entière est pavoisée aux couleurs mariales. Ils sont dix mille pour l'accueillir à la chapelle de la Réparation (Pointe-aux-Trembles), trente mille à la Nativité (Hochelaga), cinquante mille au Jardin botanique, autant au parc LaFontaine, cent mille à l'Oratoire.

Pendant que la Vierge triomphe, une vaste organisation s'affaire à accueillir les pèlerins à Ottawa. En haut de la pyramide, un comité général présidé par deux personnalités politiques prestigieuses du gouvernement canadien: les honorables Louis Saint-Laurent et James J. McCann. À la base, vingt-sept comités logés dans les édifices de la ville et les locaux du journal *le Droit*. Ces comités ont mandat d'aménager, dans le parc Landsdowne, un terrain de soixante-dix acres sur les bords du canal Rideau, un reposoir, une chapelle, un centre d'exposition religieuse, de préparer des jeux marials et d'organiser la publicité, un service d'accueil et un service d'ordre. Les coûts seront énormes — certainement plus d'un million de dollars. Le comité général compte sur une sous-

Notre-Dame-du-Cap visite les paroissiens de Saint-Joseph à Wrightville, Hull, 9 juin 1948.

cription publique, la vente d'objets religieux et une capitation des diocésains d'Ottawa fixée à 10$ par famille pour financer cette manifestation.

La fête populaire

Notre-Dame-du-Cap avait voyagé sous une pluie diluvienne. Le mercredi, 18 juin, le soleil arrive à Ottawa avec le légat du pape, l'Éminentissime James Charles McGuigan, de Toronto, récemment nommé cardinal. Ce dernier préside un programme chargé au cours duquel les messes alternent avec les discours, les discours avec les défilés, les défilés avec les jeux scéniques. Ottawa est rempli à craquer: les pèlerins se comptent par centaines de milliers. Il y règne une atmosphère indicible. Un journal français commente: «Les congressistes vivent maintenant dans une féerie et un enchantement continuels. Ils vont de cérémonies en cérémonies, toutes plus belles les unes que les autres, et, dans cette ville en liesse, on croit retrouver une ambiance de Moyen Age lorsque l'Église inspirait les réjouissances populaires de la chrétienté.»
    Plusieurs centres d'intérêt captivent les pèlerins. Bien sûr, il y a le reposoir, vaste maçonnerie de cinq cent quinze pieds sur quatre-vingt qui donne au parc Landsdowne les allures d'une cathédrale à ciel ouvert. Ce reposoir à trois plans comprend des estrades, un autel et une tour de cent treize pieds au sommet de laquelle une statue de la Vierge repose sur un globe terrestre. Les lignes architecturales font converger vers l'autel les regards des quatre-vingt-cinq mille spectateurs assis dans les bancs accrochés à des gradins. Plus impressionnant encore est le Colisée, dont l'intérieur, pour la circonstance, reproduit le chœur du vieux sanctuaire de Notre-Dame-du-Cap. Là, bat le cœur du congrès. Au terme d'un long périple qui l'a conduite dans trois cent quarante paroisses et institutions, Notre-Dame y attend les pèlerins. Le sanctuaire est orné de fleurs. Derrière la madone, sur une banderole de trente mille lampions se détache en anglais et en français l'inscription: «Reine de la paix, priez pour nous.» Aux abords du Colisée, une centaine de confesseurs entendent

Congrès marial d'Ottawa, 1947. La foule devant le reposoir, au moment où le très honorable Louis Saint-Laurent lit l'acte de consécration solennelle du Canada au Cœur Immaculé de Marie.

les secrets de tous et de chacun. Tout près, une exposition religieuse déroule sa fresque dans cinq pavillons couvrant une superficie de 125 000 pieds carrés. Plus de cent kiosques érigés par les congrégations religieuses font connaître les œuvres de l'Église catholique, surtout son apostolat missionnaire.

Diverses activités tirent les pèlerins de leur extase. La procession mariale, long cortège de quinze mille marcheurs en uniforme, de mille zouaves, de vingt chars allégoriques et de soixante-quatre fanfares, la plupart du Québec, dure trois heures. La procession eucharistique à la gloire du Christ est, elle aussi, un long défilé de vingt-cinq chars, suivis d'une procession liturgique composée de laïcs, de clercs et de prélats tout enrubannés. Tous les soirs, les salles publiques offrent des jeux scéniques inspirés du théâtre de Ghéon et des œuvres d'artistes canadiens. Le Capitol présente *Notre-Dame du Bel-Amour*, «scénario de huit tableaux mimés avec accompagnement d'orchestre et de chant». L'Auditorium affiche *Jésus, Fils de Marie*, sorte de catéchisme en image. Sur le reposoir, on joue les spectacles les plus grandioses: *Notre-Dame de la*

Couronne, vaste pageant où évoluent plus de mille personnages, et *Notre-Dame du Pain*.

Une semaine durant, la ville d'Ottawa baigne dans une atmosphère carnavalesque. Un rassemblement de cinq cent mille personnes tient de la foire. Mais derrière les apparences, Ottawa vit une grande aventure de la foi — «un gigantesque drame religieux», au dire du *Citizen*. C'est la foi simple de la foule qui confère à ces festivités son sens spirituel. Quand, dans la nuit du 23 juin, la dernière pluie d'étoiles d'un feu d'artifice s'agglutine en un immense *Ad Jesum per Mariam*, une chrétienté a profilé sur l'horizon du temps ses derniers feux.

CHAPITRE II

CONFORT ET AFFRONTEMENTS, 1950-1957

Dans l'après-guerre, l'Église québécoise n'a plus la capacité d'imposer un ordre socio-politique. Son emprise sur la population décroît. En son sein, surgissent des mouvements divergents qui affaiblissent son leadership. Le sociologue Falardeau pointe l'une des sources de tension: «Toute faculté universitaire de sciences sociales, du fait même de son existence et de sa nature, est une présence gênante pour le milieu où elle se trouve, dans quelque pays que ce soit. En tant que laboratoire d'observation et lieu de réflexion, elle est, de soi, scandale pour la routine, étonnement pour les pouvoirs établis, exaspération pour les idéologies traditionnelles.» L'idéologie du pluralisme commence à s'implanter, «en réponse à l'impuissance de l'idéologie unitaire à prendre en charge la totalité de l'expérience». (*Nicole Gagnon*). L'heure est aux discussions, aux tâtonnements, aux replis inquiets et aux affrontements.

1. Hiérarchie et laïcat

Les élites religieuses lisent la situation avec des lunettes *made in France*. L'âpre lutte que se livrent en France catholiques de gauche et catholiques de droite leur fournit une nouvelle grille de lecture, commode pour départager les clans et les factions, classifier les querelles de familles et de pouvoir. Les étiquettes de gauche et de droite tendent à supplanter celles de libéral et d'ultramontain.

*La droite s'impose**

En l'an de grâce 1950, l'Église fait deux gestes en apparence contradictoires. En janvier, Mgr Charbonneau, l'homme qui, aux yeux du public, incarne les forces de renouveau, est démis de ses fonctions. Quelques mois plus tard paraît la lettre collective sur le problème ouvrier, dans laquelle l'épiscopat reconnaît que le Québec s'est urbanisé, que la majorité

Le cardinal Paul-Émile Léger (12 janvier 1953).

---

* Cette section a été remaniée avec l'aide de Nicole Gagnon.

des Québécois sont des citadins et que la citadinité a des aspirations qui divergent de celles de la ruralité. L'épiscopat du Québec semble s'ouvrir au changement au moment où Rome limoge un de ceux qui lui a ouvert la voie. Encore aujourd'hui, ces deux gestes sont entourés d'un certain brouillard.

La destitution de l'archevêque de Montréal prend tout le monde par surprise. Mgr Charbonneau est très contesté au sein de l'épiscopat. La nomination de Mgr Whelan, son attitude face au socialisme, ses prises de position en faveur de la non-confessionnalité des œuvres, l'autonomie qu'il accorde aux militants d'action catholique l'ont marginalisé dans l'Assemblée épiscopale.[1] Depuis sa prise de position sur la non-confessionnalité de la Corporation des infirmières (1946), il est un homme marqué: «il y avait quatre ans qu'à Rome son sort était scellé», confie le délégué apostolique à Mgr Arthur Douville en mai 1950. À l'archevêché, son style d'administration est critiqué. Mgr de Montréal est un homme de «grande vision»; il n'est pas un administrateur ni un homme de décision. L'organisation et l'administration de son diocèse laissent beaucoup à désirer. Pour le délégué apostolique, c'est un indésirable. À Rome, Mgr Charbonneau ne se connaît aucun ennemi; mais il n'y compte pas davantage d'alliés et — dira-t-on — il n'a rien compris à la diplomatie romaine. Mgr Charbonneau est un homme vulnérable parce que c'est un homme seul. En 1949, il revient enchanté de son voyage *ad limina*: ni le pape ni personne ne lui avait fait l'ombre d'une remarque ou d'un reproche, mais il avait évité de rencontrer les autorités du Saint-Office. Moins d'un an plus tard, il reçoit, par l'intermédiaire de Mgr Antoniutti, l'ordre de démissionner ou d'accepter la tutelle d'un administrateur. Et le public apprend que l'archevêque a démissionné «pour raison de santé». Ce qui étonne, c'est la rapidité du geste; ce qui choque, c'est le silence dont on entoure l'affaire; ce qui scandalise, c'est l'odieux d'une sentence sans jugement. «Ce que j'ai fait?, aurait dit Mgr Charbonneau, je ne le sais pas. J'ai voulu me défendre, on me l'a refusé. Nous ne sommes pas de l'autre côté du rideau de fer mais traités tout comme.» L'Affaire Charbonneau prend l'allure d'une énigme. Qui est responsable de ce dégommage? Le pape lui-même, de toute évidence, dont le style politique n'est pas sans analogie avec celui de son homologue de «l'autre côté». Mais pour quelle raison? Sur la base de quel rapport? Sous l'influence de quelle menée secrète? Les hypothèses foisonnent, mais aucune n'est suffisamment étayée pour dissiper le mystère. Dans le grand public, on est convaincu que le coup vient de Duplessis et de Mgr Courchesne; on apprendra plus tard que l'archevêque n'a pas été condamné pour ses idées sociales ou son rôle dans la grève d'Asbestos, «qui lui aurait plutôt valu le chapeau de cardinal» (Mgr Antoniutti). Chez les clercs, certains soupçonnent son successeur, alors recteur du Collège canadien à Rome et qui a l'oreille du pape; peut-être... mais le soupçon est gratuit. Bon nombre incriminent le délégué; son ancien secrétaire soutiendra qu'il a tout fait pour défendre l'archevêque, et lui-même se serait déclaré surpris des raisons qui ont causé la disgrâce. Autre hypothèse: un espion intégriste à l'archevêché aurait fabriqué un dossier mensonger, de sorte que Mgr Charbonneau aurait été condamné sur un bobard... Ou encore: des enquêteurs mandatés par Rome auraient observé de près les agissements de l'archevêque, connu comme un grand émotif, et ils auraient jugé que Monseigneur, nouveau Bruchési, était au bord d'une dépression nerveuse: il fallait l'écarter avant que le scandale n'éclate. Avec le temps, une version s'accrédite: Pie XII a démis Mgr Charbonneau parce que des évêques, dont le délégué apostolique via les congrégations romaines, l'ont convaincu que celui-ci «divisait les catholiques du Canada français en catholiques de gauche et catholiques de droite comme en France» et qu'il fallait «prendre le parti des premiers».[2]

L'Affaire Charbonneau scandalise l'opinion publique et plonge les fidèles dans la consternation. À Rome, où on avait mal évalué la grande popularité de l'archevêque et où on croyait s'être garanti une certaine discrétion, on s'inquiète: «on regrette certaine promptitude»; on cherche à calmer l'opinion en décernant à Mgr Charbonneau, exilé à Victoria, des titres honorifiques. Le public préfère lui décerner l'auréole du martyr. Lorsque, dans un siècle, le Vatican ouvrira les archives de l'affaire, il n'est pas impossible, au dire de l'ancien secrétaire de Mgr Antoniutti, «qu'on songe à introduire sa cause de béatification». Mgr Charbonneau meurt, «de chagrin et de nostalgie», le 19 novembre 1959. Invité à prononcer l'oraison funèbre, le délégué apostolique, Mgr Sebastiano Baggio, dépasse toutes les attentes par un émouvant panégyrique à la mémoire de «cet évêque à la biographie inquiétante, signée si profondément par le sceau de la croix».

Quelles qu'en aient été les véritables raisons, la destitution de Mgr Charbonneau jette le discrédit sur sa politique sociale et Duplessis semble triompher. Dans ce contexte, la lettre collective sur le problème ouvrier — que Mgr Courchesne a cosignée à contrecœur parce que, à son dire, elle tronque de façon grave les instructions de Pie XII sur la participation des travailleurs à l'entreprise — est une anomalie. Aux yeux du public, elle endosse la prise de position à l'origine de la disgrâce de Mgr Charbonneau. La contradiction, cependant, n'est qu'apparente, puisque la non-confessionnalité — et non Asbestos — est la corde avec laquelle on a pendu ce dernier. Mgr Charbonneau n'était pas un homme de gauche dans le sens où ce terme est employé en France, mais un mélange d'Irlandais et de Franco-Ontarien, ouvert aux réalités nord-américaines, mort pour n'avoir compris ni Rome ni le Québec. La lettre aurait été, au dire de l'un de ses rédacteurs, manière entre autres de réparer une gaffe de l'archevêque de Montréal. Celui-ci, en effet, avait limogé à la façon de Pie XII le directeur de *Relations*, à cause de l'attitude trop agressive de la revue dans le dossier de la silicose. Ce geste avait déplu aux militants et aux aumôniers. La lettre était une concession de l'épiscopat pour calmer ses troupes. Elle fournissait l'occasion d'affirmer avec élégance, sans avoir l'air de désavouer qui que ce soit, le principe de liberté d'expression pour les prêtres et les laïcs œuvrant dans le domaine social.[3]

L'Affaire Charbonneau et la lettre collective sont deux événements concomittants mais dont les liens sont plutôt lâches. Au plan symbolique, cependant, ces deux gestes accolés prennent un sens qui rend compte de l'agir épiscopal dans les années 1950. La Hiérarchie accepte le changement mais, en accord avec Rome, lui impose une limite: le maintien de la confessionnalité de la société qui continuera de se traduire par des systèmes d'éducation et d'assistance publique confessionnels et par diverses œuvres et associations confessionnelles

LETTRE DU PÈRE ÉDOUARD GOUIN, P.S.S.,
À UN CORRESPONDANT QUÉBÉCOIS

Nantes, 25 juillet 1950

Mon cher ami,

[...] Je pourrai même aussi vous révéler ou vous préciser certains aspects des choses canadiennes qu'on découvre mieux de loin que de près.

Une conversation avec un vieux Romain (Français d'origine) m'a aidé à mieux comprendre l'affaire Charbonneau, qui est complexe et dont les rancunes de M. Duplessis et la trahison de M. Dumont dont je vous reparlerai ne constituent que des éléments.

La perte de l'Archevêque était résolue ou du moins projetée et préparée à Rome depuis près de deux ans.

Le grand meneur me paraît être Mgr Antoniutti, l'auteur de l'élévation de Mgr Charbonneau, autrefois son ami à Ottawa, sa créature dont il voulait faire l'instrument de ses desseins et qui se révéla une personnalité, un caractère, une conscience, sachant et entendant prendre ses responsabilités.

L'Église, divine dans son origine et son fondement, est humaine dans ses membres et ses procédés: la cour romaine suit une politique d'une continuité héritée de l'empire romain et qui tend — excusez et comprenez l'expression qui exagère et caricaturise ma pensée — à la domestication de l'épiscopat: l'évêque n'étant plus à la limite qu'un agent soumis au Délégué apostolique. Mgr Charbonneau n'a pas voulu se prêter à cette politique; l'instrument rêvé s'est révélé l'obstacle.

Dès lors, on devait chercher à s'en débarrasser: il a donné barre sur lui, contre lui, par son tempérament, ses qualités même, son honnêteté native, un peu naïve, s'indignant de tout compromis: «Est est, non non.» (Ce qui est, est; ce qui n'est pas, n'est pas.)

Il n'avait rien d'un diplomate; la contradiction ne l'excitait pas à la discussion, mais au silence, le repliait sur lui-même et l'ancrait dans sa décision. Sentant une opposition de la part du Délégué, de ses collègues dans l'épiscopat... il les évitait. Ses ennemis ont eu beau jeu contre lui.

Il refusa de se défendre jusqu'au jour où les menées qui lui avaient été dénoncées, mais auxquelles il ne voulait pas croire, se dévoilèrent: c'était trop tard!

Son départ si digne, sans un mot ni pour confirmer, ni pour infirmer les «mensonges» officiels, a été mal jugé là-bas (je veux dire à Rome). Il a donné raison à ses détracteurs.

Incompréhension de la mentalité romaine — incompréhension qui lui fait honneur — telle serait au fond, et j'en juge ainsi, la vraie cause de la disgrâce de Mgr Charbonneau.

Les choses se sont précipitées quand on lui eût trouvé l'homme par qui on le remplacerait: Mgr Léger, qui fut nommé — ou presque — au cours des années dernières, Délégué apostolique en Afrique du Sud puis au Japon et revient à Rome par la volonté expresse du Saint-Père qui avait ses vues sur lui.

La victoire de Duplessis est plus apparente que réelle: il a payé sûrement et peut-être cher, par des concessions dans l'affaire de la charte de l'Université et par l'appui donné au bill érigeant en corporation l'épiscopat de la province de Québec, la mître qu'on lui sacrifiait (est-ce à lui qu'on la sacrifiait?) ... mais n'a point gagné pour autant un homme à lui: Mgr Léger sera l'homme du Saint-Siège.

(Reproduit dans: Renaude Lapointe, *L'histoire bouleversante de Mgr Charbonneau*, Montréal, Les Éditions du Jour, 1962, 160 p.)

dans la mesure du possible. À l'utopie d'une chrétienté rurale, on substitue celle d'une chrétienté urbaine. L'utopie laisse place au changement: adaptation des programmes scolaires aux besoins de l'industrie, utilisation des techniques de service social dans les œuvres d'assistance publique, intervention élargie des gouvernements dans le financement de l'éducation et du bien-être, assouplissement des structures confessionnelles pour accommoder les Juifs et les non-croyants, multiplication des corps intermédiaires pour pallier la dégradation des relations primaires, etc. Et l'utopie de sauvegarder l'essentiel: la haute main de l'épiscopat sur la socialisation, emprise qui assurera le triomphe de l'ordre social catholique et le salut éternel des individus, sans pour autant, croit-on, freiner l'évolution temporelle de la cité.

Un évêque en action

Trop de monographies manquent encore pour qu'on puisse par des vues d'ensemble rendre compte de la manière dont l'épiscopat a vécu l'utopie de la chrétienté urbaine. Mieux vaut dans ces conditions concentrer notre attention sur un évêque en particulier: Paul-Émile Léger, dont l'action a valeur d'exemplarité et dont l'agir pastoral a déjà fait l'objet de quelques monographies.[4]

Paul-Émile Léger succède au printemps de 1950 à Mgr Joseph Charbonneau à la tête du diocèse de Montréal, le plus gros et le plus pluraliste des diocèses du Québec. Le nouvel archevêque — il sera nommé cardinal en 1953 — est un cœur sincère, émotif, généreux, sensible à la misère du prolétariat. Il est la reproduction d'un évêque ultramontain du XIXe siècle. Il est autoritaire et tranchant. Il a la bonne conscience que procure la possession tranquille de la Vérité. Il a le don de la mise en scène. Il est à l'aise dans l'action et capable d'assumer un leadership charismatique. Il voue à la papauté une obéissance indéfectible, et ce lien avec l'évêque de Rome l'ancre dans sa conviction «d'être un détenteur privilégié de la vérité et un dépositaire des seules valeurs de salut pour l'homme et la société». Il est l'homme de la tradition. Une idéologie fixiste, enracinée dans une vision providentialiste de l'histoire, anime son action marquée du sceau de l'orthodoxie: fidélité à l'ecclésiologie de Vatican I, confiance dans les institutions et les stratégies éprouvées, méfiance à l'égard des nouveautés. L'élection de cet homme, un intime de Pie XII, est plus qu'un symbole. C'est un programme. Le bruit court dans les cercles ecclésiastiques qu'il a mission de replâtrer les lézardes dans «l'ordre naturel des choses».

Comme la plupart des évêques de son temps, Mgr Léger se considère d'abord un docteur. Il enseigne. Durant les cinq premières années de son épiscopat, il prononce 2786 allocutions, préside 1242 cérémonies et 74 bénédictions d'église et reçoit en 4314 heures d'audience quelque 20 000 personnes. Toujours il lit la réalité sociale ou l'actualité à travers les lunettes de Pie XII. Il ne cesse de déplorer la déchristianisation des milieux sociaux et la désacralisation de la société. Il s'en prend à la «nouvelle morale» ou «morale de situation» des théologiens qui, à partir de la «nature humaine existentielle», enseignent que «les hommes peuvent désormais juger selon leur intuition personnelle».[5] Il dénonce un système économique axé sur le profit et la déshumanisation des services offerts par la société. Il proclame qu'en dehors de l'Église l'homme ne peut bâtir un «ordre social heureux». Le pessimisme de Pie XII et la situation internationale colorent son enseignement. Les Barbares (communistes et francs-maçons) frappent à la porte du royaume; déjà des ennemis (protestants, corrupteurs) ont pénétré dans la forteresse assiégée. L'heure est à la prière, au repentir et à la pénitence.

Elle est aussi à l'action. Ce docteur est un pasteur. Et un pasteur guerrier, toujours sur la brèche. Sa cible est une réforme morale, et ses armes sont spirituelles. Il affectionne le vocabulaire militaire et, comme un commandant, poste des sentinelles pour surveiller les débits de boissons, les kiosques de journaux et les activités des Témoins de Jéhovah. Il recrute des régiments pour «bouter hors des frontières de l'Église les faux prophètes, les exploiteurs des basses passions, les négateurs de Dieu, les tièdes et les lâches». Montréal est une ville assiégée et les rues résonnent d'un branle-bas de combat. «Plus de discussions!» lance le commandant, le 8

Congrès marial national, 1954. Son Éminence le cardinal Paul-Émile Léger consacre le Canada au Cœur Immaculé de Marie.

décembre 1951. «Trêve aux distinctions, l'heure est à l'action et à la réalisation.» Les croisés du cardinal sont constamment en action et sur tous les fronts: front du rosaire (1950), front de la moralité (1951), front eucharistique (1953), — en décembre 1951, le cardinal avait remis au premier ministre une pétition réclamant l'application rigoureuse de la loi des liqueurs signée par 796 626 personnes. Cette offensive apostolique culminera dans la Grande Mission de 1960. Mgr Léger excelle dans l'action. Sa charité est active et privilégie le soin des vieillards, des malades chroniques, des aveugles et de tous les déshérités de la terre. Il recourt à la tradition de la corvée pour bâtir des œuvres et aux grandes quêtes publiques pour les financer. En 1956, 20 000 auxiliaires ramassent 5 000 000$. Ainsi naissent les grandes œuvres: le Foyer de charité (1950), un hospice d'une centaine de lits dont les bâtiments sont érigés par des bénévoles; l'Hôpital Saint-Charles-Borromée (1955), «le miracle de la rue Dorchester», qu'il installe dans les anciens locaux du Montreal General Hospital; l'Institut Dominique-Savio (1957) pour loger quelque deux cents adolescents.

Ce pasteur innove peu. La paroisse est toujours pour lui la «cellule vivante du corps mystique», et les curés, qui doivent tendre à changer les cœurs plutôt que les structures, sont ses collaborateurs privilégiés. «Les fidèles passent en arrière de nous», leur écrit-il en 1954. «Ne les laissons pas tracer la route.» Durant les sept premières années de son règne, Mgr Léger érige cinquante-deux paroisses. Les thèmes de prédication que l'Office diocésain suggère aux curés — la messe, les vertus, la famille — sont traités sur le mode traditionnel. Le cardinal lui-même semble peu ouvert à la catéchèse, insistant en cette matière sur la compétence théologique et pédagogique. Il lui importe davantage que le catéchète soit prêtre. Ce cléricalisme se reflète aussi dans sa conception de l'action catholique: le laïcat associé à la Hiérarchie appartient à l'Église enseignée et il n'est mandaté que pour agir. L'action catholique n'a qu'à réaliser le programme fixé par l'évêque. Tant chez les prêtres que chez les laïcs, le cardinal exalte l'esprit d'obéissance. «Il n'y a d'Église que Hiérarchique», se plaît-il à dire.

Cette attitude caractérise aussi l'administrateur. Dès 1951, il entreprend de réviser la discipline diocésaine dont la dernière refonte remonte à 1938. Il convoque un synode diocésain qui se déroule suivant les procédures traditionnelles. Les commissions spécialisées chargées de la révision ne comprennent que des clercs et ne consultent que des clercs. Promulguées le 9 décembre 1953, les décisions du synode ne contiennent aucune nouveauté radicale. Conformément aux instructions pontificales, elles introduisent d'autres rouages dans la curie diocésaine. Ce sont les offices diocésains: Office du clergé, Office des religieux, Office de l'action apostolique, Office de l'enseignement, Office des œuvres, Office de l'action sociale. Ces offices sont confiés à des clercs, s'inspirent de la pensée de l'évêque et appliquent sa politique. Ils n'ont qu'un droit de suggestion.

L'action pastorale du cardinal Léger a des caractères originaux qui tiennent à son tempérament, à sa formation et au milieu au sein duquel il œuvre. Mais les traits marquants de sa pensée et de son agir reflètent la mentalité qui prévaut chez ses confrères dans l'épiscopat. De nombreux observateurs ont souligné à l'époque les traits de cette mentalité: le paternalisme, une obéissance obséquieuse envers Rome, un esprit moralisateur et intolérant, une confusion entre la religion et l'idéologie. Un aumônier qui a beaucoup fréquenté les évêques du temps a consigné ses impressions dans ses mémoires intimes: «Mais combien il a fallu faire de courbettes devant le «violet» [...] Il faut avoir fréquenté les évêques du temps pour souffrir de leur autorité exagérée, de la dictature de certains, de la vanité de plusieurs. C'étaient des Seigneurs!»

Un effort de clarification

Tant au Québec qu'ailleurs, les problèmes liés à l'action catholique dépassent les rapports entre les clercs et les laïcs, entre le mouvement et la Hiérarchie. La décennie 1950 en est une d'interrogation sur la nature même de l'action catholique, son organisation, son champ d'action, ses rapports avec l'apostolat des laïcs. À l'origine de ces problèmes, une Église perçue et vécue comme divisée en enseignants et enseignés, en pasteur et en troupeau. Le laïc n'y a pas de statut authentique, sinon celui d'être un mineur sous la tutelle de la Hiérarchie. Du cardinal Villeneuve, qui déclarait en 1932 que «la pensée de l'Église est que l'on se serve des laïcs, mais que l'on dirige leur apostolat», au cardinal Léger qui confine les laïcs à des rôles de suppléance et d'exécution, point de rupture de continuité. Partout dans l'Église catholique, l'apostolat laïque est vécu sur le mode «de la soumission docile aux directives de la Hiérarchie».[6] L'évêque est un général qui établit seul les priorités et les stratégies, laissant à des groupes de laïcs organisés le soin de les appliquer. L'ordre des priorités définit la préséance des associations et leur intimité avec la Hiérarchie. Le système a des avantages, là où les chrétiens forment une communauté homogène, rangée sous la bannière de l'épiscopat: un mot d'ordre épiscopal suffit à lancer les masses en campagnes et en croisades. Mais il comporte aussi des inconvénients. Il accentue entre les associations «les querelles de prestige, les conflits de personnalité, les problèmes de priorité apostolique», donnant à penser que les associations dites d'action catholique sont supérieures et plus importantes. Il maintient les catholiques sur la défensive en les lançant sans cesse dans des croisades contre le monde moderne. Il les isole, les empêchant de concerter leur action avec d'autres hommes de bonne volonté pour construire la cité.

Ces problèmes propres à la catholicité — et d'autres plus particuliers au Québec — divisaient les esprits durant les années 1940 et donnaient lieu à de nombreux débats. En 1952, l'épiscopat a suffisamment d'informations pour tenter de clarifier la situation. D'abord, il s'efforce de fixer la frontière qui sépare l'action catholique de l'action nationale; en clair, il entend régler les rapports entre l'action catholique et l'A.C.J.C. La formule Bellavance n'avait pas rallié les nationalistes. Le 11 décembre 1950, le Comité permanent de la survivance française en Amérique avait remis à l'épiscopat un mémoire qui avait l'allure d'un réquisitoire contre l'action catholique. Les auteurs exprimaient deux griefs: «les mouvements d'action catholique ont débordé largement sur le plan temporel» et ils n'envisagent les problèmes temporels que sous l'angle du surnaturel, négligeant de la sorte leurs aspects nationaux. Ils formulaient une solution: une association exclusivement patriotique pour les jeunes. Après enquête, les évêques adoptent, en mai 1952, une formule favorable aux nationalistes. L'A.C.J.C. devient l'A.J.C., l'Association de la jeunesse canadienne-française. Elle est essentiellement et exclusivement un mouvement d'éducation patriotique. Elle puise son inspiration dans la doctrine de l'Église. On retranche de son slogan «Piété» pour ne garder que «Étude et Action». Le père Richard Arès en sera l'aumônier. L'A.J.C. végète quelques années pour s'éteindre tout doucement. Un mouvement patriotique, sans visée apostolique mais patronné par les évêques, constitue un anachronisme dans les années 1950. Les laïcs, jeunes et vieux, n'ont plus à rechercher les directives de l'épiscopat dans la conduite de leurs affaires temporelles.

Parallèlement à cet effort de clarification du religieux et du national, l'épiscopat entreprend d'harmoniser les relations entre les mouvements d'action catholique générale et les mouvements d'action catholique spécialisée, afin d'assurer une meilleure coordination de leur action. Il compte procéder en deux temps: unifier les mouvements d'action catholique spécialisée afin de diminuer leurs dépenses et de susciter un esprit de fraternité, puis coordonner leur activité avec celle de l'action catholique générale. La première opération n'aboutit pas. La J.O.C. s'y oppose en 1951. Elle aligne plusieurs raisons. La cohabitation «ne donnera pas un esprit». L'unification engendrera un «nivellement des caractères propres et essentiels à chaque mouvement», tant et si bien qu'une seule centrale n'aura pas «l'atmosphère ouvrière d'une centrale jociste» ni ne sera «un centre de culture ouvrière». De plus, les jeunes intellectuels, qui se croient toujours habilités à parler au nom de tous, domineront cette centrale.

L'épiscopat n'insiste pas et procède plutôt à la deuxième opération. Jusque-là, il avait privilégié au plan national la formule de l'action catholique spécialisée. Mais au ras du terrain il y a «autant de formules d'action catholique que de diocèses». Il en résulte des tensions entre les diverses associations, les leaders des associations spécialisées se gaussant de ces associations d'action catholique générale qui auraient des allures de confréries. Par ailleurs, l'action catholique spécialisée déçoit de plus en plus les attentes de l'épiscopat: ses gains dans les milieux sociaux sont minces. De plus, l'action catholique générale continue d'encadrer la masse des fidèles. Il importe donc de ne pas la dévaloriser et d'assurer sa cohabitation harmonieuse avec l'action spécialisée. Le succès de l'entreprise repose sur une double réforme: ouverture des structures de coordination, tant au plan diocésain qu'au plan national, à l'action catholique générale et ouverture de celle-ci, encore trop centrée sur la perfection des individus, à la mission apostolique de l'Église. La première réforme est mise rapidement à exécution. En octobre 1952, l'épiscopat refond la constitution d'avril 1945 pour faire une place à l'action catholique générale dans les structures de coordination nationale. Désormais, la structure nationale comprend un Comité national de l'action catholique canadienne (C.N.A.C.), un exécutif de huit membres, un secrétariat et trois comités consultatifs. Ces derniers sont composés respectivement de représentants de l'action catholique spécialisée, de l'action catholique générale et des comités de coordination diocésains. Ils élisent les membres du C.N.A.C. qui, de pur organisme de rencontres et d'échanges qu'il a été de 1945 à 1951, devient une structure chargée d'animer les comités diocésains et de trancher les problèmes concernant l'ensemble de l'action catholique.

La réorientation de l'action catholique générale pose des problèmes plus difficiles. Quelle forme va-t-elle revêtir? Quel sera son champ d'action privilégié? Des clarifications théologiques et des expériences concrètes s'avèrent un préalable à toute réforme en ce domaine. L'épiscopat contourne la difficulté en ne privilégiant au niveau national aucune association, laissant aux diocèses le soin de faire des choix. Des diocèses érigent en action catholique générale des associations traditionnelles, telles les ligues du Sacré-Cœur, les Dames de Sainte-Anne, les congrégations mariales. D'autres n'en retiennent que quelques-unes auxquelles ils s'efforcent d'im-

TABLEAU 3

MANDAT ACCORDÉ À DIVERSES ASSOCIATIONS DANS LES DIX-SEPT DIOCÈSES DU QUÉBEC EN 1953

Associations	Nombre de diocèses		Statut indéfini
	Mandat d'A.C.	Auxiliaire d'A.C.	
Ligues du Sacré-Cœur	9	6	2
Cadets(tes) du Sacré-Cœur	3	3	4
Croisade eucharistique	10	5	1
Dames de Sainte-Anne	1	12	4
Enfants de Marie	1	12	4
Congrégations mariales	2	7	2
Légion de Marie	3	1	4
Tiers-Ordre franciscain	—	10	7
Scouts catholiques	6	4	7
Guides catholiques	5	4	8
Lacordaire et Jeanne-d'Arc	2	10	5
Chevaliers de Colomb	—	7	9
Filles d'Isabelle	—	6	9
Messagères de Notre-Dame	—	2	4

SOURCE: Enquête de l'Action catholique canadienne.

primer une orientation conforme aux objectifs de l'action catholique. Quelques diocèses mandatent les conseils paroissiaux d'action catholique pour qu'ils œuvrent à des fins apostoliques. Une enquête menée en 1954 révèle que ces solutions sont inadéquates et les résultats, fort décevants. L'anarchie au niveau diocésain se traduit par l'absence de représentation des associations d'action catholique générale au niveau national. Une commission d'études conclut en 1956 que «le problème de l'action catholique générale posé en termes généraux [était] insaisissable pour le moment tant sur le plan spéculatif que sur le plan pratique». Il vaut mieux, suggèrent alors les commissaires, procéder à l'étude de questions ponctuelles: les relations entre l'action catholique spécialisée et les paroisses, l'organisation de l'action catholique pour les adultes, l'orientation apostolique des associations traditionnelles, l'orientation des conseils paroissiaux, etc. Ils conviennent qu'il faudra consentir un effort d'animation spirituelle et apostolique pour que ces associations en viennent à rencontrer les exigences que l'épiscopat a assignées à l'action catholique générale, c'est-à-dire: «la vivification spirituelle et apostolique de la communauté ecclésiale en tant que telle, paroisse et diocèse».

Les laïcs à l'œuvre et à l'épreuve

Par-delà ces problèmes d'orientation, quelles sont la configuration et l'activité concrètes de l'action catholique au moment où son déclin s'amorce à la fin de la décennie 1950? Disséminée en seize associations[7], l'action catholique générale groupe le gros des forces apostoliques du laïcat, soit plus de 95%. Les ligues du Sacré-Cœur, les Dames de Sainte-Anne, la Croisade eucharistique et les cercles Lacordaire et Sainte-Jeanne-d'Arc en constituent le fer de lance. Ces associations sont, et de loin, à tous les paliers les mieux organisées. Les ligues comptent dix-sept fédérations et seize secrétariats diocésains; les cercles, seize et onze; la Croisade, quatorze et dix. La désaffection semble gagner les associations qui, tels les congrégations et le Tiers-Ordre, n'arrivent pas à s'ouvrir à l'apostolat. Quant

TABLEAU 4

EFFECTIFS DE L'ACTION CATHOLIQUE GÉNÉRALE DANS LE CANADA FRANÇAIS, 1953-1958

Associations	1953	1958
Cadets(tes) du Sacré-Cœur	4 414	24 757
Croisade eucharistique	98 129	197 863
Ligues du Sacré-Cœur	185 180	265 864
Congrégations mariales	19 652	8 634
Enfants de Marie	76 668	52 579
Légion de Marie	997	3 231
Scouts catholiques	9 317	12 687
Guides catholiques	6 648	5 216
Tiers-Ordre franciscain	99 099	69 829
Tiers-Ordre dominicain	—	667
Chevaliers de Colomb	64 771	66 294
Filles d'Isabelle	10 363	10 852
Lacordaire et Jeanne-d'Arc	100 000	139 994
Messagères de Notre-Dame	—	945
Ligue des anciens retraitants	9 329	1 461
Dames de Sainte-Anne	101 433	147 703
TOTAL	786 000	1 008 576

SOURCE: Enquête de l'Action catholique canadienne

à l'action catholique spécialisée canadienne, qui regroupe à peine 2,7% des effectifs laïcs de l'action catholique en 1958, elle marque des signes d'essoufflement. Les statistiques enregistrent une baisse du *membership* et pointent les déficiences. C'est un mouvement de jeunesse (79,5%) qui n'arrive pas à pénétrer ni les adultes (20,5%) ni Montréal (14%). De fait, l'action catholique spécialisée semble connaître ses plus grands succès auprès des étudiants et dans les petites villes. Elle est aussi un mouvement québécois. Plus de 90% des militants résident dans le Québec et 84% des diocèses dotés d'une action catholique spécialisée sont québécois. Tous les diocèses québécois comptent au moins une association de ce genre: la J.E.C. est organisée dans seize des dix-sept diocèses, la J.A.C. dans quinze, la J.O.C. dans douze, la J.I.C. dans sept et la L.O.C. dans onze. C'est dans l'est du Québec, à Sainte-Anne-de-la-Pocatière, à Rimouski, à Gaspé et à Hauterive, que l'action catholique spécialisée semble éprouver de la dif-

TABLEAU 5

EFFECTIFS DE L'ACTION CATHOLIQUE SPÉCIALISÉE DANS LE CANADA FRANÇAIS, 1953-1958

Associations	1953	1955	1958
J.A.C.	3 880	2 597	1 880
J.E.C.	17 793	14 550	17 810
J.I.C.	796	400	280
J.O.C.	4 140	2 270	2 529
L.I.C.	1 573	—	1 409
L.O.C.	5 561	4 957	4 235
TOTAL	33 743	24 774	28 143

SOURCE: Enquête de l'Action catholique canadienne.

TABLEAU 6

EFFECTIFS QUÉBÉCOIS DE L'ACTION CATHOLIQUE CANADIENNE, 1953-1958

Associations	1953	1955	1958
J.A.C.	3 488	2 341	1 694
J.E.C.	17 320	12 950	15 843
J.I.C.	776	366	250
J.O.C.	3 927	2 117	2 295
L.I.C.	1 525	—	1 409
L.O.C.	5 522	4 908	4 235
TOTAL	32 558	22 682	25 726

SOURCE: Enquête de l'Action catholique canadienne.

ficulté à prendre racine. Signe manifeste qu'elle n'est pas un mouvement approprié pour les ruraux. Les faibles effectifs de la J.A.C., guère plus que 6% de l'ensemble de l'action catholique spécialisée, en sont un autre indice.*

Les associations d'action catholique sont à base paroissiale. L'action catholique générale a 9000 sections paroissiales; l'action spécialisée en a 2610, dont 2415 sont paroissiales. Ces associations sont coordonnées, à la verticale, par des fédérations

---

* Il se pourrait aussi que l'opposition de Mgr Charles-Eugène Parent, le successeur de Mgr Courchesne à Rimouski, y soit pour quelque chose.

TABLEAU 7

RÉPARTITION DIOCÉSAINE DES MILITANTS QUÉBÉCOIS DE L'ACTION CATHOLIQUE SPÉCIALISÉE, 1953-1958

Diocèses	1953	1958
Québec	4 708	7 609
Montréal	7 298	3 959
Trois-Rivières	3 999	3 186
Sherbrooke	3 564	1 681
Saint-Hyacinthe	2 929	1 413
Joliette	1 132	1 334
Chicoutimi	1 656	1 329
Nicolet	—	1 157
Valleyfield	—	886
Saint-Jérôme	—	845
Saint-Jean	1 020	—
TOTAL	26 306	23 399

SOURCE: Enquête de l'Action catholique canadienne.

TABLEAU 8

PROPORTION DES FEMMES DANS L'ACTION CATHOLIQUE SPÉCIALISÉE CANADIENNE, 1953-1958 (EN POURCENTAGE)

Associations	1953	1955	1958
J.A.C.	58	60,3	57,5
J.E.C.	81	57,7	78,0
J.I.C.	93	100,0	96,0
J.O.C.	77	76,8	82,5
L.I.C.	75	—	71,3
L.O.C.	67	70,16	69,6
MOYENNE	75	62,9	75,8

SOURCE: Enquête de l'Action catholique canadienne.

diocésaines et coiffées d'une centrale ou d'un conseil national. À l'horizontale, les comités diocésains d'action catholique s'efforcent de coordonner sur leur territoire l'activité de toutes ces associations. L'action catholique est-elle un mouvement féminin? C'est évident en action spécialisée où l'on dispose de statistiques significatives: les trois quarts des membres sont des femmes. Au dire des militants, la féminisation s'est accentuée à la fin des années 1940. En action catholique générale, la situation est plus confuse. Les chiffres officiels enregistrent une prédominance des hommes (56,5%), mais les ligues du Sacré-Cœur avec leurs 265 864 membres faussent peut-être la statistique. Dans les mouvements mixtes, sauf chez les Lacordaire et Jeanne-d'Arc, les femmes prédominent: elles sont 61,4% dans le Tiers-Ordre, 57% dans les Cadets(tes) du Sacré-Cœur.

L'action catholique fait appel à un nombre considérable de cadres. Les femmes fournissent un fort contingent de directrices permanentes (66,9%) et d'employées permanentes. Elles sont faiblement représentées parmi les directeurs bénévoles (38,2%). Les frères et les sœurs sont exclus des cadres, sauf en J.E.C. où une religieuse est assistante directrice au plan national et trente-huit sœurs et vingt-trois frères occupent

TABLEAU 9

CADRES ET EMPLOYÉS DANS L'ACTION CATHOLIQUE CANADIENNE EN 1958,
À L'EXCLUSION DES SECTIONS ET DES SERVICES.
(EN POURCENTAGE, LA PART DES FEMMES)

Associations et organismes	Directeurs permanents	Directeurs bénévoles	Employés permanents	Aumôniers et religieux
Action catholique générale	41 (87,9%)	1 205 (25,5%)	40	160
Action catholique spécialisée (diocèse)	50 (84%)	677 (60,3%)		141
Action catholique spécialisée (national)	26 (50%)	9 (77,4%)		7
Comités diocésains d'action catholique	19 (0%)		41	
TOTAL	136 (66,9%)	1 890 (38,2%)	81	308

SOURCE: Enquête de l'Action catholique canadienne.

un poste similaire au niveau diocésain. Les aumôniers se disent surchargés. En action catholique générale, quarante-trois des cent cinquante-quatre aumôniers ont la responsabilité d'au moins deux mouvements. En action catholique spécialisée diocésaine, douze aumôniers sont permanents et soixante-huit sont à temps partiel; par ailleurs, vingt et un aumôniers ont au moins deux mouvements à charge.

Ce sont là de gros investissements en ressources humaines. Non sans raison, l'épiscopat s'interroge sur la pertinence de toutes ces associations, dont il n'est guère aisé d'évaluer la performance. Leur influence échappe en partie à l'observation. Mais des évêques, effarés par le changement rapide des mœurs, ne sont pas sans rechercher la signification et la portée de cet encadrement massif des chrétiens. Dans quelle mesure les programmes de vie chrétienne véhiculés par les ligues du Sacré-Cœur et les Dames de Sainte-Anne ont-ils un retentissement sur la conscience de leurs membres?

Les sirènes du temporel

Malgré des débuts aussi prometteurs la L.O.C. de Valleyfield cessait d'exister vers 1948. C'est qu'on avait donné au mouvement une orientation plus sociale que familiale, décidément plus temporelle que religieuse. La première L.O.C. de Valleyfield avait le défaut de ne compter que des hommes dans ses rangs. Et ces hommes venaient à la L.O.C. attirés par le Service d'Habitation Ouvrière. Quand une branche de l'arbre est plus lourde à elle seule que tout le reste de l'arbre, elle déracine ce dernier et le fait périr. Le Service d'Habitation Ouvrière de la L.O.C. du diocèse de Valleyfield a permis à plus d'une centaine de familles de se bâtir une maison familiale, à Beauharnois, mais la L.O.C. y a perdu la vie parce que ses dirigeants n'avaient pas résisté à la tentation de prendre en charge le temporel qu'ils avaient reçu mission d'animer seulement.

(Abbé Lionel Moreau. *L'Action catholique ouvrière*, août 1955, p. 283-284.)

TABLEAU 10

LES SERVICES EN ACTION CATHOLIQUE, 1958

A. Au palier national

Services		Participants
1. Cours d'éducation populaire	J.A.C.	4 000
2. Service de préparation au mariage	J.O.C.	7 520
3. Service de préparation à l'avenir	J.O.C.	3 000
4. Service de préparation au système D	J.O.C.	300
5. Service d'orientation des foyers	L.O.C.	3 000
6. Les éditions ouvrières	J.O.C.	—
7. Cercles sociaux féminins	L.O.C.	300

B. Au palier diocésain: par les comités d'action catholique

Services	Diocèses
1. Service de préparation au mariage	19
2. Service de cinéma	14
3. Service de presse et de lecture	11
4. Service des loisirs	17
5. Service de la bible	10
6. Service de liturgie	4

C. Au palier diocésain: par les associations spécialisées

J.A.C.: Correspondance avec les bûcherons
　　　　Retraites
　　　　Aides familiales
　　　　Bibliothèque des bûcherons
　　　　Camp de formation
　　　　Service de préparation au mariage

J.E.C.: Camps de formation
　　　　Discothèque
　　　　Liturgie

J.I.C.: Camps de formation (pré J.I.C.F.)'
　　　　Service de préparation au mariage
　　　　Cours de préparation à l'avenir

J.O.C.: Caisses d'épargne
　　　　Retraites
　　　　Arts féminins
　　　　Service de malades
　　　　Bibliothèque
　　　　Service d'accueil
　　　　Loisirs
　　　　Camps de formation
　　　　Service de bonne Fête
　　　　Service des chômeurs

L.I.C.: Service de camps pour les jeunes

L.O.C.: Camps de formation
Retraites
Villas ouvrières

D. La presse catholique*

Titres	Tirage
1. *Le Monde rural*. Almanach annuel de la J.A.C.	33 000
2. *Vie étudiante*. Journal bimensuel de la J.E.C.	26 750
3. *François*. Journal bimensuel de la J.E.C.	28 000
4. *Claire*. Journal bimensuel de la J.E.C.	55 000
5. *Cahiers d'action catholique*. Bulletin irrégulier de la J.E.C.	1 767
6. *Jeunesse ouvrière*. Journal irrégulier de la J.O.C.	4 500
7. *Télé-Foyer*. Journal mensuel de la L.O.C.	8 500
8. *Budget familial*. Publication annuelle de la L.O.C.	10 000
9. *Témoignages*. Revue mensuelle du diocèse de Chicoutimi.	9 800
10. *Le Guide de Joliette*. Revue mensuelle du diocèse de Joliette.	7 000
11. *Le Chrétien dans la paroisse*. Bulletin irrégulier du diocèse de Montréal.	1 650
12. *Panorama*. Revue mensuelle du diocèse de Nicolet.	7 000
13. *Le Centre St-Germain*. Revue mensuelle du diocèse de Rimouski.	25 800
14. *Rencontres*. Revue bimensuelle du diocèse de Saint-Hyacinthe.	7 500
15. *Le Richelieu*. Journal hebdomadaire du diocèse de Saint-Jean.	2 413
16. *Bulletin de l'A.C.D.* Publication mensuelle du diocèse de Saint-Jérôme.	650
17. *Le Bonheur*. Journal mensuel du diocèse de Trois-Rivières.	11 000
18. *Salaberry*. Journal hebdomadaire du diocèse de Valleyfield.	6 000
19. *L'Action catholique*. Quotidien du diocèse de Québec.	53 000

* À l'exclusion de la presse des communautés religieuses.

SOURCE: Enquête de l'Action catholique canadienne.

L'action catholique spécialisée, qui «trouve son sens et son champ d'apostolat dans le service», suscite semblables interrogations. En apparence, si on considère les services qu'elle a bâtis, sa vitalité est grande. Mais l'action apostolique ne serait-elle trop souvent qu'un alibi à un effort de reconstruction de la cité profane? Faute de données générales, examinons l'évolution de la J.E.C. Durant les années 1930, la J.E.C. avait été une prise de conscience et une invitation à la créativité. Elle avait tiré les étudiants de leur ennui, «de leur lassitude et de leur résignation». De 1942 à 1947, elle avait consacré ses énergies à l'«édification d'une cité étudiante», munie de services variés et «assise sur des critères neufs, remettant en question les vieux credos». La prise de conscience «d'être un monde différencié», de «constituer une classe», «d'avoir à se prendre en main» avait donné lieu à la mise sur pied de nombreux services: villages étudiants, comités de jeux, fédération des coopératives étudiantes, Association des escholiers griffonneurs, etc. Au début des années 1950, une aussi intense activité est mise en question. Des aumôniers et des dirigeants constatent la fonctionnarisation du mouvement par les œuvres — phénomène évident au niveau diocésain; ils appréhendent que cette expansion des services découle d'une visée plus profane que religieuse ou procède davantage d'un instinct de pouvoir que d'un désir apostolique; ils remettent en cause la doctrine et la pédagogie du mouvement, de même que l'autonomie que certains dirigeants affichent face à la Hiérarchie. Nombre de services ne devraient-ils pas relever de structures profanes? Une pédagogie axée sur des milieux de vie séparés d'une globalité sociale de plus en plus enveloppante est-elle encore appropriée? Le mouvement ne serait-il qu'une fabrique de leaders sociaux, qu'un lieu où la société apprend à se prendre en charge? En d'autres mots, ne s'agirait-il pas d'une mauvaise compréhension des rapports que l'Église doit entretenir avec le monde? Ces questions et bien d'autres sont à l'origine d'une crise de spiritualité qui secoue le mouvement jéciste à partir de 1953 et se traduit, trois ans plus tard, par le départ de plusieurs dirigeants. La J.E.C. se déleste de plusieurs services — ils deviennent autonomes ou sont assumés par des organismes profanes. On tente de renouer avec la tradition de l'association. De fait, la J.E.C. n'arrive ni à se redéfinir ni à incarner sa mission. L'évolution des associations d'action catholique spécialisée ne se réduit pas à celle de la J.E.C. Mais toutes sont confrontées à des problèmes analogues et aux prises avec les mêmes difficultés: la méfiance de la Hiérarchie, la pénurie d'aumôniers et de chefs naturels, l'éclatement des milieux de vie, l'attrait du temporel. Toutes s'efforcent avec plus ou moins de succès de naviguer entre les mêmes récifs: la bureaucratisation, l'activisme, le cénacle d'intellectuels.

Indéniablement, l'action catholique commence à décliner dans les années 1950. Trop d'études manquent encore pour tirer des conclusions. Dressons néanmoins un bilan provisoire qu'il sera toujours loisible de rectifier. Elle a contribué à mettre à la disposition du catholicisme les acquis de la rationalité scientifique et à rendre aux Québécois leur vrai visage. Elle a amorcé le mouvement biblique, répercuté l'écho des courants théologiques modernes et expérimenté de nouvelles pratiques liturgiques et pastorales. Elle a été un lieu où une génération a vécu des formes d'engagement dans la solidarité et la responsabilité. Elle a été une école où les jeunes leaders ont fait l'apprentissage du métier de chef et développé des talents qu'ils mettront au service de la cité temporelle. Enfin, elle a préparé l'Église à vivre le désengagement institutionnel que nécessitera la modernité. À son passif, inscrivons l'isolement dans lequel elle a maintenu les catholiques désireux de participer en étroite communion avec tous les citoyens de bonne foi à la construction de la cité, ainsi que son incapacité à pénétrer les milieux ouvrier et universitaire et à susciter l'engagement «des laïcs d'âge mûr répartis dans tous les milieux sociaux».

2. Les avatars d'une utopie

L'épiscopat défend une organisation de la vie temporelle qui facilite ici-bas l'union des hommes à Dieu et une morale qui en pave la voie. Ce sont là les deux éléments de l'utopie de chrétienté urbaine. L'épiscopat s'appuie sur l'autorité que lui a conférée le Christ pour imposer une manière de voir où l'humain s'imbrique dans le divin. «Mais la liberté aussi existe», s'exclame le père Lévesque au Palais Montcalm, à Québec. Et les auditeurs d'applaudir ce moine en soutane blanche qui, aux yeux de la génération montante, symbolise désormais la liberté et le progrès. Sous le signe de la liberté enracinée au cœur de l'homme et de l'autonomie de la création, s'amorce au sein même de l'Église un affrontement.

L'irruption des valeurs profanes

La culture contemporaine pénètre toujours plus profondément les masses urbaines. Les symptômes d'un affadissement de la foi se lisent dans la pratique religieuse. Point d'enquête globale, mais des sondages ponctuels et des perceptions qui ne trompent pas. En 1948, des observateurs, peut-être un peu pessimistes, évaluent à 30% — et à 50% en certains milieux — la proportion des catholiques montréalais qui manquent la messe le dimanche. Plus prudents, d'autres observateurs évitent la quantification, mais sonnent le tocsin: «Est-ce que l'assistance à la messe du dimanche et des jours de fête, est-ce que l'abstinence du vendredi, est-ce que les Pâques elles-mêmes ne marquent pas, un peu partout, hélas! une grave tendance à la baisse?» Les enquêtes de la J.E.C., au début des années 1950, révèlent «le profond désintérêt de la jeunesse pour les tâches chrétiennes», l'absence chez celle-ci «d'une culture religieuse et humaine et d'un authentique attachement à l'Église».[8] En 1958, une enquête dans la paroisse ouvrière Saint-Simon-de-Drummond met à jour des données certaines: la moitié des familles constituerait une paroisse modèle, un quart «suit le courant» et le reste est plus que médiocre. Le plus angoissant: «les jeunes de 17 à 25 ans sont en train de perdre la foi».[9] Ces données renforcent les constatations d'un rapport de la Commission épiscopale du clergé: «Nos gens n'ont plus la vie chrétienne, ils n'ont pas même les vertus naturelles [...] Nos chrétiens ignorent leur religion et la Bible.»[10] Plus que la pratique religieuse, l'évolution des mœurs témoigne d'un affranchissement des fidèles. En décembre 1951, la fête de l'Immaculée-Conception prend valeur d'événement. Un règlement municipal, voté sous la pression des militants de la campagne de moralité, décrète la fermeture des magasins montréalais en cette fête d'obligation. Mgr Léger a demandé fermement qu'on la chôme. En dépit des autorités civiles et religieuses, les commerçants ouvrent leur magasin et toute la journée la foule des bons catholiques s'affaire à ses emplettes de Noël. «Scandale et défi à l'autorité», titre *Relations*. En un sens, le changement du comportement sexuel — qui se traduit dans une plus grande liberté dans les «fréquentations», dans la progression de la littérature pornographique, dans l'effritement du mariage, dans l'accroissement des naissances illégitimes, dans la popularisation du *birth control* — synthétise, aux yeux de la Hiérarchie, l'évolution des mœurs. Au plan religieux, le changement revêt plusieurs significations: baisse de la foi, distance avec une morale par trop rigoriste, déclin de l'emprise du pouvoir clérical. Selon les besoins de la cause, à défaut d'enquêtes précises, prédicateurs et observateurs mettent l'accent sur l'une ou l'autre de ces significations.

L'émancipation des masses urbaines renvoie à un phénomène encore trop peu étudié: la transformation de la structure sociale. Aux yeux des militants de l'action catholique spécialisée, la multiplication des groupes occupationnels provoque dans le monde urbain l'éclatement des élites traditionnelles canadiennes-françaises. Ces groupes occupationnels tendent à s'agglutiner en deux milieux sociaux: le milieu bourgeois et le milieu ouvrier dont la frontière est plus culturelle qu'économique. Les collets blancs formeraient moins un milieu qu'une zone intermédiaire sans consistance propre. Constituée autour de deux pôles, les dirigeants d'entreprise et les membres des professions libérales dont les origines urbaines remontent à plus d'une génération, la bourgeoisie intègre d'autres sous-groupes, entre autres les travailleurs intellectuels et sociaux que des observateurs qualifient d'intelligentsia ou encore de bourgeoisie intellectuelle. L'émergence dans l'après-guerre d'une intelligentsia, liée au développement des universités, des mass media et des mouvements sociaux, est un avènement historique. Voués au culte de la rationalité, conscients d'avoir mission de «présider aux destinées de la société tout entière par le truchement de l'État»,[11] les membres de l'intelligentsia se considèrent des bureaucrates du changement social au service des pouvoirs politiques et religieux. Qu'ils relèvent de l'un ou de l'autre pouvoir, qu'ils soient clercs ou laïcs, ils partagent une visée commune: changer les règles du jeu politique basé sur les relations personnelles, les élites locales, le patronage et le culte du chef. Envoûtés qu'ils sont par un nouveau veau d'or, le dieu efficacité, tous souhaitent l'émergence de la société urbaine gérée par des pouvoirs bureaucratisés.¹² Ce consensus de l'intelligentsia et des cadres sociaux sur la fin d'un règne éclate en divers projets de société. Deux tendances s'affrontent. Les nationalistes cléricalisants réclament le renforcement de l'État provincial face au pouvoir fédéral, le maintien du partage du pouvoir entre l'Église et l'État, une participation accrue de l'État au financement des œuvres de l'Église selon des règles qui, élaborées rationnellement, la mettraient à l'abri du chantage électoral. De fait, ils demandent un réaménagement bureaucratique qui, parce qu'il laisserait l'Église dispenser les chèques de paie des professionnels du bien-être et de l'éducation, les allocations sociales, les statuts sociaux, renforcerait l'emprise de celle-ci sur la société. Les libéraux universalisants militent en faveur du *Welfare State* et, partant, d'un réaménagement du partage des pouvoirs entre l'Église et l'État.

Ce débat concerne éminemment la Hiérarchie. Il est le révélateur d'un laïcat qui réclame sa place au soleil, tant dans la société civile qu'au sein de l'Église. Au nom d'une ouverture au monde moderne, d'une adaptation à la nordaméricanité, d'un apostolat plus dynamique, de la vocation propre au laïcat, des laïcs amorcent timidement le procès des clercs, si ce n'est le procès de l'Église. Les griefs sont nombreux. On les étale dans une revue (*Cité libre*, 1950+), dans des forums (*Carrefour*, 1951+), voire sur une place étrangère (*Esprit*, août-septembre 1952). Richard Arès les recense en 1952 dans *Relations*: 1. envahissement du temporel par les clercs qui en sont venus à croire qu'ils ont «un droit permanent à la direction de tous les domaines de vie nationale»; 2. oppression de la liberté qui se traduit par l'aliénation de la culture dans une théologie dogmatique et par la censure ecclésiastique; 3. «inadaptation du ministère clérical aux conditions de vie de la population».¹³ Le débat est aussi révélateur d'un autre phénomène. De plus en plus d'intellectuels et d'artistes, parce qu'ils rejettent globalement l'Église, voire tout univers religieux, ne réfèrent pas aux responsabilités du laïcat dans leur critique de la société. Ainsi, en 1948, des artistes groupés autour de Paul-Émile Borduas rejettent les assises de la société québécoise. «Le passé ne saurait être sacré», proclame *le Refus global*. Influencé par les surréalistes français, les psychanalistes freudiens et les disciples de Marx, leur manifeste est un appel aux forces créatrices de l'inconscient dans toutes les sphères de la vie. Trop en marge de la culture dominante pour être recevable, il scandalise. Il annonce l'avenir plus qu'il n'en ouvre la voie.

Pour être acceptable et acceptée, la modernité — et son corollaire, le rejet du clergé comme «appareil collectif d'emprise intellectuelle et politique sur la société» — a besoin d'un visa; en d'autres mots, de l'assentiment de l'Église qui accrédite les idées.[14] Le laïcat, s'il veut s'émanciper de la tutelle des clercs, n'a d'autre choix que de rechercher à l'intérieur des courants de pensée qui circulent dans l'Église universelle un fondement à son autonomie. Le renouveau intellectuel du catholicisme en France correspond à ses attentes. Les catholiques français ont pris conscience que la France était devenue un pays de mission et ils ont fait durant la guerre l'expérience de la coopération avec tous les gens de bonne volonté. Ils ont aussi pris des initiatives — les prêtres-ouvriers, la Mission de France, le Mouvement populaire des familles, etc. — qui sont en voie de transformer la chrétienté française en un «terrain d'expériences et un laboratoire d'idées». Le renouveau s'enracine en de multiples lieux: le Saulchoir qu'anime le père

Claude Ryan, secrétaire de l'Action catholique canadienne, 1953.

Chenu, o.p., l'École de Fourvière qui renouvelle la patristique, le Centre catholique des intellectuels français, les centres de pastorale, le Mouvement économie et humanisme dirigé par Louis-Joseph Lebret, o.p., et François Perroux. Ce renouveau intellectuel, un peu anarchique et parfois excessif dans son expression, fait sourciller un Pie XII vieillissant dont l'épiscopat se durcit et chemine avec force mises en garde. *Humani generis* (12 août 1950) et la condamnation des prêtres-ouvriers (1er mars 1954) freinent le mouvement mais ne l'arrêtent pas.

Pour l'intelligentsia québécoise, le parfum vient de Paris. À la thèse romaine, elle oppose l'antithèse française — l'autonomie des réalités terrestres et le sacerdoce que confère le baptême — qui débouche sur de nouveaux rapports de l'Église au monde: une séparation de l'Église et de l'État, un retrait institutionnel de l'Église, une non-confessionnalité respectueuse des consciences individuelles. Le modèle français n'est pas homogène. Il comporte des variantes correspondant à des familles d'esprit. Chacune pousse des bourgeons en terre québécoise.[15] La droite française, avec Gustave Thibon, Jean Madiran, Joseph Folliet, Marcel Clément, Marcel Poimboeuf et ses journaux , *l'Homme nouveau, Notre Temps, Itinéraire*, inspire *Notre Temps* de Léopold Richer et Louis Even, le leader du Crédit social. La revue *Esprit* d'Emmanuel Mounier influence l'équipe du *Devoir*, notamment André Laurendeau et Gérard Filion. Les «progressistes de gauche», Jean-Marie Domenach, Albert Béguin et Jacques Madaule, qui s'expriment dans *Esprit, Témoignage chrétien, la Vie intellectuelle*, se reproduisent dans *Cité libre* où écrivent Pierre-Elliott Trudeau et Gérard Pelletier. Les contestataires débusquent ce que cache le mythe de la supériorité culturelle des Canadiens français: un retard en tous les domaines qui sert les intérêts des élites traditionnelles. Ces idées nouvelles mettent du temps à percer le mur du silence. *Cité libre, le Devoir*, l'Institut canadien des affaires publiques s'adressent aux classes montantes. C'est la télévision qui procure aux nouveaux prophètes élevés au rang de «star du petit écran» le moyen de rejoindre les masses urbaines et de pénétrer le monde rural. Les voyages de Jacques Hébert en Pologne, de Pierre Elliott Trudeau en U.R.S.S. et de Gérard Filion en Chine sont des gestes provocants qui avivent les discussions. À l'évidence, à partir de 1955, grâce aux mass media, les voix de la modernité enterrent les voix de l'ordre et du statu quo. La presse catholique, *Relations, Nos Cours, Notre Temps, l'Action catholique*, mène un combat d'arrière-garde. La Hiérarchie est inquiète. Le 10 février 1953, en la basilique de Notre-Dame de Québec, le cardinal Léger dénonce «ces propos» qui «développent dans notre milieu un anticléricalisme malsain, qui détachent les âmes de l'Église». Et lors de sa réunion trimestrielle de mai, l'épiscopat appuie le cardinal: «Un vent de libération de mauvais aloi semble souffler actuellement sur certains groupes. Selon ces gens, il faut libérer le peuple de l'emprise de l'Église. Une campagne en faveur de la revue *Esprit* est commencée. C'est, sous une forme nouvelle, du protestantisme tout pur.»[16]

La question scolaire devient le lieu où s'affrontent les élites traditionnelles et l'intelligentsia. Encore une affaire d'intellectuels et de clercs lors du colloque tenu en février 1950 dans la salle du Gesù par la revue *Collège et Famille*, elle dégénère tôt en un grand débat public. Parmi les deux cent cinquante mémoires soumis à la Commission royale d'enquête sur les problèmes constitutionnels (1953-1957), cent quarante en provenance d'horizons divers abordent le sujet. Les doléances sont nombreuses: 1. incapacité du système à attirer ou à accueillir toute la clientèle potentielle; 2. coûts élevés de l'enseignement secondaire; 3. sous-développement de l'enseignement des sciences, du secteur technique, des programmes de recyclage des adultes et des institutions de formation des maîtres; 4. pénurie de maîtres compétents; 5. difficultés financières des commissions scolaires; 6. représentation déficiente des parents, etc. L'étendue du malaise révèle une crise sociétale aux multiples dimensions: comment assimiler la modernité sans détruire l'identité culturelle? Quel pouvoir peut le mieux prendre en charge la nation? Quel type d'institutions correspond aux besoins d'une population de moins en moins homogène? À travers la question scolaire progresse une réflexion sur les droits de l'homme, sur la religion et le nationalisme, sur le rôle de l'État, sur la pertinence de certaines institutions. Le débat scolaire est gros d'une mutation. Dans l'immédiat, il concourt à la perte du monopole des clercs sur l'enseignement classique et sur l'accès à l'université. Entre 1950 et 1955, émerge de l'école primaire supérieure l'école secondaire publique, amalgame de cinq programmes dont l'un conduit à l'immatriculation.

Un allié peu sûr

L'option de l'épiscopat en faveur d'une chrétienté urbaine se déduit de ses attitudes et de son comportement dans la décennie 1950. Elle découle, certes, en droite ligne de l'ecclésiologie dogmatique et totalitaire de Vatican I pour qui la chrétienté, homogène du moins en théorie, n'a pas à s'accommoder de la dissidence, mais les dissidents à s'accommoder de la chrétienté. Mais elle porte aussi l'empreinte de son temps. La guerre froide divise le monde en deux camps. Se sentant menacés, les Occidentaux ressentent le besoin de valoriser l'autorité et se laissent prendre à la vision manichéenne du monde que propage le gendarme états-unien. Un Pie XII vieillissant, adulé par les foules, conscient d'être le grand docteur des temps actuels, laisse libre cours à son pessimisme naturel qui l'entraîne à voir l'Église livrée aux assauts d'un enfer déchaîné. Il rompt les ponts avec le monde communiste en interdisant aux catholiques de collaborer avec eux (juillet 1949) et étend son emprise tatillonne sur la catholicité. L'heure n'est pas au compromis.

L'épiscopat commence par reprendre en main le gouvernail de l'Église québécoise, qu'il avait eu trop tendance, au dire de Mgr Courchesne, à abandonner aux aumôniers d'action catholique spécialisée — «ces jeunes intrigants qui ont d'ailleurs l'impudence de s'en vanter» — et aussi aux aumôniers des syndicats — «ces grands gosses qui ont pris l'habitude de parler au nom des évêques». Paroles excessives dont la lettre ne rallierait pas les évêques, mais dont l'esprit traduit le sentiment de méfiance qui prévaut parmi eux. Les évêques regrettent d'avoir trop fait confiance à des conseillers qui ont «l'art de solliciter les textes pontificaux». Des énoncés doctrinaux, tels le principe de non-confessionnalité et le droit des travailleurs à la gestion de l'entreprise, les inquiètent.

Certaines paroles et certains gestes des aumôniers donnent à penser que toute l'Église glisse vers la gauche. Les patrons ne reconnaissent plus leur Église; le premier ministre Duplessis redoute les désordres sociaux que pourrait entraîner un syndicalisme fort de l'appui des clercs; des curés se sentent menacés dans leur statut social, leurs privilèges et leurs rapports avec les puissants de ce monde. Les évêques jugent donc opportun de prendre leur distance avec l'aile progressiste. Mgr J.-C. Leclaire, le président de la Commission sacerdotale d'études sociales, a observé ce virage à droite de l'épiscopat: «Vers 1950, confie-t-il à Mgr Charles-Omer Garant, l'élan de la Hiérarchie pour l'action sociale s'est brisé»; des évêques se sont rapprochés du gouvernement Duplessis et l'épiscopat a donné sa préférence à des sociologues conservateurs; «depuis cinq ans, nous [la Commission sacerdotale d'études sociales] n'avons reçu des évêques que des mises en garde».[17] Les évêques optent pour une orthodoxie qui prend ses distances avec la tolérance protestante, le matérialisme des sciences humaines et la pensée des théologiens français qui a des relents «d'un réchauffé moderniste» (*Mgr Courchesne*).

En apparence, ce virage à droite détend les rapports avec l'État. Asbestos avait révélé que politiciens et gens d'Église avaient tout à gagner à rester unis. En coulisse, cependant, le bien-être social est le lieu d'une guérilla incessante. Le gouvernement Duplessis, que les besoins sociaux amènent à intervenir de plus en plus, administre le financement du bien-être et de la santé (les octrois pour la construction des institutions et les allocations aux indigents) comme un capital politique qui doit rapporter des votes. L'État-providence québécois ne fait pas luire également son soleil sur les justes et les méchants. En ce ministère politique, la partisanerie est l'état de grâce qui permet de participer au banquet des allocations gouvernementales. Point n'est besoin en cette matière de l'intermédiaire clérical: les députés sont les ministres naturels entre le peuple et le chef; les chèques gouvernementaux, le meilleur bulletin paroissial qui soit. Cette stratégie oblige l'épiscopat à un comportement prudentiel, mais amène bien des clercs à collaborer avec le régime. Des évêques conservent une distance réservée et digne, mais certains se compromettent.

À Valleyfield, Mgr Alfred Langlois, que des liens d'amitié unissent à Maurice Duplessis, affiche ses couleurs. Il discute avec le premier ministre de l'aménagement des infrastructures régionales et il lui recommande des étudiants et des entrepreneurs. Des messages publicitaires enveloppent les subventions gouvernementales: «le gouvernement que je dirige ne perd jamais une occasion raisonnable d'être utile et agréable aux autorités religieuses». Les accusés de réception donnent lieu à des effusions tangibles de reconnaissance: «les deux derniers chèques de 11 000$ chacun vous assurent la reconnaissance de notre Séminaire et une bien large part dans les suffrages du personnel enseignant et enseigné de cette institution». Le pont Mgr Langlois symbolise encore aujourd'hui cette collaboration du Trône et de l'Autel. En revanche, à Montréal, le cardinal Léger refuse de se laisser photographier avec les hommes politiques.

La stratégie de Duplessis a aussi un impact direct sur l'évolution des services d'assistance. À la fin des années 1940, la Conférence des hôpitaux catholiques constate l'urgence de procéder à une révision en profondeur de la loi d'assistance de 1921 et des règlements qui la complètent. Le refus de Duplessis de procéder au moins à des modifications substantielles convainc l'épiscopat de la nécessité de mettre sur pied un organisme provincial permanent des œuvres de charité catholiques. Ce serait un intermédiaire de poids entre les directeurs des œuvres et le gouvernement. En accord avec la Conférence catholique canadienne, l'épiscopat crée en 1953 la conférence catholique canadienne du bien-être qui, l'année suivante, devient Caritas-Canada. Sa section québécoise sera reconnue en 1958, par le gouvernement, comme l'intermédiaire officiel entre lui et les œuvres sociales. Par certains aspects, Caritas-Canada est la réponse de l'épiscopat à un mouvement de laïcisation et de centralisation. Ce mouvement s'appuie sur les intérêts électoraux du gouvernement. Il est renforcé par le besoin ressenti par les fonctionnaires de rationaliser le système[18] et par le désir de divers intervenants, dont les travailleurs sociaux formés par les écoles de service social, de le laïciser. L'intervention accrue du gouvernement dans le financement du système, au détriment des municipalités qui sont débordées, concourt à accréditer dans le public l'opinion que le rôle des paroisses, du bénévolat et de la charité publique en ce domaine est chose du passé. En vain, Caritas-Canada, au nom du principe de subsidiarité, de la «saine philosophie sociale» respectueuse des corps intermédiaires et de la dignité de la personne, tente d'enrayer cette désaffection. En avril 1956, la ville de Montréal obtient par un arrêté ministériel le droit d'administrer elle-même l'assistance sans passer par les agences privées. En décembre de la même année, le gouvernement fait voter le projet de loi 20 qui, sous le couvert de transférer au ministère du Bien-Être la juridiction du ministère de la Santé sur les œuvres d'assistance, contient des ambiguïtés et des silences étonnants. Les directeurs des services diocésains estiment que le mobile qui guide le gouvernement est son «désir d'un plus grand crédit politique à obtenir auprès des électeurs».[19] La loi 20 met les indigents à la merci de considérations politiques et laisse le champ libre à l'éviction des agences diocésaines d'assistance publique. Mgr Maurice Roy exprime au premier ministre les desiderata de l'épiscopat: l'ajout d'un paragraphe à la clause 8 en vertu duquel «le ministre du Bien-Être social et de la Jeunesse serait autorisé à confier l'administration de l'Assistance publique à des institutions d'Assistance publique [services sociaux diocésains] ou faire des ententes avec elles à cette fin».[20] Duplessis répond que ce ne sont là que des détails qu'on déterminera par réglementation. En vain, Caritas-Canada intervient par la suite. L'application de la loi justifie les craintes de l'épiscopat. En 1959, le processus d'étatisation est bien enclenché. Le gouvernement confie à un directeur général, nommé par le ministre du Bien-Être, le programme d'études des orphelinats qui dépendait jusque-là du Département de l'instruction publique. Le sous-ministre du même ministère amorce dans un diocèse l'organisation de trois bureaux de service social publics qui jugeront des cas d'assistance et administreront les fonds de l'Assistance. De plus, le ministère acquiert la maison familiale Saint-Joseph (Ville Jacques-Cartier) et étend son emprise sur les services sociaux privés en exigeant un bilan financier complet pour l'année écoulée.

Des adversaires irréductibles

Le sort de la confessionnalité est lié aux assises populaires de l'Église. Dans cette perspective, la lutte au communisme demeure une priorité. L'adversaire est rusé, bien organisé. Il a changé de nom: le Parti communiste est devenu le Parti ouvrier progressiste. Il adapte ses stratégies aux conjonctures et pratique avec finesse la technique de l'infiltration. Mais il a contre lui une opinion publique que la guerre froide a rendue inquiète. En 1950, la stratégie du Parti ouvrier progressiste est de pénétrer les travailleurs forestiers et de gagner les masses urbaines par une campagne en faveur de la paix. On évalue alors à cent mille le nombre de bûcherons. Ces travailleurs saisonniers en provenance des milieux ruraux, peu instruits et très mobiles — un bûcheron ne reste en moyenne que trente jours d'affilée avec le même employeur — sont des marginaux démunis face aux compagnies forestières. Les exigences de la législation, tels une assemblée générale, des réunions périodiques, un *membership* de 51% des travailleurs au moment de la demande d'accréditation, rendent difficile l'obtention d'un certificat de reconnaissance syndicale. L'U.C.C. qui, à la demande des évêques, a mis sur pied en 1934 l'Union des bûcherons en sait quelque chose: ce syndicat jadis fort de 18 000 membres n'en compte plus que 480 en 1946. Depuis 1942, l'U.C.C. a délaissé la syndicalisation des bûcherons pour concentrer ses efforts sur son Service forestier, dont la fonction est d'éduquer et d'organiser les bûcherons. Le Service forestier se ramifie en une douzaine de comités diocésains chapeautant des comités paroissiaux. Il administre la Maison du bûcheron, où le travailleur de la forêt en transit à Québec trouve le gîte et le couvert, un bureau de placement et un magasin. Il gère depuis 1946 des chantiers qui fonctionnent suivant les principes du coopératisme. Mais en ce domaine, les progrès sont lents: ni le gouvernement ni les compagnies n'encouragent la coopération dans l'abattage du bois. Mgr Labrie sur la Côte-Nord éprouve des difficultés semblables à convaincre les compagnies de signer des conventions collectives.

À l'automne de 1950, le Parti ouvrier progressiste déclenche son offensive dans les milieux forestiers. Gérard Fortin, distributeur de *Combat*, et d'anciens militants de l'Union des marins canadiens, appuyés par l'Union des travailleurs des chantiers et scieries, fondent à Québec l'Union des bûcherons qui, en 1951, devient le local 4 de l'Union canadienne des travailleurs de bois. Fortin concentre ses efforts sur la Gaspésie. La réaction est immédiate. Maurice Duplessis dénonce ces agitateurs. Gérard Fortin est arrêté. L'évêque de Gaspé ordonne à ses curés de surveiller les agissements et les propos des étrangers de passage, de mettre leurs fidèles en garde contre les menées communistes et de multiplier les visites pastorales dans les camps forestiers. Le Service forestier de l'U.C.C., qui bénéficie de la collaboration empressée de la police, envoie des circulaires aux curés et aux bûcherons et il s'efforce d'amener les compagnies forestières à signer des conventions collectives. La compagnie Price, en 1951, accepte de négocier trois conventions. L'anticommunisme qui prévaut alors dans les organisations syndicales canadiennes — la F.A.T. expulse tous les communistes de l'Union des travailleurs des chantiers et scieries — achève la déroute du Parti ouvrier progressiste.

Mieux organisé dans Montréal où il compte quelque sept cents membres et cinq mille sympathisants, la plupart non francophones, le Parti ouvrier progressiste se heurte toujours à l'action des Jésuites qui suivent son activité à la trace. Dès le début des années 1950, les Jésuites contrecarrent la Pétition de Stockholm, dont les énoncés humanitaires avaient rallié quelque soixante conseils municipaux, en faisant signer une contrepétition par les ligues du Sacré-Cœur: trente-quatre municipalités retirent leur signature sur la Pétition de Stockholm. À l'automne de 1951, le père Joseph Ledit convainc le président des étudiants de l'Université Laval de ne pas se rendre derrière le rideau de fer et manœuvre pour que la F.N.E.U.C. ne s'affilie pas à l'Union mondiale des étudiants. Ni l'accent que met la propagande communiste sur la coexistence pacifique et la reconnaissance de la Chine rouge ni l'invitation de personnalités canadiennes dans les pays communistes ne donnent, du moins dans l'immédiat, de meilleurs résultats. Des personnalités se rendent à Pékin et à Moscou. Le ministre des Affaires extérieures, Lester B. Pearson, se montre favorable à la reconnaissance par le Canada de la Chine rouge. Des associations canadiennes invitent des personnalités du monde communiste. Mais, dans les coulisses, le père Ledit est toujours sur la brèche. Il dissuade René Chaloult et d'autres de se rendre au Congrès de Vienne. Il utilise les témoignages des missionnaires de Chine pour dénoncer les velléités de reconnaître officiellement la Chine. Il embrigade des curés et des néo-Canadiens dans une campagne pour forcer Radio-Canada à présenter la contrepartie des thèses que le journaliste Jacques Hébert avait développées de retour de Pologne. Avec d'autres personnalités, il amène l'United Church of Canada à décommander la venue du métropolite Nicolas, évêque orthodoxe en U.R.S.S., qui, selon lui, «s'était associé d'une manière ou d'une autre aux crimes soviétiques» commis contre diverses nationalités.

Il est relativement aisé de contenir une idéologie qui n'a guère d'affinités avec les traditions. Le «paganisme» que propage la culture contemporaine est un ennemi plus insidieux, parce qu'il a partie liée avec les instincts et les passions des hommes. Sur ce front, l'épiscopat continue de recourir aux armes traditionnelles. L'après-guerre est témoin de quatre croisades. La Croisade de tempérance avait été déclenchée en 1938 par une lettre pastorale collective. Elle était conçue sur le mode d'une campagne d'éducation et de prédication qui visait tout particulièrement trois objectifs: la sensibilisation des femmes aux méfaits de l'alcoolisme, l'interdiction légale de toute publicité sur la bière et les spiritueux, la fermeture des débits de boisson.[21] Les ligues du Sacré-Cœur qui en avaient la responsabilité exerçaient une surveillance quotidienne dans les paroisses, inondaient le cabinet du procureur général de la province de Québec de pétitions et organisaient le *lobbying* auprès des hommes politiques. À ce rythme, les ligueurs s'essoufflent vite. L'épiscopat en février 1948 fait donner la jeune garde: le Comité national d'action catholique dont on attend qu'il entraîne à sa suite toutes les œuvres et organisations.[22]

La Croisade de la pureté suit un cheminement semblable. Une lettre pastorale collective, en juin 1946, fixe ses objectifs:

éduquer la population et assainir les villes de la littérature obscène et des mauvais livres. Les ligues du Sacré-Cœur font circuler des pétitions qui réclament l'établissement d'une commission de la censure. Votée en mars 1950, la loi 34 sur les publications et la morale publique établit un bureau de censure composé de trois membres. Les ligueurs surveillent les kiosques à journaux et les tabagies. Ils font parvenir aux évêques et au procureur général du Québec des exemplaires de périodiques à censurer. En certaines paroisses, ils décernent un diplôme et accordent leur clientèle aux dépositaires qui refusent de vendre de la mauvaise littérature. Périodiquement, les évêques reviennent sur la nécessité d'une campagne de «propreté et de nettoyage». En février 1958, le cardinal Léger rallie les chefs des principales confessions religieuses de Montréal autour d'une intensification de la campagne de moralité.[23]

La Croisade du chapelet en famille présente plus de caractères originaux. Amorcée en 1948 à London (Ontario), par le père Patrick Peyton, c.s.c., qui en prend l'initiative, elle atteint le Québec à l'automne de 1950. Elle vise à «préparer les âmes à célébrer le centenaire du dogme de l'Immaculée-Conception». Elle offre aux fidèles un programme d'activités précises: la récitation quotidienne du chapelet, la propagation du culte de Notre-Dame-du-Cap, la consécration des individus et des familles au Cœur Immaculé de Marie et l'offrande de prières spéciales pour que Notre-Dame-du-Cap ait sa basilique en 1954. Les Oblats responsables du sanctuaire de Notre-Dame-du-Cap en sont les animateurs. Durant vingt semaines, cent dix journaux et des dizaines de périodiques publient des communiqués et des articles spéciaux. Radio-Canada et vingt-six stations privées diffusent des causeries prononcées par des évêques, des sketches, des communiqués. Les Oblats distribuent dix millions d'imprimés de toutes sortes: images, dépliants, pancartes, réflexions pieuses. La campagne obtient un immense succès. Les Oblats estiment que 81% des communiants et 79% des familles ont participé d'une façon ou d'une autre à la croisade. Par la suite, la croisade se poursuit sur une base diocésaine.

Quant à la campagne sur la sainteté du mariage, elle emprunte des voies plus discrètes. Elle est entreprise en 1947 pour restaurer l'institution du mariage et contrer les pressions

---

LA LIGUE DE VIGILANCE SOCIALE, 1946

Le département du procureur général a approuvé la demande d'incorporation de la Ligue de Vigilance sociale; la charte vient d'arriver.

Les incorporateurs de la ligue sont: Son Exc. Mgr Joseph Charbonneau, archevêque de Montréal; le T. R. John Dixon, évêque anglican; Edwin J. White, église presbytérienne; Harry G. Tuttle, modérateur, United Church; O. W. Rodomar, église russe orthodoxe; John Yrttimaa, église finlandaise de St-Michel; Stanley S. Stock, église baptiste; Hirsh Cohen, président du conseil des rabbins orthodoxes; Matt Junker, commandant de la division de l'armée du salut; E. Fabre Surveyer, juge de la Cour supérieure; Philippe Dehase, président de la Fédération des Ligues du Sacré-Cœur; J.-Alfred Bernier, ancien président général de la Société Saint-Jean-Baptiste; Dr L.-P. Ereaux, M.D., médecin et chirurgien; H. T. Cohen, manufacturier; J. Cyril Flanigan, du Montreal Council for a Christian Social Order; Dr Magnus I. Seng, médecin et chirurgien [...]

Maintenant la ligue est prête à s'engager dans la dernière étape, la présentation d'une deuxième requête pour une enquête judiciaire sur l'administration de la police de la métropole et ses relations avec la prostitution et le jeu commercialisé et les «protecteurs» de ces entreprises illégales. Grâce à la collaboration des Ligues du Sacré-Cœur de Montréal présidées par M. Alphonse Coulombe et dirigées par le R.P. Racine, S.J., et du Montreal Council for Christian Social Order, présidé par le chanoine W.H. Davison, la Ligue a obtenu la signature de plus de 15 000 électeurs pour sa deuxième requête et des résolutions provenant d'environ soixante-dix sociétés représentant plus de 100 000 membres.

qu'on exerce sur le gouvernement canadien pour qu'il modifie la législation sur le divorce. À ce chapitre, le Québec constitue toujours une exception au Canada: les cas de divorce sont

> Depuis avril, les collaborateurs de la Ligue, ses enquêteurs et ses avocats ont amassé un volume insoupçonné de faits et de témoignages précis provenant de sources variées: sociétés de Bienfaisance et de Charité, policiers et anciens policiers, politiciens, hommes d'affaires, anciens condamnés, victimes de méthodes de haute main employées par la police, et enfin épouses, mères et enfants dont les maris, pères, fils et filles ont été victimes de la prostitution et des jeux commercialisés. Tous ces faits et ces témoignages ont été soigneusement tamisés. Ils démontrent les relations existant entre les rois de la pègre, leurs «protecteurs» et certains officiers de police [...]
> Jusqu'à maintenant, les faits recueillis tendent à démontrer que la pègre qui pressure notre ville est puissamment organisée avec des méthodes semblables à celles qui existaient dans les autres grandes villes du continent à l'époque où la pègre y régnait: New York, Chicago, Saint-Louis et Minneapolis; les rafles et descentes sont faites à des heures convenues après préavis, leur fréquence est fixée d'avance, ainsi que le nombre d'arrestations et le tarif des amendes; le jour de la perception du paiement aux «protecteurs» et de la division entre eux sont réglés, comme dans un contrat; les véritables maîtres et riches exploitants, ainsi que les propriétaires d'immeubles où ils s'abritent, sont assurés de l'immunité et tout concurrent du «syndicat» est vivement liquidé [...]
> La Ligue a grand besoin de l'appui de la presse (plusieurs journaux font un travail superbe) et de l'appui moral et financier des citoyens et sociétés qui désirent une ville libérée de la dictature de la pègre.
>
> (*Le Devoir*, 10 août 1948.)

référés au sénat qui les étudie cas par cas. L'épiscopat s'oppose à ce qu'on les réfère désormais à la cour de l'Échiquier ou à toute autre cour. À ses yeux, la procédure parlementaire est un moindre mal, parce qu'elle ne nécessite pas une loi qui

---

Les ressorts d'une dévotion

L'après-guerre a été témoin d'un puissant courant de dévotion populaire à Marie, fruit en partie d'une propagande bien orchestrée:

1944 : Formation à Sainte-Agathe-des-Monts du Comité du centenaire du dogme de l'Immaculée-Conception.

1944 : *8 décembre*. L'épiscopat canadien lance une campagne de prières en vue du centenaire du dogme.

1945 : Le Comité du centenaire devient le Secrétariat national de propagande pour appuyer la campagne de prières.

1947 : Notre-Dame-du-Cap entreprend un voyage qui la conduira à Ottawa. Congrès marial à Ottawa.

1948 : En Ontario, le père Patrick Peyton, c.s.c., lance la croisade du chapelet en famille.

1949 : *15 août*. Notre-Dame-du-Cap entreprend un long périple qui, de 1949 à 1954, la conduira dans presque tous les diocèses catholiques du Canada.

1950 : *Février*. Le Secrétariat national s'installe au Cap-de-la-Madeleine. Il devient le Service du centenaire.

1950 : *Automne*. Début de la croisade du chapelet en famille au Québec.

1951 : Le père Barabé, supérieur des Oblats au Cap-de-la-Madeleine, nomme le père Herménégilde Charbonneau, o.m.i., responsable des fêtes mariales qui se dérouleront au sanctuaire en 1954.

reconnaîtrait le principe du divorce.[24] L'épiscopat confie la conduite de la campagne à un comité présidé par le jésuite Louis-C. de Léry. Le comité choisit de rester dans l'ombre: «la campagne paraîtra moins une affaire montée et concertée».

1951 : *11-14 octobre.* Les Oblats tiennent un congrès marial au Cap-de-la-Madeleine. La centaine de supérieurs oblats, en provenance du Canada et des États-Unis, présents au congrès élaborent le détail des fêtes du centenaire.

1952 : *10 mai.* Les provinciaux des dix principales congrégations de frères enseignants planifient la propagande mariale dans les écoles catholiques. Les éducateurs et les éducatrices suivent des stages de formation. Des comités préparent un matériel pédagogique approprié: brochures, affiches, cahiers marials à colorier, calendriers, bouquets spirituels, prières, 25 sketches marials.

1953 : *1er mai.* Au Cap-de-la-Madeleine, la croisade du rosaire perpétuel débute. Chaque jour, de 16 heures à 24 heures, des délégués de tous les coins du pays viennent réciter le rosaire dans le sanctuaire.

1954 : *1er mai.* À Windsor, Ontario, Notre-Dame-du-Cap amorce le voyage du Grand Retour qui la ramènera dans son sanctuaire, en passant par dix-huit diocèses de l'Ontario, du Québec et du Nouveau-Brunswick. Cent cinquante missionnaires oblats l'accompagnent.

1954 : *5 août.* Arrivée de Notre-Dame. Début du congrès marial et des festivités qui soulignent le centenaire du dogme.

1954 : *6-14 août.* Neuvaine mariale sur les ondes radiophoniques.

1954 : *12 août.* Jubilé d'or du couronnement de Notre-Dame-du-Cap par Pie X, le 12 octobre 1904.

Il retient deux thèmes: l'indissolubilité du mariage est de «droit naturel et divin positif» et «pas de tribunaux de divorce» pour le Québec. Il recourt à la presse catholique, aux responsables des émissions religieuses à la radio — «Élévations matutinales» (Radio-Canada), «l'Oratoire St-Joseph» (CKAC), «Radio-Sacré-Cœur» que diffusent plusieurs stations, «l'Heure dominicale» (Radio-Canada) et «l'Heure catholique» (CKAC) —, de même qu'aux mouvements d'action catholique, au service de presse de l'École sociale populaire, à l'Institut Pie XI, au Service homélitique et aux services des cours préparatoires au mariage. Le comité lance les mots d'ordre, suscite des articles et organise la pression sur les hommes politiques. Ainsi, un article publié par *Relations*, en décembre 1947, est repris et commenté par *l'Action catholique* à Québec, puis diffusé aux «Élévations matutinales», enfin reproduit dans une brochure dont une édition «en beau papier» est envoyée à tous les députés.

L'émergence d'une culture de masse

La lutte «contre les influences néfastes» renvoie à un problème crucial: les mass media. Des enquêtes le prouvent. Le citoyen d'après-guerre, qui parcourt son journal chaque jour et quelques revues chaque semaine, qui écoute la radio en voiture et s'installe le soir devant un écran de télévision, baigne dans un flux de messages qui l'arrachent à l'emprise de la famille, de l'école, de la paroisse et de l'Église. Qui entend contrôler la socialisation des masses ne doit-il pas contrôler les mass media? L'apparition de la télévision en 1952 ne laisse plus aucune échappatoire: «une nouvelle paroisse, écrit l'historien Gérard Laurence, se reconstruisait, plus vaste, à l'échelle de la province entière; l'antenne de télévision en devenait le nouveau clocher». Les mass media posent un double problème à l'épiscopat. Ils diffusent des valeurs et des normes de comportement en contradiction avec ses préceptes et ils remettent en cause son autorité dans l'Église même. Commentant «l'Heure dominicale», Mgr de Gaspé aborde ces problèmes en terme concret: «Hier soir, on a traité du *Birth control*, de la méthode du calendrier ou Ogino-Knaus, du port du pantalon chez les femmes, des cosmétiques... À mon sens, voilà autant de questions qui ne peuvent se traiter ni en chaire ni au micro. Sans compter qu'on oublie, par exemple, que dans la lettre collective de l'épiscopat sur la pureté, il est dit que «le port du pantalon sous le moindre prétexte ou dans le but de s'exhiber en public, n'est pas digne d'une vraie chrétienne». Or, hier soir, on a approuvé [...] Du train où vont les choses, je crois que le moment n'est pas loin où nous ne pourrons facilement donner certaines directives.»[25] Ce n'est que graduellement que l'épiscopat prendra conscience que l'expansion des mass media renouvelle la problématique d'anciennes questions, tels les rapports entre l'art et la morale, la valeur chrétienne des loisirs, la façon de vivre la tolérance. Dans l'immédiat, face aux nouvelles techniques de diffusion, l'épiscopat n'adopte pas de stratégie d'ensemble. Il improvise des tactiques qui varient suivant les conjonctures et suivant les techniques de diffusion elles-mêmes. Une pensée le guide: le danger que ces techniques représentent pour «[la] vie nationale et religieuse» et l'obligation qu'il a de limiter leurs influences, d'en faire, si possible, «des instruments de formation chrétienne et de culture spirituelle». Son action vise donc à contenir les influences nuisibles des mass media et à utiliser ces techniques pour réaliser son projet de société.

Le premier objectif inspire une action défensive caractérisée par deux types de mesures. Les unes relèvent d'une vigilance permanente exercée sur les pouvoirs publics pour que soit appliquée la loi de la censure et sur les mass media eux-mêmes pour qu'ils s'autocensurent. Des interventions privées de l'épiscopat, des campagnes, des pétitions maintiennent une pression constante sur les institutions. Ainsi, le Conseil de l'instruction publique exige, en 1947, que les établissements scolaires lui soumettent les films qu'ils présentent dans les écoles, pour contrer l'action de l'Office national du film que l'épiscopat soupçonne d'être noyauté par des sympathisants communistes.[26] L'année suivante, Mgr d'Ottawa préside, au Capitol, une manifestation en faveur d'une presse catholique et d'un cinéma sain, que CKCH diffuse. De 1952 à 1958, l'épiscopat proteste systématiquement «contre les débordements» de Radio-Canada qui sont qualifiés parfois «d'insulte à l'idéal chrétien de la population». Au fil des ans, l'évolution des mœurs effrite le pouvoir de censure clérical, et les cotes morales se révèlent un filet très lâche pour contenir les idées et les représentations démoralisatrices. Un autre ensemble de mesures agissent sur la conscience morale des individus. Elles informent et elles éduquent. Mgr d'Ottawa établit, en janvier 1946, le Service de presse et de cinéma qui, rattaché l'année suivante au Centre catholique de l'Université d'Ottawa, publie des communiqués sur la cote morale des films et des livres. La plupart des diocèses se dotent d'un organisme similaire. Dans les provinces ecclésiastiques de Montréal et d'Ottawa, ces services se fédèrent en janvier 1955. La Fédération des centres diocésains de cinéma publie l'hebdo *les Films de la semaine*, de 1955 à 1957, qui cote les films à l'affiche dans les cinémas et à la télévision. Elle compile aussi *l'Index des 6000 titres*, un relevé des cotes morales des films présentés à Montréal de 1948 à 1955. Afin de coordonner l'action de tous les diocèses francophones du Canada, la Conférence catholique canadienne fonde, en novembre 1956, le Centre catholique national du cinéma, de la radio et de la télévision. Cet organisme poursuit trois objectifs: renseigner sur la moralité des films et des émissions, former le sens critique et la conscience des individus, collaborer avec les producteurs pour «transformer ces techniques en instrument d'éducation et d'élévation [du] peuple». Il est composé de commissions spécialisées dans la classification morale des productions, dans l'éducation des enfants, des adolescents et des adultes. Il dispose d'une vaste documentation, tient le contact avec les centres diocésains et échange avec les organismes internationaux: la Commission pontificale pour le cinéma, la radio et la télévision, l'Office catholique international du cinéma, l'Association catholique internationale pour la radio-diffusion et la télévision.

L'Église se sent plus démunie face à son deuxième objectif, l'utilisation du cinéma. Cette technologie exige un *know how* et des fonds considérables. En ce domaine, l'initiative provient de clercs isolés qui tentent de mettre le cinéma au service des valeurs chrétiennes et nationales. Les abbés Albert Tessier, à Trois-Rivières, et Maurice Proulx, à Sainte-Anne-de-la-Pocatière, produisent des films qui exaltent la terre, la vie familiale et l'Église. C'est une goutte d'eau dans la mer cinématographique. Il est hors de question, cependant, que l'Église se lance dans la production cinématographique. Elle essaie plutôt d'influencer cette production et d'en contrôler la distribution. La tactique est d'unir les catholiques dans un ensemble assez important et caractérisé pour que les compagnies productrices de films soient forcées de tenir compte de leurs exigences. C'est dans cet esprit que Mgr Maurice Roy, de Québec, fait approuver par l'épiscopat, en décembre 1951, la mise sur pied de Rex Film Inc., société sans but lucratif, composée de techniciens, d'éducateurs et d'hommes expérimentés, dont les objectifs sont tirés de *Vigilanti Cura* (1937). Jusqu'en 1956, Rex Film est la seule centrale catholique de cinéma reconnue par l'épiscopat.[27] Elle a trois fonctions: éduquer la population, aider les responsables de séances cinématographiques à établir leur programmation, distribuer des films. Tous les organismes catholiques qui projettent des films doivent s'approvisionner chez Rex Film. Grâce à son monopole, cette compagnie exerce une grande influence à travers tout le Canada francophone. Elle répand la formule des ciné-clubs où les séances de visionnement sont annoncées par un feuillet explicatif et se terminent par une discussion. Elle tient dans les villes des conférences, des sessions pour développer l'esprit critique des cinéphiles et former des moniteurs pour les ciné-clubs. Elle importe des films adaptés aux auditoires qu'elle dessert. En centralisant les demandes de toutes les institutions catholiques francophones, elle constitue une force catholique que les producteurs ne peuvent ignorer. Déjà, en mai 1952, Rex Film dessert 278 salles ou institutions dans dix-neuf diocèses canadiens. Elle est le distributeur exclusif des versions françaises de Metro Goldwyn Mayer et de J.A. Ranks. En 1956, la création du Centre national catholique du cinéma met fin au monopole de Rex Film qui devient une compagnie autonome, mais que l'épiscopat suggère d'encourager.[28]

Déjà en 1956, la télévision concurrence le cinéma dans le cœur des Québécois et dans les priorités de l'épiscopat. Face au nouveau media, les évêques, comme toutes les per-

«Et je vous tends la main, comme un guide maladroit mais qui croit éperdument à la lumière, de l'autre côté de l'ombre.. Nous allons tous vers la Joie...» Émile Legault, c.s.c., à la télévision, en 1958. (Photo Guy Borremans)

sonnes en autorité à l'époque, se montrent réticents. Ils y font peu d'apparition et ne se soucient guère de l'utiliser pour diffuser leurs messages. Radio-Canada prend l'initiative et suggère des émissions religieuses. «Eaux vives», la première émission religieuse au petit écran, fait partie de la programmation de l'automne de 1954. Le père Émile Legault, qui possède une longue expérience dans le théâtre, l'anime. La première année, elle a pour thème les sacrements et elle s'inspire de «l'Heure dominicale» qui, à la radio, avait popularisé les sketches bibliques et les dramatisations des plus belles pages des Évangiles. Chaque émission comprend trois volets: une introduction à un sacrement, un sketch de Guy

Dufresne et des commentaires du père Legault. «Eaux vives» demeure à l'antenne jusqu'au printemps de 1958. D'autres émissions font leur apparition: «le Feu sur la terre», au printemps de 1955, une émission animée par le père Marcel Desmarais, o.p.; «la Porte du ciel», à l'automne de 1955, émission conçue pour éveiller chez l'enfant le sens de Dieu; «Source de vie», animée par Adrien Malo, o.f.m., durant l'hiver de 1956, commente l'évangile du jour. Les évêques ne tardent pas à découvrir que la télévision a un impact plus fort sur les auditeurs que celui de la radio. «*Eaux vives*, autant d'images qui ont une chance de se graver dans l'esprit de l'homme de la rue, de le faire réfléchir sur sa vie religieuse», commente avec enthousiasme Mgr Labrie. La puissance d'évocation de la télévision tient au fait que plus que le mot qui incarne une idée, l'image est le vrai langage du mystère.

Le père Marcel-Marie Desmarais, o.p., célèbre communicateur dans l'après-guerre. (Photo Paul Christin)

La défection de la C.T.C.C.

La «mentalité laïque» se répand aussi dans le syndicalisme et y introduit des tensions analogues à celles qui ont cours dans l'action catholique. Gérard Picard, le président de la C.T.C.C., confie aux Jésuites de l'Institut social populaire, en décembre 1953, que «les dirigeants syndicaux trouvent que l'Autorité ecclésiastique est retardataire au point de vue social», que *Rerum Novarum* a été publié «50 ans trop tard», enfin que les «aumôniers se mêlent de choses qu'ils ne connaissent pas». Ce sont là des confidences qui pour n'être pas étalées sur la place publique n'en demeurent pas moins symptômatiques de mouvements d'opinion de plus vaste amplitude au sein de la société. La C.T.C.C. est une «poutre maîtresse» de l'organisation sociale du Québec et, ajoute Jacques Cousineau, s.j., dans *Relations*, le symbole par son esprit d'indépendance et par sa confessionnalité de la politique autonomiste et du comportement religieux apostolique des Canadiens français.[29] Que la poutre bouge sous les pressions conjoncturelles et c'est l'édifice qui risque de s'écrouler.

Les pressions pour déconfessionnaliser le syndicalisme s'étaient accrues durant la décennie 1940. La loi des relations ouvrières (1944) avait obligé le syndicat majoritaire dans une entreprise à représenter tous les travailleurs d'une unité de négociation, quelles que soient leurs croyances religieuses. La C.T.C.C., qui n'englobait que 35% des travailleurs syndiqués au Québec, avait pris conscience de l'urgence de s'implanter dans les milieux hétérogènes et les grosses entreprises. Elle avait ressenti le besoin de mettre une sourdine aux rivalités syndicales pour affronter la coalition des politiciens et des financiers et aussi d'évoluer vers une organisation centralisée et bureaucratisée pour renforcer son pouvoir de négociation. Tous ces facteurs concourent à créer dans la décennie 1950 une crise d'orientation. La crise se noue graduellement à tous les paliers — elle est totale en 1955 — et comporte quatre dimensions: la confessionnalité, la réforme des structures, l'affiliation au Congrès du travail du Canada (C.T.C.) et les orientations idéologiques. En 1951, le Programme Picard en six points sur la réforme de l'entreprise marque l'apogée d'une idéologie que le patronat combat farouchement et qui ne fait pas l'unanimité chez les théologiens romains. Cette idéologie continue d'avoir cours chez certains intellectuels et à donner lieu à des exposés doctrinaux sur la pensée du pape.[30] Elle n'inspire plus la C.T.C.C. qui, mettant en veilleuse ses visées d'une réforme globale de l'entreprise, évolue, sous l'influence des «chrétiens progressistes français», vers un «humanisme démocratique» exaltant les valeurs de liberté et de démocratie.[31] Ce déplacement de l'idéologie vers l'autonomie du temporel, qui se traduit par un militantisme plus revendicateur, plus audacieux, plus tenace, sert les partisans de la déconfessionnalisation des syndicats.

Depuis la guerre, cette question est à l'ordre du jour de la C.T.C.C. Les dirigeants la formulent dans une alternative: soit accepter des accommodements avec les principes, soit conserver la confessionnalité dans toute sa rigueur. La deuxième option sous-entend que l'on maintiendrait le mot catholique dans l'appellation des syndicats, que l'on continuerait d'adhérer officiellement à la doctrine sociale de l'Église, que les aumôniers continueraient d'occuper une place centrale au sein des syndicats et que les membres protestants seraient relégués dans un statut de membres adjoints sans droit de vote ni de participation à la direction. En 1943, au congrès de Granby, la C.T.C.C. avait reconnu les mêmes droits à tous les membres qui s'engageraient à conformer leurs paroles et leurs actes de syndiqués aux principes directeurs de la C.T.C.C., quelles que fussent leurs croyances. Fidèle à la consigne que Pie XII avait donnée au cardinal Villeneuve, «Gardez vos syndicats catholiques», l'épiscopat n'avait pas sanctionné cette décision.[32] Mais la déconfessionnalisation n'en continue pas moins, cependant, de faire des progrès dans les unités de base affiliées à la centrale. Des syndicats et des fédérations suppriment le mot catholique dans leur appellation, modifient l'article de leur constitution qui manifeste une adhésion à la doctrine sociale de l'Église et minimise le rôle de leur aumônier. La question en vient donc tout naturellement à se poser au niveau de la centrale elle-même, sur laquelle l'emprise de la Hiérarchie est très forte. Au congrès de 1955, le président de la C.T.C.C. soulève la question et

Lors du congrès eucharistique Beauce-Dorchester (été 1962), sept jeunes gens s'engagent dans la vie sacerdotale.

suggère de modifier l'appellation de la centrale. Les évêques s'inquiètent. Au nom de l'épiscopat, le cardinal Léger et Mgr Roy rencontrent les dirigeants et les aumôniers. Ils leur demandent de préparer un mémoire sur l'avenir de la C.T.C.C. À l'automne de 1956, le comité exécutif du mouvement de la C.T.C.C. reçoit le mandat d'étudier la question et de faire rapport au Bureau confédéral.

3. Le clergé ou la sclérose de l'église traditionnelle

Les idées nouvelles et la volonté d'affirmation du laïcat ne provoquent, du moins en surface, aucune remise en question

Entrée solennelle de jeunes postulantes le matin de leur prise d'habit.

au sein du clergé. Des prêtres s'interrogent, certes, non pas le clergé qui comme corps social s'accroche à ses certitudes et à ses traditions. Pourtant des signes ne trompent point: une crise se prépare.

Un métier moins attrayant

Les signes les plus visibles sont de l'ordre du quantitatif. Des années 1930 jusque vers 1960, le *Canada ecclésiastique* publie des données plantureuses: le nombre de prêtres, tant séculiers que réguliers, est en progression constante. Les annuaires de l'Église affichent la bonne santé des prospectus des multinationales. Mais les vicaires généraux qui les analysent froncent les sourcils. Le taux de croissance des réguliers est plus rapide que celui des séculiers. Le rapport séculier/fidèles pla-

TABLEAU 11

ÉVOLUTION NUMÉRIQUE DU CLERGÉ,
(ET NOMBRE DE FIDÈLES PAR MEMBRE DU CLERGÉ), 1932-1962

Années	Séculiers	Réguliers	Total
1932	3 165 (778)	921 (2 645)	4 086 (603)
1942	3 783 (765)	1 599 (1 810)	5 382 (538)
1952	4 589 (777)	2 091 (1 707)	6 680 (534)
1962	5 382 (861)	2 526 (1 835)	7 908 (586)

SOURCE: *Canada ecclésiastique*.

fonne, puis dans les années 1950 amorce un mouvement ascendant. Ces statistiques augurent d'une crise des vocations que confirment les entrées dans les grands séminaires. Louis-Edmond Hamelin a calculé que 55% des finissants des collèges classiques optaient pour le sacerdoce vers 1925, 40% vers 1950 et guère plus que 25% vers 1960.

La stabilisation du rapport séculier/fidèles se produit au moment où l'urbanisation accroît la diversité des charges pastorales. La multiplication des mouvements et des œuvres, les changements dans les mœurs mettent à forte contribution les ressources de l'Église. Des choix s'imposent. L'épiscopat a tendance à privilégier le ministère paroissial, puis l'enseignement. Selon Louis-Edmond Hamelin, 40% des effectifs du clergé séculier sont engagés, en 1945, dans le ministère paroissial, 25% dans l'enseignement, 10% dans l'aumônerie. Le dernier quart est aux études, à la retraite, en congé ou dans l'administration. L'aumônerie fait les frais des priorités. Le manque d'aumôniers est une constante des années 1930 à 1960. Ainsi, en 1959, «20 aumôniers s'occupent d'environ 30 unités syndicales comprenant les 3/4 des effectifs de la C.T.C.C.». La pénurie s'aggrave dans les années 1950 du fait que les communautés religieuses, «qui [avaient] prêté des aumôniers pour des salaires trop minimes», préfèrent maintenant investir dans leurs œuvres plutôt que dans celles de l'épiscopat.[33] Bien qu'il soit prioritaire, le ministère paroissial est lui-même soumis à forte pression. En regard de la norme reconnue par le clergé — 1 prêtre par 800 fidèles en milieu rural et 1 par 1200 en milieu urbain — la plupart des diocèses sont à court d'effectifs. C'est le prix à payer pour un engagement marqué de l'Église dans le temporel. En Europe, guère plus de 20% des prêtres séculiers œuvrent en dehors du ministère paroissial, comparativement à plus de 40% au Québec. En milieu rural, des diocèses comportant de nombreuses missions et dessertes sont à court de prêtres vers 1950: c'est le cas de Rimouski (1/1014), de Gaspé (1/1040), et du Golfe Saint-Laurent (1/1088). Il en est de même de certains diocèses urbanisés: Québec (1/1271), Chicoutimi (1/1296) et Montréal (1/1539).[34]

Le manque d'effectifs devrait conduire à une réflexion en profondeur sur le rôle de l'Église dans la société et celui du prêtre dans l'Église, puisque l'ecclésiologie détermine en partie les besoins en prêtres. Mais la Hiérarchie et le clergé s'engagent dans d'autres voies et subissent plus qu'ils n'animent l'éveil du laïcat. Le cas de l'accès des laïcs à l'enseignement dans les collèges classiques est éclairant. En principe, ce pourrait être un moyen de transférer les ressources cléricales dans d'autres secteurs. De fait, ce sont les laïcs qui ont pris l'initiative en ce domaine. En 1937, les diplômés des universités avaient sollicité dans un mémoire l'ouverture aux laïcs de l'enseignement classique, «le gouvernement étant prêt à les pourvoir d'un supplément d'honoraires que les collèges ne pourraient leur verser». La question avait retenu l'attention de l'épiscopat qui avait paru n'y voir, cependant, qu'un «moyen bien propre à former une élite encadrée dans un centre ecclésiastique et toute désignée pour fournir de précieux dirigeants à l'action catholique».[35] C'est la pénurie d'effectifs cléricaux qui allait forcer graduellement les évêques à confier des postes d'enseignants à des laïcs. Dans l'immédiat l'épiscopat pallie la pénurie d'effectifs en recourant au clergé régulier. En 1948, les réguliers du diocèse de Québec, qui consacrent 19% de leurs effectifs au ministère paroissial, dirigent huit paroisses; ceux de Montréal n'y investissent que 10% de leurs effectifs, ayant accordé priorité à l'enseignement qu'ils dispensent dans une dizaine d'institutions. Des séculiers acceptent un surcroît de travail. La charge de travail des aumôniers devient excessive dans les années 1950. L'enquête Phaneuf en 1957 souligne que les huits aumôniers du diocèse de Saint-Hyacinthe sont «débordés», même si curés et vicaires viennent à leur rescousse. Les aumôniers de l'action catholique accusent périodiquement «une fatigue excessive», consécutive à des tâches trop nombreuses, de même que les aumôniers de la C.T.C.C. Dans certaines paroisses urbaines, le service des malades, le fonctionnement des œuvres, l'enregistrement des actes d'état civil, la prédication et la catéchèse, la distribution des sacrements forcent des vicaires et des curés à se lever tôt et à se coucher tard.[36]

Ce sont là des palliatifs. Tant pour l'épiscopat que pour le clergé, la solution à long terme semble résider dans une campagne intensive de recrutement. C'est là la voie indiquée par le *motu proprio* de Pie XII, à l'automne de 1941, établissant l'Oeuvre pontificale des vocations sacerdotales qu'il confie à la Sacrée Congrégation des séminaires et des universités. Inspiré par cette directive, l'épiscopat renforce ses mécanismes de recrutement des vocations. Le 2 février 1943, une lettre circulaire de Mgr Joseph Charbonneau sur le manque de prêtres trouve des échos dans la grande presse. «La province réputée la plus catholique de la terre commence à refuser l'holocauste de ses enfants à l'Église. Nous sommes les témoins passifs et peut-être inconscients d'un moment critique de notre histoire religieuse», commente *le Devoir*. En novembre de la même année, le cardinal Villeneuve préside le congrès du recrutement sacerdotal, le premier du genre en Amérique du Nord. Ce congrès débouche sur une intensification de la propagande, sous forme de lettres circulaires, d'homélies, de «semaine de vocations», de «congrès de vocation» et sur l'amorce d'études statistiques concernant les effectifs cléricaux et les mouvements d'entrées et de sorties des grands séminaires. L'épiscopat continue d'insister sur les moyens traditionnels: la prière et la générosité financière des fidèles, la vigilance des curés à discerner les vocations et leur diligence à les sauvegarder. Les documents pontificaux suggèrent les critères de discernement: pourrait être appelé au sacerdoce tout jeune homme issu d'une famille honnête, en santé, équilibré, pieux et charitable, désireux de servir Dieu. Ils énumèrent aussi les moyens de sauvegarder les vocations: le contact du curé avec les parents, la réception des sacrements, la direction spirituelle, la fuite des mauvais compagnons.

Des fonctionnaires en soutane

La diversification des tâches pastorales affecte le statut des clercs. L'image d'un clergé composé en grande partie de curés relativement autonomes, dont la richesse est fonction de la taille et de l'aisance du troupeau qu'ils desservent, n'est plus valable. Il faut lui substituer celle d'une fonction publique gestionnaire du sacré, hiérarchisée et salariée. Les statistiques en témoignent: 60% des séculiers œuvrent en dehors du ministère paroissial, et partant sont des salariés soumis à des échelles de salaire fixées par l'Ordinaire. Par ailleurs, les curés eux-mêmes n'échappent pas au salariat. Dans les villes, la capitation remplace la dîme traditionnelle. Des échelles de salaire tendent à redistribuer les revenus entre curés et vicaires, laissant des surplus pour l'entretien des prêtres à la retraite et la rémunération des administrateurs des superstructures diocésaines. Au salaire s'ajoutent pour tous les prêtres le casuel et d'autres honoraires qui demeurent des éléments qui accentuent les inégalités de revenus. Citons un cas pour illustrer la complexité de la question. À Valleyfield, en juillet 1942, un vicaire gagne 130$ par mois, plus 1$ par messe chantée, le petit casuel prélevé sur certaines cérémonies, 25$ par aumônerie et 5% de la dîme qu'il perçoit lors de la visite paroissiale.[37]

Contrairement aux institutions qui, elles, jouissent de certaines immunités ecclésiastiques, les revenus individuels sont assujettis à la loi de l'impôt entrée en vigueur en 1917. Aux yeux du percepteur, la dîme, le casuel, la capitation, les honoraires, tous ces éléments qui constituent le revenu d'un prêtre, sont imposables. L'usage s'était établi d'exempter de l'impôt 10% du casuel, montant qui semblait correspondre aux aumônes que les prêtres faisaient à même leur revenu personnel. Le fisc assimilait donc le prêtre à un célibataire laïque. Cette application «étroite» de la loi avait suscité à quelques reprises l'intervention de l'épiscopat. Durant les années 1930, celui-ci avait réclamé pour certains prêtres le statut de «maître de maison», catégorie de célibataires qui, au terme de la loi de 1925, jouissait de l'exemption de base des personnes mariées. Il avait obtenu ce statut pour les curés en 1933 et pour les aumôniers en résidence en 1938. Mais le fisc s'était montré de plus en plus fouineur. En 1937, des percepteurs visitant certains diocèses avaient fait remonter leurs enquêtes jusqu'en 1917, cherchant à établir le montant exact du casuel touché par les curés. L'épiscopat en avait appelé au ministre du Revenu pour que le casuel échappe à l'impôt. Les discussions avaient traîné en longueur. En mai 1945, l'épiscopat s'était cru justifié de «conseiller aux curés de ne pas déclarer ni la dîme ni le casuel». Mais en novembre de la même année, le fisc avait maintenu ses positions: toute la partie de son revenu qu'un prêtre utilise à des fins personnelles était imposable. La coutume d'une exemption automatique de 10% était abolie. Le prêtre devait fournir la preuve de ses aumônes.

Les rapports des clercs avec le fisc ne sont donc pas toujours au beau fixe. Des prêtres trichent sur le casuel. La Hiérarchie n'apprécie pas les enquêtes sur les institutions ni les demandes de renseignements en provenance tant du fisc que du Bureau des statistiques. Dans les années 1950, les relations avec le fisc tournent au vinaigre à propos des reçus de charité, déductibles d'impôt, émis par le clergé aux fidèles. La situation devient grotesque. Le fisc évalue en 1960 à 12 000 000$ les revenus ecclésiastiques de l'Église québécoise et à 82 000 000$ les reçus de charité émis par le clergé. Des religieux demandent 5$ par reçu. Des curés ont installé une corbeille dans les salles d'attente où les fidèles en quête de reçus peuvent déposer une offrande. Un moine signe en quelques mois des reçus de charité évalués à 36 000$. À Montréal, le grand vicaire, à la demande du cardinal profondément choqué de cette situation, informe des curés qu'ils devront désormais «faire face eux-mêmes aux perquisitions et aux poursuites du fisc». Cette crise amène l'Église à clarifier sa comptabilité.

La modernisation de la gestion et des méthodes comptables s'impose dans tous les domaines. L'épiscopat règne sur un empire institutionnel. Il n'est point sûr, cependant, qu'il ait conscience de la puissance financière que représente l'Église. L'administration n'est pas centralisée: les diocèses sont des unités indépendantes et les communautés, des organismes qui fonctionnent d'une façon assez autonome vis-à-vis de l'Ordinaire. Au sein de l'Église, des bureaucraties existent, qui échappent en partie au contrôle de l'épiscopat et administrent une main-d'œuvre qui n'est qu'en partie cléricale. L'Église est sans doute le plus gros employeur au Québec, grâce à son emprise sur l'éducation, la culture, le bien-être social et quantité d'œuvres et de mouvements. Le sociologue Hubert Guindon note qu'elle distribue tout aussi bien les trésors de la cité céleste que les statuts, les rôles et les chèques de paie de la cité terrestre.[38] Des clercs s'étonnent que les «effectifs des états-majors» qui conseillent les évêques ne cessent de s'accroître. Peu d'entre eux, cependant, s'inquiètent de ce qu'ils adoptent eux-mêmes, dans les paroisses urbaines, un comportement fonctionnarisé. Ce nouveau comportement s'est imposé graduellement, au fur et à mesure que s'est élargie la coupure entre le milieu de travail et le milieu paroissial et que la distance entre pasteurs et fidèles s'est accrue. Le presbytère fonctionne comme une agence publique, avec des heures d'ouverture et de fermeture. En bien des endroits, les vicaires sont soumis à des heures de garde comme les médecins d'hôpitaux et ont droit, comme tout honnête travailleur, à leur jour de congé.

Les travaux et les jours

La condition de ce clergé fonctionnarisé préoccupe l'épiscopat. À la fin des années 1950, des enquêtes, discrètes et partielles, auxquelles il ne faut pas attribuer un haut niveau de scientificité, renvoient l'image d'un clergé embourgeoisé, possédant bien des affinités avec les classes professionnelles.[39] Le presbytère compte parmi les maisons les plus confortables de la paroisse. La table en temps ordinaire est plutôt frugale, sauf durant les Quarante-Heures et à l'occasion de certaines fêtes où, semble-t-il, des curés exagèrent. Les jeunes prêtres sont enclins à rechercher le confort et leurs aises. Cette propension transparaît dans la décoration intérieure, l'ameublement, les appareils de télévision et de reproduction du son. L'automobile n'est pas encore d'un usage courant, mais les jeunes prêtres rêvent du jour où ils en auront une. Des curés font étalage de luxe: chalet *fashionable*, voiture de l'année, voyages en Europe et aux États-Unis, excursions de pêche, etc. Des écarts trop flagrants entre les curés des paroisses riches et ceux des paroisses pauvres subsistent qui divisent le clergé paroissial. Dans les petites paroisses rurales, beaucoup de prêtres s'ennuient. L'habitude se répand des longues vacances et des congés périodiques. L'usage des boissons alcooliques ne constitue pas encore un problème majeur, mais des cas répétés d'alcoolisme amènent les évêques à ouvrir une autre maison de désintoxication. Autre symptôme inquiétant: les prêtres répondent évasivement aux questions relatives à la vie sexuelle, et les enquêteurs de conclure laconiquement que: «trop souvent, il y a des faiblesses».

Cette «honnête aisance» cache des problèmes plus graves. La plupart des prêtres emploient mal leur temps. Beaucoup le gaspillent en futilités. Certains consacrent un temps précieux à des tâches qui conviendraient mieux à des laïcs, par exemple l'administration de centres de loisirs et d'organisations sportives. D'autres n'éprouvent aucune appétence pour la vie intellectuelle. Peu de presbytères disposent d'une bibliothèque convenable. Les prêtres ne sont guère compétents et perdent dans les milieux cultivés la confiance de leurs fidèles. La vie spirituelle s'affadit en cours de route, du moins elle connaît des hauts et des bas. La pratique de l'oraison en est un bon indicateur. Parmi les prêtres de moins de 5 ans de sacerdoce, 90% feraient oraison, comparativement à 50% chez les 5-25 ans, et 80% chez ceux qui ont plus de 25 ans. Un clerc expérimenté constate que «la vie des prêtres après cinq ans de sacerdoce semble dominée par un moralisme pratique, chargé de jansénisme et pas toujours très honnête, appuyé sur une foi formaliste dans l'*opus operatum*». Le quotidien use dans la vie sacerdotale comme dans la vie maritale. «Les jeunes prêtres sont bons», constate l'épiscopat. «C'est dans la dixième année qu'ils fléchissent, que leur zèle diminue. Pas tous, Dieu merci, mais plusieurs.»

Ces observations d'enquêtes partielles rejoignent d'autres témoignages plus ponctuels, à partir desquels on peut esquisser quelques traits généraux. En bien des milieux, le ministère sacerdotal est caractérisé par la routine et par l'activisme. Les éléments novateurs dans l'action sociale, dans l'action catholique et dans l'enseignement dérangent. Le clergé paroissial se méfie des nouveautés: les équipes sacerdotales, le renouveau liturgique et les courants théologiques français. La prédication serait à renouveler: «Les sermons du dimanche, en général, passent par dessus la tête des gens. Prédication pas assez adaptée, prédication de sermonaire, prédication trop loin de la vie, prédication superficielle et pas assez doctrinale, prédication trop longue et souvent ennuyeuse en beaucoup d'endroits.» De fait, tout le ministère paroissial est à repenser. Les pasteurs, selon certains évêques, devraient avoir une double préoccupation à l'esprit: «préoccupation pastorale des individus, afin de promouvoir une pratique religieuse plus vivante et plus personnelle; préoccupation des milieux de vie, dont l'influence s'avère de plus en plus prépondérante pour combler le fossé qui est à se creuser entre la vie religieuse et profane de[s] gens». L'esprit du siècle envahit le clergé. Il y a encore de saints prêtres, écrit Mgr Alfred Langlois en 1950, mais le «culte de l'imperfection se développe»: on s'attache trop «aux bonnes choses naturelles», on a «horreur du renoncement», on «fréquente les gens du siècle», «on prend volontiers de l'alcool et on danse durant les fêtes populaires».[40] Ce témoignage est celui d'un homme rigoriste mais il en rejoint bien d'autres. «Des exemples où des prêtres, dans les salons, ont prôné un relâchement condamnable de la morale familiale» sont portés à l'attention de l'épiscopat en 1952. En symposium l'année suivante, l'équipe de l'Institut social populaire s'inquiète de ce que «la cupidité de plusieurs curés crée actuellement un réel problème». Ce clergé, enfin, vit en vase clos, à l'abri des changements sociaux. Le conservatisme social détermine son rapport à la société globale. Ce clergé colle au pouvoir. À son insu, par son ignorance, par son silence, par son acceptation «des faveurs politiques» et des privilèges de toutes sortes, il est par certains aspects un rouage de l'appareil gouvernemental, un allié des élites dominantes. Des jésuites observent vers 1950 que, parce que «le clergé n'aime pas s'opposer aux patrons, on ne parle pas de syndicat». Et de citer le cas «d'une grosse paroisse ouvrière où pas un seul prêtre ne savait qu'il y avait des ouvriers syndiqués».

Les sources du conservatisme

Ce conservatisme jaillit de plusieurs sources. Le prêtre est d'abord un être qui vit en marge de la vraie vie. Tout concourt à l'isoler du monde. Dès son jeune âge, il est dorloté et admiré par ses parents pour qui donner un fils à l'Église est source de prestige social. Vers l'âge de douze ans, il est retiré du milieu familial et mis en pension dans un collège. Il commence alors une vie qu'il peut consacrer tout entière à l'étude, car d'autres se préoccupent pour lui du gîte, du couvert et de l'argent. Son ordination lui confère une aura qui lui vaut l'admiration et l'adulation de la société. Jeune vicaire, le curé se préoccupe de ses besoins matériels et, devenu lui-même curé, la fabrique lui assure une honnête aisance. Une servante voit au fonctionnement du presbytère. Célibataire, il trouve auprès de ses confrères de collège, devenus eux aussi prêtres ou membres des professions libérales, et des notables de la paroisse les amitiés qui réconfortent et réchauffent. Les mass media et les confessions lui répercutent l'écho assourdi des âpres luttes de la vie. Déjà en 1938, Mgr Eugène Lapointe avait observé les affinités naturelles d'un trop grand nombre de clercs: «le bon petit bourgeois, qui a vécu en serre chaude, laïc ou prêtre, ne comprend rien... Sa sympathie, bon gré mal gré, va aux gens bien... Il a une peur terrible de la révolution, ne se rendant pas compte que c'est lui et ses pareils qui la préparent par leur indulgence, leurs compromis et souvent leur complicité à l'égard des riches.»[41]

Le prêtre est aussi un être acculturé. Son *cursus* scolaire est axé sur les humanités gréco-latines, la vision thomiste du monde et l'ecclésiologie du Concile de Trente. Les programmes insistent sur le dogme, la morale et l'apologétique. Sous l'in-

TABLEAU 12

L'ENSEIGNEMENT AU GRAND SÉMINAIRE DE MONTRÉAL EN 1935-1936

Matière	Nombre de classes
Morale (en chaque année)	121
Dogme (en chaque année)	160
Écritures saintes (en chaque année)	84
Droit canon (en chaque année)	28
Histoire ecclésiastique (2e, 3e)	27
Liturgie, (2e, 3e)	26
Sciences sociales (2e, 3e)	20
Prédication (1ere, 4e)	23
Spiritualité (1ere, 4e)	20
Patrologie (2e)	11
Histoires, dogmes (3e)	12
Hébreu et grec biblique (2e, 3e)	35

fluence de la constitution *Deus scientiarum Dominus* (24 mai 1931), dont la visée tend à restaurer les études dans l'Église et à assurer au clergé une solide formation intellectuelle, l'épiscopat introduit dans les années 1930 des réformes dans les programmes des grands séminaires et dans les conditions de vie des candidats. On ne tolère plus que le grand séminariste partage son temps entre l'étude et la surveillance dans les petits séminaires. On introduit en 1938 une troisième année de philosophie préparatoire aux études théologiques et, dès 1936, en certains grands séminaires, des cours de sciences sociales, d'action catholique, de pédagogie catéchistique, etc. Mais ces cours renforcent plus qu'ils n'infléchissent l'orientation générale du *cursus*. Considérons l'enseignement des sciences sociales. Cette matière est une matière mineure. Elle est enseignée dans le prolongement de la philosophie morale. Le contenu explicite la doctrine sociale de l'Église, exalte la famille, «ce principe formateur et conservateur de la société», dénonce la pensée libérale et la pensée socialiste qu'on n'aborde qu'indirectement et dans un esprit négatif. Résumant les cours qu'ils ont suivi en 1935-1936 au Grand séminaire de Montréal, deux séminaristes insistent sur «le féminisme désordonné»: «Cette plaie nous vient des pays protestants et est propagée surtout par les socialistes; car, pour ces derniers, sortir la femme du foyer, n'est-ce pas un excellent moyen d'arriver à une de leurs fins les plus chères, la destruction de la famille.»[42] Ici, la science sociale n'est que l'écho amplifié de la théologie morale. La formation acquise durant les études est l'un des facteurs déterminants du conservatisme social du clergé et du caractère routinier de son ministère. Les clercs ne sont pas préparés à vivre dans le monde moderne ni à adapter leur pastorale aux besoins des temps présents. La plupart d'entre eux n'éprouvent aucune appétence pour l'action sociale ou l'action catholique, deux formes d'apostolat qui les rendent insécures. Le manque de formation des aumôniers est l'une des grandes misères de l'Église québécoise. Encore en 1959, treize des vingt et un aumôniers affectés à la C.T.C.C. n'ont aucune formation spéciale en sciences sociales. L'acquis de la décennie 1950 aura été l'émergence dans la conscience de l'Église québécoise de la nécessité d'utiliser les connaissances et les méthodes des sciences sociales dans l'action pastorale. À partir de 1955, on observe un coup de barre en ce sens. L'épiscopat oriente les jeunes prêtres vers l'étude des sciences religieuses: catéchèse, liturgie, spiritualité, sociologie et psychologie religieuses. Des évêques commandent des études à des sociologues de métier. Les aumôniers de la C.T.C.C. réclament un institut où les futurs aumôniers recevraient une formation en sciences sociales, feraient par des stages l'apprentissage de leur métier et recevraient une spiritualité adaptée à l'action. De plus audacieux, s'inspirant des expériences françaises, parlent d'une pastorale d'ensemble dont la stratégie reposerait sur une connaissance systématique des milieux de vie.

4. LES COMMUNAUTÉS ENTRE CIEL ET TERRE

Les données brutes qui mesurent la croissance des communautés montrent que celles-ci n'échappent pas non plus au changement. En apparence, les données générales demeurent vigoureuses.[43] De 1930 à 1959, on recense soixante-quatorze nouvelles communautés, vingt-trois chez les hommes et cinquante et une chez les femmes. Le *membership* s'accroît jusqu'en

TABLEAU 13

ÉVOLUTION NUMÉRIQUE DES RELIGIEUX ET RELIGIEUSES AU QUÉBEC
(ET NOMBRE DE FIDÈLES PAR RELIGIEUX), 1931-1961

Années	Hommes	Femmes	Total
1931	5 716 (448)	19 616 (125)	25 332 (97)
1941	7 910 (366)	25 488 (112)	33 398 (87)
1951	9 312 (383)	30 383 (111)	39 695 (89)
1961	10 173 (456)	35 080 (132)	45 253 (102)

SOURCE: Denault et Lévesque.

TABLEAU 14

ORIENTATIONS DES NOUVELLES COMMUNAUTÉS, 1930-1969

Orientation	1930-39		1940-49		1950-59		1960-69	
	H	F	H	F	H	F	H	F
Ministère sacerdotal	2	—	1	—	4	—	1	—
Contemplation	1	2	1	2	1	4	—	—
Éducation	2	2	1	6	4	13	—	4
Missions			2	—	1	3	1	—
Oeuvres sociales	—	3	—	2	1	6	1	1
Auxiliaire du clergé	—	2	—	1	—	1	—	—
Hôpitaux	—	—	—	2	—	—	—	—
Autre	—	—	1	1	1	1	—	—
Total	5	9	6	14	12	28	3	5

SOURCE: D'après Denault et Lévesque.

1961. Ces données générales masquent, cependant, des phénomènes plus significatifs. Denault et Lévesque ont constaté que les effectifs des religieux cessent d'augmenter plus vite que ceux de la population dans les années 1940. Ils ont aussi observé le même phénomène chez les effectifs des religieuses dans les années 1950. La plupart des nouvelles communautés sont d'origine étrangère ou canadienne. On ne relève qu'une fondation québécoise chez les hommes: la Société des Saints-Apôtres, fondée en 1950 par le franciscain Eusèbe-Marie Ménard pour travailler à l'Oeuvre des vocations sacerdotales.

On en relève cinq chez les femmes: les Moniales bénédictines du Précieux-Sang (Mont-Laurier, 1934), les Dominicaines missionnaires adoratrices (Québec, 1945), la Congrégation des petites filles de Saint-François (Montréal, 1948), la Société des sœurs des Saints-Apôtres (Montréal, 1950) et les Petites Sœurs de Notre-Dame-du-Sourire (Montréal, 1958). Bien qu'elles s'efforcent de se démarquer par leur champ d'apostolat des communautés déjà bien installées, les nouvelles communautés éprouvent des difficultés de recrutement. Chez les hommes, la Société des Saints-Apôtres, qui comptera soixante-deux membres en 1969, connaît un certain succès. Cette année-là, dix-sept des vingt-six plus récentes communautés masculines n'ont pas vingt membres. Chez les femmes, les performances sont plus impressionnantes. Les Moniales bénédictines du Précieux-Sang, vouées à la contemplation, comptent alors 336 membres et les Sœurs de Saint-Paul-de-Chartres, répandues surtout dans les écoles de la Gaspésie, 217. Il n'en reste pas moins, cependant, que la moitié des cinquante-six plus récentes communautés féminines n'ont pas vingt membres et dix-sept en ont entre vingt et cinquante-neuf.

Entre clercs et laïcs

Ces statistiques reflètent un essoufflement auquel les textes font écho. Coincés entre les clercs qui s'accrochent à leur monopole et les laïcs qui réclament leur place au soleil, les communautés se sentent remises en question au sein de l'Église. Un sourd malaise imprègne tous les paliers de la vie religieuse. Le clergé, dont les effectifs s'accroissent moins vite que ceux des religieux, n'encourage pas plus qu'il ne faut le recrutement des communautés masculines. De fait, la concurrence est vive auprès des jeunes. Les communautés qui recrutaient leurs sujets dans les écoles qu'elles dirigeaient en sont venues à prospecter l'ensemble du Québec. Chez les Frères Saint-Gabriel, par exemple, un frère recruteur a mission de parcourir toutes les écoles du Québec. Il fait un exposé, distribue des feuillets et prend note des sujets prometteurs, avec lesquels il entretient, par la suite, une correspondance. Il visite les familles des candidats repérés et en cause avec le curé. L'âge des recrues se situe entre treize et seize ans. Elles proviennent des classes moyennes des milieux ruraux et urbains. Mais l'épiscopat applique graduellement les freins à la concurrence. Les frères recruteurs n'ont pas accès aux collèges classiques, bassin privilégié du clergé séculier et régulier. Les directeurs spirituels dans les séminaires reçoivent la directive d'insister sur les besoins du clergé séculier.[44] De plus, l'épiscopat oblige les frères à pratiquer une jachère triennale: «une rotation, établie par les évêques, permet à un recruteur de couvrir la province sur une période de trois ans». Inquiet du bas âge de certaines recrues, que les familles laissent volontiers partir dans le dessein de les faire instruire «pour rien», il resserre son contrôle en 1953. Il entend freiner une stratégie familiale qui oriente vers les frères des sujets aptes à la prêtrise.

Les évêques abordent donc individuellement et privément avec les provinciaux la question du recrutement,[45] qui en 1954 est au cœur des tensions entre l'épiscopat, le clergé et les frères. D'une part, le clergé trouve les «frères anticléricaux», peu coopératifs dans le service paroissial, distants avec leurs aumôniers. Il leur reproche de recruter sous pression, de détourner des jeunes du sacerdoce, de donner à leurs étudiants une piété factice et superficielle, d'inviter rarement des prêtres à leur donner une causerie spirituelle. D'autre part, les frères se sentent méprisés par beaucoup de clercs. Ceux-ci les évitent, ne les encouragent ni ne les remercient. Les frères reprochent aux clercs de ne prier et ne quêter que pour les candidats au sacerdoce; de mettre le prêtre sur un piédestal; de garder pour la prêtrise les candidats les plus intelligents et les plus fortunés; de «refuser des bourses, en provenance des œuvres diocésaines des vocations, à des jeunes gens désireux de devenir religieux»; de leur laisser les basses besognes quand ils travaillent en commun. S'ils ne les invitent pas plus souvent à prendre la parole dans leur communauté, c'est que le clergé tient en piètre estime la vie religieuse et se révèle à l'expérience mal préparé à la direction spirituelle.[46] Les frères réclament impérieusement que les grands séminaires offrent des cours de pastorale sur la vocation des frères et qu'ils préparent mieux le futur prêtre à son rôle de directeur d'âme de religieux.

En opposition avec le clergé sur la question du recrutement, les communautés le sont avec les laïcs dans le champ de l'apostolat. La théologie du laïcat que véhicule l'action catholique sape le statut des frères et des sœurs. Le mouvement de décléricalisation de la société situe les affrontements dans le domaine du bien-être social, de la santé et de l'éducation. Les laïcs réclament leur place au soleil. Et ce faisant, ils remettent en question celle des communautés. Arrêtons-nous à l'éducation. En 1942, vingt-trois communautés d'hommes et cinquante et une de femmes sont vouées à l'enseignement. Ils sont 2729 religieux et 5234 religieuses rattachés au Conseil de l'instruction publique, soit environ 48% des effectifs globaux du secteur public. De plus, les communautés dispensent des enseignements dans 590 institutions indépendantes. Les communautés dominent donc l'enseignement public. Au sortir de la guerre, les instituteurs et les institutrices, regroupés dans des syndicats, enclenchent un mouvement de décléricalisation. Leurs griefs sont nombreux. Les institutrices laïques se plaignent d'être confinées au bas échelon du cours primaire et dans les écoles rurales. Les communautés qui dirigent les écoles auraient tendance à confier les enfants les plus brillants à des religieux, laissant les «retardés et les têtes croches» aux laïcs. Mais deux griefs semblent déterminants: les laïcs veulent des jobs et ils ne veulent pas être délogés des écoles qu'ils ont laborieusement mises sur pied. Ce dernier cas est fréquent. En mars 1948, le président de l'Alliance des professeurs énumère à Mgr Albini Leblanc cinq localités où des communautés s'installeront dans des écoles organisées par des laïcs. «Ils entrent dans l'école, écrit le président, au moment où elle commence à être habitable et où les titulaires laïques ressentent un peu de joie à la pensée qu'enfin, ils enseigneront dans des conditions humaines.»[47] Les laïcs se heurtent à des positions bien établies. Les communautés ont une longue tradition d'enseignement, elles font montre de plus de disponibilité que les laïcs et surtout elles constituent un réservoir de main-d'œuvre à bon marché. En 1942-1943, Gérard Gendron estime que les bas salaires versés aux religieux et au clergé dans l'enseignement épargnent seize millions de dollars à l'État et aux commissions scolaires. La somme est considérable si l'on tient compte du fait que l'État ne contribue que pour huit millions et demi à l'instruction publique.[48] L'épargne réalisée représente 9% des revenus totaux de l'État. Contre cette forteresse en apparence inexpugnable, les laïcs utilisent la guérilla et une arme moderne: le syndicalisme. En 1948, l'Association des professeurs catholiques accuse la Commission des écoles catholiques de Montréal de favoriser les religieux. En 1951, le Syndicat professionnel des institutrices laïques de Québec fait accepter par la commission scolaire qu'une institutrice laïque qui quitte l'enseignement soit remplacée par une autre laïque. Les laïcs ont un allié inespéré: l'incapacité des communautés de répondre à toutes les demandes. Durant la décennie 1950, le mouvement de décléricalisation dans l'éducation continue de marquer des points. En 1960, les religieux et religieuses ne représentent plus que 30,5% des effectifs du secteur public. La situation est variable d'une région à l'autre. À Montréal, le personnel religieux ne compte plus que pour 39% des effectifs en 1953-1954 et 14% en 1963-1964. À Québec, il est de 75% en 1940-1941, 69% en 1950-1951 et 53% en 1955-1956.

La remise en question du rôle des communautés touche toute leur activité temporelle. Régulièrement, l'épiscopat ou des évêques en particulier reçoivent des doléances. Des hommes d'affaires en ont gros sur le cœur. Certains se plaignent d'une concurrence injuste de la part des communautés qui «font le commerce des livres et autres objets» et paient des salaires minables. D'autres n'acceptent pas que les communautés s'approvisionnent chez les Juifs ou les protestants. Les évêques rétorquent que ces revenus servent à soutenir les œuvres et que le clergé a le droit de s'approvisionner au plus bas coût possible. De fait, les sœurs et les frères se sentent de moins en moins appréciés par la population. Ce n'est pas la critique mais le manque de respect qui les déconcerte.

Entre l'amour et la justice

Les communautés éprouvent aussi de la difficulté à modifier leurs rapports au monde, au sein duquel émergent de nouvelles valeurs et de nouveaux partenaires sociaux, dont le syndicalisme. En toile de fond: les contradictions entre deux sociétés. La société religieuse est fondée sur l'autorité et la charité; la société civile tend vers la liberté et la justice. Il est difficile aux communautés de dépasser ces contradictions en une synthèse harmonieuse. Elles ont besoin de temps.

Des heurts se produisent au niveau des entreprises elles-mêmes. Les communautés sont de gros employeurs. L'épiscopat et les aumôniers les incitent à signer des conventions collectives. Ces nouveaux rapports font problème. Citons un cas éclairant: les relations entre les communautés et le Conseil central des syndicats catholiques du diocèse de Rimouski. En 1949, le Conseil central s'ouvre de ses problèmes à Mgr Courchesne: «Nos institutions religieuses comme employeurs sont ceux chez qui nous avons rencontré le moins de coopération.» Le séminaire et l'école d'agriculture refusent de conclure une convention. Les Sœurs du Saint-Rosaire ont dénoncé la leur. L'hôpital ne renouvelle pas la sienne et, par crainte de représailles, les employés des Sœurs de la Charité n'osent se syndiquer. Les religieuses prétendent que l'hôpital ne fonctionne pas comme une entreprise capitaliste axée sur le profit et disposant de revenus stables et planifiés. Elles emploient par charité des personnes malades, âgées et infirmes dont le rendement n'est pas élevé et auxquelles on ne saurait accorder des échelles salariales comparables avec celles qui prévalent ailleurs. D'autre part, déjà «les conditions sont honorables» et le séminaire complète souvent le salaire par des dons en nature. Cette situation expliquerait pourquoi la majorité des employés ne veulent pas d'un syndicat. De plus, sur le plan juridique, une convention poserait un problème insoluble. En droit canon, le supérieur est responsable devant l'Ordinaire seulement. Une convention introduirait dans le décor un autre pouvoir et conduirait à d'autres responsabilités.

Dans le secteur hospitalier, où la syndicalisation des employés a commencé en 1942, la situation devient critique en 1955. L'épiscopat crée un comité d'enquête dont il confie la présidence à Mgr Labrie. Les syndicats énumèrent deux facteurs à l'origine des relations tendues entre les employés laïques et les patronnes religieuses: les mentalités et l'appétit du pouvoir. «Habituée à l'obéissance et à une forme d'autorité sans appel», constatent-ils, «la religieuse conçoit fort mal la vie démocratique fondée sur le sens des responsabilités de chaque membre et sur sa participation active à toutes les décisions.» La religieuse ne comprend pas la nécessité et la portée des clauses sur la sécurité syndicale, les congédiements et les salaires. Par ailleurs, elle ressent que ces clauses briment sa marge de manœuvre et grignotent son pouvoir. Elle invoque trois types d'arguments. Au nom de l'autorité, elle récuse qu'on conteste ses décisions et ses droits: droit de congédiement et droit d'administrer sans ingérence de qui que ce soit. Au nom des objectifs et du mode de fonctionnement de l'entreprise, qui sont fondés sur la charité, elle refuse les augmentations de salaire et justifie un comportement paternaliste. À la décharge des religieuses, les syndicats reconnaissent que nombreuses sont celles qui se débattent dans de graves problèmes financiers, parce que le gouvernement refuse d'augmenter les octrois. «Les sœurs sont les victimes innocentes d'un régime de chantage», déplorent-ils: il y a des allocations pour les constructions et les rénovations, non pas pour le fonctionnement. Le premier ministre Duplessis refuse d'établir un régime d'assurance-maladie qui assainirait et stabiliserait les budgets de fonctionnement. L'incapacité de payer est réelle en maints endroits. Enfin, comme tout entrepreneur capitaliste, la religieuse en appelle aussi à la liberté pour refuser la clause d'atelier syndical, qui oblige tout nouvel employé à faire partie du syndicat, et pour affirmer son droit de congédier ou d'engager qui elle veut. Le comportement de la religieuse en autorité dans l'hôpital conduit à une crise grave. En forçant les syndicats à recourir sans cesse à l'arbitrage, cette dernière crée une structure de conflits tout à fait néfaste à des relations de travail harmonieuses. En ayant recours à une batterie de savants juristes et aux subtilités de la loi pour briser le syndicalisme, «elle couvre du manteau religieux des positions indéfendables». «À leur insu», déplorent les syndicats, «les religieuses se sont placées en exemplaires incarnant en tous points le régime capitaliste lui-même. Elles souscrivent par leurs attitudes à ce régime, elles sont amenées forcément à ce qu'on leur en attribue l'esprit, les conséquences et les abus qui s'y rattachent.»[49]

L'attitude des communautés reflète l'attitude ambiguë de la Hiérarchie face au syndicalisme. L'épiscopat ne l'accepte que pour autant qu'il ne détruise pas, mais renforce l'état de chrétienté caractérisé par une organisation sociale fondée sur des cadres paroissiaux et diocésains, par la confessionnalité des institutions et des œuvres et par l'emprise des clercs. Ainsi, l'épiscopat refuse de reconnaître en 1946 l'Association des commissions scolaires. Celle-ci, née dans la Beauce sous l'impulsion de Napoléon Veilleux, ignore les frontières diocésaines. L'épiscopat ne donnera son appui qu'à une association constituée de fédérations diocésaines d'associations de commissions scolaires. Pour la même raison, il redoute la syndicalisation des instituteurs et des institutrices. Il fait pression pour que ces associations soient constituées de fédérations diocésaines et veille à ce que leurs revendications n'ébranlent pas l'ordre social. Mgr Courchesne, entre autres, tient à ce que les institutrices ne gagnent pas des salaires trop élevés, de crainte que trop de femmes, libérées financièrement de la tutelle de la famille et de l'époux, refusent de se marier et de procréer, échappant de la sorte à l'emprise de la famille. Quand, en 1944, l'Association des institutrices rurales, animée par Laure Gaudreault, réclame un salaire de 600$ et des augmentations de 50$ l'an, les évêques qui avaient encouragé cette association s'alarment. Le cardinal Villeneuve fait dire à Laure Gaudreault de passer le voir et les évêques songent à nommer un aumônier à poigne.[50] L'épiscopat suit d'un œil tout aussi vigilant la naissance et l'évolution de la Corporation générale des instituteurs et institutrices de la province de Québec (avril 1946), qui deviendra en 1967 la Corporation des enseignants du Québec. Cette corporation regroupe trois fédérations: la Fédération provinciale des instituteurs ruraux (F.P.I.R., 1939), l'Association catholique des institutrices rurales (A.C.I.R., 1936) et la Fédération provinciale des instituteurs et institutrices des cités et villes (F.P.I.C.). Lors de son premier congrès, tenu à La Malbaie à l'été de 1946, la corporation n'invite pas l'aumônier de l'A.C.I.R., et les membres de cette association se livrent à une attaque en règle contre les religieux et les religieuses qui délogent les institutrices des écoles. L'épiscopat demande à l'aumônier de l'A.C.I.R. de protester et de revenir «sur l'opportunité d'accepter les cadres diocésains comme territoire de chacune des associations catholiques des institutrices rurales».[51] Sous la pression de l'épiscopat qui s'exerce par les aumôniers, la corporation accepte en décembre 1951 une structure qui accueille hommes et femmes dans un même syndicat, qui groupe les syndicats dans une fédération diocésaine et qui érige les fédérations diocésaines en sections de la corporation.[52] Par cette structuration diocésaine, l'épiscopat tient bien en main la corporation.

À l'instar de l'épiscopat, les religieuses n'acceptent pas des orientations syndicales qui, fût-ce au nom de la justice, concourrent à saper un état de chrétienté fondé sur la charité. Ainsi, en mai 1938, l'épiscopat n'avait pas hésité à prendre le parti des religieuses face à l'ordonnance n° 4 de l'Office des salaires raisonnables, qui suscitait des problèmes aux communautés exploitant des ateliers d'imprimerie et de reliure. «Il faut comprendre que [les] établissements de charité, fit alors savoir l'épiscopat au premier ministre, «emploient le plus souvent des semi-valides, plus pour les secourir que pour tirer profit d'eux. Et puis ne devons-nous pas, comme c'est le cas en France, assimiler au travail familial ces petites industries des Communautés?»[53]

Les religieuses et religieux ne sont pas que des employeurs. Ils travaillent aussi comme enseignants, infirmières, directeurs d'école, etc. Ils ont alors à vivre le syndicalisme dans leur vie professionnelle. Quels problèmes leur pose la syndicalisation? Comment s'y adaptent-ils? Quels rôles jouent-ils au sein des syndicats? Sur ces questions et bien d'autres nous ne disposons encore d'aucune étude. Il est certain, cependant, qu'en tant qu'employés ils ont, eux aussi, à subir les incompréhensions et les injustices d'un employeur qui les perçoit comme du «cheap labor». Considérons le cas des frères enseignants. En décembre 1945, le provincial des Frères des Écoles chrétiennes demande un traitement équitable pour les religieux enseignants. Les salaires n'ont guère bougé depuis vingt ans, tandis que ceux des laïcs ont augmenté. Les communautés enseignantes, dont 50% des membres ne touchent aucun traitement, éprouvent des difficultés financières: le coût de la vie ne cesse d'augmenter, de même que les coûts de la formation du personnel. L'année suivante, les provinciaux se mettent d'accord pour exiger qu'un frère enseignant reçoive un traitement équivalant à 60% de celui d'un laïc et qu'on applique à la grandeur du Québec les échelles salariales en

---

La complainte des braves gens

Depuis assez longtemps les Religieux enseignants demandent un rajustement de traitement afin de pouvoir remplir plus facilement leurs obligations [...] Nous ne voudrions pas revenir sur le passé, ni regretter les bienfaits rendus, mais c'est un truisme d'affirmer que dans notre Province on a usé et abusé de la générosité des communautés qui s'occupent des œuvres de bienfaisance ou d'éducation. Mais les exigences des temps actuels [font] que nous ne pouvons plus nous contenter du traitement quasi dérisoire avec lequel il nous a fallu faire fonctionner nos organisations [...]

Des traitements par trop modestes pouvaient s'expliquer autrefois, vu la grande pauvreté de notre peuple; aujourd'hui, les temps sont meilleurs... Les Procureurs de huit congrégations enseignantes du Québec ont étudié à fond le problème [...] Il faut que les sommes reçues par les salariés soient suffisantes pour faire vivre les membres qui ne reçoivent aucun salaire (juvénistes, novices, malades, etc). Il ne serait pas exagéré de dire que 50% du personnel global des communautés ne reçoit aucun traitement. Ajoutons encore que pour calculer les appointements nécessaires à nos Frères, nous devons tenir compte de trois facteurs: formation, entretien, administration [...]

En répartissant les frais *d'administration* et ceux de la *formation* des sujets entre les frères salariés, c'est à un

vigueur à Montréal et à Québec. Les évêques sont embarrassés. Le surintendant de l'Instruction publique, Jules Desaulniers, proteste auprès de Mgr Maurice Roy. Les frères sont trop exigeants. Les cultivateurs vont protester: leurs taxes vont hausser, mais ce sont les villageois qui profitent de l'enseignement des frères. Pour sauver de la ruine les commissions scolaires, le gouvernement se devra «d'étatiser le système scolaire». Le surintendant suggère «des augmentations graduelles et raisonnables». Les discussions traînent en longueur.

> montant de $653.00 que nous arrivons «per capita». Si on ajoute le montant de $547.00 (coût d'entretien), on peut affirmer que le simple maintien des congrégations enseignantes actuelles exige un traitement minimum de $1200.00 [...] Ce montant ne comporte pas les *frais de logement* évalués à $300.00 par frère [...]
>
> Certains trouvent exagérés une demande de $1500, mais si nous pouvons à peine vivre nous-mêmes, comment pourrons-nous aider les autres. Des souscriptions lancées en faveur des frères seraient vues de mauvais œil; nous ne pouvons quêter, nous ne recevons jamais de dons appréciables [...]
>
> Serait-il à propos de produire ici quelques considérations se rapportant au personnel laïque dans notre Province? Un Normalien de Jacques-Cartier coûte à la Province plus de $2000 — un scolastique, rien ou presque. Une forte proportion (probablement plus de 50%) des membres du personnel laïc masculin n'[ont] rien coûté à la Province pour [leur] formation prise dans la communauté dont ils firent partie autrefois [...]
>
> Dans le passé, c'est soixante pour cent de notre salaire normal que nous avons sacrifié; nous ne pouvons plus consentir à ces sacrifices à cause des circonstances actuelles.
>
> (Lettre du frère Magloire, f.e.c., à Mgr Maurice Roy, 13 décembre 1948.)

En 1954, les frères reviennent à la charge et présentent une nouvelle échelle salariale. Mécontents de la réaction mitigée des commissions scolaires, ils retirent à l'automne vingt-six titulaires de classe dans la ville de Québec. L'épiscopat soumet la question à la Commission épiscopale de l'éducation qui, en 1958, recommande un traitement équivalant à quelque 70% de celui des laïcs.

Tableau 15

Moyenne des salaires des enseignants,
au primaire et au supérieur, en dollars, 1949-1950

Villes	Hommes	Religieux	Femmes	Religieuses
Montréal	3 645	1 527	2 228	1 090
Québec	3 500	1 506	2 411	1 068
Rural	1 906	1 163	812	764

Source: Enquête effectuée par les religieux.

La question salariale n'est qu'un des problèmes dans l'ensemble des conditions de travail des religieux et des religieuses. Les provinciaux des communautés de frères tiennent «l'énormité de la tâche» confiée aux frères enseignants responsable de «l'exode considérable des frères enseignants» dans les années 1950. Outre les huit heures qu'ils doivent consacrer quotidiennement à l'enseignement, les frères doivent s'occuper des congrégations pieuses, des associations d'action catholique, du service d'église, de la bibliothèque scolaire, de la caisse d'économie, des loisirs, de la surveillance, des expositions et des œuvres charitables. Les curés et les commissions scolaires sont insatiables. «N'y a-t-il pas là plutôt des empiètements, des exigences déraisonnables?» se demandent les provinciaux. «Pourquoi donc le religieux devrait-il assurer tous ces services aux dépens de sa vie intérieure alors que le professeur laïque s'en exempte sous prétexte de vivre sa vie familiale?»[54]

Entre la gauche et la droite

Les pères sont affectés de toute autre façon que les frères et les sœurs par le changement social et par l'évolution des visions théologiques du monde. Pour avoir toujours participé à la définition des situations, à la surveillance des idées et à l'élaboration des projets de société, ils ressentent plus rapidement que les frères et les sœurs l'urgence d'une réorientation en profondeur de l'apostolat et d'une remise en question de son fondement. Ici encore, en cette matière, peu d'études pour nous guider. Force nous est de nous en tenir à des impressions retirées de la lecture des journaux et des revues de l'époque et à deux communautés: les Dominicains et les Jésuites.[55]

  La guerre, qui remet tout en question et ouvre les frontières du Québec au vent du large, met fin à l'emprise des Jésuites sur l'Église québécoise.* Le père Joseph-Papin Archambault, toujours actif, toujours sentimentalement attaché «au bon vieux temps», perd de son audience, même auprès des jeunes jésuites. L'élan a changé de camp. Il est du côté des Dominicains qui, inspirés par leurs confrères de France, sont plus ouverts aux idées libérales et aux réformes sociales. Déjà dans les années 1920, les Dominicains avaient manifesté leur sympathie pour les suffragettes et les tenants d'une réforme scolaire. Il leur manquait alors le nombre, le prestige et une locomotive pour faire contrepoids aux Jésuites. Ces facteurs sont réunis dans l'après-guerre. En 1945, la province canadienne de saint Dominique comprend douze couvents, dont deux aux États-Unis, et deux cent trente-cinq pères. Il y a cent vingt-cinq pères au Québec et une quarantaine à Ottawa. Ils possèdent l'Institut d'études médiévales Saint-Albert-le-Grand (1942) et une revue lue par les élites, *la Revue dominicaine*. Leurs confrères de France, qui prônent la politique de «la main tendue» et remettent en question les positions traditionnelles, leur procurent la notoriété. Les tendances de la *Revue thomiste* inquiètent Rome, et le Saint-Office, en 1942, a mis à l'index les ouvrages de deux éminents dominicains:

---

 * Cette section a été remaniée avec l'aide de Nicole Gagnon.

Une école de théologie: le Saulchoir du père M.-D. Chenu et *Essai sur le problème théologique* du père L. Charlier. Les adversaires des Dominicains leur reprochent de vouloir importer et transplanter au Québec un néo-libéralisme déjà condamné par Rome. Dans les coulisses, on les accuse, eux et leurs disciples — nommément les professeurs et les anciens de la Faculté des sciences sociales de l'Université Laval — «de saboter [les] traditions françaises et catholiques». On les soupçonne d'avoir suggéré au gouvernement Godbout la formation d'un ministère de la Jeunesse, de même que la passation d'une loi d'adoption qui faisait fi «des sauvegardes de la confessionnalité et de toutes les particularités qui rendent notre code conforme au droit canon et à la méthode traditionnelle catholique».[56] C'est dans ce contexte qu'émerge le père Georges-Henri Lévesque qui devient pour les Dominicains ce qu'a été jadis Joseph-Papin Archambault pour les Jésuites. Ses subordonnés admirent «la générosité intellectuelle» qui leur laisse la liberté de penser; ses adversaires le considèrent comme «un politicien retors». Il aime faire référence à la liberté, trouve opportun la non-confessionnalité des œuvres et prône la bonne entente avec les anglo-protestants. Il occupe d'importantes tribunes: le décanat de la Faculté des sciences sociales de l'Université Laval, la présidence du Conseil central des coopératives, la direction de la revue *Ensemble*. Sous son leadership, les Dominicains s'affirment, comme en France, l'aile marchante de l'Église québécoise. «This dominican father leads Quebec», titre déjà une journaliste anglophone en décembre 1944 (*Carolyn Cox*). Et la journaliste de commenter: «Guidance of Père Lévesque is important in the Quebec of today. It leads, not out of the Church, but out of dead formulas of the past.» Les Dominicains ont dans le père Lévesque un drapeau et dans la Maison Montmorency, une ancienne villa près de Québec dont ils ont fait l'acquisition en décembre 1954, un lieu de rencontre où, dans un climat de liberté, se façonne le visage religieux, culturel et social «du Québec de demain». Quand, le 5 octobre 1958, ils procéderont à la bénédiction de la pierre angulaire du Centre Saint-Albert-le-Grand, à Montréal, c'est en quelque sorte la première pierre de l'Église nouvelle qu'ils poseront. Dans ce vaste édifice, annonce le père provincial, «il y aura un centre d'études, de recherche et d'apostolat, avec bibliothèque et chapelle à la disposition de tous; un collège de philosophie pour les étudiants dominicains; l'Institut d'études médiévales affilié à l'Université de Montréal; les professeurs dominicains de la Faculté de philosophie; une école de pastorale et de prédication pour le clergé régulier et séculier, un cours d'éloquence pour les laïcs, etc.»

La montée des Dominicains, qui ont toujours «recherché le voisinage des universités et le centre des villes», est un signe des temps. Elle marque le passage du Québec rural à un Québec urbain, ouvert à la modernité. Hommes de la fidélité à la tradition, à l'orthodoxie romaine, au pape et à l'épiscopat, les Jésuites en sont affectés. Ils ne contrôlent plus l'avenir entre les mains des classes montantes, même s'ils conservent leur audience auprès de l'épiscopat et des élites traditionnelles. La relève pourtant ne manque ni d'enthousiasme ni de dynamisme, comme en témoignent certains reportages de *Relations*. Elle est prise au piège de la fidélité à une vision théologique, à un projet de société et à une équipe d'hommes. En un sens, la trop grande fidélité des Jésuites à un épiscopat replié sur sa défensive les dessert. Quand, dans les années 1950, sonne l'heure des réorientations, l'épiscopat ne leur manifeste aucune attente spéciale. En créant des offices diocésains d'action sociale et une Commission sacerdotale d'études sociales, il mine leur réseau d'influences: l'École sociale populaire et les Semaines sociales. Leur trop grande fidélité à l'orthodoxie romaine ne les aide pas non plus. Faisant le point en 1955 sur les problèmes de l'heure, la plupart des Jésuites engagés dans l'action sociale pointent encore comme prioritaires la confessionnalité des syndicats, le problème de l'accès des masses à la culture, le mode d'association des patrons, le corporatisme et la doctrine de l'Église en regard de l'ordre social chrétien. Pourtant, la relève sent le besoin d'une réorientation de son apostolat. À ses yeux, l'École sociale populaire, trop peu sensibilisée au courant libéral, centrée sur les droits collectifs et portée vers des solutions globales qui consistent à remplacer un système par un autre, manque de souffle. En 1955, l'équipe qui la dirige décide de défricher un nouveau champ, la recherche en sciences sociales, afin de «redonner à [la] société des structures chrétiennes adaptées à sa situation actuelle». La stratégie consiste à se servir de la recherche pour «éclairer les universitaires et diriger [les] têtes intellectuelles». Cette recherche utilisera les techniques de la sociologie; elle puisera ses problématiques dans les encycliques et elle sera toujours le résultat «d'un effort de pensée nouvelle et personnelle». Devenue l'Institut social populaire, l'ancienne École sociale populaire comprend une équipe de consultants et un noyau de chercheurs permanents. Ce coup de barre explique la disparition en 1956 de l'Oeuvre des tracts et des brochures, de même que la parution en juin 1957 d'un premier cahier de l'Institut social populaire sur le syndicalisme catholique et le droit syndical québécois. L'intuition à la base de cette réorientation est grosse d'un grand projet: une université jésuite à Montréal.

Entre la liberté et l'autorité

Les problèmes évoqués plus haut pour avoir une couleur locale n'en ont pas moins une portée universelle. Dans toutes les Églises nationales, les rapports entre les communautés et la Hiérarchie, les religieux et les laïcs, la vie religieuse et les œuvres extérieures posent problème. La plupart découlent de la difficulté de concilier le service à l'église et le perfectionnement des individus, la vocation propre de chaque communauté et les besoins des Églises diocésaines. Rome s'en rend compte et entreprend d'imposer «dans les pays où la chose est possible» un regroupement des forces en vue d'une action harmonieuse et efficace. Un congrès international des religieux (Rome, 1950) et un rassemblement des supérieurs généraux (Rome, 1952) préparent les voies à des réformes destinées à faciliter l'adaptation des religieux aux temps actuels. En juillet 1953, la Sacrée Congrégation des religieux décrète la tenue d'un congrès national des communautés canadiennes dans la ville de Montréal. Une année plus tard, mille quatre cents religieuses et religieux représentant deux cent neuf communautés s'assemblent dans un pavillon du collège Saint-Laurent. Le cardinal Valerio Valeri, préfet de la Sacrée

Congrégation des religieux, préside ces assises solennelles.[57] Le congrès est l'occasion d'une large réflexion sur la vie religieuse et le rôle des communautés. Il se termine sur une résolution, préparée à Rome et entérinée par les supérieurs majeurs: l'établissement d'une association de religieux et de religieuses. Le 25 novembre suivant, la Sacrée Congrégation des religieux érige par décret la Conférence religieuse canadienne (C.R.C.).

Cette association a pour objectifs de favoriser la collaboration avec la Hiérarchie et de concerter l'activité des communautés dans les entreprises apostoliques. Ce n'est pas une institution canonique, mais elle est une personne morale qui dispose d'une capacité juridique. Elle n'a aucune autorité directe sur les communautés affiliées et son pouvoir est limité aux affaires de sa compétence. Son assemblée plénière est composée des supérieurs majeurs. Elle comporte deux sections, l'une masculine et l'autre féminine. Un conseil a pour fonction d'exécuter les décisions prises en assemblée plénière. La C.R.C. amorce un travail d'animation et de concertation qui balise les voies de l'avenir.

5. Les missions ou la reproduction de l'Église québécoise

Les Églises nationales sont l'Église universelle incarnée dans des cultures. Une vie surabondante, qui tend à regrouper tous les hommes dans le Christ, les anime et les tient à l'écoute des besoins de l'humanité. En ce XXe siècle, l'appel se fait pressant. Le champ apostolique s'élargit à la grandeur de la planète. Prenons la mesure de ces besoins vers 1950. L'humanité compte alors quelque 2 440 000 000 d'hommes. Les chrétiens sont 922 millions, dont 472 millions de catholiques, et les non-chrétiens, 1 518 000 000. Les catholiques sont numériquement plus importants que les confucianistes et les musulmans. Ils sont concentrés en Europe et en Amérique. L'évangélisation est une tâche ingrate, une cause, dit-on en certains milieux, perdue d'avance. De 1883 à 1950, la population mondiale aurait augmenté de 81%, et le catholicisme de 116%. Les catholiques auraient amélioré leur position relative de

Claude Ryan, secrétaire de l'Action catholique canadienne, en compagnie de Mgr Arthur Douville, du père Maurice Veillette et d'une dirigeante de l'Action catholique d'un pays latino-américain, en 1953.

3%, passant de 16% à 19% de la population totale du globe. Mais l'effondrement du taux de natalité dans le monde occidental compromet cette faible progression. En 1950, l'excédent des naissances sur les décès produit un accroissement naturel annuel de 10,4 millions de chrétiens, dont 5,4 millions de catholiques, et de 17,3 millions de non-chrétiens. À ce rythme, si on tient compte que les chrétiens convertissent un million d'individus chaque année, les non-chrétiens passeront de 31% à 35% en l'an 2000. Cette situation fort concrète, autant que les considérations morales, inspire la stratégie missionnaire. L'avenir du catholicisme repose sur la reproduction sociale des catholiques, donc sur l'émergence de clergés et de laïcats indigènes qui bâtiront des sociétés chrétiennes. Le missionnaire n'a pas mandat de s'établir en milieu païen.

Il plante des grains de sénevé qui porteront eux-mêmes leur fruit.[58]

Aux quatre coins du monde

L'Église québécoise participe activement à l'effort missionnaire qui anime l'Église universelle. Les statistiques, pour imprécises qu'elles soient, reflètent, selon l'expression d'un délégué apostolique, «un état de plénitude de la croissance du Christ». L'Église québécoise a atteint la maturité qui tend à donner la vie. En quelques décennies, elle s'est taillée une place parmi les grandes nations missionnaires. Considérons d'abord les chiffres du tableau 17. Ce sont des données canadiennes, auxquelles il faut soustraire en 1949 quelque trois cents missionnaires en provenance de l'extérieur du Québec pour avoir une idée de l'effort missionnaire de l'Église québécoise. Le tableau révèle une croissance continue des effectifs: de 1932 à 1958, les effectifs missionnaires s'accroissent de 212%. La performance est remarquable. Vers 1950, on recense 1 missionnaire par 1120 catholiques canadiens francophones. La performance n'est pas, cependant, un record dans l'Église universelle. En Irlande, la relation est de 1 missionnaire par 457 catholiques; de 1 par 556 en Hollande et de 1 par 1050 en Belgique. L'Église québécoise occupe donc le quatrième rang.

Durant les années 1930 à 1960, les missions en territoire canadien demeurent prioritaires. Elles comportent huit vicariats qui recouvrent la plus grande partie du Canada. Sur un territoire aussi vaste que le Brésil (3 040 450 milles carrés), 6 évêques et 228 missionnaires desservent en 1958 une population de 200 000 habitants, dont 60 000 sont catholiques.[59] Sur le front extérieur, l'Afrique continue d'absorber le gros des effectifs missionnaires. C'est là que les Canadiens ont le plus grand nombre de territoires sous leur responsabilité: 10 évêques et 648 prêtres ont charge de 17 793 620 âmes, dont 762 980 catholiques, en 1958.[60]

Dans les années 1930, la zone apostolique s'agrandit. Le Japon, où des Franciscains œuvrent depuis 1907, attire une

Tableau 16

Le catholicisme dans le monde, 1953

Répartition de la population mondiale

Asie	53 %	
Europe	24 %	
Amérique	13 %	
Afrique	8 %	
Océanie	0,5%	

Répartition des principales religions:

Chrétiens	922 000 000	37,7%
Confucianistes:	392 000 000	
Musulmans:	350 000 000	
Hindouistes:	280 000 000	
Bouddhistes:	205 000 000	
Animistes:	100 000 000	62,3%
Athées:	95 000 000	
Shintoistes:	34 000 000	
Divers:	50 000 000	
Juifs:	12 000 000	

Répartition des chrétiens (922 000 000)

Catholiques		472 000 000	51%
— Latins	462 000 000		
— Orientaux	10 000 000		
Protestants		250 000 000	27%
— Luthériens	80 000 000		
— Anglicans	40 000 000		
— Calvinistes	30 000 000		
— Divers	100 000 000		
Orthodoxes		200 000 000	22%

Répartition des catholiques dans le monde

Continent	% de tous les catholiques	% de la population du continent
Afrique	3,6	8,5
Amérique	40,0	56,0
Asie	6,5	2,3
Europe	49,0	39,0
Océanie	0,6	20,0

Rites orientaux

Rites	Orthodoxes	Catholiques
Byzantin	184 950 000	7 328 500
Arménien	3 095 000	145 000
Syrien	1 070 000	140 000
Chaldéen	82 000	1 070 000
Maronite	•	350 000
Copte	2 000 000	70 000
Éthiopien	4 000 000	30 000
Total	195 197 000 (95,5%)	9 133 500 (4,5%)

Pays sous obédience communiste

Pays	Population	Catholiques
U.R.S.S.	203 000 000	6 000 000
Chine	467 000 000	4 000 000
Pologne	24 500 000	23 204 000
Allemagne de l'Ouest	17 000 000	5 500 000
Roumanie	16 410 000	3 000 000
Yougoslavie	16 300 900	6 300 000
Tchécoslovaquie	12 500 000	9 000 000
Corée du Nord	8 000 000	20 000
Hongrie	9 207 000	7 018 000
Bulgarie	8 000 000	57 000
Albanie	1 175 000	120 000
Mongolie	1 000 000	—
Total	784 092 000	64 219 000

SOURCE: Compilation d'Adrien Bouffard.

TABLEAU 17

MISSIONNAIRES CANADIENS DANS LE MONDE, 1932-1958

Année	Prêtres	Frères	Sœurs	Laïcs	Total
1932	430	221	944	—	1 595
1941*	694	423	1 295	—	2 412
1949	955	378	1 800	—	3 133
1954	1 297	619	1 990	21	3 921
1958	1 482	962	2 410	130	4 984

* Le nombre de frères en 1941 est douteux.

SOURCE: *Prêtre et Missions* et *Bulletin de l'Union missionnaire du clergé*.

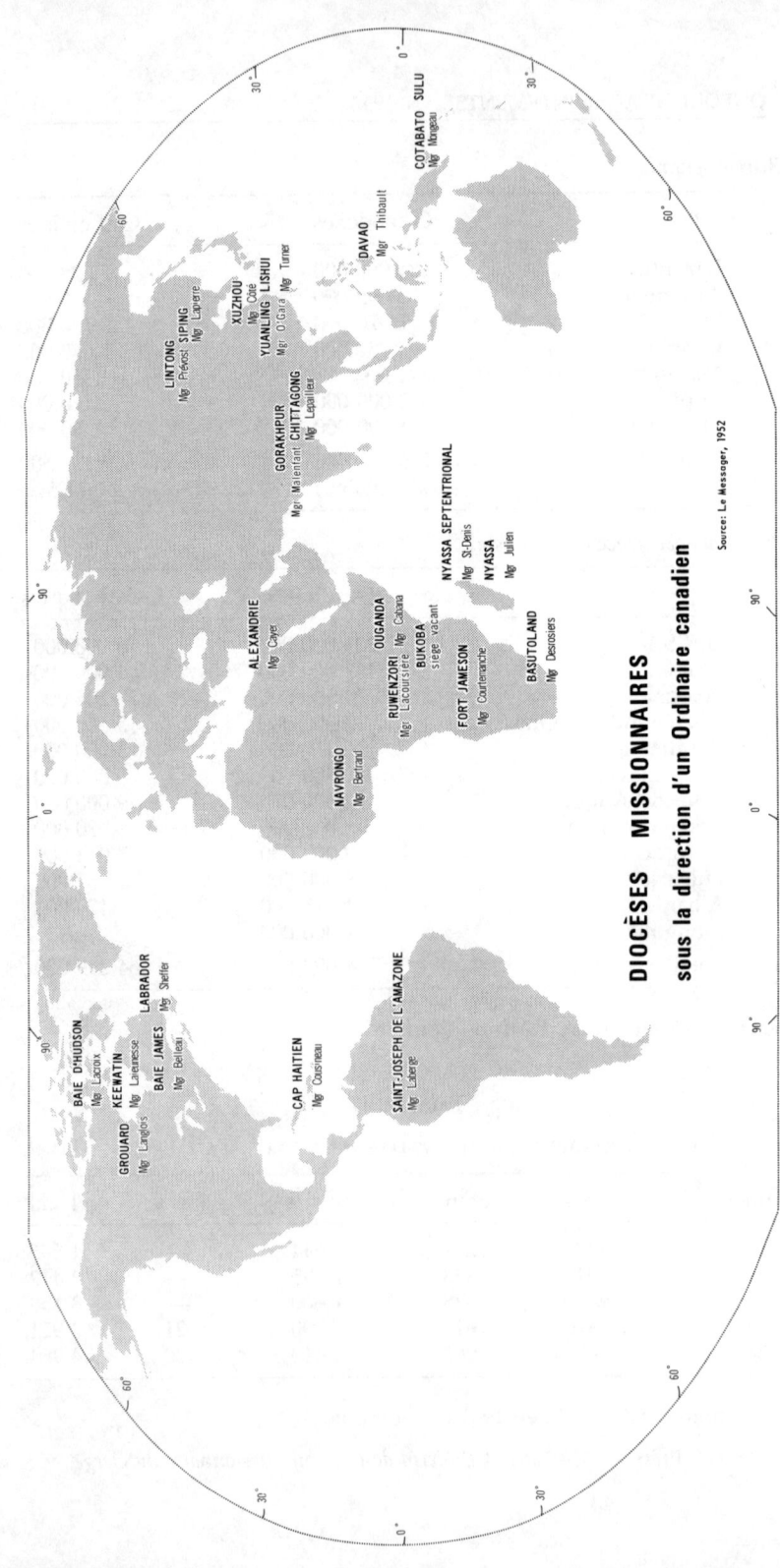

Suzanne Lapointe (Laboratoire de cartographie de l'Université Laval).

LE CANADA : UN PAYS DE MISSION, 1959

WHITEHORSE
MACKENZIE
GROUARD
PRINCE RUPERT
KEEWATIN
BAIE D'HUDSON
LABRADOR
BAIE JAMES

consistoriale
propagande

Suzanne Lapointe (Laboratoire de cartographie de l'Université Laval).

TABLEAU 18

RESPONSABILITÉ DES ÉVÊQUES D'ORIGINE CANADIENNE DANS LES MISSIONS, 1958

Continents	Territoires	Âmes	Catholiques	Membres du Clergé
AMÉRIQUES:				
Septentrionale	6	200 810	60 245	228
Latine	5	1 527 000	1 403 000	305
OCÉANIE	2	1 430 000	1 020 000	109
ASIE	6	38 800 000	117 700	173
AFRIQUE	10	17 799 620	756 980	648
TOTAL	29	59 751 430	3 363 925	1 463

SOURCE: Compilation d'Adrien Bouffard.

dizaine de communautés. Les Prêtres des missions étrangères et les Oblats s'installent aux Philippines, les Clercs de Saint-Viateur essaiment en Mandchourie et les Pères du Saint-Esprit en Haïti. Durant cette décennie, les missionnaires canadiens procèdent à une quarantaine de fondations sur tous les continents.

    Le second conflit mondial ralentit l'élan missionnaire. De 1940 à 1945, on recense 560 départs.[61] Le mouvement s'oriente vers l'Amérique latine: les communautés établissent huit missions en Haïti, deux au Brésil, une au Chili, une à Saint-Domingue, une en Colombie et une à Cuba. La guerre affecte diversement le front missionnaire mais n'épargne personne. Les missionnaires loin des opérations militaires manquent de secours matériel et souffrent de privations de toutes sortes. Les missions sises sur le théâtre des opérations sont parfois ravagées et pillées. Plus de huit cents missionnaires se retrouvent en pays ennemis. À peine deux cent cinquante peuvent garder une certaine liberté de mouvement, mais connaissent quand même les vexations de la police et le manque de ressources. Quelque quatre cent cinquante sont internés pour une période allant de un an à quatre ans. Six prêtres sont massacrés, vingt-neuf meurent de maladies ou d'épuisement. À la fin de la guerre, on rapatrie d'urgence quelque deux cents missionnaires qui éprouvent le besoin de refaire leurs forces.

Le retour de la paix modifie profondément le front missionnaire. D'une part, le Japon s'ouvre à l'activité des missionnaires. L'empereur répudie officiellement en 1945 la doctrine qui lui confère une origine divine. L'État abolit le shintoïsme comme religion officielle et reconnaît le principe de la liberté religieuse. Rome ne peut compter sur une Europe dévastée pour profiter pleinement de cette conjoncture. Elle en appelle aux Églises de l'Amérique du Nord. De 1945 à 1949, l'Église catholique y envoie quatre cent cinquante-neuf missionnaires. Le Canada fournit le plus gros contingent. En janvier 1951, on dénombre deux cent soixante-sept missionnaires canadiens au Japon. D'autre part, le partage du monde en deux blocs ferme le monde communiste aux missionnaires. Les soixante-sept millions de catholiques sous le régime rouge vivent les affres de la persécution. La Chine expulse les missionnaires: de 5380 en 1948 ils ne sont plus en 1953 que 723. Plus de deux cent quarante prêtres et quatre évêques de nationalités diverses meurent dans les prisons de Mao et quatorze évêques et trois cents prêtres y séjournent.[62] La fermeture de la Chine libère des énergies pour l'Amérique latine qui crie sa détresse.

Plus encore que les misérables conditions socio-économiques des populations, c'est la situation religieuse de l'Amérique latine qui émeut Rome et la catholicité tout entière.[63] Le continent latino-américain compte cent soixante-sept millions de catholiques, soit 34% de la population catholique du globe, mais ne dispose que de trente cinq mille prêtres, donc moins de 10% des prêtres catholiques du monde entier. L'Amérique latine est en train de sombrer dans le paganisme: quarante mille centres de population n'ont pas de prêtre. Là se joue l'avenir du catholicisme. L'O.N.U. prédit que ce continent doté d'un haut taux de natalité comprendra six cent millions d'habitants en l'an 2000. Il est urgent d'y former un clergé indigène. Les évêques latino-américains pressent l'Église d'intervenir en force. L'appel trouve des échos au Québec. Depuis que les Sœurs du Bon-Pasteur d'Angers y étaient débarquées en 1871, l'Église québécoise n'y avait ouvert qu'une vingtaine de missions. Déclenché durant la deuxième guerre mondiale, le courant missionnaire canadien vers l'Amérique latine s'accentue dans les années 1950. Les Prêtres des missions étrangères, déjà bien installés à Cuba, s'efforcent de rayonner sur le pourtour de la mer des Caraïbes. Ils essaiment au Honduras et au Venezuela. Stimulés par l'Union missionnaire du clergé, les séculiers eux-mêmes s'émeuvent. Mgr Albertus Martin propage l'idée que des diocèses canadiens pourraient s'associer à des églises latino-américaines pour christianiser un territoire spécifique. Les diocèses de Sherbrooke, de Nicolet et de Saint-Hyacinthe envoient au Brésil des prêtres qui se mettent pour un temps à la disposition des Ordinaires brésiliens. Pressé par Rome, l'épiscopat met sur pied en décembre 1957 la Commission épiscopale canadienne de l'Amérique latine (C.E.C.A.L.) qui reçoit le mandat de concerter l'action canadienne en Amérique latine et de tenir le contact avec la Conférence épiscopale latino-américaine (C.E.L.A.M.), dont le secrétariat général se trouve à Bogota (Colombie). Dès sa première réunion, la commission trace un vigoureux programme d'action. Elle suggère d'établir un bilan de l'activité missionnaire en Amérique latine pour éclairer l'action à entreprendre. Elle propose que la coopération fasse l'objet, dès 1958, d'une déclaration collective de l'épiscopat canadien. Elle souhaite que les évêques ouvrent leurs séminaires aux étudiants latino-américains, qu'ils prêtent des professeurs et des administrateurs aux Ordinaires latino-américains et que des prêtres et des laïcs offrent leurs services pour des périodes de temps déterminées. L'épiscopat accepte d'emblée le projet qu'il soumet à Rome. Le 13 janvier 1960, une déclaration collective de l'épiscopat lance officiellement la coopération avec l'Amérique latine.

L'intendance du missionnaire

L'organisation qui supporte l'activité missionnaire a été mise en place avant 1930. C'est un ensemble non intégré de deux systèmes fonctionnant à des paliers différents.

Les œuvres pontificales missionnaires, régies par la Propagande et dotées d'une administration centralisée, fonctionnent au palier national. Elles ont mission d'inculquer un esprit missionnaire et de recueillir des fonds, dont une partie ira aux œuvres pontificales et l'autre, au soutien des diocèses pauvres du Canada. En 1943, la Propagande retient 60% des revenus pour ses entreprises et laisse la balance des revenus à l'épiscopat canadien. Ces œuvres pontificales ont un réseau de zélateurs paroissiaux et de responsables diocésains et elles sont administrées par un comité national. Elles recueillent des fonds par des cotisations, des collectes à domicile, des quêtes publiques. Elles utilisent les techniques modernes de publicité: bulletins, congrès, journées d'études, etc. Ces œuvres sont officielles dans tous les diocèses. «Il n'est pas permis de les écarter ni de restreindre leur activité au profit d'aucune œuvre missionnaire particulière.» Les dons et les legs faits aux missions, sans spécification particulière, appartiennent de droit à l'Oeuvre pontificale de la propagation de la foi. Chaque paroisse doit avoir un réseau de zélateurs de la propagation de la foi et chaque école primaire, son organisation de la Sainte-Enfance. Afin de répondre aux vœux de la Propagande qui souhaite une meilleure coordination de ses œuvres missionnaires, l'épiscopat québécois, en 1942, met sur pied le Comité permanent des semaines d'études, de propagande et d'exposition, composé des directeurs des œuvres pontificales. L'Union missionnaire du clergé, qui rejoint le clergé, les séminaristes et les religieux «s'avère l'âme de la coopération missionnaire». Soucieuse autant d'informer que de former, elle publie à l'intention d'une élite religieuse un bulletin, *Prêtre et Missions*, de même que des ouvrages de doctrine missionnaire, d'une bonne qualité. Elle patronne depuis 1948 le Congrès missionnaire des étudiants en théologie qui anime des cercles d'études dans les séminaires et les scolasticats.

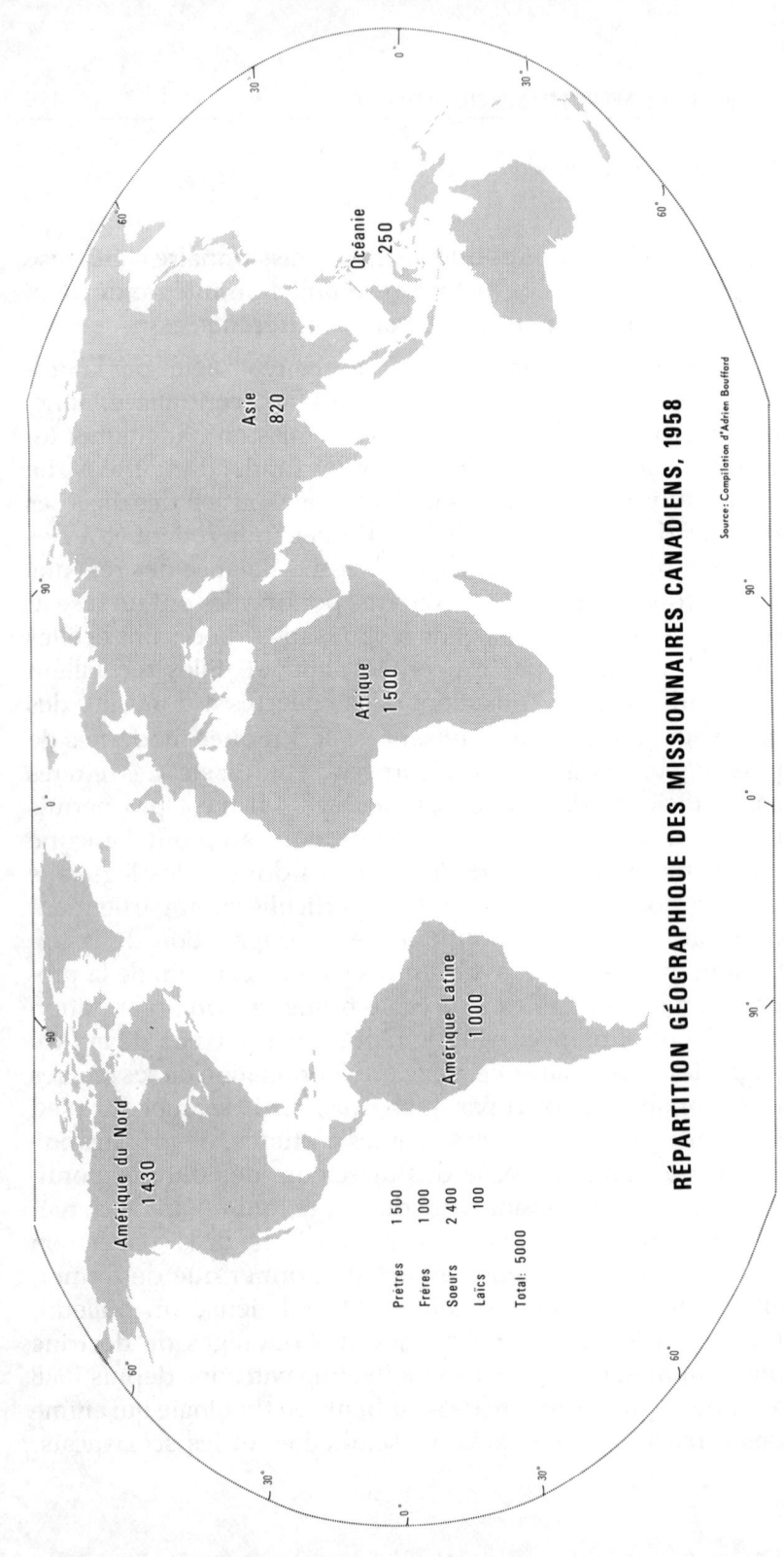

Suzanne Lapointe (Laboratoire de cartographie de l'Université Laval).

L'Union missionnaire du clergé est pour l'élite ce qu'est pour le peuple la Propagation de la foi.

Au deuxième palier fonctionne l'intendance de chaque groupe missionnaire. Ces intendances, pour être en concurrence, procèdent toutes de la même façon. Elles publient une revue qui renseigne les amis, la parenté et les bienfaiteurs sur l'activité missionnaire. Les Oblats publient l'*Apostolat*, les Jésuites *le Brigand*, les Sœurs missionnaires de l'Immaculée-Conception *le Précurseur*, etc. Il existe une trentaine de revues missionnaires. Les communautés recourent aussi aux quêtes dans les paroisses, soit à domicile, soit le dimanche à l'église. Là encore, la concurrence est forte et les Ordinaires doivent intervenir. Des communautés par trop entreprenantes s'étaient jadis livrées à des sollicitations intempestives et répétées, quand ce n'était pas au trafic des indulgences. À l'occasion du synode diocésain de 1940, le cardinal Villeneuve avait saisi l'occasion de réglementer les quêtes et les sollicitations. À l'avenir, seul l'Ordinaire pourra autoriser les quêtes par le truchement du Comité diocésain de coopération missionnaire, dont la fonction sera de «déterminer les lieux et le temps de la concession, et d'exiger un compte rendu précis des sommes recueillies». Une communauté missionnaire ne pourra plus moissonner une paroisse deux ans de suite. Ce «Règlement des quêtes missionnaires dans le diocèse de Québec» était devenu en septembre 1941 un règlement interdiocésain adopté par l'ensemble de l'épiscopat. Enfin, les communautés établissent des réseaux de bienfaiteurs et d'auxiliaires. Par exemple, en novembre 1933, les Prêtres des missions étrangères avaient mis sur pied l'Oeuvre des partants. C'était un réseau de cercles paroissiaux, composés de jeunes filles et de femmes, qui assumaient la responsabilité de préparer le trousseau du missionnaire: aubes, ornements sacerdotaux, vases sacrés, etc. La réglementation des quêtes procure à l'épiscopat l'occasion d'inciter les communautés à mieux coordonner leurs efforts. Il en ressort un nouvel organisme: l'Entraide missionnaire, dont les objectifs et les statuts calquent le Mission Secretariat de Washington. C'est un organisme de coopération, d'organisation et de rayonnement missionnaire qui ne dispose que d'une autorité morale.

Cette organisation missionnaire se révèle au jour le jour une intendance efficace. Elle pourvoit aux besoins élémentaires des missionnaires et draine vers les champs apostoliques les secours matériels et financiers indispensables à une action missionnaire efficace. En ce domaine, nous ne disposons que de données quantitatives partielles. De 1920 à 1948, les œuvres pontificales missionnaires rapportent 9,7 millions de dollars. Pour la seule année 1957, les recettes brutes canadiennes sont de 1 321 218$ pour la Propagation de la foi, 493 564$ pour l'Oeuvre de Saint-Pierre-Apôtre et 427 749$ pour la Sainte-Enfance, soit un total de 2 242 531$. Ces quêtes ne sont que la pointe d'un iceberg. Elles ne comprennent ni les investissements des communautés, ni les dons des particuliers ni quantité d'autres quêtes publiques. Les dirigeants des œuvres pontificales sont unanimes: «les générosités privées sont encore plus considérables que les quêtes officielles». À défaut de statistiques précises, les témoignages sur la générosité des Canadiens français abondent. À partir de la seconde guerre mondiale, les Canadiens sont réputés détenir le second rang — derrière les catholiques états-uniens — pour leur contribution matérielle aux œuvres pontificales missionnaires. En 1952, leurs contributions s'élèvent à 1 410 674$, soit 13% des sommes versées par la catholicité — cette année-là, les Canadiens anglophones auraient versé 291 799$ et les Canadiens francophones, 1 118 925$. Tant par le nombre de ses missionnaires que par ses dons, l'Église québécoise s'affirme une grande Église missionnaire.

Cet élan missionnaire suscite deux questions. A-t-il servi de support à une action pastorale renouvelée par la missiologie ou à une activité marquée au coin d'un colonialisme spirituel? Est-il le reflet d'une «âme apostolique», d'un mouvement spirituel ou le signe d'une intendance bien rodée? L'état de la recherche historique ne fournit encore aucune réponse à ces questions, mais des hypothèses sont plausibles. Les lents progrès de la missiologie au Québec portent à croire que les missionnaires canadiens mènent une activité traditionnelle, dont la technique est de faire table rase des cultures indigènes. Toute centrée sur la vie paroissiale, l'activité missionnaire conduit à marginaliser les convertis au sein même de leur propre société. L'étude de Jacques Langlais sur les Jésuites du Québec en Chine pointe dans cette direction. En dépit de leur bonne volonté et de leur dynamisme, ces Jésuites n'ont pas compris la civilisation chinoise qu'ils tiennent pour un ramassis de superstitions. Ils ont conscience d'être des agents civilisateurs. À Süchow, ils s'efforcent de transplanter l'Église, et partant ils œuvrent inconsciemment à reproduire une Église québécoise avec son cléricalisme et son rigorisme. Langlais constate que Süchow renvoie «au Québec sa propre image: caractère fortement rural de la pastorale missionnaire, insistance sur l'éducation, pastorale rigoriste et marginalisante, pléthore des dévotions et des œuvres, autoritarisme clérical».[64]

En réponse à la deuxième question, nous suggérons l'hypothèse d'une organisation efficace plutôt que d'un mouvement. L'image d'une intendance vient tout naturellement à l'esprit. Cette fois, point de monographies pour appuyer notre hypothèse mais des indices. Premier indice: les thèmes de la propagande. Les missions sont présentées comme une affaire de fierté nationale. Les éloges ne tarissent pas sur la générosité du peuple canadien-français. Les propagandistes se plaisent à mesurer les rendements et à les comparer avec ceux des autres nations. Ils jouent sur le messianisme de la nation et les émotions populaires. Les homélies qui précèdent les quêtes sont le plus souvent une imagerie d'historiettes propres à susciter la peur, la pitié, l'horreur et toute la gamme

TABLEAU 19

LES MISSIONNAIRES LAÏQUES EN JUIN 1958

Communautés responsables	Pays	Missionnaires H	F
Mission Saint-Hyacinthe	Brésil	3	3
Mission Nicolet	Brésil	3	3
Mission franciscaine	Pérou	6	6
Mission Chili-Bolivie	Chili-Bolivie	0	11
Vicariats canadiens	Canada	1	6
Mission Jésuite-Éthiopie	Éthiopie	74	0
Mission Pères Ste-Croix	Pakistan	2	6
Mission Pères Blancs	Afrique ang.	1	1
Mission chinoise de Québec	Québec	2	2

TABLEAU 20

CONVERSIONS AU CATHOLICISME DANS LES DIOCÈSES DU QUÉBEC, 1936-1945

Diocèse	Nombre de prêtres (1945)	Catholiques*	Non catholiques*	Conversions 1936-1940	Conversions 1941-1945
Amos (1938)	90	57 047	6 016	8	22
Baie James (V.A.)	16	1 400	4 100	13	24
Chicoutimi	302	174 794	2 161	20	40
Gaspé	111	72 110	8 762	45	50
Golfe du Saint-Laurent	17	16 751	4 562	15	1
Joliette	239	74 465	1 263	5	3
Mont-Laurier	145	51 121	1 445	31	19
Montréal	1 664	909 102	300 299	1 090	1 371
Nicolet	223	111 857	2 182	35	29
Ottawa	621	212 242	131 325	393	457
Pembroke	83	49 006	53 713	119	183
Québec	1 359	552 406	9 296	118	110
Rimouski	277	149 393	1 261	21	15
Saint-Hyacinthe	316	145 541	9 579	86	82
Saint-Jean-de-Québec	163	70 868	16 811	82	68
Sherbrooke	338	136 174	31 230	282	147
Timmins	87	83 330	58 109	255	135
Trois-Rivières	287	162 705	3 910	57	77
Valleyfield	177	68 601	11 003	27	41
TOTAL	6 515	3 008 913	657 027	2 702	2 874

* D'après le recensement de 1941.

SOURCE: *Bulletin de l'Union missionnaire du clergé*, septembre 1947: 126-130.

des émotions de nature à inciter l'auditeur à mettre la main dans sa poche. Deuxième indice: le manque de coopération missionnaire des communautés. L'activité missionnaire est le lieu d'une intense rivalité entre communautés. Elle est une affaire qu'on mène sur une base individuelle. Les règlements diocésains ont mis de l'ordre dans les quêtes. Les évêques n'ont pas réussi à mettre un terme à la concurrence des annales où «chacun parle uniquement des mérites de sa communauté». Rares sont les périodiques qui posent dans leur juste perspective les problèmes missionnaires et distribuent une information de haute qualité. Troisième indice: la lente constitution d'un laïcat missionnaire. Le cardinal Guillaume Van Rossum, alors préfet de la Propagande, avait remis à l'honneur dans l'Église, dans les années 1920, le laïcat missionnaire dont les origines remontent au début même de l'Église. Les missions demeurent, au Québec, une affaire de clercs et de religieuses longtemps après la Deuxième Guerre mondiale.

Sur le front intérieur

Un autre indice de l'ambiguïté de l'activité missionnaire québécoise est son attitude face aux Amérindiens et aux protestants sur son propre territoire.

Dans la conscience collective des Québécois, les Amérindiens n'existent pas, sinon dans le fantasme du «mauvais sauvage». Pourtant, dans les années 1940, ils sont une quinzaine de milliers en territoire québécois. Quelque deux mille vivent dans les vicariats du Golfe Saint-Laurent et de la Baie-James. Les autres sont disséminés dans les Églises diocésaines à l'intérieur de «réserves»: Pointe Bleue, Lac Abitibi, Bersimis, Oka, Kahnawake, etc. Ils vivent dans des conditions misérables: la mortalité infantile est élevée et la tuberculose sévit à l'état endémique. L'afflux croissant des chasseurs sportifs détruit le gibier. Les Amérindiens du Nord vivent en marge de la société québécoise. Ils ont conscience de former un peuple à part. Ils entretiennent des relations entre eux et se réunissent annuellement en congrès. Ils ont, disent les missionnaires, «une peur instinctive de l'engloutissement par la civilisation blanche». On estime que neuf mille d'entre eux sont catholiques. Une douzaine de missionnaires, la plupart des oblats, exercent dans les réserves un ministère difficile. Les distances à parcourir sont grandes. Des bandes sont nomades et d'autres, sédentaires. Les langues et les dialectes sont nombreux.

C'est en 1945, sans doute sous l'action des missionnaires, que le problème indien émerge globalement à la conscience de l'épiscopat. «Le comité épiscopal, raconte le cardinal Villeneuve, fut surpris de constater que nous avons quinze mille Indiens.» Le cardinal fait enquête en avril auprès des missionnaires qu'il réunit à Québec. Son approche est des plus traditionnelles. La discussion porte sur les conditions de vie des Indiens, sur leur vie religieuse, sur la situation scolaire et sur l'état sanitaire. Les participants sont d'accord pour suggérer à l'épiscopat un certain nombre de mesures:

1. «Grouper sous un évêque responsable tous les Indiens du Québec qui ne vivent pas sur le territoire des vicariats.» Cet évêque pourrait «prendre en mains pour l'orienter le mouvement nationaliste indien». Il pourrait intervenir efficacement auprès des gouvernants pour améliorer les conditions de vie des Indiens.
2. Construire sur place des résidences, sorte de presbytères où les missionnaires entre deux visites pastorales «travailleraient à la traduction d'une littérature religieuse et rédigeraient un journal apologétique».
3. Faire pression sur le Département des affaires indiennes pour obtenir des octrois pour la construction de pensionnats et d'hôpitaux.
4. Recruter «un groupe de garde-malades catholiques convaincues».

Tout au long de la discussion, il n'est jamais question de planter l'Église, d'amener les Amérindiens à assurer collectivement leur destin. La visée inconsciente est de créer un diocèse amérindien qui sera la copie conforme, en autant que faire se peut, d'un diocèse québécois. Le cardinal soumet son rapport à l'épiscopat en septembre 1945. Les évêques en tirent cette conclusion: «Les missions indiennes sont en souffrance, sans doute, à cause de la négligence du Département des affaires indiennes, mais aussi par la faute des missionnaires qui souffrent inconsciemment d'individualisme. Ce qui manque, c'est la coordination des efforts.» Les évêques se reconnaissent impuissants à donner cette coordination. Seul un évêque, exclusivement chargé des Indiens de la province, serait en mesure de la créer.[65] On réfère la question au délégué apostolique, puis on tourne la page.

Les Amérindiens inspirent la pitié. Les protestants, avec qui les catholiques ont des contacts quotidiens dans les villes, inspirent l'inquiétude. Ils sont un signe permanent de révolte contre le magistère. En cela, ils représentent un «péril constant». La politique de l'Église québécoise est de miner les ponts, tels les mariages mixtes et les associations neutres, par lesquels «l'esprit de scepticisme et d'indifférence religieuse» pourrait s'infiltrer «dans la mentalité catholique».

Face au protestantisme, «ce caméléon qui, au dire de Mgr Alexandre Vachon, chaque jour change de couleur et de forme», l'épiscopat n'a pas de stratégie d'évangélisation bien arrêtée, sinon celle «de laisser les protestants tranquilles», de crainte «de contaminer les brebis saines pour corriger les autres». C'est là l'affaire de l'Union missionnaire du clergé, qui aborde cette question, le plus souvent en termes généraux, à l'occasion de ses séances annuelles et de ses congrès. La prière, l'action individuelle tout imprégnée de fermeté, de prudence et de délicatesse, les cours d'apologétique sont les moyens d'action qu'elle suggère. Les conversions sont minimes. À peine 5576 de 1936 à 1945. De temps à autre, les appels pressants de Rome posent problème, mais d'autres priorités ont vite fait de détourner les esprits de la question protestante. Rien de plus significatif que cette entrée en matière du cardinal Villeneuve à la séance annuelle du conseil national de l'Union missionnaire du clergé, tenue à Québec le 3 avril 1946: «l'Église a parlé, on ne peut pas ignorer les hérétiques, les dissidents dans l'extension du Royaume de Dieu». Ici, le zèle missionnaire jaillit moins d'une âme apostolique que des directives romaines.

CHAPITRE III

À FENÊTRES ET PORTES OUVERTES, 1958-1965

À l'automne de 1958, Pie XII, glorieusement régnant depuis mars 1939, meurt. Le choc est brutal à travers la catholicité qui lui voue un culte à la mesure des angoisses de ce temps. Dans les trois cercueils qu'un rituel pompeux prescrit, on enfouit tout à la fois un chef, un père et un style de chrétienté. Mais personne ne le sait. Pour l'heure, les esprits sont préoccupés par la succession. Ne trouvant aucun dauphin qui serait à l'aise dans les mules du défunt, les cardinaux élisent pape Angelo Giuseppe Roncalli, le patriarche de Venise. Il a soixante-dix-sept ans. Fils de paysan, appartenant à une famille pauvre, il a l'air matois des ruraux, la bonhomie des gens du peuple et la froide décision des esprits résolus. Sans relief, étranger à la curie, on le destine à n'être qu'un pape de transition. Mais lui ne l'entend pas ainsi. Il change son nom de Roncalli en celui de Jean XXIII, nom qu'avait porté au Moyen-Âge un pape illégitime. Est-ce manière de dire qu'il ne marchera pas dans la foulée de son prédécesseur? Pie XII avait enseigné, cherchant sans cesse à préciser les règles qui devaient guider le monde nouveau. Lui veut rendre témoignage à la vérité et en faire porter tous les fruits: la concorde entre les individus et les peuples et l'unité entre

L'épiscopat à la Semaine sociale de Saint-Jérôme, 1956. De gauche à droite: Mgr Valérien Bélanger, Mgr Henri Belleau, o.m.i., Mgr Bruno Desrochers, Mgr Gérard-Marie Coderre, Mgr Édouard Jetté, Mgr Joseph-Eugène Limoges, Mgr Émilien Frenette, le père Archambault, le cardinal Paul-Émile Léger, Mgr Maurice Roy, Mgr Georges Cabana, Mgr Maxime Tessier, Mgr Albini LeBlanc, Mgr Percival Caza, Mgr Laurent Morin.

les chrétiens.[1] Le 25 janvier 1959, il annonce son intention de réunir un concile plénier. Il n'a pas de projet bien défini mais des intuitions jaillies de sa foi en un Esprit. Il entend libérer la Parole des sagesses humaines, la mission de l'Église des préoccupations politiques et l'expansion de la chrétienté de l'hypothèque de la culture occidentale. Cette «fleur spontanée d'un printemps inespéré», cet aggiornamento inquiète ceux qui ont charge d'administrer l'Église. Dans les officines de la curie, l'homme de transition devient le «bon pape Jean», un homme «saintement irresponsable» et «politiquement démuni» que l'on doit tenir à l'œil.

Jean XXIII passe outre à ces réticences et met en route les travaux préparatoires au concile. À l'automne de 1959, il fait procéder à une vaste consultation des évêques. Les réponses sont décevantes: la plupart s'en tiennent à des réformettes du droit canon. La catholicité est encore en plein hiver. Ce dossier ne sera guère utile à la douzaine de commissions qui, en juin 1960, reçoivent le mandat de rédiger les schémas du concile. De son côté, Jean XXIII mûrit son dessein qui prend la forme d'un rajeunissement de l'Église. Quand, le 11 octobre 1962, en la basilique Saint-Pierre, il proclame devant deux mille évêques assemblés l'ouverture du concile, son message est clair. Le concile ne devrait pas être une œuvre doctrinale mais pastorale. Son mot d'ordre: conserver la substance de la doctrine mais en adapter la formulation.

Quel retentissement aura cet appel? Dès le début, les prévisions se révèlent erronées. Les observateurs s'attendaient à de brèves assises: les Pères conciliaires tiendront quatre sessions de 1962 à 1965. La curie croyait avoir balisé les discussions dans les soixante-neuf schémas préparés par les commissions: les Pères conciliaires, sous le leadership du cardinal Achille Liénart, évêque de Lille, décident de prendre les choses en main. La majorité des évêques semblaient se situer en continuité avec Vatican I, mais une rivière souterraine, le mouvement liturgique amorcé par Pie X, fait inopinément surface. Une seule prévision s'avère exacte. Jean XXIII ne verra pas les résultats du geste audacieux qu'il a posé. En avril 1963, il publie son testament spirituel, *Pacem in terris*, une invitation à assumer «la prise de conscience de la dignité humaine, telle que la conçoit la civilisation contemporaine». Il meurt le 3 juin. Dès le 21, le conclave lui trouve un successeur en la personne de Giovanni Battista Montini, archevêque de Milan. Issu d'une vieille famille de notables lombards, Montini est un homme de grande culture, un esprit ouvert et compréhensif, une personnalité aimable, un visage souriant mais éclairé d'un sourire qui ouvre sur l'énigme. Il a fait carrière à la secrétairerie d'État. Il est préparé à naviguer par grosses mers.

L'Église québécoise fait donc face à une double sommation: celle de Jean XXIII et celle des Montréalais. Est-elle en mesure d'y répondre? En apparence, les forces d'inertie constituent un passif contraignant. L'épiscopat semble déphasé. Les 28 évêques ont une moyenne d'âge de 61 ans, mais 3 ont plus de 80 ans et 7 ont entre 60 et 79 ans. Recrutés par cooptation, les plus jeunes sont les sosies des aînés. Tous ont été formés dans le modèle théologique romain. Au passif toujours, une trop grande réussite dans l'endoctrinement. L'orthodoxie a moulé les élites dans un système thomiste «coupé des attaches qui l'amarraient à la personne et à l'Histoire». L'idéologie tout axée sur le couple Autorité-Obéissance a inculqué au peuple une morale juridique qui tend à réduire l'expérience du Vivant à une routine sociale. Les fidèles tenus à distance de leur conscience, aliénés par la sacralisation des institutions et des rôles sociaux, habitués à lire leur relation au monde en terme de destin pourront-ils mettre le cap sur la liberté et l'affirmation de soi, sans emprunter les chenaux de la révolte libératrice? À y regarder de près, cependant, l'actif est impressionnant. Les évêques se rappellent le sort des vieilles chrétientés qui ont dans le passé opposé une résistance coûteuse et vaine à la décléricalisation de la société. Ils sont dévoués indéfectiblement à la papauté — vénération qui, à l'heure où le pape Jean XXIII jette un regard neuf sur le monde, peut devenir un atout. Le laïcat est actif et certains de ses éléments sont bien formés dans les sciences sociales et bien rodés en action catholique. Le noyau d'aumôniers qui a su garder vivante la présence de l'Église en milieux ouvriers et auprès de la jeunesse jouit d'une grande audience dans l'opinion publique. Une communauté, les Dominicains, est déjà branchée sur le courant réformiste. De jeunes clercs sont aux études en Europe dans des centres de pastorale et de catéchèse, ces germoirs de la nouvelle chrétienté. Dans certains grands séminaires, le corps professoral a commencé à intégrer dans son enseignement le courant biblique, la réforme liturgique et la nouvelle théologie. Une nouvelle génération de théologiens est en mesure d'aider l'épiscopat à assumer la modernité, un peu comme les aumôniers l'avaient préparé dans l'après-guerre à accepter la ville.

L'Histoire, parce qu'elle est porteuse d'événements, ces figures charnelles de la vie, est, cependant, source d'imprévu. L'étonnante explosion de vitalité d'un peuple acculé désormais à vivre pour survivre pourrait redonner à l'Église un nouvel élan. Un évêque, en route pour Damas ou quelque autre lieu, pourrait revivre l'aventure de Paul. Est-ce un heureux présage? Mgr de Montréal, à l'automne de 1957, a redécouvert les valeurs affectives lors de la mort de ses parents et, un an plus tard, Jean XXIII a tôt fait de conquérir son admiration. Influencé par l'aile progressiste montréalaise, il commence en 1959 à s'ouvrir aux valeurs nouvelles. Lors d'une retraite prolongée à la Villa Saint-Martin en novembre 1960, il accepte de plonger dans l'inconnu. Cette conversion, aussi laborieuse qu'inattendue, qui se traduit par une action pastorale ouverte au dialogue, attentive à la personne et confiante envers le laïcat, est un dividende à verser à l'actif de l'Église.

1. Un agir apostolique communautaire

La sécularisation est un phénomène total et global. Il est total en ce qu'il atteint l'homme au plus intime de sa conscience et global, parce qu'il caractérise les sociétés contemporaines. On le saisit d'abord comme un processus à l'œuvre dans l'organisation sociale: des secteurs de la société (affaires, éducation, bien-être, loisir) échappent au contrôle des Églises. Au Québec, ce processus est enclenché depuis longtemps: la séparation de l'Église et de l'État au XIXe siècle, la réduction des immunités ecclésiastiques et la création d'un ministère de la Jeunesse au XXe siècle en sont des produits. À partir de la seconde guerre mondiale, la sécularisation gagne des dimensions plus profondes de la vie sociale. Elle commence à métamorphoser la culture. Le *Refus global* des Automatistes ne fait appel ni à des principes ni à des symboles religieux. Les sciences humaines délaissent la philosophie morale et appuient leurs hypothèses sur la rationalité scientifique et la recherche empirique. Dans les années 1960 apparaissent les premiers projets collectifs sans référence à des croyances religieuses. La sécularisation atteint alors son niveau le plus profond: la déchristianisation des individus et des cultures.[2]

Dans les années 1950, le processus de sécularisation acquiert de la vitesse. Quelles que soient les difficultés d'interprétation que posent leurs résultats, les premières enquêtes sur la pratique cultuelle confirment les inquiétudes des agents pastoraux. Plus de 38% des diocésains de Saint-Jean ont abandonné la pratique dominicale. Les variations du taux de pratique au sein des diverses catégories de la population rejoignent les constats des enquêtes européennes: la religiosité rattachée à une Église est plus forte chez les classes et les individus en marge de la société industrielle. Le Québec est-il destiné, lui aussi, à devenir un pays de missions? Les militants de l'action catholique s'étaient posé la question et avaient cherché à contrer le destin par un agir apostolique axé sur un approfondissement des dimensions de la vie de foi et des situations concrètes qui conditionnent les Québécois. Les expériences de l'action catholique convient l'Église à orienter dans cette voie toute son activité pastorale.

La pastorale d'ensemble

Pays de missions, l'Église de France a déjà opéré ce virage pastoral qu'elle a traduit dans un modèle d'agir ecclésial qui a ses objectifs, sa stratégie et ses tactiques. Cet agir pastoral s'adresse non à l'individu mais à «des groupes de personnes soumises aux pressions et tensions d'une situation». Il embrasse dans sa visée l'homme tout entier qu'il veut atteindre dans ses enracinements, sa situation et ses aspirations les plus profondes. La stratégie consiste à coordonner et synchroniser l'ensemble de l'agir pastoral d'une région: la catéchèse, la liturgie, la prédication, l'apostolat des laïcs, les œuvres caritatives, etc. D'où son nom de «pastorale d'ensemble». Les tactiques reprennent l'idée des missions paroissiales: elles font précéder la mise en place de la pastorale d'ensemble d'une «grande mission», qui se veut une réflexion et un travail intenses sur le milieu. La grande mission est l'occasion d'une enquête sociologique, d'une identification des besoins pastoraux, d'une mobilisation des agents et d'une sensibilisation des fidèles à une conversion intérieure et à la poursuite d'objectifs communautaires. Ce style de pastorale présente de grands avantages. Il met au service des agents pastoraux les connaissances et les méthodes acquises par les sciences sociales et utiles pour dégager une vision réaliste des milieux de vie et des contextes humains. Il pallie l'effondrement de l'autonomie des paroisses désormais intégrées dans des ensembles urbains qui les transcendent. Il corrige les lacunes de l'action catholique dont les piètres résultats tenaient au petit nombre des militants qui devaient forcément se limiter à des interventions ponctuelles. Il met fin au gaspillage d'énergie qui caractérisait une activité pastorale anarchique.[3] Ce modèle de pastorale est plus une orientation qu'un cadre rigide. Il souffre des adaptations. En France, «la grande mission» est mise en œuvre par un Centre pastoral national et elle a une saveur pentecostale. Au Québec, mission et pastorale d'ensemble sont affaires diocésaines. La mission s'insère dans la pastorale ordinaire et elle est conçue pour amorcer la mise en place de la pastorale d'ensemble et lui imprimer un élan.

Cette nouvelle orientation pastorale se répand au Québec à la fin des années 1950. Saint-Jérôme tente une première expérience en 1958. Les diocèses de Montréal et de Saint-Jean lui emboîtent le pas en 1960, Chicoutimi, en 1962, et Québec, en 1963. Considérons, à titre d'exemple, le cas monttréalais. De retour d'un séjour à Milan, au cours duquel le cardinal Montini l'a entretenu du succès d'une grande mission, le cardinal Léger décide en 1958 de procéder à pareille opération dans son diocèse. La mission aura lieu durant le carême de l'année 1960. Il en confie la direction à un organisme composé d'un secrétariat, de deux commissions et de nombreux comités. La commission de sociologie entreprend une recherche systématique et approfondie sur les zones diocésaines à évangéliser. Elle dégage un profil d'ensemble et des portraits de zone; elle identifie des besoins. Ces données alimentent la réflexion de la commission de la pastorale chargée d'établir les thèmes de la prédication. Elle retient comme thème central: «Dieu est notre père». Elle rédige un Guide du prédicateur qui insère dans des orientations pastorales d'ensemble les thèmes à traiter: 1. Dieu est notre Père; 2. Nos devoirs envers le Père; 3. Le sens de Dieu dans la vie; 4. Nos relations avec le Père; 5. Jésus-Christ, révélateur du Père; 6. Le baptême, volonté du Père; 7. L'Église, chemin vers le Père. Les instructions des prédicateurs devront être brèves, simples et propres à susciter la méditation et un engagement concret. Entre-temps, de nombreux comités s'affairent à l'organisation. Leur mission consiste à transmettre le message et à susciter une réponse. Des équipes paroissiales visitent les familles en quête de leurs doléances et de leurs suggestions, s'efforçent de convaincre tous et chacun de participer activement à la grande mission. Le cardinal convie les communautés religieuses, la Croisade eucharistique et tous les fidèles à une croisade de prières et de sacrifices pour le succès de l'entreprise. Des manifestations publiques marquent les temps forts de l'événement. Ainsi, une veillée d'armes à l'église Notre-Dame ouvre la mission. Les cloches de Montréal sonnent à toute volée et, après une vibrante allocution du cardinal, les missionnaires quittent un à un l'église pour se rendre aux quatre coins du diocèse porter la nouvelle du Salut.

Il est difficile d'évaluer les résultats de cette réorientation pastorale. Les commentateurs cléricaux se montrent eux-mêmes prudents, sinon réticents. Les résultats apparents demeurent en-deçà des attentes. La grande mission de Montréal qui devait engendrer une cité chrétienne n'a ni fermé les lupanars, ni stoppé le travail du dimanche, ni renforcé les structures confessionnelles de la cité. Peut-être, cependant, a-t-elle laissé dans le cœur des Montréalais une surabondance de foi, d'espérance et de charité qui illumine leur vécu. Par contre, les significations de cette pastorale issue d'un nouveau courant théologique préfigurent l'avenir. Elles traduisent la redécouverte de vérités théologiques fondamentales. L'Église universelle se réalise essentiellement dans des Églises particulières (diocésaines) dont l'Ordinaire est en communion avec le chef de l'Église universelle. Le diocèse, et non la paroisse que l'ecclésiologie traditionnelle avait survalorisée, a la responsabilité première et immédiate des âmes. Cette responsabilité n'est pas non plus le lot exclusif des clercs, mais de toute la communauté chrétienne qui participe au sacerdoce royal du Christ.

Le salut est collectif

La coupure radicale en voie de s'opérer entre la religion et le vécu de larges couches de la population revêt plusieurs significations. L'une d'elles met en cause directement la liturgie «qui n'anime plus la vie des fidèles et ne contribue en rien à créer un véritable sentiment communautaire». Le problème est propre à toutes les sociétés modernes. Il avait suscité en 1903 le *motu proprio* de Pie X qui avait déclenché à l'intérieur de l'Église un mouvement liturgique. Ce mouvement visait à faire participer les fidèles au culte officiel par une meilleure intelligence de la prière, de la vie du Christ et du rôle des laïcs. Il avait donné lieu dans l'Église universelle à de timides réformes: modification des livres liturgiques (missel, bréviaire, rituel), messe dialoguée, restauration de la vigile pascale, introduction dans certains offices de la langue vernaculaire. Ainsi, le 13 septembre 1954, Pie XII avait autorisé le rituel bilingue (français-latin) pour le Québec et les autres régions francophones du Canada. Ce rituel était le même que celui utilisé en France. À travers ces réformes s'affirmait l'idée d'une communauté de foi groupée autour de l'autel et exerçant collectivement la sacerdoce du Christ. Cette idée va commencer à transformer l'aménagement intérieur des églises. Le chœur avec son autel dépouillé de retable et réduit à une simple table de sacrifice, l'ambon où la Parole est dite, l'orgue qui rehausse la prière reflètent l'unité des actions liturgiques. Les espaces de la nef libèrent la vue des fidèles sur l'autel. Placés à l'entrée de la nef, les fonts baptismaux symbolisent le rôle du baptême. Les arts sacrés redeviennent la bible du peuple et ouvrent une fenêtre sur l'infini. Pie XI avait balisé les voies de cette évolution: respect du sacré, correction des œuvres d'art, sens de l'universel. Mais ce mouvement liturgique avait mis du temps à se répandre. Il se heurtait à la prudence des papes soucieux d'une liturgie vivante qui évoluerait en harmonie avec la tradition, évitant les pièges d'un excès de réalisme ou de symbolisme, à la résistance des clercs peu au courant des significations profondes du renouveau liturgique et à la routine des fidèles attachés à des dévotions et à des formes de piété dégradées.[4]

Au Québec, le mouvement liturgique demeure au début des années 1950 affaire de spécialistes et de quelques esprits novateurs à la remorque des expériences européennes. Comme corps, la Hiérarchie se préoccupe surtout de chant grégorien et de musique sacrée. Le néo-baroque, le plâtre, la fabrication en série dominent les arts sacrés. Le réveil de l'art religieux en France dans les années 1920 n'a retenu l'attention que de quelques esthètes, tels le notaire Gérard Morisset et l'abbé Jean-Thomas Nadeau, dont les théories ont pavé la voie à l'influence de Dom Bellot (1935-1955), puis à un art contemporain plus autochtone. Des communautés et des paroisses ont tenté d'heureuses expériences (église de Matane, 1932-1935, noviciat et maison provinciale des Clercs de Saint-Viateur à Joliette, chapelle mariale Notre-Dame-de Lourdes à Lac-Bouchette, 1949-1951, etc.), mais le renouveau dans les arts

---

La religion des Canadiens français

J'ai pu constater, à maintes reprises, chez les militants engagés dans l'apostolat, et même chez les laïques ordinaires, une coïncidence frappante entre la découverte d'un christianisme total et authentique et la découverte de la liturgie. Sans avoir besoin de se définir à lui-même cette mutation, le militant qui découvre le Corps Mystique découvre en même temps la valeur infiniment supérieure de la Messe sur toutes les autres formes de dévotion qu'il a apprises. On pourrait dire, en contre-partie, que des douzaines de sections de J.O.C., de J.A.C. ou de J.I.C. ont piétiné sur place ou ont produit des gens désincarnés, parce que croupissant dans un moralisme obsédé par la hantise du péché, elles n'ont pas débouché sur une spiritualité alerte et positive dont la liturgie eût nécessairement été une des bases essentielles.

Pourquoi cet empressement des éléments les plus vivants et les plus adultes du laïcat chrétien vers la liturgie? Pourquoi, chez tant d'autres éléments, surtout ceux de la génération plus ancienne, cette incompréhension, cette insistance psychologique qui les empêchent, même étant acquise la droiture d'intentions, d'emboîter le pas dans le mouvement? La réponse à cette double interrogation se trouve, à mon sens, dans certains traits historiques et culturels qui caractérisent la religion des Canadiens français [...]

Les enquêtes des mouvements d'Action Catholique, les constations des éducateurs sérieux, les observations de visiteurs à l'œil aiguisé, à l'esprit fraternel, nous ont beaucoup renseignés, ces dernières années, sur la qualité de notre christianisme [...]

entre la pratique religieuse et la vie sociale s'enracine dans une coupure entre la pratique religieuse et le culte liturgique: comment des spectateurs dans une église sauraient-ils être des agents dans la société? L'intérêt de l'action catholique pour la liturgie se traduit par un effort d'explication du geste liturgique (conférences, journées d'études, documents), par des initiatives pour intégrer le peuple de Dieu à l'acte liturgique (messe dialoguée, participation en groupe aux sacrements) et par des expériences pour rendre le mystère chrétien à la culture actuelle (jeux scéniques, danses, fêtes). Mais la liturgie est un système de signes trop structuré, trop monolithique et trop intériorisé pour éclater sous les coups de boutoir de quelques esprits novateurs ou aventureux. Dans la plupart des communautés paroissiales, la liturgie, encore dans les années 1950, n'est qu'un langage extraterrestre, incapable de prendre en compte les temps présents.

La redécouverte par le catholicisme que le salut est collectif et que les valeurs évangéliques ne se vivent que dans des communautés de foi amène l'épiscopat, comme corps, à se préoccuper davantage de liturgie. Des comités diocésains de liturgie existaient depuis longtemps. En 1957, l'épiscopat met sur pied la Commission sacerdotale de pastorale liturgique qui, en 1961, fera place à une Commission nationale de liturgie. L'*instruction sur la musique et la liturgie* (Pie XII, 3 septembre 1958) survient au bon moment pour appuyer le travail d'animation de la commission. Par des sessions annuelles qui réunissent les membres des comités diocésains (l'enseignement, 1958; l'office divin, 1959; la messe, 1960; l'assemblée chrétienne, 1961, etc.) celle-ci suscite un certain intérêt pour le renouveau liturgique. En février 1960, l'archevêque de Montréal et ses quatre suffragants publient un *Directoire de la messe* et un *Livret des fidèles* qu'une dizaine de diocèses adopteront. Les structures diocésaines de Montréal s'enrichissent d'un Centre diocésain de la bible et de catéchisme, signe qu'un renouveau liturgique n'est pas possible sans une éducation de la foi. *Communauté chrétienne* le constate en 1962: «les directives universelles ou diocésaines sont reçues avec une extrême réserve».

Vivre la liturgie comme le lieu où la communauté de foi exerce collectivement la fonction sacerdotale de Jésus-Christ interpelle la catéchèse. En France, une nouvelle catéchèse axée sur la vie concrète et la révélation progressive du message chrétien avait pris forme dans les années 1930. En 1956, au Congrès catéchistique international d'Anvers, ce courant anthropologique, par opposition à l'ancienne catéchèse qui partait du contenu de la Révélation, a montré son dynamisme et suscité des enthousiasmes. Décidément, le Québec ne vit pas à l'heure d'Anvers. Son *Catéchisme catholique* (1951), une réédition rajeunie du *Catéchisme des provinces ecclésiastiques de Québec, Montréal et Ottawa* (1888), a l'ordonnance d'un traité de théologie et la sécheresse d'un synoptique de la *Somme*. La morale et l'apologétique demeurent les eaux qui alimentent les sermons et les enseignements aux adultes. L'influence de *Lumen Vitae*, la revue de l'Institut international de catéchèse et de pastorale, ne déborde pas les milieux spécialisés ou novateurs. Ce sont les prêtres récemment formés dans les centres européens qui, à la fin des années 1950, amorcent un virage. Ils commencent à enseigner la catéchèse sur le mode d'une expérience initiatique: la découverte et la rencontre du Seigneur dans sa Parole vivante. Leur enseignement, plus biblique et plus liturgique, colle au vécu. Ils ne sont pas des savants, mais des témoins, des médiateurs d'une prise de conscience. Le vécu du catéchisé constitue un ensemble de signes qui invitent à un cheminement spirituel vers le Père par Jésus. Cette approche est en consonnance avec les attentes d'un peuple en voie de récupérer sa conscience. En quelques années, le Québec se dote d'un réseau de centres de réflexion et de formation sans lesquels tout renouveau est impossible. Les évêques fondent l'Office catéchistique provincial (OCP). Le diocèse de Montréal établit un Centre de catéchèse (1960). La Fédération des frères éducateurs du Canada, en collaboration avec l'Institut de pastorale de l'Université d'Ottawa, organise durant l'été des sessions de recyclage (cours de Jesus Pastor). L'Université Laval ouvre un Institut de catéchèse (1961) qui dispense un programme d'études étalé sur trois ans. La même année, l'Institut supérieur des sciences religieuses offre un enseignement en théologie pastorale catéchistique. Les Dominicains inaugurent l'Institut dominicain de pastorale. Ces centres tiennent des colloques, animent des stages d'expérimentation et des classes pilotes, préparent des programmes scolaires et entreprennent la rédaction de manuels.

Au total donc, durant les années 1958-1964, l'Église québécoise découvre que la foi n'est plus un donné culturel, ici comme ailleurs. Des adultes sont au niveau de la pré-évangélisation. D'autres remettent en question leur foi. La jeunesse n'est plus naturellement chrétienne. L'Église tire les conclusions: la transmission de la foi est la fonction première de la pastorale. Elle fait l'apprentissage d'un nouveau processus pédagogique qui l'engage tout entière et qui s'insère «dans des communautés de foi qui expriment sa foi et sa vie dans et par la liturgie». Elle s'affaire à former des catéchètes nourris de la bible et de la liturgie, capables de travailler en équipe et d'être des témoins. Ce sont des années caractérisées par des tâtonnements et des réformes ponctuelles.

Une forme d'action à repenser

Au même moment, les tendances théologiques et les transformations sociales remettent en question la nature de l'action catholique et ses pratiques. À partir de 1958, les problèmes de l'action catholique se font donc plus aigus.[6] En certains milieux, la confusion demeure entre association pieuse et action catholique générale, entre action catholique spécialisée et services d'apostolat laïque. Des diocèses ont donné à toutes les associations laïques un mandat d'action catholique pur et simple; d'autres ont créé deux comités, le comité consultatif des mouvements d'action catholique spécialisée et le comité consultatif des mouvements ou services laïques. L'action catholique spécialisée continue de regarder de haut l'action catholique générale et certains de ses membres en prennent à leur aise avec l'épiscopat. Celui-ci s'inquiète de l'intellectualisme qui prévaut chez les leaders de l'action catholique spécialisée, dominés par la forte personnalité de Claude Ryan, secrétaire national, au détriment, lui semble-t-il, de l'esprit

apostolique et d'une «trop grande attention accordée aux structures plutôt qu'aux techniques de l'action». La propension à créer des services ne risque-t-elle pas de «submerger la J.O.C. dans le temporel»? La J.E.C., au niveau national, n'arrive pas à retrouver son élan. L'équipe manque «d'alimentation spirituelle»; elle est à court «d'une relève parmi le personnel des dirigeants nationaux»; son caractère représentatif et son esprit apostolique laissent à désirer! On ne s'entend pas sur les raisons à l'origine de tous ces problèmes. Le cardinal Léger estime qu'une «notion fausse du laïcat» est le «virus» qui mine le dynamisme de l'A.C.C. Un Claude Ryan tiendrait des propos discutables: le laïcat serait d'institution divine au même titre que l'épiscopat, et c'est lui «qui doit sauver l'Église». Hozaël Aganier, l'aumônier national, situe l'origine du malaise dans la multiplicité des associations et dans «l'absence d'une présence sacerdotale vivifiante dans le mouvement». De toute évidence, une réflexion s'impose. En février 1960, l'épiscopat nomme un comité pour étudier la nature, les orientations et les formes de l'action catholique. Appelé à donner son avis, le Saint-Office émet quatre normes:
1. la fin propre de l'action catholique n'est pas l'œuvre de christianisation des réalités temporelles — cela est le rôle de tous les laïcs — mais de faire connaître les principes suivant lesquels doit s'accomplir cette christianisation;
2. l'action catholique poursuit une fin spécifiquement surnaturelle qui se réalise par la collaboration avec la Hiérarchie dans le travail d'évangélisation et dans le ministère pastoral;
3. l'action catholique générale œuvre dans la communauté ecclésiale (diocèse, paroisse) et la spécialisée, dans les milieux de travail;
4. les associations pieuses doivent être coordonnées avec l'action catholique générale et peuvent lui être incorporées.

Ces règles désormais régiront l'agir de l'épiscopat. La Commission épiscopale d'action catholique et d'apostolat laïque (C.C.C.) mandate Claude Ryan, «un homme de consultation, de décision, de planification et d'action», pour réorganiser la J.E.C. Elle suspend l'équipe dirigeante et place le mouvement sous la tutelle de Claude Ryan. La même commission soumet, en mai 1961, au corps épiscopal canadien des «lignes d'orientation» pour développer l'action catholique et régir ses rapports avec les autres mouvements d'apostolat laïque.[7] Elle suggère de privilégier l'action catholique spécialisée dont la nature et les modes d'action sont les plus conformes au contexte socio-politique canadien et se prêtent davantage à une prise en charge par les laïcs de leur responsabilité apostolique. Il suffirait, croit-on, pour la relancer d'accroître le nombre d'aumôniers et de dégager au niveau diocésain un plus grand nombre de laïcs. La commission ne néglige pas pour autant l'action catholique générale. Elle propose d'élever au rang d'action catholique générale deux mouvements d'apostolat laïque: les ligues du Sacré-Cœur et les Dames de Sainte-Anne. Ces associations répandues à travers le Canada, inscrites dans la tradition spirituelle du milieu, composées de pères et de mères de famille, se prêtent à une action de type général axée sur les besoins de la paroisse. Enfin, la commission recommande qu'au plan national l'action catholique coordonne «l'ensemble des mouvements et organismes d'apostolat des laïcs». En octobre 1961, le corps épiscopal canadien accepte ces recommandations et passe, au début de 1962, à l'action. Il renouvelle son appui total à l'action catholique spécialisée dont il complète l'équipe d'aumôniers. Il donne, à titre expérimental, un mandat d'action catholique générale aux ligues et aux Dames de Sainte-Anne. Il charge l'A.C.C. de mettre sur pied un conseil consultatif national de l'apostolat des laïcs qui sera un instrument de coordination.

L'action de l'épiscopat clarifie la situation. Elle ne règle pas les problèmes. La conversion des ligues et des Dames de Sainte-Anne en associations d'action catholique ne va pas de soi. Elle suppose une transformation de leur spiritualité, de leur pédagogie et de leur structure. L'opinion publique au sein de l'Église remet en cause l'opportunité de maintenir les associations pieuses traditionnelles, voire de tenter de leur insuffler une vie nouvelle. Les Dominicains y sont peu favorables, de même que des clercs et les militants de l'action catholique spécialisée. On juge ces associations peu aptes à répondre aux besoins du jour: «besoin de vie et d'échanges spirituels, de solidarité et d'entraide». Lors d'un colloque organisé par l'équipe de *Maintenant* en janvier 1963, le chanoine Armand Racicot, curé de Longueuil, prononce l'oraison funèbre des associations pieuses. Il préfère «bâtir la vie temporelle pour assurer la resacralisation du monde», au moyen des cours de préparation au mariage, des services de dépannage des foyers, des unions de familles et des associations parents-maîtres. Des enquêtes sociologiques témoignent d'une désaffection croissante des fidèles à l'égard des associations pieuses. Certaines «n'existent que sur le papier» et d'autres ne sont que «des cadres officiels d'où la vie s'est retirée». Par ailleurs, l'action catholique spécialisée n'échappe pas à la contestation. Des militants remettent en question les formes d'apostolat mandatées par la Hiérarchie, ces «relents d'un christianisme médiéval, clérical et folklorique». Ils cherchent dans un engagement social vécu avec des frères chrétiens et non chrétiens de nouvelles modalités de présence au monde. Les journalistes de la J.E.C. prônent des journaux pluralistes, ouverts à plusieurs familles de pensée — et pas nécessairement chrétiennes. La collaboration d'un «marxiste avoué» au journal *Vie étudiante* provoque «un émoi dans les équipes diocésaines et chez les éducateurs». L'abbé Henri Roy déplore dans *l'Action* du 3 octobre 1964 «qu'on n'ait plus la J.E.C. qu'on avait». Les directeurs des journaux de la J.E.C. rêvent d'un journal non confessionnel. La crise atteint son paroxysme en 1964: les permanents des quatre journaux de la J.E.C. remettent leur démission le 26 octobre.

Ce sont là des signes évidents d'un malaise généralisé qui s'inscrit dans une crise sociétale. Pointons du doigt la sécularisation des consciences, le statut d'un laïcat mal intégré dans les structures de l'Église, les attentes et les directives épiscopales issues d'une mentalité de ghetto et trop soucieuses d'affichage catholique et de moralisation, les structures coupées de la base et d'une base écartelée en groupes sans affinité. Retenons surtout une nouvelle sensibilité en émergence, façonnée par la théologie de la libération, les techniques d'animation et de psychothérapie, les expériences des pays en voie de développement. Ouverte aux besoins du monde et attentive aux appels des défavorisés, cette sensibilité a tendance à s'exprimer dans la prise en charge des milieux par eux-mêmes et dans l'action politique. L'heure est propice aux expériences. En 1964, la L.O.C. en devenant le Mouvement des travailleurs chrétiens (M.T.C.) s'engage officiellement dans le «courant de la libération humaine». La L.O.C. est à l'avant-garde du renouveau.

L'ouverture aux frères séparés

La réévaluation de l'agir pastoral amène tout naturellement le catholicisme québécois à s'interroger sur son attitude face aux frères séparés qui, dans le seul diocèse de Montréal, sont plus de quatre cent mille. À partir de 1958, le militantisme des Témoins de Jéhovah, la recrudescence du prosélytisme protestant, le compagnonnage croissant des catholiques et des protestants dans les clubs neutres posent problème à la Hiérarchie. En ce domaine, comme en tant d'autres, les fidèles la précèdent. Des clubs neutres, tel le Kiwanis, des associations neutres ou protestantes, telle la Brigade ambulancière Saint-Jean, et des syndicats internationaux sont formés en grande partie de catholiques. Certains groupements demandent même des aumôniers. L'épiscopat est divisé sur l'attitude à prendre et la réponse à donner. Le cardinal Léger fait montre de souplesse, souhaitant que catholiques et non-catholiques collaborent dans le domaine de la charité pour le bien commun. Mais la majorité du corps épiscopal tient, encore en 1959, à une position intransigeante et plus agressive. Mgr Albertus Martin suggère d'orienter des prêtres bien formés dans une lutte contre les sectes protestantes. Mgr Coderre, inquiet du succès de la brochure *J'étais prêtre catholique*, prône un renforcement des cours d'apologétique dans les séminaires. Mgr Cabana veut orienter l'action catholique dans un «apostolat de défense». Mgr Douville songe à s'en remettre à des centres diocésains d'apologétique.

Ce n'est pas l'épiscopat qui prend l'initiative d'une ouverture aux frères séparés. La flamme œcuménique avait été allumée à Édimbourg en 1910 par Charles Brent, de l'Église épiscopale des États-Unis. Brent y avait réuni la Conférence universelle des sociétés protestantes missionnaires, d'où allait naître le Mouvement foi et constitution. Le mouvement avait tenu des rencontres périodiques auxquelles des catholiques avaient participé officieusement. À la conférence de Lausanne en 1927, on avait identifié les positions extrêmes: Église-institution versus Église-événement. Plus ouverts aux négociations, les protestants en étaient venus à s'entendre sur un dénominateur commun: un sentiment d'appartenance à une Église en état de schisme. En 1948, ce sentiment avait suscité la fondation du Conseil œcuménique des Églises. Par contre, les catholiques étaient demeurés sur leur position, conscients d'appartenir à l'Église du Christ, «une, visible, hiérarchique, indéfectible, chargée de continuer son enseignement, apte à servir d'instrument à l'action vitale de son chef qui commande du ciel».[8] À la conférence de Lund en 1952, les extrêmes avaient reconnu leur complémentarité: les Églises chrétiennes auraient vécu l'Église à la fois sur le mode institutionnel et sur le mode événementiel — mais à des degrés variables. Rome suivait de loin ce mouvement. En 1950, Pie XII avait autorisé le dialogue avec les frères séparés, mais avec force mises en garde.

Fort de cet encouragement, le père Irénée Beaubien ouvre le 14 janvier 1952, dans les locaux du Collège Sainte-Marie, à Montréal, *Catholic Inquiry Forum*, lieu de rencontres interconfessionnelles où des cours sur les points fondamentaux du catholicisme alterneront avec des discussions. L'atmosphère en est moins œcuménique que missionnaire. Le discours prime sur le dialogue. *Catholic Inquiry Forum* est une expérience américaine apprêtée à la sauce montréalaise. Le programme auquel s'inscrit une soixantaine de participants comprend vingt-quatre exposés, à raison de deux par semaine, suivis d'un échange fraternel. Le succès est immédiat. Irénée Beaubien s'adjoint graduellement une équipe qui assurera le développement de l'œuvre. Le programme prend l'affiche trois fois par année, et des catéchètes le prolongent par des cours privés. Un programme spécial s'adresse aux fiancés en voie de s'engager dans une union mixte. Des conférences publiques visent à établir des ponts entre les deux solitudes. L'esprit de l'œuvre s'œcuménise. Jusque-là limité aux laïcs, le dialogue s'ouvre aux pasteurs et aux rabbins en 1955.[9] L'œuvre est à l'étroit dans ses modestes locaux. En 1959, le cardinal Léger avance 400 000$ au père Beaubien, lui recommandant, cependant, la discrétion et exigeant un rapport périodique sur ses activités.

Mater et Magistra (15 mai 1961) et *Pacem in Terris* (11 avril 1963) donnent un nouveau souffle au mouvement œcuménique. Les initiatives se multiplient à Montréal. Les Dominicains organisent, à partir de 1962, des rencontres interconfessionnelles dans leur couvent Saint-Albert-le-Grand. Le cardinal Léger se fait audacieux. À l'occasion du 10e anniversaire de *Catholic Inquiry Forum*, il reconnaît que le Concile de Trente a relégué dans l'ombre certaines vérités fondamentales. En juin de cette année-là, il autorise la mise sur pied d'une commission diocésaine d'œcuménisme et publie une lettre pastorale, «Chrétiens désunis», vouée à une large diffusion. Le cardinal prie les théologiens de mettre une sourdine à leur polémique et de rechercher «les valeurs positives de la foi de nos frères séparés». Il admet que les responsabilités du schisme sont partagées et rend tous les chrétiens responsables de la recherche de l'unité. De ce fait, Montréal devient un centre dynamique d'œcuménisme. En 1963, la Commission foi et constitution siège à Montréal. C'est la première fois qu'elle tient des assises en Amérique du Nord. Elle met quatre thèmes à son ordre du jour: 1. Christ et Église; 2. Tradition et traditions; 3. Le culte; 4. L'institutionnalisme. En acceptant, mais non sans beaucoup d'hésitations, de participer à une soirée de fraternité chrétienne sous les auspices de la commission, le cardinal Léger rompt avec la politique défensive et apologétique de l'épiscopat. Il crée aussi un précédent. C'est la première fois qu'un cardinal participe à une manifestation organisée par le Conseil œcuménique des Églises.

2. Mort d'une Église-nation

À la fin des années 1950, la société canadienne-française, décryptant son destin à travers la décolonisation de l'Afrique, accède à la conscience de soi. Le Canadien français se perçoit comme un être aliéné dans toutes les dimensions de sa vie

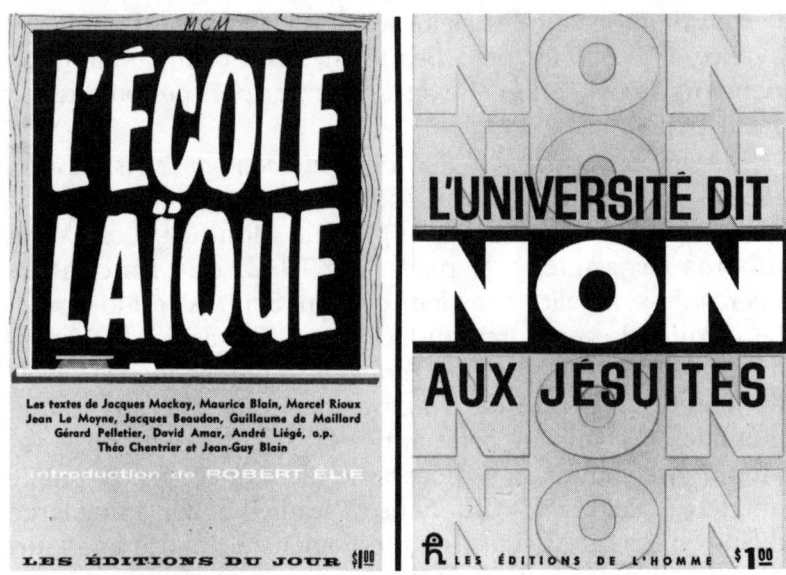

Au début des années 1960, l'intelligentsia québécoise met un frein à l'engagement institutionnel de l'Église.

collective: il est un être étranger aux milieux d'affaires, à sa patrie, à sa propre conscience. Commencent alors l'exaltant apprentissage de la liberté, la douloureuse quête d'une identité, la lente évaluation des héritages et la tâche emballante d'élaborer des projets mobilisateurs. La Hiérarchie n'est plus seule à accréditer les définitions de l'ordre social. La chrétienté est devenue un édifice trop vétuste et trop étroit pour y loger la nation. Elles sont maintenant plusieurs instances idéologiques à se disputer la clientèle des groupes sociaux. Définitions et réformes ponctuelles foisonnent dans une anarchie stimulante. Ni les nationalistes ni les libéraux n'offrent, cependant, de projets sociaux cohérents. Encore moins la Hiérarchie, jadis si diserte. Engluée dans le loyalisme britannique, la soumission au pouvoir établi et la collaboration avec les puissances de ce monde, celle-ci se révèle sans imagination face à la cité en chantier. L'idéologie du pluralisme s'essaie à forger de nouvelles règles d'appartenance au Nous collectif assez englobantes pour intégrer la diversité ethnique et assez souples pour tolérer toutes les croyances et les incroyances. L'unanimité ne semble exister qu'au niveau des stratégies et des moyens. Elle se refait autour de l'idée d'un État québécois émancipé des puissances qui, en le contraignant, le paralysent.

Non aux Jésuites

Le débat sur le contrôle du système scolaire devient le catalyseur de cette unanimité stratégique.[10] Le 17 octobre 1960, les Jésuites annoncent leur intention de réclamer une législation les autorisant à ouvrir deux universités à Montréal. Ce projet n'est pas le fruit d'une génération spontanée. Il s'inscrit dans la continuité de l'École sociale populaire qui, devenue un institut, s'est orientée vers la réflexion critique et la recherche empirique; il représente aussi une contre-offensive des communautés enseignantes qui, par la modernisation des équipements et le perfectionnement des maîtres, entendent perpétuer l'emprise de l'Église sur le système scolaire. Les Jésuites mettent de l'avant des arguments de poids: la croissance démographique, la nécessité de «foyers culturels différenciés et actifs», les droits acquis par la constitution apostolique *Jandudum* au XIXe siècle, l'urgence d'une autre université francophone à Montréal. Ces arguments sont sérieux, non pas sans appel. Au nom de la rationalité, les opposants mettent en question la pertinence des arguments et l'opportunité du projet. Les institutions déjà en place ne pourraient-elles pas éponger les surplus démographiques et, de ce fait, atteindre une taille qui favoriserait leur épanouissement? La société québécoise avec trois universités francophones, deux universités anglophones, quatre-vingt-dix collèges classiques, dont les «quatre dernières années jouent un rôle analogue à celui des petites universités anglophones», n'est-elle pas déjà suréquipée? Convient-il d'amorcer des chantiers quand le gouvernement projette une enquête sur l'éducation?

Le débat met à jour un problème latent dans la société: la laïcité. Dès le 21 octobre, André Laurendeau, éditorialiste du *Devoir*, pose le problème en référence à la question laïque. Le même jour, cent quatre-vingt-quatre professeurs de l'Université de Montréal demandent au gouvernement de ne pas poser de gestes prématurés. Le 29, cent deux intellectuels réclament une enquête, arguant que «l'absence de laïcs à la direction générale de l'enseignement supérieur, tant au niveau secondaire qu'au niveau universitaire, ne peut plus être tolérée

---

La laïcité

Fondements et définition

Encore une fois, tâchons de sortir de certaines confusions. Pour préciser un essai de définition de la laïcité, il est utile de rappeler ici une théorie communément défendue par la sociologie chrétienne à propos de la place de l'Église dans la cité, celle de la thèse et de l'antithèse.

La thèse: C'est que l'Église considère comme la situation terrestre idéale, à laquelle sont appelés à travailler tous les chrétiens, celle où la religion catholique, partagée par tous ou par la grande majorité, serait la religion de l'État civil.

L'antithèse: C'est que l'Église constate qu'il existe comme situation de fait un pluralisme religieux qui ne permet pas d'établir le catholicisme comme religion d'État. Dans cette hypothèse, l'Église demande seulement le respect de la liberté de conscience pour tous; elle tolère qu'il n'y ait pas de religion d'État; elle réclame souvent même qu'il n'y en ait aucune.

Cette hypothèse nous permet d'établir une première distinction entre la communauté religieuse qui forme la cité spirituelle de Dieu, et la communauté civile qui compose la cité temporelle de César.

Mais la même hypothèse introduit en même temps une nouvelle confusion entre les notions d'Église et d'État, qu'elle fait illégitimement s'affronter.

En effet, ce n'est pas l'État, mais la nation qui s'identifie à la communauté civile. De telle sorte qu'il

comme une simple anomalie historique». Les laïcs n'en finissent pas d'énumérer les dangers que comporte le projet des Jésuites: remise en cause de la création d'une université laïque, report d'une réforme du système scolaire, consolidation de l'emprise cléricale sur la société, continuation d'un état de colonialisme religieux. Des Jésuites évoquent le spectre d'une persécution. Argument spécieux qui loin de freiner

> faut réellement distinguer non plus entre Église et État, mais entre Église et nation, chacune correspondant à une communauté différente, à une cité autonome. Au-dessus des deux se place l'État civil ou politique, qui embrasse et la communauté religieuse et la communauté civile.
>
> Ce rappel trop sommaire nous enseigne les origines profondes du rêve messianique, hérité du moyen âge, du royaume de Dieu accompli sur terre et confondu, par hasard historique, dans la coïncidence d'une société religieuse et d'une société civile.
>
> Notre société québécoise revient de loin. Elle se heurte aujourd'hui à des forces d'évolution naturelle qui travaillent à la disjonction de ses fondements mêmes. Pour restructurer un nouvel équilibre, elle doit faire appel à d'autres notions et les approfondir, non plus dans la perspective des sociétés, mais de la personne. Deux nous sont indispensables: la liberté de l'acte de foi, et la liberté civile de religion.
>
> Il suffit, je crois, d'énoncer deux propositions simples, évidentes, nécessaires, pour modifier totalement l'éclairage du faux débat Église-État.
>
> 1 — Tout homme détient un droit absolu à la liberté intérieure de la foi ou de l'incroyance; cette liberté relève de la juridiction de la cité spirituelle.
>
> 2 — Tout citoyen doit pouvoir également exercer, dans la société civile où il vit, cette liberté intérieure, par le droit d'affirmer son option personnelle; cette liberté relève de la juridiction de la cité temporelle.
>
> Ce qui nous entraîne à formuler une troisième proposition corollaire:

l'opposition l'attise. Le tollé de l'intelligentsia inquiète le gouvernement qui reporte sa décision après la parution du rapport de la Commission royale d'enquête sur l'enseignement (Commission Parent) qu'il met sur pied en mars 1961.

Cette décision ne fait que relancer le débat sur la laïcité. Le 8 avril 1961, quelque six cents personnes de toutes croyances

---

Tout citoyen doit pouvoir collectivement promouvoir, tant à l'intérieur d'une église que d'un groupe social, l'édification, le progrès et l'épanouissement des institutions nécessaires à l'exercice du caractère confessionnel ou non confessionnel de son option.

Définition / Contenu

Or c'est ici, très exactement, à la rencontre sociale de ces deux libertés fondamentales, qu'apparaît la laïcité ou la non-confessionnalité. Nous détenons maintenant les principaux éléments d'une définition possible:
LA LAÏCITÉ, C'EST TOUT SIMPLEMENT LE CONSENTEMENT DU CITOYEN, CROYANT ET INCROYANT, À L'ARBITRAGE GARANTI ET INSTITUTIONNALISÉ, PAR L'ÉTAT, ENTRE L'ÉGLISE ET LA NATION, DE DEUX LIBERTÉS INDISSOCIABLES, LA LIBERTÉ INTÉRIEURE DE L'ACTE DE FOI, ET LA LIBERTÉ CIVILE DE RELIGION.
Dans cette perspective, la laïcité prend une valeur positive et féconde d'accord, de respect, d'échange, où elle tend à réconcilier, à unir des particularismes que l'intransigeance ou l'intolérance tendait à diviser.

Dans cette même perspective, l'État laïque prend conscience d'être au service de toute la liberté de l'esprit humain, et que la nation dont il est l'autorité demeure le milieu où s'épanouit cette liberté. Il affirme donc la primauté de cette liberté de conscience et en sanctionne la possibilité d'exercice. IL AFFIRME DONC IMPLICITEMENT LA LIBERTÉ MÊME DE L'ACTE DE FOI.

Conséquences / Condition

Que l'État laïque reconnaisse la liberté de conscience

fondent le Mouvement laïque de langue française (M.L.F.) qui met de l'avant, «dans le respect du fait religieux», la reconnaissance et «l'établissement de la laïcité», particulièrement la mise sur pied d'un secteur scolaire laïque. Le mouvement est loin d'être homogène. Des motivations divergentes animent ses membres: les uns sont plutôt sensibles au respect

> et le fait de la foi n'est que la première conséquence d'une notion ouverte de laïcité. Il en est d'autres:
> 1 — En s'instaurant lui-même sur la liberté, l'État laïque s'interdit toute forme de totalitarisme, et jusqu'à la décision d'imposer une «religion de l'homme» qui serait la négation de cette liberté;
> 2 — L'État laïque introduit une distinction fondamentale entre les domaines spirituel et temporel, et reconnaît ainsi ses propres limites dans le gouvernement de la société civile;
> 3 — Il garantit enfin les conditions mêmes de l'autonomie des juridictions temporelles et spirituelles des Églises et de la nation.
> À sa limite, une notion ouverte de laïcité fonde et justifie la plus haute fonction de l'État politique: celle de l'arbitrage dans la neutralité. Mais une neutralité consciente de son engagement de faire respecter les règles du jeu de la liberté de conscience.
> Enfin, si la laïcité repose sur un consentement, elle doit mobiliser toutes les consciences et rassembler toutes les Églises, dans un effort loyal de présence et de collaboration. Elle suppose des chrétiens, non qu'ils se résignent à l'État laïque, mais qu'ils y travaillent comme à l'achèvement même de la démocratie, intellectuelle et politique.
> LA LAÏCITÉ SE FERA AVEC LES CHRÉTIENS, OU ELLE NE SE FERA PAS.
>
> (Maurice Blain, «Situation de la laïcité», *L'École laïque*, Montréal, Les Éditions du Jour, 1961, 125p.; p. 50-53.)

des droits de la personne; d'autres le sont aux conséquences assimilatrices d'une confessionnalité qui refoule vers le système scolaire protestant les enfants des Juifs et des immigrants, voire des Canadiens français protestants ou agnostiques. D'accord sur une idée, la démocratisation des institutions publiques, les membres ne s'entendent ni sur le contenu ni sur la forme d'un projet. Dès sa naissance, le M.L.F. est un signe des temps controversé. L'écrivain Jacques Godbout,

---

Le mouvement laïque de langue française

A — Orientation

Le Mouvement laïque de langue française est avant tout un mouvement de démocratisation. Il veut restaurer chez nous le respect des libertés individuelles. Ces libertés sont brimées d'une part par un ostracisme plus ou moins déclaré, exercé contre des groupes minoritaires, et d'autre part, par l'existence de certaines structures civiles qui privent des individus de droits démocratiques essentiels.

Parce que le milieu canadien-français fut d'abord, historiquement, un milieu uniconfessionnel catholique, les individus et les groupes qui ne partagent pas cette croyance sont encore non seulement isolés, suspects et tenus à distance, mais encore démunis d'une part de leurs droits de citoyens à cause de la confessionnalité inscrite dans nos mœurs. L'organisation de la société doit respecter toutes les confessionnalités. Elle doit veiller à la liberté de croyance et de pensée des citoyens. Mais en aucun cas elle ne doit se lier à une confession particulière et ostraciser un individu ou un groupe à cause de ses croyances ou de son incroyance [...]

B — Principes et buts

1. Le Mouvement établit comme règle fondamentale de son action le respect de toutes idéologies, doctrines et opinions, et exclut formellement toute forme de discrimination ou d'intolérance.

pour qui la laïcité répond à «un besoin d'espace» et est synonyme de «démocratie, de respect, de qualité», l'interprète comme un «renouveau». D'autres — et ce sont les plus nombreux — continuant d'identifier le respect de la religion à la soumission aux clercs, assimilent le mouvement à une machine de guerre fabriquée par les agnostiques, les protestants et les communistes pour saper les assises de la société. Vive réaction à la mesure du problème que soulève la laïcité: la redéfinition

> 2. Le Mouvement entend accueillir et rassembler toutes les personnes qui en reconnaissent les principes et les buts, indépendamment de leurs tendances intellectuelles et religieuses.
> 3. Le Mouvement poursuit comme but essentiel de ses activités la reconnaissance et l'établissement de la laïcité, c'est-à-dire de la non-confessionnalité, dans les institutions politiques, en respectant le fait religieux et les intérêts légitimes des groupes qui composent notre société.
> 4. Le Mouvement poursuit également comme but essentiel de ses activités l'établissement d'un secteur scolaire laïque, c'est-à-dire non confessionnel, égal en droit et parallèle au secteur multiconfessionnel déjà existant.
> 5. Le Mouvement se portera à la défense des individus ou des groupes dont les droits seront lésés à cause de leur confessionnalité ou de leur non-confessionnalité.»
>
> (Il est important de noter que quelques interventions s'opposant à ces buts s'élevèrent parmi le groupe de ceux qui réclamaient la laïcité intégrale. Il est non moins important de souligner que leurs propositions furent défaites par plusieurs centaines de voix contre six, et que les principes et les buts tels qu'énoncés ici furent adoptés à la quasi-unanimité.)
>
> (Jacques Mackay, «Positions du M.L.F.», *L'École laïque*, Montréal, Les Éditions du Jour, 1961, 125p.; p. 19-23)

des rapports entre l'Église et l'État, l'Église et la nation, l'Église et le monde.

Ce renouveau sous le signe d'une liberté qui s'exprime en terme de décléricalisation et de déconfessionnalisation ne dit rien qui vaille à un épiscopat habitué à composer l'instance suprême de légitimation de l'ordre social. Il redoute les verts pâturages sur lesquels pourraient déboucher les étapes du processus de laïcisation: anticléricalisme, neutralité des œuvres, sécularisation de l'État, déchristianisation des consciences. En d'autres temps, il aurait fulminé et excommunié, fort qu'il était de ses certitudes spirituelles et de ses assises sociales. Mais les temps ont changé. L'homme de la rue, imbriqué dans des milieux de travail où triomphe la technologie et soumis aux messages des mass media, a perdu, lui aussi, ses certitudes d'antan et s'interroge sur les histoires que les curés racontent. L'esprit scientifique et les valeurs profanes imprègnent les classes instruites. Des clercs et des militants laïques s'ouvrent à de nouveaux courants théologiques. Et Jean XXIII lui-même explore des horizons neufs. La marge de manœuvre de l'épiscopat se rétrécit et son discours se fait vieillot. C'est le langage triomphant des technocrates, campés sur la colline parlementaire depuis l'arrivée au pouvoir du gouvernement libéral de Jean Lesage en juin 1960, qui, pour le moment, a la sonorité de l'espérance. Mgr Bernier avait observé en 1957 cet affadissement du discours officiel religieux sans, cependant, en tirer les conclusions: «La Semaine sociale de Montréal a été un enterrement de première classe: à peine 50 laïques! Le premier soir, il y avait plus d'évêques que de laïques.»

Libérer les captifs

De fait, c'est la mort de Maurice Duplessis (septembre 1959), suivie du célèbre «désormais» du premier ministre Paul Sauvé, qui a fait sauter le verrou qui retenait la Parole. Et un frère enseignant annonce au Québec la grande débâcle du printemps.[11] Du fond de son collège d'Alma, où il enseigne la philosophie, frère Untel entreprend de parler aux Canadiens français. Il a plein de choses à leur dire et, puisqu'il fait métier de «libérer les captifs»[12], il veut surtout leur parler de liberté. Pour livrer ses idées et ses impatiences, il s'adresse au journaliste André Laurendeau. Les lettres du frère Untel, publiées dans *le Devoir* entre le 3 novembre 1959 et le 14 juin 1960, captent l'attention du public. Elles abordent des questions en soi plutôt arides: la langue, l'éducation, l'autorité, la vie religieuse. Mais la parole est crue et l'écriture juteuse; frère Untel s'exprime dans le son d'un authentique «nous autres». Pierre-Jérôme, de son vrai nom de religieux, est un frère mariste. Il a trente-trois ans. C'est un grand gaillard du Lac-Saint-Jean. D'origine pauvre, il a été éduqué au juvénat de sa communauté. Il a passé dix ans au sanatorium, où il a lu et réfléchi à loisir. Il y a compris une vérité toute nette: «L'homme de gauche c'est l'homme qui aime la pauvreté; l'homme de droite, c'est l'homme qui aime le pouvoir. Point.» Puis il a étudié la philosophie; il a la tête claire et il est instruit. Ce qu'il veut maintenant: «que par moi s'expriment les générations de silencieux dont je suis sorti». Or les Canadiens français s'y reconnaissent. Frère Untel représente les tâcherons, sinon les méprisés, du système ecclésial. Le frère anonyme criant ses aspirations, c'est, sur un autre plan, les Canadiens français secouant le joug du colonialisme.

Le besoin de dire prend les évêques de court. Collectivement, ils n'ont pas l'habitude d'écouter, de dialoguer, encore moins d'être dans le box des accusés. Individuellement, ils n'aiment pas commenter à l'improviste l'actualité. Ils sentent que les journalistes qui les interrogent à tout propos, sur les frasques du père Ambroise, sur les déclarations des abbés Dion et O'Neill, ou maintenant sur les «insolences» du frère Untel, cherchent à les mettre en contradiction. À l'heure des débats ouverts sur la place publique, d'une prise de la parole par le peuple, les évêques sont indécis et paralysés. En cette affaire, c'est surtout le statut de l'auteur qui dérange. La critique sociale n'est pas chose inédite au Québec et les propos du frère Untel, tout verts soient-ils, sont sans venin; l'épiscopat en a vu d'autres. Mais en usurpant un rôle qui n'est pas le sien, le petit frère déclenche toute une vague de protestations au sein même du prolétariat ecclésial, ce dont témoigne la lettre de «sœur Unetelle», publiée dans *le Devoir* du 18 juillet. La sœur s'en prend directement cette fois à l'autorité et aux règlements dans sa communauté. Là où frère Untel écrit, «l'autorité chrétiennement exercée n'est pas écrasante [...] voilà pourquoi je pose que les Frères, dans l'ensemble, constituent un milieu sensiblement moins apeuré, sensiblement plus libre, que le milieu canadien-français en général», sœur Unetelle dénonce «le fratras d'enfantillages qu'on [leur] impose sous la rubrique *enfance spirituelle*». Les théologiens de service s'empressent alors de détecter dans les textes qui ont suscité pareille réaction «un concept erroné de l'obéissance» et une «conception fausse et dangereuse de la vie religieuse». Pierre-Jérôme reçoit l'ordre de cesser toute activité publique, et le cardinal Léger envoie, en août 1960, un communiqué officiel au *Devoir*, qu'il accompagne cependant d'une lettre sympathique adressée à Laurendeau. L'affaire rebondit à l'automne lorsque Laurendeau fait publier une version augmentée des lettres, sous le titre *les Insolences du Frère Untel*. Le livre, paru sans *imprimatur* aux éditions de l'Homme, est envoyé à Rome. La Sacrée Congrégation des religieux fait parvenir un avertissement au *Devoir*, un rescrit au cardinal Léger, une lettre au supérieur général des Frères maristes dans laquelle, tout à la fois, on condamne certains propos du frère Untel et on regrette que ses supérieurs ne soient pas intervenus à temps. Ce livre, si bien accordé aux aspirations d'un peuple et au *non serviam* de la classe montante des intellectuels, devient un *best seller*: cent mille exemplaires en sont vendus en quelques mois. La presse le commente abondamment et recherche l'opinion des clercs et des évêques. Le cardinal Léger obtient du provincial des Maristes qu'il autorise le frère Untel à accepter une entrevue télévisée. Ce geste accrédite sa réputation d'homme ouvert. Mais le cardinal confie à ses collègues qu'il a donné son *placet* «pour détruire un mythe, pour crever un mythe». «Frère Untel, écrira celui-ci, prenait visage et voix le temps de prouver qu'il n'était pas attaché à la patte du poêle comme Aurore, l'enfant martyre». Mgr Cabana, pour sa part, regrette que cette tactique du cardinal ait fait vendre un «autre quarante mille exemplaires».

En décembre 1960, le cas du frère Untel figure à l'ordre du jour de l'assemblée trimestrielle épiscopale. Les évêques semblent unanimes sur certains points. *Les Insolences* contiennent des erreurs doctrinales. Elles font aussi le jeu des anticléricaux. En ne recherchant pas un *imprimatur*, frère Untel a manqué gravement à la discipline. L'unanimité s'effrite, cependant, sur l'opportunité et les modalités d'une intervention. En toile de fond se profilent «l'état d'effervescence de l'opinion publique», le sensationnalisme des journaux qui «cherchent à faire parler les évêques sur toutes les niaiseries», la crainte qu'une intervention déclenche un raz de marée de protestations. Trois opinions — une intervention officielle de l'épiscopat, un silence prudentiel et une intervention officieuse — ont leurs partisans au sein du corps épiscopal qui se rallie à la dernière opinion. Le rescrit de la Sacrée Congrégation des religieux sera envoyé à la Conférence religieuse canadienne et aux Ordinaires. Ces derniers seront libres d'agir selon leur prudence pastorale. Quant au communiqué que le provincial des Maristes a préparé, on ne croit pas qu'il soit opportun de le publier. Cette séance de trois jours, durant lesquels les évêques ont abordé des questions d'une brûlante actualité, donne lieu à des échanges fraternels mais vifs. Les divisions au sein de la société se reflètent dans le corps épiscopal. Dans l'Affaire du frère Untel, les évêques montréalais ont tendance à passer l'éponge et à maintenir un silence prudentiel. Les évêques des régions rurales favorisent une intervention énergique. Mgr de Québec s'affaire à réconcilier les extrêmes.

Les évêques se sentent tantôt bousculés, tantôt menottés par l'ascendant croissant du cardinal Léger et par la tendance de l'Assemblée des évêques à acheminer sur une voie d'évitement les questions qui divisent ou les propositions qui ne font pas l'unanimité. Au terme de cette réunion, Mgr Bernier (Gaspé), fort de l'appui de Mgr Martin (Nicolet) et de Mgr Cabana (Sherbrooke), propose que toute proposition écrite et appuyée soit mise aux voix — par bulletin secret si deux membres le demandent. Mgr Bernier motive sa proposition par la gravité des problèmes en cours, par le devoir qu'a chaque évêque de prendre une position claire et par le souci d'éviter qu'une seule dissension empêche l'épiscopat d'agir.

La proposition est acceptée par onze oui, huit non et quatre abstentions. Ce résultat indique une précaire majorité des forces conservatrices.

La proposition Bernier clarifie le fonctionnement de l'Assemblée des évêques, mais ne clôt pas l'Affaire du frère Untel. À Rome, la Sacrée Congrégation des religieux aurait préféré une intervention publique. Son préfet, le cardinal Valerio Valeri, aurait même porté l'affaire devant le Saint-Office n'eût été l'intervention du cardinal Léger. En février 1961, le nom du frère Untel figure encore à l'ordre du jour de l'Assemblée des évêques du Québec. Le cardinal Léger est absent. Les intransigeants, au courant du sentiment du cardinal Valeri, parlent fort. L'assemblée mandate Mgr de Chicoutimi pour qu'il rencontre le provincial des Maristes, afin que ce dernier publie «des extraits sur l'appréciation du livre au point de vue disciplinaire», de même que l'acte de soumission du frère Untel «reconnaissant le bien-fondé du jugement porté». À la session de mars, les évêques ont en main un projet de communiqué du provincial des Maristes préparé à Chicoutimi et révisé à Québec: «Rome croit devoir déclarer que le livre tel qu'il se présente offre un concept erroné de l'obéissance et dénote un manque d'esprit religieux [...] Le R.F. Pierre-Jérôme regrette de s'être exprimé de façon inexacte.» Le communiqué plaît à quelques évêques, mais le cardinal Léger, de retour de Rome où l'on s'apprête à ranger les guillotines au musée, s'y oppose. Le cardinal est disposé à accueillir le frère Untel dans son diocèse et à lui donner des censeurs. Le ton monte. M^{grs} Martin, Bernier et Cabana se montrent intransigeants. Dépité, le cardinal s'exclame: «nous sommes devant des complexés». Mgr de Québec n'arrive pas à bricoler un consensus autour d'une déclaration du provincial des Maristes. On refile donc le problème à l'Ordinaire du frère Untel qui «verra quoi faire». En août 1961, frère Pierre-Jérôme est expédié à Rome, pour y faire des études...

L'Affaire du frère Untel continuera son chemin en dehors de l'Assemblée des évêques. À distance, elle illustre le désarroi des évêques devant l'explosion de la Révolution tranquille, leur tendance à se considérer comme les régents de l'ordre social et leur impréparation à fonctionner selon de nouvelles règles du jeu démocratique. «Je vois gronder la révolution à côté de moi», s'était soudainement exclamé le cardinal au cours de la réunion épiscopale de décembre 1960. Ces mêmes tendances transparaissent dans le traitement accordé au mouvement séparatiste. Les évêques en discutent en décembre 1961 et en mars 1962. L'épiscopat redoute alors qu'on ne cherche à engager l'Église dans un sens ou dans l'autre, ou encore que des communautés ou des associations catholiques, en prenant position, donnent à penser qu'il s'agit de la pensée officielle de l'Église. Ces craintes ne sont pas vaines. Raymond Barbeau, un chef du mouvement séparatiste, a qualifié d'immixtion de l'Église la prise de position personnelle de l'abbé Gérard Dion. Les Chevaliers de Jacques-Cartier ont fait savoir par Mgr Charles-Omer Garant qu'ils attendaient des directives de l'épiscopat. On hésite sur l'attitude à prendre. Redoutant les éléments socialistes qui gangrèneraient le mouvement séparatiste, un évêque propose de l'infiltrer pour l'orienter. La proposition ne trouve aucun écho. Des évêques souhaitent que l'épiscopat donne une consigne au clergé. Incapable de prédire l'issue du mouvement, Mgr de Québec suggère de se montrer prudent, «de suivre et d'étudier la question», afin de «savoir quoi dire» le moment venu. En mars, le cardinal Léger revient sur la question en assemblée. Il a consulté le jésuite Richard Arès, un spécialiste de la question nationale. Il expose que le cas québécois est unique et que, lors de la guerre de Sécession américaine, seul l'évêque de New York avait condamné le mouvement sécessionniste. Dans la question du séparatisme, les évêques «n'ont aucune possibilité d'intervention», de conclure le cardinal.

Déconfessionnaliser le travail

C'est dans ce climat d'effervescence, de tâtonnements et d'affrontements que s'achève la déconfessionnalisation du syndicalisme. La question est délicate. Nombreux seraient les syndiqués qui tiendraient encore aux syndicats confessionnels. Le désir d'adaptation viendrait plutôt des permanents et des dirigeants qui ont la responsabilité de l'expansion et du rayonnement du mouvement syndical. Des blocages à l'expansion existent. Les signes en sont la faiblesse numérique du *membership* — à peine cent mille membres — la concentration du mouvement en dehors de la zone montréalaise, la préférence des patrons anglophones pour les syndicats internationaux et le refus des centrales internationales de former des cartels incluant les syndicats catholiques, de crainte que ces derniers en profitent davantage. De plus, la législation qui impose le monopole de représentation au syndicat majoritaire de l'usine ne favorise pas l'expansion ni des syndicats catholiques ni de ceux dont le caractère idéologique est trop prononcé. Le problème à résoudre est complexe: «perpétuer l'œuvre syndicale chrétienne», tout en sauvegardant l'avenir.[13] Cette situation rend compte des propositions auxquelles se rallie le comité exécutif de la C.T.C.C. en mars 1959: 1. suppression du mot catholique dans la raison sociale de la C.T.C.C.; 2. remplacement dans ses statuts de la déclaration d'adhésion à la doctrine sociale de l'Église par une déclaration de principe conforme au contenu de cette doctrine; 3. remplacement des aumôniers par des conseillers moraux qui seront les représentants de l'Église hiérarchique. Ces propositions provoquent une vive discussion. Un «groupe d'aumôniers» les appuient, convaincus qu'ils sont que cette réforme facilitera le rayonnement de l'Église parmi les syndicats neutres et permettra un contact de l'Église avec les catholiques inscrits dans ces syndicats.[14] Par contre, cinq anciens aumôniers expriment un avis contraire. Ces propositions n'offriraient aucune garantie sérieuse. Elles seraient le fruit «d'une intention ferme de laïciser [le] mouvement syndical». Cette intention transparaîtrait dans «le fait qu'un silence complet pèse, depuis plusieurs années, dans certains secteurs de la C.T.C.C., dans les classes dirigeantes [...] sur la raison d'être du syndicalisme catholique».[15] Les aumôniers dissidents ont l'appui de l'Institut Pie XI et de *Relations.* Ils ont aussi la sympathie de l'épiscopat qui est d'autant plus attaché à la formule originale que la Commission épiscopale d'action sociale soutient que seul le syndicalisme confessionnel est conforme à la doctrine sociale de l'Église et que la déconfessionnalisation n'aiderait guère à promouvoir l'expansion de la C.T.C.C. En décembre 1959, lors de la réunion trimestrielle de l'épiscopat, M^{grs} Bernier, Martin, Pelletier et Douville plaident en faveur de la confessionnalité: la C.T.C.C. est la digue qui pourrait encore enrayer la marée laïcisante. Mgr de Québec pose le problème en ces termes: «À Québec, on veut la confessionnalité et à Montréal, on ne la veut plus.» L'épiscopat reporte sa décision à plus tard. Ce n'est qu'en septembre 1960 qu'il rend son jugement. Tout en reconnaissant que le syndicalisme catholique est le seul qui satisfasse pleinement aux exigences de la doctrine sociale, il accepte les propositions du comité exécutif de la C.T.C.C., si le «groupement juge la chose opportune».[16] C'est donc sans enthousiasme que l'épiscopat donne le feu vert à une réforme qui en annonce bien d'autres. Au congrès de l'automne de 1960, la C.T.C.C. devient la Confédération des syndicats nationaux (C.S.N.) et ses statuts ne font plus que référer aux principes chrétiens. Mais pour combien de temps encore?

L'orientation de la C.S.N. n'a pas un effet d'entraînement massif. La Corporation des instituteurs catholiques reste confessionnelle jusqu'en 1967; la Corporation des enseignants du Québec, les Caisses populaires, la Société Saint-Jean-Baptiste et d'autres associations demeurent partisanes de la confessionnalité. Ce n'est qu'au fur et à mesure que l'État étend son emprise sur le socio-culturel que la déconfessionnalisation devient inévitable.

Laïciser les institutions

La déconfessionnalisation des associations s'inscrit dans un processus plus large: la laïcisation des institutions publiques. En 1957, la décision d'étendre la juridiction du ministère du Bien-Être social et de la Jeunesse à toute l'assistance publique — les orphelinats, les crèches, les garderies et les agences sociales — amorce un virage dans cette direction. Deux processus sont alors à l'œuvre. L'un, issu des pressions de l'opinion publique pour la mise sur pied d'un plus grand nombre de services, du désir de la classe technocratique montante d'avoir des jobs et de la hausse constante des coûts des services, commande une intervention sans cesse accrue de l'État. L'autre, né du courant démocratique qui met tous les citoyens sur un pied d'égalité devant la loi et d'une sensibilité plus grande aux droits de la personne, imprime une direction à l'intervention étatique: la laïcité conçue non comme une machine de guerre contre l'Église, mais comme un ensemble de valeurs positives respectueuses de la personne et du citoyen. Le processus de laïcisation s'effectue en deux temps: temps de l'affirmation de l'État et de la planification (1957-1964), temps de la reconstruction de l'organisation sociale (1964-1970).

La laïcisation des services d'assistance ne provoque pas un grand débat public. Elle chemine à travers des consultations, des négociations et des tractations. Le grand débat avait eu lieu en 1921. Dès son arrivée au pouvoir, le gouvernement Lesage manifeste une volonté arrêtée d'assumer en ce domaine ses responsabilités (série de lois sociales en septembre 1960), d'exercer tous ses droits (création d'un ministère de la Famille et du Bien-Être social) et de planifier l'évolution du secteur du bien-être (Commission Boucher). En se posant en agent de rationalisation du secteur social, l'État force les institutions privées à s'ajuster et à s'intégrer aux structures qu'il met en place. L'opération s'effectue dans l'anarchie et non sans douleur: les délais que suppose l'élaboration des objectifs et des stratégies, de même qu'une nouvelle définition du rôle des organismes privés, engendrent un climat d'insécurité et d'insatisfaction. L'opération se solde par la déconfessionnalisation du système d'assistance publique et par une réorientation du rôle des institutions privées. Les agences sociales s'empressent d'abandonner leur reconnaissance juridique en vertu de la loi des évêques pour en réclamer une selon la loi des compagnies. La loi des hôpitaux (1962) met fin à l'emprise de l'Église sur les services d'assistance et de santé et à celle des communautés hospitalières sur leurs institutions. Dorénavant, tous les établissements qui participent au programme de l'assurance-hospitalisation devront être administrés par une corporation distincte de la corporation en mainmorte qui rassemble les membres de la congrégation en charge de l'hôpital. De surcroît, cette corporation devra comprendre des laïcs. Peu à peu l'État en vient à distinguer de façon très nette le rôle de ses propres bureaux régionaux et celui des agences privées. Les bureaux gouvernementaux distribueront l'aide financière: l'assistance

---

GOUVERNEMENTS ET AFFAIRES SOCIALES

7 août 1940: Loi de l'assurance-chômage. Elle entre en vigueur le 1er juillet 1941 (Ottawa).

24 juillet 1944: Création du ministère de la Santé nationale et du Bien-Être social (Ottawa).

2 août 1944: Loi des allocations familiales (Ottawa).

22 février 1945: Loi des allocations familiales du Québec.

17 avril 1946: Création du ministère du Bien-Être social et de la Jeunesse (Québec).

1er janvier 1952: Entrée en vigueur de la loi canadienne accordant une pension aux personnes âgées de soixante-dix ans et plus (Ottawa).

1er janvier 1957: Le ministère du Bien-Être social et de la Jeunesse étend sa juridiction à l'assistance publique: orphelinats, crèches, garderies, agences sociales (Québec).

1er janvier 1961: Entrée en vigueur de l'assurance-hospitalisation (Québec).

1er avril 1961: Création du ministère de la Famille et du Bien-Être social (Québec).

6 décembre 1961: Mise sur pied du comité d'études sur l'assistance publique (Commission Boucher). Le rapport sera déposé en juin 1963 (Québec).

13 juin 1962: Adoption de la loi des hôpitaux (Québec).

18 juin 1964: Création du Conseil supérieur de la famille (Québec).

15 juillet 1965: Sanction de la loi établissant la Caisse de dépôt et de placement du Québec et aussi de la loi créant la Régie des rentes (Québec).

1er novembre 1970: Entrée en vigueur d'un régime d'assurance-maladie universel, et aussi de la loi d'aide sociale (Québec).

aux chômeurs, l'aide aux indigents à domicile, etc. Les agences privées qui seront subventionnées par l'État se cantonneront dans les services de réadaptation sociale et de prévention. Cette spécialisation des fonctions touche durement les communautés hospitalières et les travailleurs sociaux des agences privées. Les premières s'interrogent sur l'opportunité de conserver la propriété de leurs établissements. Les seconds, éparpillés dans une vingtaine d'agences, fondent en juin 1963 la Fédération des services sociaux de la famille du Québec et entreprennent de repenser leur activité.

L'épiscopat intervient peu — du moins directement — dans les débats et les négociations qui entourent la laïcisation du bien-être social. Des communautés le lui reprochent d'ailleurs. Les Sœurs grises de Saint-Hyacinthe s'en ouvrent à Rome dès le début des années 1960: «Les communautés ne pensent pas comme les évêques. Ils comprennent mal nos besoins. Ils ignorent sinon la lettre, du moins l'esprit du droit canon.» De fait, l'épiscopat qui, en coulisse, suit les moindres agissements de l'État aborde en public le problème de la laïcisation dans sa globalité, à savoir les nouveaux rapports qu'une socialisation accrue des citoyens établit entre les individus, les groupes intermédiaires et l'État. C'est ce thème que développe le cardinal Léger, en janvier 1962, devant la Chambre de commerce de Montréal. À ses yeux, la croissance de l'État n'est qu'un aspect de la socialisation. Celle-ci pour s'exercer à l'avantage de l'homme nécessite que l'État travaille en collaboration avec les corps intermédiaires qui sont «une précieuse protection pour la personne» et «une critique efficace des décisions du gouvernement».[17] En privé, l'épiscopat s'en remet à Caritas-Canada pour faire pression sur les gouvernants et critiquer leur administration dans les affaires sociales. Cet organisme défend deux principes: la nécessité de compléter l'assistance financière par les techniques développées dans le service social et celle tout aussi impérieuse de maintenir entre l'État et la population des œuvres privées, installées au cœur des problèmes, capables de traduire les besoins des indigents et de leur dispenser des services personnalisés.[18] Les critiques de Caritas-Canada portent sur l'excessive centralisation administrative, l'absence de consultation et l'administration à court terme qui oblige les institutions privées à vivre dans «l'immédiat, le provisoire et l'incertain».

Étatiser l'instruction publique

La laïcisation du bien-être progresse à pas feutrés. Il n'en va pas de même de l'étatisation du système scolaire qui s'amorce au cours d'âpres discussions et d'une intense émotivité. C'est que le système scolaire a valeur de symbole: il traduit les idéaux, le projet collectif et l'art de vivre de la nation — du moins de la nation telle que la définissent les élites traditionnelles. Il masque aussi des enjeux et des intérêts fondamentaux. Enclos où depuis le XIXe siècle s'affrontent les forces libérales et les forces conservatrices, le système scolaire est le lieu par excellence où s'expriment les rapports de force. Une réforme en profondeur du système signifierait la victoire des classes montantes sur les élites traditionnelles.

Le besoin fortement ressenti d'une réforme radicale obéit à une logique analogue à celle qui commande l'évolution du bien-être social: besoin d'ouvrir le système à tous les citoyens, sans discrimination, et de produire la main-d'œuvre et les cadres qu'une société en perpétuel changement réclame. L'épiscopat est ouvert à une réforme du système scolaire. Il la sent inévitable. En décembre 1957, il en discute en assemblée plénière. Mgr Léger insiste sur «l'anticléricalisme qui se développe chez nous». Mgr Roy regrette que le Conseil de l'instruction publique, où siège la totalité des évêques, n'ait point les ressources financières pour mettre en œuvre certaines réformes. Des évêques se sentent piégés par le premier ministre Maurice Duplessis qui, opposé aux réformes, nomme au Conseil de l'instruction publique des «incompétents, amis du gouvernement». L'épiscopat se contente d'émettre le vœu que sa commission d'éducation se tienne informée et prépare un projet de restructuration du système scolaire. Afin de maintenir les positions de l'Église, il endosse la stratégie des congrégations enseignantes: consentir de gros investissements, financiers et humains, dans l'expansion des infrastructures scolaires, le renouvellement de la pédagogie, le perfectionnement des maîtres et l'adaptation des programmes aux besoins de la société. Le mot d'ordre: être plus compétent que les laïcs. Le cas des Clercs de Saint-Viateur illustre la stratégie. En dépit des défections et d'une baisse dans le recrutement, les Viateurs s'efforcent de répondre aux demandes des commissions scolaires. Ils agrandissent leurs établissements scolaires et en modernisent les services. De 1959 à 1964, ils mettent en chantier ou rénovent une école normale, un scolasticat et quatre collèges classiques. Ils intensifient «la formation humaine, spirituelle et professionnelle» de leurs enseignants. Ils ont quatre-vingts sujets aux études à plein temps en 1958-1959 et cent soixante-dix en 1964-1965. Ils voient à la formation des directeurs, des spécialistes et des animateurs que nécessite l'école contemporaine. Cette capitalisation s'effectue au prix de lourds sacrifices individuels et d'emprunts à long terme. Les provinciaux incitent leurs sujets au détachement des biens de la terre et à la pratique de la pauvreté. Ils multiplient les règlements qui tendent à réduire la consommation individuelle.[19]

Le 6 juillet 1960, la décision de confier au ministre Paul Gérin-Lajoie des responsabilités dévolues jadis au ministère du Bien-Être et de la Jeunesse et au Département de l'instruction publique sonne l'alarme. Les évêques s'interrogent sur la portée du geste. Le 28 septembre, à l'occasion d'une réunion du Comité catholique du Conseil de l'instruction publique, les partenaires établissent leur position. Le ministre Gérin-Lajoie pose une distinction fondamentale entre la «régie académique», qui continuera de relever du Conseil de l'instruction publique, et «la direction administrative des écoles» qui, désormais, sera de son ressort. Il justifie par la rationalité la concentration en ses mains des pouvoirs administratifs. Il réfute les intentions qu'on lui prête de songer à la création d'un ministère de l'Éducation. Mgr Roy lui donne la réplique par un exposé des vues de l'épiscopat. Il précise le rôle de l'éducation qui consiste à préparer l'enfant à collaborer à la construction de la cité et s'attarde plus longuement sur la place de l'éducation chrétienne dans un système scolaire: «amener l'enfant à rejoindre Dieu dans la lucidité de sa conscience». Il dévoile que l'épiscopat est favorable à la fréquentation scolaire jusqu'à la neuvième année, à une révision du rôle, de la compétence et de la composition du Comité catholique, à la création d'un exécutif qui rendrait les décisions de ce comité plus efficaces. En clair, l'épiscopat est ouvert au changement. Il souhaite un Comité catholique compétent et dynamique. Il ne voit pas, cependant, l'opportunité de créer un ministère de l'Éducation: «il existe, dans ce grand édifice construit il y a cent ans, des lignes maîtresses que l'on ne saurait changer sans en compromettre la solidité». Mgr Roy a mis carte sur table. Le ministre a-t-il ouvert son jeu?

Dans les mois qui suivent, des émissaires du gouvernement sondent certains évêques. Est-ce une manœuvre pour diviser l'épiscopat? La question est à l'ordre du jour de la réunion des évêques en décembre 1960. Ceux-ci tentent alors de faire le point. Ils reconnaissent que le gouvernement ne «veut pas mettre l'Église en dehors de l'enseignement public», mais qu'il ne peut, toutefois, «ignorer les cent mille Juifs de Montréal». Certains redoutent que surgisse «bientôt un petit père Combes!» La plupart sont convaincus que le gouvernement s'apprête à réformer le Comité catholique et qu'il «demandera la démission des laïcs». Et les évêques de s'interroger sur l'attitude à prendre. Mgr Roy aimerait que l'épiscopat ait une proposition concrète à suggérer le plus tôt possible, de crainte que l'enquête annoncée sur l'éducation ne se fasse «sur [leur] dos». Mgr Bernier se montre opposé à toute réforme du Comité catholique. À la rigueur, il accepterait une réforme effectuée en concertation avec l'épiscopat et qui laisserait à ce dernier le droit de choisir les évêques qui le représenteraient dans le comité. Mgr Martin se déclare prêt à considérer des projets pour autant que le gouvernement donne aux évêques des délais pour les étudier. Le cardinal endosse l'opinion de Mgr Roy, précisant: «il faut que nous préparions de nos bons catholiques à aller plaider notre cause à l'Enquête royale, [afin de] de pas être entraînés à aller la plaider nous-mêmes». L'Assemblée épiscopale ne prend aucune position, préférant laisser les choses mûrir.

Mais les technocrates sont pressés. Siégeant à nouveau en assemblée en février 1961, en l'absence du cardinal et de l'archevêque d'Ottawa retenus à Rome, les évêques reçoivent du ministre des notes confidentielles explicitant ses intentions. Le Comité catholique réformé comprendrait sept évêques — et non plus la totalité des évêques — et vingt et un membres nommés par le gouvernement. C'est un choc! Est-ce le signe d'une volonté de déconfessionnaliser le système scolaire? Mgr Coderre s'exclame: «L'Épiscopat n'acceptera jamais la déconfessionnalisation, l'étatisation de l'école.» M^{grs} Martin, Cabana, Douville et Frenette, convaincus que «retourner le projet ne servirait à rien», passent la nuit à préparer un brouillon de réponse que l'assemblée étudie le lendemain. Ce projet de lettre insiste sur trois points: 1. la réforme proposée amènera «tôt ou tard une ingérence accrue de la politique de parti dans l'éducation publique»; 2. les évêques ont besoin de temps pour «décider librement la forme et la mesure» de leur participation ou représentation dans le Comité catholique; 3. les évêques «souhaitent vivement» que cette question «ne soit pas débattue au Parlement avant qu'un accord de principe n'ait d'abord été établi, ainsi que cela s'est fait aux étapes les plus importantes de l'élaboration [des] lois scolaires, entre l'Église et l'État». L'assemblée ne retient pas le projet. Elle se rallie à une réponse dilatoire préparée par Mgr Roy qui reporte à une session d'urgence, tenue dès le retour du cardinal, la position de l'épiscopat.

Cette réunion a lieu le 20 mars 1961. Le cardinal semble pessimiste. «Tout est fait, déplore-t-il, nous arrivons trop tard. Les fonctionnaires du ministère de la Jeunesse annoncent des projets prématurés. La réforme doit venir. Mais elle doit être bien étudiée.» Mgr Roy est d'avis que «l'évolution ne doit pas être trop rapide» et que l'épiscopat ne doit pas «[se] dépouiller trop facilement de [son] autorité législative». Mais cette fois-ci, les deux personnalités dominantes de l'épiscopat sont débordées sur leur droite. Mgr Bernier a en poche un document intitulé «Quelques observations sur le projet de réforme du Comité catholique du Conseil de l'instruction publique». C'est une analyse du projet Gérin-Lajoie à la lumière de l'histoire et du droit. Mgr Bernier ne voit aucune raison de supprimer la présence d'office de l'épiscopat dans le Comité catholique. Aucun corps intermédiaire n'aurait formulé pareille demande, si ce n'est «certains intellectuels et quelques journalistes». La «parité Évêques/Autres» a une profonde signification: «l'Église enseignante siégeant, comme sur un pied d'égalité, avec la famille et l'État au Conseil supérieur de l'éducation». Mgr Bernier conclut que la réforme projetée conduira à la politisation du système scolaire: la partisanerie politique régira le choix des membres. De plus, le ministre possédera trop de pouvoir au détriment des pères de famille dans la nomination des membres du Comité catholique. Mgr Bernier introduit son texte par un vibrant plaidoyer qui trace une ligne de conduite: «C'est une décapitation que le peuple ne demande pas», et qui ne satisfera que le «groupe anticlérical et athée qui a réussi à s'infiltrer, hélas! jusque dans nos universités catholiques, Radio-Canada, *Le Devoir*, *MacLean*, *Cité libre*.» Et de conclure: «Leurs grondements ne doivent pas nous épouvanter. Mais nous avons, au contraire, le devoir sacré de leur tenir tête.» Mgr Bernier a l'appui de NN. SS. Martin, Cabana, Pelletier. Ces évêques se sentent appuyés par leurs fidèles. Ils ne veulent pas d'une capitulation de l'épiscopat devant le gouvernement. Ils pressentent que la réforme projetée est un premier pas vers la déconfessionnalisation. Mgr Roy tire les conclusions de la discussion: «On ne supprime pas la Chambre des députés parce que ça va mal dans l'inspection de la Voirie. Ce sont les rouages subalternes [du C.I.P. et du D.I.P.] qui font défaut.» L'assemblée décide de prier le gouvernement de surseoir à toute réforme, «jusqu'à ce que l'Épiscopat ait eu le temps de bien considérer tout le problème d'ensemble et de formuler des propositions concrètes».

La Commission Parent, qui tient des audiences publiques et reçoit des mémoires des corps intermédiaires, serait l'occasion de procéder à une aussi vaste réflexion. L'épiscopat en discute au printemps de 1962, quand il prend connaissance du mémoire que des membres du Comité catholique ont rédigé à l'intention de cette commission d'enquête. L'épiscopat abandonne alors l'idée de prendre les devants et révise sa stratégie. Il souhaite que le Comité catholique s'en tienne à un «rapport bref et substantiel», se limitant à rappeler les droits des parents, de l'Église et de l'État. Il se fixe un objectif: «faire mettre dans la loi que l'Assemblée épiscopale du Québec est la seule autorité compétente pour établir les normes générales qui assurent à l'école son caractère catholique». Sa stratégie consiste à attendre que la Commission Parent, qu'il serait opportun d'informer discrètement des desiderata des évêques, rende publiques ses recommandations. «Alors le Comité catholique, qui est un Sénat supérieur, pourra étudier ces suggestions et se prononcer avec autorité.» Cette position n'est pas unanime mais elle est majoritaire. Conscient de la complexité de la question, l'épiscopat s'entoure d'une équipe de conseillers. Il crée la Commission sacerdotale provinciale de l'éducation catholique. Elle sera présidée par l'abbé Jean-Paul Charbonneau, directeur de la section classique à la Commission des écoles catholiques de Montréal, et composée des abbés Jean-Baptiste Comeau et Jean Rondeau, de Richard Arès, s.j., et de Marcel de Grandpré, c.s.v., tous spécialistes des questions scolaires. En décembre 1962, l'épiscopat a donc un objectif: le maintien de l'école catholique dans le système scolaire public; il a un enjeu: le contrôle de l'école catholique par le corps épiscopal; un thème: le rôle de l'État en éducation et la place de l'éducation chrétienne dans les écoles; une stratégie qui repose sur une convention historique: s'entendre en coulisse avec le gouvernement sur un projet concret de réforme avant que ce dernier ne le dépose devant l'Assemblée nationale; une tactique: laisser le gouvernement ouvrir son jeu. L'épiscopat est en position de laisser les choses venir.

Celles-ci se précipitent. Le 23 avril 1963, la Commission Parent dépose la première tranche de son rapport. Les commissaires suggèrent la création d'un ministère et d'un conseil supérieur. Le gouvernement entend agir avec célérité. Les rumeurs d'un projet de loi s'amplifient. Les évêques en ont déjà une ébauche entre les mains. Ils en discutent lors de leur réunion de juin. Ce projet prévoit effectivement la création d'un ministère et d'un conseil, ainsi que des aménagements propres à rallier l'épiscopat: 1. deux sous-ministres, l'un catholique et l'autre protestant; 2. deux comités confessionnels au sein du Conseil supérieur; 3. une représentation dans le Conseil supérieur respectueuse du pluralisme. Ces mesures visent à garantir la confessionnalité du système scolaire, tout en l'ouvrant à tous les citoyens sans discrimination.

Le gouvernement a retenu l'objectif de l'épiscopat non son enjeu. Entre les deux partenaires, les positions ne sont donc pas contradictoires. Mais les évêques n'en sont pas moins

---

Communiqué de l'épiscopat du Québec sur l'éducation, 1963

À leur réunion trimestrielle tenue à Québec les 10 et 11 juin 1963, les Archevêques et Évêques de la Province civile de Québec ont étudié de nouveau l'important problème de l'éducation.

Ils se réjouissent de l'intérêt croissant que dans tous les milieux on porte à l'éducation et à tout ce qui peut favoriser de réels progrès dans ce domaine.

Ils remarquent cependant que les idées émises dans le public à ce sujet s'écartent trop souvent des principes chrétiens chers à la presque totalité des citoyens de notre province.

Ils tiennent à rappeler:

1° — Que les droits de la famille, de l'Église et de l'État, en matière d'éducation, doivent être harmonieusement et intégralement respectés.

2° — Que l'éducation tout entière doit viser la fin de l'homme et que, par conséquent, les catholiques sont tenus d'assurer à leurs enfants une éducation chrétienne dans leurs foyers et d'exiger «des écoles où soit inculquée par des maîtres aux convictions solides, une conception chrétienne de la vie, où tout l'enseignement soit donné dans la lumière de la foi» (Jean XXIII, 30 décembre 1959).

3° — Que la famille joue un rôle essentiel dans la société et que l'éducation doit favoriser son épanouissement.

4° — Qu'une saine éducation ne se contente pas de constater les désordres sociaux ou les erreurs courantes, mais s'applique à les corriger.

5° — Que la liberté d'enseignement implique qu'on soutienne équitablement, sans altérer son caractère propre, toute institution, privée aussi bien que publique, qui concourt au bien commun.

inquiets. D'une part, le gouvernement semble vouloir procéder même s'il n'a pas leur bénédiction; d'autre part, les aménagements spéciaux ne sauvegardent pas l'emprise de l'épiscopat sur le secteur catholique. L'épiscopat décide de passer aux actes. Le 11 juin, il rend publique par un communiqué sa position de principe, tout imprégnée de l'ecclésiologie traditionnelle. Et le 18, dans une lettre confidentielle au premier ministre, Mgr Roy rappelle les droits de l'Église, invoque la convention historique entre les deux pouvoirs et signifie au gouvernement que l'épiscopat préférerait en cette histoire être l'allié du gouvernement plutôt que son adversaire.

En apparence, le gouvernement fait mine de ne point comprendre et dépose, le 26 juin, son projet de loi, déclenchant par le fait même un grand débat public dont la thématique reprend celle des évêques. Le gouvernement juge opportun de laisser du temps à l'opinion publique pour s'exprimer. Peut-être espère-t-il un appui massif qui le mettrait en meilleure position pour négocier avec la Hiérarchie? Mais l'opinion publique est divisée. Le 8 juillet, le premier ministre retire le projet de loi et avise la population qu'elle a jusqu'au 1er septembre pour lui transmettre ses suggestions. L'Église se voit forcée d'étaler son jeu. Pendant que les corps intermédiaires et les citoyens clament sur la place publique, la Commission sacerdotale provinciale de l'éducation catholique s'affaire à formuler des modifications précises. Cette commission joue auprès du corps épiscopal un rôle analogue à celui qu'avait joué en 1950 la Commission sacerdotale des questions sociales. Et elle procède de la même façon. Elle commence par mettre la doctrine à l'heure de *Pacem in Terris* et de Vatican II — certains analystes encore aujourd'hui ne voient dans ce changement de discours que la stratégie d'une puissance déclinante qui, pour maintenir son pouvoir, emprunte le discours de l'Autre. Abandonnant la vieille ecclésiologie et la vision d'une société structurée en familles, Église et État, elle asseoit sa position sur la liberté de conscience et les droits de la personne. Jean XXIII a bâti sur ce terrain son ordre mondial de paix. Convaincue que «le Bill 60 détruit le principe même de la confessionnalité des écoles, supprime la liberté de l'enseignement en conférant au ministre de l'Éducation des pouvoirs presque dictatoriaux et minera sérieusement l'autonomie de l'enseignement libre ou indépendant», la commission souffle aux évêques des amendements précis, formulés en langage juridique, tout prêts à être insérés dans le projet de loi soumis en juin. Le 27 août, les évêques siègent. Ils ont sous les yeux des observations écrites du cardinal Léger, un projet de lettre au premier ministre et une liste d'amendement. Tous ces documents vont dans le même sens. La lettre explicite les principes qui fondent les amendements. Elle demande au gouvernement de formuler une déclaration des droits fondamentaux en matière d'éducation. Elle fait découler du droit à la liberté de conscience le droit à la confessionnalité. Le ton est digne, ferme et serein. Les rédacteurs ont évité tout ce qui pourrait indisposer le gouvernement ou l'opinion publique. Cette lettre-manifeste est, au plan des idées, un vigoureux coup de barre. Elle renie un siècle d'intolérance — non d'intransigeance, qui demeure l'attitude du corps épiscopal. Le 29 août, l'épiscopat expédie sa lettre au premier ministre et rend publique sa position.[20] Il réclame l'insertion de quatre principes généraux dans le préambule de la loi, des précisions sur les attributions des sous-ministres associés, l'agrément des évêques — et non leur simple consultation — dans la nomination des membres du Comité catholique et dans la détermination des fonctions des comités catholique et protestant. De fait, s'inspirant de l'exemple hollandais, l'épiscopat réclame pour les Églises le droit «de régir leurs écoles dans le respect des normes fixées par le ministre de l'Éducation». Ni l'épiscopat ni le gouvernement, l'un et l'autre trop peu sûrs de leur force politique réelle, ne veulent un affrontement. L'automne se passe en négociations. Le gouvernement accepte la substance, et très souvent la lettre, des amendements suggérés par l'épiscopat. Le 14 janvier 1964, le gouvernement dépose un projet de loi amendé qui sera adopté le 5 février, avec la bénédiction de l'épiscopat.

Ce débat historique appelle plusieurs commentaires. De 1960 à 1964, l'État et l'Église ne modifient pas leur objectif fondamental. Le premier recherche une structure de coordination et d'action, capable d'adapter le système scolaire aux besoins d'une société moderne, et la seconde, le maintien d'un enseignement catholique aux enfants catholiques. Dès le départ, l'Église fixe l'enjeu mais n'arrive pas à élaborer un modèle susceptible de satisfaire l'État. Chemin faisant, l'État, fort de la recommandation de la Commission Parent et de l'appui des forces de changement, déplace l'enjeu vers un ministère de l'Éducation. De son côté, l'Église chemine aussi. Le déclin de son emprise sociale et Vatican II qui accrédite une nouvelle vision du monde l'amènent à décanter son objectif des moyens de le réaliser. Elle découvre que d'autres structures peuvent soutenir son objectif. Par la négociation, les deux pouvoirs en arrivent à s'entendre sur une réforme qui répond à leurs attentes respectives. En cette affaire, aucun pouvoir n'a pu dominer l'autre. L'État a bien fixé l'enjeu et forcé l'Église à ouvrir publiquement son jeu, mais celle-ci a forcé son rival à négocier — et en coulisse — une nouvelle entente que les députés n'ont eu qu'à ratifier. En obtenant que le Comité catholique régisse les écoles et l'enseignement catholiques, que l'épiscopat dispose d'un droit de veto sur le choix des membres de ce comité, la Hiérarchie conserve une position stratégique dans le système scolaire. À court terme, elle semble n'avoir perdu que son contrôle sur le développement des écoles non confessionnelles et son quasi-monopole sur l'accréditation des manuels scolaires. Par ailleurs, le débat a permis de redéfinir la compétence de l'Église et de l'État en matière scolaire et de doter l'un et l'autre de moyens de contrôle adéquats. Le droit de veto de l'épiscopat et du Comité catholique sur certaines décisions de l'État est équilibré par le droit de veto de l'État sur certaines décisions du Comité catholique. Ces mécanismes reflètent la souveraineté des deux pouvoirs dans leur ordre de compétence. Le système ne saurait fonctionner sans un respect mutuel, ni une compréhension réciproque, ni une entente écrite analogue à un concordat pour clarifier et compléter les dispositions de la loi.[21] À plus long terme, cependant, l'épiscopat sort affaibli de cet affrontement. Il n'est plus directement au cœur du système scolaire: parents et éducateurs peuvent proposer la nomination au Comité catholique d'éléments progressistes en désaccord avec la pensée officielle de l'Église, et l'épiscopat aura peine à les écarter. Le système lui-même est source de frictions entre l'épiscopat d'une part et le Comité catholique d'autre part. Ainsi, qui des évêques ou du comité approuvera les manuels d'enseignement religieux? Ces manuels devront-ils recevoir l'*imprimatur* d'un évêque? Si oui, ce sont les évêques et non le comité qui décideront en dernier ressort. De plus, les règles du jeu n'ont plus le caractère d'immuabilité des structures d'antan. Elles ne sont plus de l'ordre du sacré, mais sujettes à des majorités parlementaires. Plus que jamais la capacité de la Hiérarchie de les faire respecter reposera sur son emprise sociale et sur un consensus au sein des catholiques.

Un inconnu demeure. En juin 1963, les évêques ancraient encore les droits de l'école confessionnelle dans la vieille ecclésiologie, mais en août ils s'inspiraient d'une nouvelle vision des rapports de l'Église et du monde pour les réclamer. Est-ce stratégie ou conversion authentique? Rien ne nous autorise à mettre en doute la sincérité des évêques. Mais une question se pose: est-ce possible d'intérioriser si rapidement une autre vision du monde et d'en vivre au jour le jour? Le sort qu'ils avaient réservé en 1950 à la lettre collective sur le problème ouvrier rend la question pertinente.

3. En quête de nouveaux modes de présence au monde

Les débats qui ont entouré la création d'un ministère de l'Éducation illustrent de façon dramatique l'urgence pour l'Église de trouver de nouveaux modes de présence dans la cité. Obligée d'expliciter auprès de l'opinion publique la récente prise de position de l'épiscopat, la Commission sacerdotale provinciale de l'éducation catholique constate, en septembre 1963, que l'épiscopat «est pitoyable sur ce point» et que s'impose de toute urgence la mise sur pied d'un «Bureau de presse efficace». De toute évidence, le changement social remet en cause les modes de communication et d'action de l'Église sur les individus et les milieux, plus largement son mode de participation à la construction de la cité.

Le défi de l'information

Au Québec comme ailleurs, les mass media s'avèrent un des facteurs de changement les plus dynamiques et un des instruments d'action socio-politique les plus efficaces. En passe d'être délogée de son statut d'Église-nation et d'être confinée, dans la construction de la cité, à un rôle de corps intermédiaire un peu plus influent que les autres, l'Église découvre peu à peu que ses moyens de communication ne sont plus adaptés aux besoins d'une culture de masse. Son message est dilué dans le flux sans fin des messages qui noient l'homme anonyme de la société urbaine. La crise est profonde. L'agir prudentiel, caractérisé par le secret, la réflexion, la concertation, l'attentisme, l'intervention feutrée, la manœuvre subtile, correspond à un statut et à une fonction sociale: l'instance qui écoute, tranche et dirige. L'épiscopat n'est pas préparé ni prêt à se comporter en corps intermédiaire qui tente d'infléchir dans sa direction, par le dialogue sur la place publique, un mouvement venu d'ailleurs. Il ne dispose pas non plus d'un appareil de presse qui lui permettrait d'être présent dans l'actualité. Les quotidiens périclitent. *Le Progrès du Saguenay* devient hebdo (1961) et accroît ses distances avec l'évêché de Chicoutimi. En vain, Mgr Roy confie à une équipe de laïcs la mission de sauver *l'Action catholique*. Ce journal devient, en 1962, *l'Action*. Il modernise sa mise en page et soigne sa page éditoriale. Incapables d'opter entre le journal de combat et le journal d'information, ses promoteurs ne font que retarder l'inévitable. *L'Action* entre en agonie vers 1965. Sa clientèle rurale l'abandonne. Un poumon artificiel, «les Compagnons de *l'Action*», assure sa survie jusqu'en septembre 1973. *L'Aquilon* (Baie-Comeau), *le Bien public* (Trois-Rivières), *l'Action populaire* (Joliette) et *le Richelieu* (Saint-Jean) connaissent semblables avatars. La presse étudiante s'affadit. *La Crue*, qui avait remplacé en 1962 *Vie étudiante*, disparaît dans la débâcle de l'action catholique en 1964, laissant la J.E.C. avec un déficit de 60 000$. *Claire* et *François*, journaux rédigés à l'intention des petits, s'éteignent en 1965. Ce sont les gens âgés, les femmes rurales de plus de quarante ans qui assurent la survivance des annales pieuses et missionnaires. *L'Oratoire* perd quelque cinq mille abonnés par an à partir de 1960. Le tirage du *Messager canadien* chute de 75 000 en 1959 à 42 000 en 1968. Une cinquantaine de revues missionnaires tirent encore à quelque cinq cent mille copies en 1970, mais le déclin de l'exotisme laisse présager leur disparition.

La réaction de l'Église face aux problèmes que soulève l'information dans une société démocratique est ponctuelle. Elle ne saurait dans l'immédiat être globale. L'Église doit d'abord comprendre ces phénomènes et en dégager les significations théologiques. Ce sont là des préalables à la nécessaire conversion des mentalités et à la mise sur pied de canaux de communication plus diversifiés, plus efficaces... et aussi plus confiants envers l'opinion publique. Ce rôle de réflexion est dévolu à l'Office catholique national des techniques de diffusion qui, en avril 1965, publiera ses observations, notamment un *Essai de théologie des moyens de communication sociale* et des *Jalons pour une psycho-sociologie des moyens de communication de masse*. Pour l'heure, l'Église improvise, s'efforçant d'adapter sa presse écrite aux conditions nouvelles. Elle privilégie la revue ou le magazine. Ces formules exigent moins de capitaux, donnent un temps de réflexion pour commenter l'actualité, se prêtent à des articles et des reportages adaptés à un public-cible. Le renouveau s'effectue de deux façons: par la transformation du contenu et de la présentation des annales, par la création de nouveaux périodiques. Donnons des exemples. Les Jésuites, qui déjà avaient constaté les lacunes des bulletins paroissiaux traditionnels, avaient lancé dans les années 1940 *Ma Paroisse*, un magazine abondamment illustré et voué à l'animation de la vie paroissiale. En septembre 1959, ils confient la direction de cette revue au père Jean-Louis Brouillé avec le mandat de «la rendre de plus en plus intéressante et aguichante pour que tous la lisent». Les Jésuites ont en tête un magazine «national des Canadiens français» qui concilierait en une synthèse harmonieuse la tradition et le progrès. *Ma Paroisse* devient en janvier 1960 *Actualité*. Par ailleurs, les Dominicains, autour desquels gravitent les catholiques progressistes, lancent deux nouvelles revues en 1962. *Communauté chrétienne*, organe de l'Institut dominicain de pastorale, tire à mille exemplaires. Elle entend mobiliser

Engagée dans la réforme de l'Église, *Communauté chrétienne* s'adresse aux leaders locaux. Elle véhicule un courant de pensée dominant dans le catholicisme québécois durant les années 1960.

les leaders des Églises diocésaines, à qui elle propose une théologie nouvelle et une praxis pastorale conforme aux temps présents.[22] *Communauté chrétienne* est axée sur la construction de l'Église. *Maintenant*, lancée la même année, le sera sur la construction de la cité. C'est une «revue chrétienne d'opinion». Elle s'adresse aux nouvelles élites laïques et cléricales. Elle traduit en prises de position concrètes les nouveaux rapports de l'Église au monde que le concile a entérinés. *Maintenant* a bientôt comme adversaire *Aujourd'hui Québec* (février 1965-

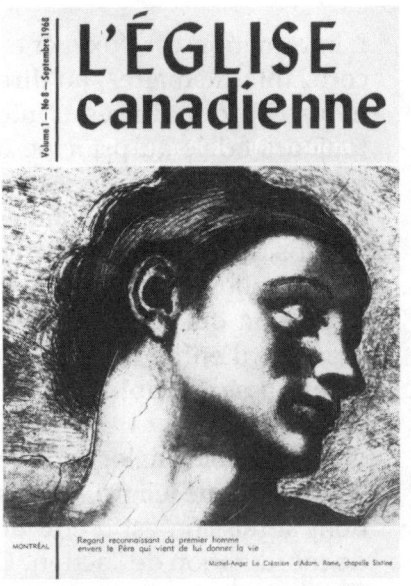

Les instruments d'une réforme.

novembre 1967), organe des intégristes et des élites traditionnelles. Ce magazine tire à vingt-cinq mille exemplaires. Il défend la conception d'une chrétienté intégrale, inspirée de saint Thomas et de la doctrine sociale de l'Église.[23]

Ce renouveau de la presse écrite ne doit pas induire en erreur. L'Église éprouve de la difficulté à s'adapter aux mass media et à répondre aux besoins d'information dans une société démocratique. Des évêques se prêtent bien parfois à des entrevues, mais aucun n'a le sens de la conférence de presse. Les évêchés n'ont pas de poste de relationniste, et les principaux organismes ecclésiaux — la Conférence catholique canadienne, l'Assemblée des évêques du Québec, la Conférence religieuse canadienne — n'ont pas de bureau de relations publiques. Les journalistes doivent le plus souvent continuer de s'alimenter auprès des canaux non officiels et compter sur des contacts occasionnels pour obtenir de l'information religieuse.

Les frères et les sœurs délaissent leurs ghettos

L'information est l'oxygène de la société démocratique. Les corps intermédiaires, au dire de l'Église, en seraient les poumons. En ces années d'intense socialisation, la Hiérarchie toujours fidèle au principe de subsidiarité valorise les corps intermédiaires, ces assises organiques de toute société de participation. Avec sa bénédiction, une dizaine de congrégations de frères enseignants s'étaient fédérées en 1945 dans la Fédération des frères éducateurs du Canada (F.F.E.C.). La fédération qui ne vise qu'à susciter des «consultations fraternelles d'entraide» possède une constitution et des règlements assez souples pour laisser à chacun ses initiatives propres. En juillet 1958, les religieuses enseignantes s'engagent dans une voie analogue. Elles mettent sur pied l'Association des instituts de religieuses enseignantes du Québec (A.R.E.Q.), dont la mission est d'être un lieu d'échange, de réflexion et de coordination de l'action. Ces deux associations constituent des groupes de pression non négligeables au sein de la société civile. En 1962, la F.F.E.C. groupe au Québec 6300 frères et l'A.R.E.Q., 12 186 sœurs.

Mais ces associations ouvertes aux seuls religieux et religieuses posent problème. Elles brisent l'unité du monde enseignant en isolant les religieux des laïcs. Le mouvement syndical s'en trouve affaibli et l'activité professionnelle, rendue plus difficile. Les religieux se sentent marginalisés. L'État, qui dans ses consultations officielles s'en tient aux organismes majoritaires, les ignore. Les frères et les sœurs ne participent pas ou peu à la discussion des projets de réforme et ne siègent ni dans les comités ni dans les commissions où se joue l'avenir de l'éducation, sauf exception, bien entendu. L'opinion publique, travaillée par un mouvement anticlérical, perçoit ces religieux enseignants comme les concurrents des laïcs, comme des parasites qui, sans coup férir, profitent des gains conquis de haute lutte par les syndiqués laïques. Par ailleurs, leur isolement prive les syndiqués laïques de collègues expérimentés et compétents.

Les religieux doivent-ils continuer de vivre en marge du monde? C'est la question que soulève, en décembre 1962, la Corporation des instituteurs et institutrices catholiques (C.I.C.) qui invite les frères et les sœurs à joindre ses rangs, afin d'organiser la profession enseignante en une corporation qui aura ses normes, ses exigences de qualification, ses contrôles et ses privilèges exclusifs. La conjoncture appelle un rapprochement: d'une part, les religieux craignent d'être marginalisés davantage; d'autre part, la corporation a besoin d'accroître sa force de frappe contre un gouvernement qu'elle croit résolu à réduire les éducateurs à des fonctionnaires civils. L'invitation de la corporation ouvre une période d'intenses discussions que le Département d'action sociale de la Conférence catholique canadienne suit de près. On explore trois avenues: 1. l'affiliation de la F.F.E.C. et de l'A.R.E.Q. à la C.I.C.; 2. l'organisation de sections syndicales diocésaines, affiliées à la C.I.C., auxquelles tous les religieux et religieuses enseignants seraient tenus d'adhérer; 3. l'inscription des religieux et religieuses, à titre individuel, à des syndicats déjà existants. La première solution, sorte d'affiliation dite «par la tête», déplaît à la C.I.C. Elle n'y voit qu'un simulacre d'adhésion: les religieux ne seraient pas membres de la C.I.C. et leurs supérieurs serviraient d'intermédiaires. De leur côté, les supérieurs trouvent de nombreux avantages à la deuxième solution. Des sections autonomes assureraient «la présence des supérieurs dans l'élaboration des contrats de travail, l'engagement collectif, la limitation des relations avec les laïcs, la liberté d'action en cas de grève ou de luttes syndicales».[24] La C.I.C. pointe, cependant, de nombreux désavantages: la présence de deux syndicats en un même lieu perpétuerait la division des forces, la concurrence, la difficulté de grouper laïcs et religieux dans les mêmes comités du travail. Plus grave encore, cette situation engendrerait deux conventions de travail, deux échelles de salaire. Cette solution ne comblerait pas le fossé en train de se creuser entre clercs et laïcs ni ne créerait un climat d'union et de compréhension mutuelle. Seule la dernière solution, déjà pratiquée dans les milieux hospitaliers, semble propice à une plus grande solidarité professionnelle, à une meilleure compréhension réciproque, à une utilisation maximale des ressources et à la promotion d'un esprit chrétien.

Cette troisième voie constituerait, cependant, aux yeux des supérieurs, une révolution. Les supérieurs seraient absents du processus. Les engagements seraient individuels. Les frères et les sœurs accéderaient aux promotions et aux charges par voies de concours et d'élection. Ils seraient soumis à un comité de discipline et devraient s'engager dans les luttes syndicales. Ils côtoieraient quotidiennement des laïcs. Les expériences vécues dans les communautés hospitalières du Québec et les communautés enseignantes des autres provinces érodent graduellement la résistance des supérieurs, qui consultent l'abbé Charles-E. Mathieu, du Département d'action sociale. Celui-ci recommande la prudence: «La fusion de groupements aussi divers par la mentalité, les conditions de vie et les objectifs particuliers ne peut se faire sans risque» ni dans l'improvisation. L'abbé Mathieu se méfie de l'empressement de la C.I.C., dont il ne connaît pas la motivation profonde, et de la capacité de nombreux religieux et religieuses à assumer une vie syndicale sans aucune préparation. Il suggère de procéder par étapes. D'abord, la mise sur pied d'un cartel des exécutifs des trois associations qui serait utile pour sonder «les intentions véritables» de la C.I.C. Puis, une fédération des trois associations, étape au cours de laquelle clercs et laïcs apprendraient à travailler ensemble et élaboreraient des structures communes. Enfin, après quelques années «de tâtonnement contrôlé», la fusion ou l'intégration syndicale sur une base individuelle. En mars 1963, l'épiscopat entérine le point de vue de l'abbé Mathieu, suggérant de «procéder avec une sage lenteur». Les démarches vont au ralenti. Un comité épiscopal souhaite qu'avant toute chose on «procède à une enquête sur l'orientation des communautés religieuses dans le contexte social actuel» et il ne cache pas sa préférence pour «une affiliation par la tête». L'épiscopat se cantonne dans un «attentisme prudentiel». Encore en février 1964, il recommande de «continuer prudemment l'étude de ce problème». Pendant ce temps, le Département d'action sociale met sur pied des stages de formation intensive qui, pour bien des religieuses, sont une fenêtre par laquelle elles regardent le monde pour la première fois et respirent leur première bouffée de liberté.

*
* *

De 1958 à 1964, le processus de sécularisation balaie une forme de religion qui s'était institutionnalisée au XIXe siècle, au sein de laquelle la société avait trouvé son sens et sa cohérence, et les individus, leur sécurité. Au moment où s'achève le Concile et s'essouffle la Révolution tranquille, la religiosité demeure, bien sûr, vivace. Mais l'Église n'est plus un agent totalisateur de l'organisation sociale. La société baigne désormais dans une atmosphère désacralisée. Les bureaucrates aménagent l'organisation sociale. Les experts remplacent les clercs à la barre des établissements. Dépouillée de son aura morale auprès des élites en place, de plus en plus coupée de ses assises populaires, délogée des postes de commande, l'Église québécoise a perdu sa capacité d'imposer. Elle projette l'image non plus d'une multinationale omnipotente, mais d'une modeste P.M.E. dont l'avenir réside dans sa capacité à innover.

Chapitre IV

UNE ÉGLISE EN CRISE, 1965-1971

Le *Te Deum* qui clôture les assises conciliaires en décembre 1965 marque le terme d'une profonde expérience religieuse et humaine. À l'écoute de l'Esprit et du Monde dans une attitude d'accueil, la Hiérarchie a fait acte d'humilité: elle a abandonné son monopole sur la vérité, sur l'ecclésialité et sur l'humain. L'Esprit n'a pas soufflé de nouveaux dogmes et le Monde ne s'est pas attiré d'anathèmes. L'Église n'a pas non plus renié sa doctrine ni renoncé à son dessein de restaurer l'humanité sur un fondement chrétien. Les acquis de Vatican II sont d'un autre ordre. L'Esprit et le Monde ont fait redécouvrir à l'Église ses racines qui se ramifient dans un «mystère de présence, de communion, de services». L'Église s'est convertie à des attitudes et à des pratiques pastorales expérimentées en action catholique et dans les missions de France. L'*aggiornamento* se situe dans la mentalité collective et consiste en la reconnaissance de l'autonomie des valeurs terrestres, de la fécondité du dialogue, du renouveau liturgique, du ressourcement biblique, du sacerdoce des laïcs et du service du monde en vue de son achèvement. En changeant la représentation que l'Église se faisait d'elle-même et du monde, le Concile a modifié la structure des chromosomes qui as-

Une église à vendre.

suraient la reproduction de sa face charnelle. Jésus transmettant ses pouvoirs aux apôtres et à leurs successeurs était un principe chromosomique qui engendrait une Église hiérarchisée, structurée en clercs et en laïcs, en pasteurs et en brebis. Désormais, l'image d'une Église peuple de Dieu (Père), corps du Christ (Fils) et temple de l'Esprit constitue les chrétiens en un peuple sacerdotal, et l'Église, en un sacrement du Royaume. Elle engendre le sentiment d'une commune responsabilité. C'est une mutation. Les Pères conciliaires ont façonné les caractères d'un génotype auquel les Églises locales, en communion entre elles et avec Rome, devront donner un visage.

L'invitation des Pères conciliaires à vivre le christianisme sur le mode de la communion et du témoignage ouvre de nouveaux espaces à la conscience des chrétiens, désormais libérés d'une morale légaliste, d'un ordre naturel sacralisé, d'une idéologie de ghetto et de rites désuets. «C'est par la médiation de sa conscience que l'homme perçoit les injonctions divines; c'est elle qu'il est tenu de suivre fidèlement en toutes ses activités pour parvenir à sa fin qui est Dieu», proclame *Gaudium et Spes*. Ce langage printanier atteint une société québécoise qui, au mitan des années 1960, entre dans un état de crise dont, aujourd'hui encore, on ne saurait affirmer qu'il soit résorbé ou dépassé.[1] Les origines de cette crise s'enracinent dans une mutation des genres de vie. Les derniers bastions de la ruralité s'écroulent sous les coups de boutoir d'une planification bureaucratique qui se traduit dans la régionalisation scolaire, le regroupement des services dans les pôles urbains, l'établissement de centres commerciaux à la périphérie des villes et la fédération des coopératives et des syndicats locaux. La rationalité qui enfante des programmes sociaux universels, des subventions statutaires et des plans sectoriels

---

DEVANT DEUX PORTRAITS DE NOTRE MÈRE

Vatican I	Vatican II
1. Insistance sur l'institution. L'Église se comprend à partir des ministères. Elle se structure en clercs et laïcs.	• Insistance sur la communion ecclésiale. L'Église est en commune responsabilité. Elle est tout entière ministérielle. L'Église est le peuple de Dieu.
2. Insistance sur l'Église universelle dont le point d'appui est le pape.	• Insistance sur les Églises locales rattachées à un centre d'unité, le pape, et dont le point d'appui est la collégialité.
3. Insistance sur l'autorité qui jaillit du haut et s'impose vers le bas.	• Insistance sur la hiérarchie conçue comme un service au cœur de la communauté.
4. Insistance sur la présence au monde placée sous le signe du pouvoir et traduite en droits et en devoirs. L'Église englobe le monde.	• Insistance sur la présence au monde sous forme de témoignage, d'animation et de service. L'Église est au cœur de la cité séculière.
5. Insistance sur un modèle institutionnel axé sur le dogme, le rite et la morale.	• Insistance sur un modèle communautaire axé sur l'expérience fraternelle de Jésus-Christ.

sape les fondements socio-politiques des élites traditionnelles et de l'Église. Les solidarités du sang, des réseaux sociaux et du favoritisme, si vivaces dans l'ancienne société, se sont disloquées. Des institutions qu'on disait immuables ont éclaté. De plus en plus, la société est perçue dans sa dimension conflictuelle. Les milieux de travail sont le terrain privilégié des enjeux politiques. Les groupes sociaux légitiment les nouveaux pouvoirs, particulièrement le syndicalisme qui canalise les revendications populaires. L'État façonne une nouvelle organisation sociale qu'il place sous le signe de la neutralité.

D'autres forces, celles-là même qui ont enfanté l'État bureaucratique et sur lesquelles les Québécois ont peu de prise, transforment la vie urbaine. Les villes n'attirent plus. Elles débordent leurs frontières et s'étalent à la manière d'une marée là où il y a des terrains disponibles. Le paysage urbain est discontinu, hachuré de «têtes de développement» et de terrains vacants. Le géographe Jean Gottman a décrit cette dissociation de la ville et du tout urbain qui «se dilue dans un tissu rural dégénéré et stérilisé, un tissu rurbain, en pleine déprime». Les populations récemment urbanisées travaillent et se récréent au centre de la ville, mais dorment et se reposent dans les logements des villes-dortoirs sans urbanité consistante. La société de consommation introduit une civilisation axée sur l'argent, le confort et le loisir. Un matérialisme pratique et un hédonisme permissif s'installent au sein d'une population dont le niveau de vie, hier encore, ne dépassait guère une honnête aisance et dont les mœurs étaient réglées par un contrôle social rigoriste. Les mass media véhiculent des courants d'idées exotiques: la révolution sexuelle et la libération de la femme. Ils proposent des valeurs et des comportements qui deviennent le pain quotidien d'une population réduite à l'état de masse. Les valeurs d'autorité sont battues en brèche.

Les générations répondent diversement à ces stimuli. Les plus de quarante ans sont mal préparés à vivre des situations ouvertes à la liberté de choix. Les générations montantes qui n'ont pas vécu l'état de chrétienté sont séduites. La stratification sociale s'articule autour de trois groupes clos: les adolescents, les jeunes et les adultes. Le phénomène est à l'échelle occidentale, mais il est accentué au Québec par l'entassement massif des jeunes dans des centres scolaires. Les ruraux s'ajustent mal au changement. Ils se sentent marginalisés, trahis par leurs élites. Les femmes contestent de plus en plus la ségrégation des rôles dans la société. Elles entrent sur le marché du travail, remplissent les salles de cours des universités, utilisent la «pilule» et réclament leur place au soleil. Cette mutation culturelle affecte profondément la famille, lieu par excellence de transmission des normes sociales. Le travail des femmes, la baisse de la natalité, les unions irrégulières, les relations sexuelles hors mariage, la hausse de la criminalité juvénile, le manque d'intégration familiale des enfants sont les symptômes d'une mutation de la famille. Comment caractériser cette culture en devenir, sinon par opposition à un autrefois? Hier, la vie se déroulait sous le signe du destin, de la fatalité, d'un Dieu qui avait déterminé à l'avance la place de chacun. Aujourd'hui, l'homme assume son avenir. Il fait des choix. Rien n'est déterminé et tout est à recommencer. Cette représentation de la vie met fin à la situation monopolistique que l'Église catholique détenait sur «le marché québécois des religions».

Cette vision du monde centrée sur l'autonomie des réalités terrestres, la liberté de choix de la personne, la rationalité et l'abondance des biens matériels détruit l'espace symbolique à l'intérieur duquel l'idée de nation canadienne-française avait trouvé sa cohérence et son sens. Dépouillés de leur lieu d'appartenance symbolique, les francophones du Québec sont confrontés à une crise d'identité collective. Le nouvel espace symbolique qu'on s'efforce d'aménager avec des matériaux préfabriqués dans les laboratoires de la science, dans les manufactures des multinationales, dans les coulisses d'Hollywood, dans les cénacles intellectuels étrangers et dans les pratiques politiques des pays de la périphérie ne crée pas un pays — tout au plus une ville cosmopolite et sans âme. La déception succède à l'euphorie de la Révolution tranquille. Les premiers bilans sont des constats d'échec. Échec des poètes à bâtir le pays imaginaire. Échec des intellectuels à esquisser une représentation concrète des Québécois en tant que communauté sociale: la québécitude ne serait-elle pas un nouveau miroir aux alouettes? Échec aussi des artisans

TABLEAU 21

CHRONOLOGIE D'UNE MUTATION, 1963-1971

Année	Conflits de travail	Contestation et terrorisme
1963		Formation du Front de libération du Québec (F.L.Q.) Début du terrorisme. Attaque des manèges militaires au cocktail Molotov, suivie d'une vague de bombes. Manifestation de l'Armée de libération du Québec.
1964	Conflit de travail à *La Presse*.	Dix mille cultivateurs marchent sur le parlement de Québec.
1965		L'explosion d'une bombe marque la fête de la Confédération canadienne Les cultivateurs du Lac-Saint-Jean bloquent les routes avec leurs tracteurs
1966	Grève des professionnels de la fonction publique.	Nouvelle vague de bombes à Montréal. Arrestation de dix felquistes.
1967	Grève des neuf mille enseignants de la C.E.C.M. Grève des employés du transport en commun à Montréal.	Accentuation de la contestation étudiante; c'est un mouvement important jusque vers 1969. Le général de Gaulle crie: «Vive le Québec libre».
1968	Série de grèves d'enseignants. Grève des employés de la Régie des alcools.	Émeutes à Montréal le 24 juin: 290 arrestations. Début d'une autre vague de bombes. La contestation dans les cégeps atteint son paroxysme. La C.S.N. ouvre le «Deuxième front».
1969	Arrêt de travail des pompiers et des policiers de Montréal.	Grève dans plusieurs cégeps.

La recherche d'un projet de société	Sécularisation
Le Rassemblement pour l'indépendance nationale se constitue en parti politique. Lancement de *Parti pris*, revue mensuelle.	

Fondation de la revue *Socialisme*.	Entrée en vigueur de la Loi 60 créant un ministère de l'Éducation.
Lancement du Regroupement national, parti indépendantiste. Daniel Johnson, chef de l'Union nationale, publie *Égalité ou Indépendance*.	

Fondation du Ralliement national, né de la fusion du Ralliement des créditistes et du Regroupement national.	
René Lévesque publie *Souveraineté et Association*. Fondation en novembre du mouvement Souveraineté-Association. Assises des États généraux du Canada français à la Place des Arts à Montréal.	
Pierre Vallières publie *Nègres blancs d'Amérique*. Fondation du Parti québécois.	La Loi des fabriques oblige les paroisses à se départir de leur salle paroissiale.

Les États généraux du Canada français réclament une nouvelle constitution pour le Québec.	

Tableau 21 (suite)

Année	Conflits de travail	Contestation et terrorisme
1970	Grève des conducteurs de G. Lapalme Inc. Violence à Cabano. Grève à la General Motors, Sainte-Thérèse. Grève des médecins spécialistes.	Les agriculteurs protestent contre la politique laitière. Crise d'octobre: enlèvement d'un diplomate et assassinat d'un ministre. Loi des mesures de guerre.
1971	Lock-out au journal *La Presse*. Grève des policiers de la Sûreté du Québec. Grève des pompiers à Montréal.	Agitation contre la Charte de Victoria. La C.S.N. organise au Forum une assemblée intersyndicale et populaire.

de la Révolution tranquille qui, taillant le tissu social avec un patron syncrétiste, ont bricolé une société où les niches les plus spacieuses sont pour les gestionnaires, les salles accueillantes pour les syndiqués et la salle commune mal aérée pour la masse. Entre 1966 et 1971, des blocages se durcissent. L'économie québécoise demeure surdéterminée par la politique économique du gouvernement canadien et le capital étranger. Le PNB québécois montre des signes d'essoufflement. Les disparités régionales s'accentuent et le taux de chômage reprend sa marche ascendante. Les jeunes sont de plus en plus touchés: le taux de chômage des jeunes entre 14 et 24 ans passe de 37% en 1962 à 45% en 1972. La capacité d'emprunt du gouvernement s'amenuise. Les non-instruits ne se reconnaissent pas dans la bureaucratie technocratique. La génération montante n'accepte pas d'être obligée de travailler «en anglais» dans la fonction publique fédérale ni dans l'entreprise privée. La reprise du mouvement migratoire, la baisse de la natalité, l'acculturation des néo-Québécois à la société anglophone portent le problème linguistique à son paroxysme. Les rapports sociaux se tendent. Les partis politiques n'arrivent pas à mobiliser la population autour d'un projet collectif. Face à un État omniprésent, source de l'innovation sociale, les mouvements collectifs se tournent vers la recherche d'une communauté de sentiments. C'est le printemps de la contre-culture et des sectes religieuses.

La recherche d'un projet de société	Sécularisation

La C.S.N. publie *Ne comptons que sur nos propres moyens.*

Le catholicisme traditionnel, si lié aux conditions d'existence des Québécois, encaisse le contrecoup de cette mutation. Son déclin va de pair avec la détérioration du tissu social. À la grandeur du Québec, les manifestations extérieures de la foi s'atténuent. La participation aux exercices facultatifs du culte — Vêpres, Premier Vendredi du mois, Quarante Heures — régresse partout. Les dévotions populaires, chapelets, chemins de croix, neuvaines, dépérissent: encore vivaces chez les plus de cinquante ans, celles-ci sont inconnues des jeunes qui ignorent le culte des saints, même celui de la Vierge. Les ruraux conservent la pratique de la confession et de la communion massive quelques fois l'an, spécialement à Noël et à Pâques. Dans les régions où le contrôle social perdure, le catholicisme traditionnel résiste. Ailleurs, dans les zones très urbanisées, c'est autre chose. Dans la région montréalaise, la pratique dominicale s'effondre. Ce taux était de 61,2% dans le diocèse de Montréal et 67% dans celui de Saint-Jean en 1961. Dix ans plus tard, il est de 30% dans Montréal, 27% dans Saint-Jean et 45% dans Valleyfield, ce dernier diocèse ayant pourtant une population encore rurale à 45%. La chute est plus marquée chez les hommes que chez les femmes. Elle s'avère une dégringolade chez les jeunes adultes de 20 à 34 ans: le taux de pratique de cette strate oscille entre 12% et 15%. De plus en plus, la pratique est liée à l'âge, à l'intégration des individus dans leur milieu et à des comportements familiaux. Ces données posent plusieurs problèmes auxquels il n'est pas facile de répondre.

Avec la baisse de la pratique dominicale, la flambée du taux de divorce est un autre indicateur d'une désaffection accrue envers le catholicisme traditionnel. Sous l'empire de l'ancienne loi de divorce, quelque cinq cents conjoints montréalais entreprenaient des procédures en divorce chaque année. La loi ne reconnaissait alors qu'un motif, l'adultère, et elle imposait des procédures onéreuses évaluées à quelque 2000$. Le 1er juillet 1968, l'élargissement de la loi provoque une réaction en chaîne. De cette date au 9 septembre 1970, les Montréalais soumettent onze mille trente dossiers de divorce

Le cardinal Maurice Roy

civil et, par la suite, continuent d'en présenter environ cinq cents autres par mois. Pierre-A. Champagne, un spécialiste des causes matrimoniales, constate que «très peu d'entre eux sont tourmentés par l'aspect religieux».

1. ÉDIFIER LE PEUPLE DE DIEU

Les évêques reviennent de Vatican II avec une définition nouvelle de l'Église et de leur mission pastorale. En leur absence, l'État a dressé sur leurs terres le drapeau de la modernité. Par les fenêtres du Temple pénètre un grand vent d'euphorie et, en bons parvenus qu'ils sont, les Québécois commencent à jeter aux poubelles l'antique morale et les usages démodés. Les évêques semblent, sinon dépassés par la conversion à opérer et les travaux à entreprendre, du moins démunis et dépaysés face aux urgences de l'heure. Doutent-ils de leur capacité à intérioriser et à communiquer le souffle nouveau qui anime l'Église? Redoutent-ils l'impact que les espaces ouverts par le Concile auront sur le peuple de Dieu? Savent-ils qu'une mutation ne se planifie pas? D'instinct, ils s'installent dans une position de retrait et s'attellent à l'édification du peuple de Dieu.

Le Temple symbolique

La liturgie a une double fonction: manifester Dieu, cette réalité qui donne forme au Temple visible, et être le point de jonction du vécu ecclésial et du vécu culturel.[2] La réforme liturgique est donc un préalable à l'édification du peuple de Dieu. Il revient à l'Église universelle de lui donner un sens et aux Églises particulières de lui donner des significations à partir de leur culture et de leur expérience.

La Constitution conciliaire sur la liturgie (*Sacrosanctum concilium*, 4 décembre 1963) a restauré la liturgie et renouvelé son sens en la centrant sur l'idée de Dieu père, «le Dieu de la bonne nouvelle de l'évangile».[3] Celle-ci exprimera le mystère pascal: le Fils de Dieu s'est incarné, il a été obéissant jusqu'à la mort, il a été exalté dans sa résurrection et il communique sa vie en Esprit au monde. Ce mystère se déploie dans l'Église par la foi, les sacrements et le cycle des célébrations. La réforme liturgique vise à réactualiser ce mystère, par le recours à l'Écriture et à la Tradition des Pères, et à le placer au centre de la formation des chrétiens et de la pratique pastorale. Tout dans l'Église devra exprimer ce mystère de la Vie jaillie de la Mort, tant les structures que les ministères, le dogme que la morale, le culte que l'apostolat. Les Pères conciliaires ont planté des balises. Le 26 septembre 1964, l'*Instruction sur la liturgie*, préparée par le Conseil pour l'application de la constitution sur la liturgie,[4] établit la compétence du Siège apostolique et celle des conférences épiscopales en matière liturgique et introduit des innovations dans les formes et les textes liturgiques. L'*Instruction* réserve au Siège apostolique l'organisation de la liturgie pour l'Église universelle, l'approbation des livres liturgiques et la ratification des initiatives que prendront les conférences épiscopales. Elle simplifie les rites, favorise l'usage de la langue vernaculaire et aménage une plus grande participation des fidèles aux célébrations. Elle fixe au 7 mars 1965 l'entrée en vigueur de ces directives. Ce n'est pas une réforme totale. D'autres directives suivront. En 1967, le Conseil pour l'application de la constitution sur la liturgie publie trois autres instructions. L'une s'efforce d'intégrer la musique à la liturgie; les deux autres simplifient la célébration de la messe et autorisent la proclamation du Canon en langue vernaculaire.[5]

Quand paraît l'*Instruction sur la liturgie*, l'épiscopat canadien est prêt à mettre en branle la réforme. Déjà, le 14 février 1964, il avait publié une *Première Ordonnance* qui avait introduit la proclamation des lectures (leçons, épîtres et évangiles) en langue vivante, comme le proposait la Constitution conciliaire, tirées du *Lectionnaire français* publié par l'Association épiscopale liturgique (Paris, 1960). Les anglophones pouvaient utiliser le texte de la Confraternity of Christian Doctrine. L'ordonnance avait aussi autorisé la récitation en langue vernaculaire de l'Office divin. En avril, l'épiscopat avait aprouvé *ad experimentum* un nouveau rituel des sacrements qui, sanctionné par Rome le 15 juin, sera promulgué le 15 octobre de la même année. L'*Instruction sur la liturgie* donne le feu vert à une accélération de la réforme, rendue possible par la présence de liturgistes qualifiés et de centres spécialisés. Sous la direction du père Gaston Fontaine, c.r.i.c., le Secrétariat national de liturgie (1961) par ses congrès et ses équipes liturgiques avait préparé le terrain à une réforme en profondeur. Avec la Commission sacerdotale nationale de pastorale liturgique (1957) et la Commission épiscopale de liturgie (devenue plus tard un office), l'épiscopat canadien dispose d'instruments adéquats pour lancer une réforme que des revues spécialisées pourront populariser.[6] Le père Marcel Dubois, c.ss.r., consulteur à Rome en matière liturgique, publie *Documentation liturgique* (1955+); les Chanoines réguliers de l'Immaculée Conception, assistés d'un comité d'experts, éditent *Liturgie et vie chrétienne*; les Dominicains ont *Communauté chrétienne* (1962+) et la Commission épiscopale de liturgie s'apprête à lancer *le Bulletin national de liturgie* (1965+). En août 1964, deux congrès, l'un organisé par les Carmes à Nicolet et l'autre par la Commission sacerdotale de pastorale à Chicoutimi, préparent les esprits à la réforme. Le coup d'envoi a lieu le 21 décembre 1964. Ce jour-là, l'épiscopat canadien publie une *Lettre pastorale collective*, des *Directives sur la musique sacrée*, une *Seconde Ordonnance* et des *Normes pratiques*, qui, réunies en recueil avec les principaux textes romains, constituent un manuel d'initiation pour les clercs et les fidèles. Les spécialistes l'utilisent dans les stages de formation et les émissions de radio et de télévision.

À compter de mars 1965, la réforme annoncée devient réalité. Les fidèles en prennent conscience à la messe dominicale du 7 mars. L'autel est rapproché de l'assemblée; le célébrant officie face aux fidèles dans des attitudes et avec des gestes qui insistent moins sur la pénitence que sur la louange, sur l'admiration et sur la joie; les deux temps de la messe sont bien distingués: la liturgie de la Parole se déroule près de l'assemblée et celle de l'Eucharistie, tout entière à l'autel; l'homélie qui colle à la Parole (lectures du jour) remplace le sermon, pièce de rhétorique où trop souvent l'humain tamisait le divin; l'assemblée proclame les acclamations et chante l'Ordinaire de la messe en langue vivante.[7] Les pasteurs

L'église Saint-Marc à Bagotville. Architecte: Paul-Marie Côté.

L'église Saint-René-Goupil à Ville-Saint-Michel, 1963-1964. Architecte: Roger D'Astous.

L'église Sainte-Lucie à Ville-Saint-Michel, 1964. Architecte: Gilbert Moreau.

La chapelle de l'hôpital Notre-Dame de l'Assomption. Architectes: Saint-Gelais, Tremblay & Tremblay.

De conception ultra-moderne, l'intérieur de l'église Sainte-Germaine-Cousin allie le béton, la brique et le bois, dans un ensemble où le premier matériau prédomine. Architecte: Gérard Notebaert.

procèdent au grand ménage du printemps, reléguant dans les sous-sols les statues de plâtre, les catafalques pompeux et les banderoles criardes — et par ignorance parfois, bien des trésors artistiques![8] Le rituel des sacrements subit, lui aussi, avec plus ou moins de bonheur, de profondes transformations.[9] Le rituel du mariage, inspiré du *Rituel de Mgr Saint-Vallier* (1703) est bien accueilli, même si le texte de la bénédiction nuptiale, auquel l'épiscopat n'a pas le droit de toucher, demeure le même. Le rituel de la pénitence, transcription des rubriques du rituel romain, ne contient «aucune indication pastorale ni aucune formule nouvelle». Toujours tributaire du juridisme et de l'individualisme des temps anciens, il s'en tient encore à une formule d'absolution unique — ce qui est un retard sur la pratique. Bien qu'il favorise davantage la participation des malades et de leurs proches dans un cadre communautaire, le rituel des malades marque un grand retard sur les rituels européens. Il escamote le sens du mystère pascal, suscite un climat de peur et n'exploite pas toute la richesse des textes bibliques.

La réforme s'étend au calendrier liturgique: Pâques redevient la principale fête de l'année, et le dimanche, l'unité de base du cycle liturgique. Le nouveau calendrier (9 mai 1969) valorise dans le cycle liturgique la fête de Pâques qu'il fait précéder d'un carême dégagé de toute fête de saint et suivre d'un temps pascal de cinquante jours. Il remet à l'honneur le temporal (propre du temps) et réduit la place faite

---

La réforme liturgique dans le diocèse de Chicoutimi

La réforme liturgique fut bien accueillie en général. Elle demeure cependant inachevée. Dans les mentalités, en effet, elle fut souvent perçue comme un simple changement extérieur. Il reste encore à bien faire saisir l'esprit nouveau qui la motive et la commande. Elle a donné lieu à quelques abus, ici et là, de temps en temps, de la part d'individus en quête de nouveautés mal fondées ou trop hâtives, parfois assoiffés intempestivement de créativité, parfois désireux d'adapter la célébration à leur communauté. Heureusement, elle s'est redressée régulièrement par des interventions opportunes qui ont circonscrit et enrayé les abus et déviations. Elle continue de demeurer l'objet d'une vigilance constante car le souci d'adaptation aux situations et aux personnes tout comme le relativisme engendré dans les esprits par les multiples changements apportés font qu'il arrive encore qu'avec de bonnes intentions, des individus adoptent des attitudes plus ou moins régulières.

(*Rapport quinquennal du diocèse de Chicoutimi*, 1974-1978, p. 26.)

au sanctoral (fête des saints). Des messes votives et des fêtes de saints qui ne répondent plus à l'esprit des temps nouveaux sont supprimées et remplacées par des fêtes de saints dont la spiritualité et l'agir sont plus en consonnance avec la sensibilité contemporaine.[10] La réforme concerne aussi le bréviaire, les litanies des saints, le jeûne et l'abstinence. Celle-ci n'est plus d'obligation que le mercredi des Cendres, le Vendredi saint, les vigiles de Noël et de l'Immaculée Conception.

La réforme n'est pas linéaire. Elle procède par bonds et se déploie entre la résistance des uns et l'enthousiasme des autres. Des pasteurs introduisent les «messes à gogo» avec danses et rythmes modernes; d'autres, s'inspirant des *«serve yourselves»* et des magasins à succursales multiples, offrent une gamme de messes dont la mise en scène varie en fonction des groupes d'âge; de plus conservateurs continuent «mais en français le vieux ronron ritualiste». Des fidèles réclament la messe dominicale le samedi soir et la plupart manifestent leur préférence pour une célébration pénitentielle communautaire. Le mouvement de réforme soulève plusieurs problèmes. Rome, qui s'efforce de le contenir, revient à un légalisme tatillon. Par ailleurs, on ne tarde pas à percevoir que la langue vernaculaire n'est pas une condition suffisante à une liturgie vivante. La traduction doit dépasser les mots, afin d'adapter les contenus aux situations existentielles. Il ne suffit pas de traduire, d'élaguer et de récupérer des textes. Il faut en créer. En 1968, la promulgation des trois nouvelles prières eucharistiques en remplacement de l'ancien canon romain marque un tournant décisif. Mais la création est une œuvre de longue haleine, tout comme la formation du peuple chrétien. Dans l'immédiat cependant, la liturgie qui exprime une foi vécue en communauté, un peuple tout entier sacerdotal et un sacerdoce ministériel au service de ce peuple joue le rôle d'un devis pour la mise en chantier de l'Église-institution.

Le réaménagement des espaces ecclésiaux

Le renouveau liturgique commande un agir pastoral communautaire. L'évangélisation est la responsabilité de tous les chrétiens qui, par le baptême, vivent de la même vie divine et participent tous au sacerdoce du Christ. La traduction temporelle de cette réalité mystique nécessite un élargissement de la notion d'autorité, trop exclusivement représentée dans l'Église traditionnelle sous la forme d'un pouvoir. En entérinant le concept d'autorité-ministère, qui pondère le principe hiérarchique par le principe communautaire, Vatican II a ouvert un espace idéologique qui permet l'établissement au sein de l'Église de structures ouvertes au dialogue et à la participation de tous les membres qui composent le peuple de Dieu. Concrètement, le concept n'appelle pas un transfert du pouvoir. L'évêque demeure le pasteur d'une Église particulière. Il en est, par mandat divin, le responsable devant Dieu et devant l'Église universelle. Mais il est aussi un éveilleur, un animateur, un coordonnateur et un meneur. Il exerce son autorité pour le bien de la communauté et en communion avec elle, s'efforçant d'orienter l'agir pastoral vers des objectifs qui prennent en compte les attentes et les opinions de la communauté.

Le 6 août 1966, le *motu proprio Ecclesiae sanctae* balise les voies d'une réforme des structures diocésaines, en vue d'instaurer une conscience diocésaine et de promouvoir une action commune. Le *motu proprio* distingue deux niveaux de l'organisation pastorale: le niveau de la participation, qui associe le peuple de Dieu à l'élaboration de la politique pastorale, et le niveau de l'exécution, sur lequel repose la mise en œuvre de cette politique. Il impose un nouveau rouage dans les structures: le Conseil presbytéral. Le 4 octobre, Nicolet est le premier diocèse à se doter d'un tel conseil; il est suivi par Sherbrooke et par Québec en février 1967. En septembre 1972, tous les diocèses, sauf Hauterive, Rimouski et Sainte-Anne-de-la-Pocatière, en ont un. De fait, la réforme des structures s'effectue à tâtons et non sans une certaine improvisation. Les normes du droit canonique sont en ce domaine déficientes, et l'expérience fait cruellement défaut. Les diocèses ne se dotent pas de structures uniformes. Des organismes en apparence identiques ont des compétences différentes d'un diocèse à l'autre. Contentons-nous de dégager la configuration d'ensemble de ces réformes.[11]

Des conseils diocésains, représentatifs des diverses catégories de fidèles, dont la fonction consiste à assister l'évêque dans l'élaboration d'une politique pastorale, composent le niveau consultatif. On distingue trois types de conseil:

1. *Le Conseil de pastorale.* Il n'a pas de précédent dans l'Église. Il structure les relations entre l'évêque et le peuple. Il organise la responsabilité collective de tout le peuple de Dieu en vue de l'accomplissement de sa mission. Il tend à devenir le principal conseiller de l'évêque.[12]

2. *Le Conseil presbytéral.* Il est issu du *presbyterium*, ensemble des prêtres qui assistent l'évêque d'une Église particulière. Il s'occupe du ministère des prêtres, veille à leur encadrement et se préoccupe des «besoins de l'œuvre pastorale et du bien du diocèse».[13]

3. *Le Conseil des religieux.* Il exerce une double fonction. Il assiste l'évêque dans les questions qui concernent les religieux et leur participation à l'action pastorale. Il «promeut les bonnes relations et l'entraide» entre religieux, entre religieux et clercs, entre religieux et laïcs.

En certains diocèses, un Conseil d'administration financière et un Conseil du laïcat complètent cette structure consultative. Ces conseils posent problème. Quels sont la place et le rôle de l'évêque dans le *presbyterium*? Quelle est la compétence du chapitre par rapport au Conseil presbytéral? Dans onze diocèses canadiens en 1972, l'évêque n'est pas inclus dans le *presbyterium*. Il l'est dans cinq autres, formant avec les prêtres une sorte de Collège sacerdotal diocésain qui exerce un gouvernement collégial. En outre, quelle est la compétence exacte de ces conseils qui, tous, s'occupent de pastorale? Dans le diocèse de Québec, le Conseil de pastorale est en quelque sorte supervisé par le Conseil presbytéral. Par contre, dans Saint-Jérôme, c'est le Conseil de pastorale qui joue un rôle prépondérant. Le principal problème, cependant, surgit de la difficulté «d'harmoniser le caractère consultatif des conseils avec le désir d'une co-responsabilité réelle avec l'évêque».

La structure exécutive présente une plus grande diversité encore. Elle dépend beaucoup de la taille d'un diocèse et de son évolution historique. À ce niveau, c'est l'efficacité et non la représentativité qui prime. Les responsables des services sont nommés et non pas élus. Les compétences sont précises et restreintes. Voici les principaux rouages exécutifs mis en place dans le diocèse de Montréal et dont s'inspire les diocèses suffragants:

1. *L'Exécutif.* On l'appelle aussi Comité de régie épiscopale ou Conseil épiscopal. Il comprend l'évêque et les responsables des différents secteurs de la pastorale. Il voit à l'application des grandes orientations pastorales du diocèse, coordonne le travail des organismes d'exécution et détermine les moyens appropriés à une action de pastorale d'ensemble.

2. *Les zones pastorales.* Le diocèse est subdivisé en zones, dont la caractéristique est de recouvrir un territoire sociologiquement homogène. La zone remplace l'ancien vicariat forain. Montréal en compte vingt-deux. Ces zones sont animées par un responsable élu par les prêtres et les agents pastoraux. Assisté d'un exécutif, ce responsable anime et coordonne l'action des forces pastorales.

3. *Les offices.* Un office (dit parfois service, conseil, bureau) a la responsabilité d'un secteur de la pastorale diocésaine, scolaire, paroissiale, familiale, etc. Il est dirigé par un directeur, assisté d'un exécutif. Il a pour fonction de penser et de coordonner les efforts pastoraux dans un secteur et de promouvoir l'animation spirituelle des personnes engagées dans son secteur. Montréal compte onze offices en 1972.

4. *Le Secrétariat diocésain.* Il assure les services généraux de secrétariat à tous les organismes diocésains.

5. *La Chancellerie.* Elle émet les documents officiels, interprète les législations diocésaines, s'occupe des dispenses et fournit l'information sur le diocèse. Elle possède deux services: la bibliothèque et les archives.

6. *La Procure diocésaine.* Elle prépare le budget diocésain et en contrôle l'administration. Elle gère les biens soumis à la juridiction de l'évêque. Ses services comprennent: le budget diocésain, les conditions de travail du personnel, la commission des traitements, l'assurance mutuelle des fabriques, les immeubles, les achats, la comptabilité, la visite des fabriques,

l'approbation des résolutions de fabrique, la construction des églises, l'administration et la promotion des quêtes commandées, le régime des rentes du clergé, la caisse-maladie pour les prêtres.

7. *Le Service diocésain de l'information.* Il publie un bulletin diocésain et garde le contact avec les mass media.

Entre 1965 et 1972, la structure exécutive s'enfle démesurément, témoignant par là que l'Église n'échappe pas à la bureaucratisation qui gangrène la société civile. L'expansion rapide des structures diocésaines tient sans doute au fait qu'elle va dans le même sens que la régionalisation de la société.

La centralisation diocésaine concourt à une ouverture des paroisses — si longtemps l'horizon du catholicisme québécois.[14] L'ouverture se fait par le haut: les organismes centraux émettent les messages et coordonnent l'action des agents paroissiaux. Elle se fait aussi par le bas: les agents paroissiaux regroupés dans des zones apprennent à se connaître, à s'estimer et à travailler ensemble. L'ouverture se fait lentement. Les mentalités résistent aux «envahisseurs diocésains». Encore en 1982, seulement 35% des paroisses des sept diocèses montréalais auront un Conseil de pastorale en paroisse (C.P.R.). Plus fondamentalement, l'ouverture des paroisses procède de l'éclatement de leur homogénéité sociologique. Les paroisses ne sont plus des communautés mais des «unités sociétaires».[15] Donnons un exemple: la paroisse cathédrale de Saint-Jérôme en 1970. Celle-ci compte une population de 8719 personnes, dont 3916 travailleurs, regroupés dans 2400 domiciles répartis en quartiers. Les bourgeois se concentrent dans le quartier 6; les travailleurs dans les quartiers 1, 2, 3; la classe moyenne dans le quartier 4. Bon nombre de ces paroissiens ne sont pas intégrés socialement: le quart des pères et mères de famille sont des déracinés en provenance de paroisses rurales; 14% des foyers ont changé de logement durant l'année; 15,2% des foyers sont constitués par un couple qui travaille à l'extérieur de la paroisse. Ces paroissiens sont pieux: 79,1% observent la pratique dominicale. Les non-pratiquants se recrutent chez les démunis et les plus aisés. Mais à peine 46% paient la dîme. Cette paroisse ne constitue plus une communauté vivante, faute de relations au niveau résidentiel. L'univers psychologique des gens se clôt sur les relations parentales et amicales, et sur la télévision. La conscience sociale se limite «à un bout de la rue». La paroisse est «la somme artificielle d'une multitude de petits clans», démunis de tout leadership exercé sur une base résidentielle. Les gens habitent la même paroisse, mais vivent dans des univers différents. La vie commune ne jaillit plus de l'espace territorial, mais de secteurs particuliers: l'école, l'usine, la profession, le club.

Le cas de cette paroisse est représentatif. Elle est trop grande pour fonder une communauté de foi et trop petite pour une action pastorale soucieuse de rejoindre les gens «dans leurs rôles dans la société globale». Le dilemme alimente la réflexion des théologiens et défie l'agir des agents pastoraux. La réflexion pointe vers l'édification de communautés de foi. L'idée s'inspire d'un postulat inscrit dans la liturgie: une vie communautaire est nécessaire tant à l'homme pour vivre humainement qu'au chrétien pour vivre sa foi. Et aussi d'un constat: «le décrochage de l'Église est proportionnel au décrochage des familles». Dans cette perspective, la paroisse garderait sa fonction catéchistique et liturgique, ses préoccupations liées à la résidence et à la famille. En revanche, la région ou la cité seraient le lieu d'ancrage d'équipes pastorales vouées d'une part à l'édification de communautés de foi assises sur des univers sociaux — le loisir, le travail, les groupes particuliers — et d'autre part, à l'aménagement, en collaboration avec toutes les forces dynamiques (agences gouvernementales, commissions d'urbanisme, etc.) d'un milieu de vie favorable à l'éclosion de telles communautés.

Pendant que les théologiens réfléchissent, l'agir pastoral pousse clercs et laïcs à bricoler des espaces communautaires. Des curés s'efforcent par un travail en équipe de régénérer le tissu paroissial en mettant de l'avant l'entraide fraternelle quotidienne et en favorisant l'émergence d'un leadership issu non des statuts sociaux mais des témoignages de foi. D'autres transforment leur paroisse en mini-diocèse: une église centrale et des dessertes de quartier. Des chrétiens se groupent «en communauté de base»: rassemblement de huit à trente personnes désireuses de vivre l'expérience chrétienne sur le mode d'une authentique fraternité et dans le style des relations primaires. Le défi engendre une prolifération d'expériences, signe tout à la fois de crise et de vitalité. À travers ces expériences, la paroisse évolue. Mais dans l'esprit de bien des pasteurs s'ancre l'idée que la paroisse, parce qu'elle «est le lieu de l'expérience primordiale», survivra.

Les facteurs à l'origine de l'éclatement de la paroisse exercent aussi une forte pression sur les diocèses. À l'instar de la carte des circonscriptions électorales, la carte des diocèses a évolué plus par rafistolage que par refonte. Des diocèses ne sont plus ajustés aux ensembles territoriaux que polarise la régionalisation technocratique. La société moderne qui tend à s'organiser à partir de milieux sociaux homogènes range dans le grenier aux étalons désuets la norme territoriale. Il est des cas aberrants: des diocèses, tels Pembroke et Timmins, chevauchent les frontières de deux provinces civiles. Il est des cas ennuyeux: ces diocèses dont les frontières divisent des espaces scolaires ou administratifs ou ceux qui réunissent des milieux sociaux hétérogènes. Ces anomalies paralysent la pastorale d'ensemble. En septembre 1967, l'épiscopat québécois demande à son exécutif «d'étudier toute la question des délimitations ecclésiastiques au Canada en conformité des dispositions contenues dans le décret *Christus Dominus* (art. 22-23 et 39-40) et le *motu proprio Ecclesiae sanctae* (art. 12 et 42). Les cas aberrants nécessiteront de longues négociations. Les cas ennuyeux se prêtent à diverses solutions, parmi lesquelles la plus simple consiste à faire collaborer des agents pastoraux de divers diocèses. Ainsi, à compter de 1967, les prêtres responsables de services majeurs dans la province ecclésiastique de Montréal se rencontrent tous les mois pour échanger leurs vues sur des questions d'intérêt interdiocésain. Ils font rapport à leur évêque respectif qu'ils prennent l'habitude de rencontrer deux fois l'an. Ces rencontres informelles révèlent la fécondité de la collaboration interdiocésaine et l'incapacité des provinces ecclésiastiques à s'ériger en centres de coopération interdiocésaine. L'idée s'impose d'une structuration de la collaboration interdiocésaine, à partir d'un

Fonctionnement de l'Inter-Montréal

Voici une description sommaire du fonctionnement de l'Inter-Montréal. À la tête, l'assemblée des évêques diocésains de l'Inter. Au service de cette assemblée, un Inter de Pastorale composé de deux délégués de chacun des diocèses (à l'exception de Montréal qui en a trois). Ces délégués sont nommés par les évêques et comprennent habituellement le coordonnateur général de la pastorale du diocèse et une autre personne ayant une fonction diocésaine majeure. Habituellement, dans les nominations, les évêques veillent à ce que les différents secteurs de la pastorale soient représentés. Font également partie de l'Inter de Pastorale, le supérieur du Grand Séminaire de Montréal comme membre d'office et le secrétaire de l'Assemblée des Évêques du Québec et/ou son adjoint comme observateurs avec droit de parole.

L'Inter de Pastorale fait régulièrement rapport aux évêques. Des rencontres conjointes entre l'assemblée des évêques de l'Inter-Montréal et l'Inter de Pastorale se tiennent environ deux fois par année. Le président et le secrétaire de l'Inter de Pastorale participent, sur demande, à l'assemblée des évêques. Ces derniers se réunissent mensuellement. Enfin, dépendant de l'Inter de Pastorale, existent des inters particuliers qui deviennent soit des services communs, soit des lieux de concertation, de collaboration et de planification du travail pastoral dans certains secteurs, soit les deux à la fois. Ces services sont:
— l'Inter-Presse
— l'Inter-Liturgie
— l'Inter-Famille
— l'Inter-Apostolat laïc
— l'Inter de Formation des futurs prêtres

Les membres de ces inters particuliers sont habituellement les responsables diocésains de ces divers secteurs.

(Extrait de *Inter-Montréal*, 1973.)

principe de subsidiarité respectueux des diocèses. Seule une action concertée utilisant au maximum les ressources ecclésiales semble en mesure de résoudre certains problèmes, tels la formation et le recyclage des clercs, l'utilisation des mass media, la prise en charge des prêtres malades ou retraités, la redistribution du clergé en temps estival, etc.[16] En décembre 1971, l'épiscopat québécois adopte un regroupement des diocèses en quatre régions pastorales: Inter de l'Ouest, Inter de l'Est, Inter-Montréal et Inter-Québec. Les Inters n'abolissent pas les diocèses. Ils concertent leur action sur des problèmes qu'ils partagent en commun. Ainsi, l'Inter-Montréal concentre sa réflexion et son activité sur l'éducation permanente du clergé, la formation des futurs prêtres, les questions scolaires, l'accomplissement du précepte dominical et les moyens de communication sociale.

Une question délicate: le choix des évêques

Jusqu'où doit aller la restauration du Temple? Doit-on aménager une salle où clercs et laïcs siégeront pour choisir les évêques? L'exclusion des clercs et des laïcs dans le processus de nomination des évêques paraît à plusieurs un des «facteurs de dépolitisation des laïcs par rapport aux choses de l'Église». Ces derniers se sentent évincés des décisions importantes. À l'inverse, l'insertion des laïcs dans le processus pourrait s'avérer un facteur de division, de démagogie et d'inefficacité. Dans *Ecclesiae sanctae* (6 août 1966, art. 10), Paul VI prend une position conservatrice en réservant aux conférences épiscopales l'établissement, au moyen d'un scrutin secret annuel, d'une liste d'*episcopabilis*. L'attitude de Paul VI déçoit: clercs et laïcs attendent une occasion favorable pour exprimer leur désaccord. La démission du cardinal Léger au début de novembre 1967 la leur fournit. Le 23 novembre, les responsables des zones pastorales du diocèse de Montréal s'assemblent pour dresser un bilan des priorités pastorales, esquisser le profil idéal du successeur, caractériser le style de gouvernement dont ils ont besoin et établir la liste des besoins particuliers du clergé. «Il faut, conclut avec humour le procès-verbal de cette réunion, que notre futur pasteur soit: 1. un ami du Saint-Esprit, 2. un proche parent de Jean XXIII, 3. un saint ordinaire, c.-à-d. approchable.» Ce geste en entraîne d'autres: des individus et des groupes font aussi connaître leur avis au délégué apostolique. Les journaux spéculent sur les nominations possibles. La réaction du peuple prend l'épiscopat de court. Celui-ci en est encore à poursuivre sa réflexion sur les modalités les plus appropriées pour la nomination des évêques. De l'extérieur, cette effervescence populaire ne semble pas avoir eu un gros impact. En avril 1968, le pape nomme Mgr Paul Grégoire, un évêque auxiliaire depuis 1961, archevêque de Montréal.

Au printemps de 1968, un problème identique se pose à Sherbrooke. Des groupes de prêtres composent des listes de personnes en vue d'une élection populaire. Pour «éviter de plus grands maux» et *ad experimentum*, le délégué apostolique se rend sur place procéder à une consultation du clergé, des frères, des sœurs et des laïcs. Il fait de même à Gaspé durant l'été et en d'autres diocèses du Canada où se pose la question du choix d'un évêque. Le délégué recueille des opinions générales tant sur l'état du diocèse que sur le profil d'un candidat idéal, se préoccupant d'éviter «la mise en candidature publique ou semi-publique des personnes». Il fait «arrêter les listes en circulation » et exige que les noms des candidats lui soient suggérés sur une base individuelle et de façon secrète. La manière de procéder du délégué plaît au plus grand nombre, mais laisse dans l'esprit de plusieurs l'impression d'une opération bidon.

Ces expériences anarchiques éclairent l'épiscopat. À la mi-avril 1969, la C.C.C. adopte des normes et des procédures. Les critères retenus dans le choix d'un évêque s'inspirent du décret *Christus Dominus* (no 11 à 18). Ils insistent sur «une mentalité de son temps», «une facilité de communication», «une capacité de travailler en équipe», une «attitude respectueuse du laïcat» et une aptitude «à décider et diriger». La procédure projetée associe le peuple de Dieu, les prêtres, les religieux et les laïcs, à la sélection des candidats, mais «avec la discrétion requise» — ce qui semble éliminer les consultations à caractère collectif et élimine, à coup sûr, tout ce qui pourrait s'apparenter à une élection. Elle assure aux évêques une présence constante à tous les niveaux du processus. Elle accorde aux épiscopats régionaux (provinces civiles) un poids déterminant dans la sélection des candidatures dans leur région respective.

Cette réglementation survient un peu tard pour régir le choix du successeur de Mgr Percival Caza à Valleyfield. Le 25 avril, soumis à de fortes pressions exercées par le peuple, le chancelier du diocèse met sur pied un comité de neuf membres, dont trois clercs, trois laïcs et trois religieux. Le comité a le mandat de veiller à ce que tous les diocésains, soit sur une base de groupe, soit sur une base individuelle, puissent faire connaître leur opinion sur l'état du diocèse, sur le profil du candidat, sur le style de gouvernement et suggérer, par vote secret, un ou des noms.[17] La consultation donne lieu à quelques incidents, notamment à des spéculations journalistiques peu fondées et à un reportage «stupide et carrément mensonger».[18] Dans l'ensemble, cependant, elle est l'occasion d'une intense réflexion sur l'état du diocèse et fait émerger les attentes des différents groupes sociaux.

2. LES JARDINS DU TEMPLE

Le Temple en chantier n'englobera plus, comme celui d'hier, le monde profane, auquel il reconnaît une valeur en soi. Il aura sa propre configuration spatiale, sans pour cela être en retrait du monde. Des jardins, présence vivifiante de la foi, de l'espérance et de la charité chrétiennes, le prolongeront au cœur des univers socio-culturels. L'aménagement de ces jardins est affaire de pastorale.

Le jardin scolaire

L'urgence est de rendre présent et significatif le message chrétien aux clientèles des écoles régionalisées qui, désormais, échappent à la pastorale paroissiale et au contrôle de l'Église. Celle-ci pose ses exigences: «un esprit chrétien doit se retrouver dans toute la vie de l'école, dans son ordonnance, dans la philosophie de l'éducation qui l'anime, dans ses conceptions pédagogiques». La confessionnalité ne réside plus dans des structures et un enseignement d'inspiration catholique, mais «dans un espace moral et temporel laissé à l'initiative de l'Église».[19] L'épiscopat veille directement à l'aménagement de cet espace. Le 4 février 1965, Mgr Maurice Roy propose au premier ministre qu'«un comité d'enseignement religieux, composé de cinq personnes et mandaté par l'Épiscopat, [devienne] le comité pédagogique officiel [du ministère de l'Éducation] dans le domaine de l'enseignement religieux». Du coup, des programmes élaborés par ce comité seraient tout à la fois ceux de l'Église et ceux de l'État. La manœuvre est habile, trop peut-être. Les fonctionnaires semblent voir dans cette proposition un stratagème de l'épiscopat pour se réinstaller dans les structures du pouvoir politique. Le Comité catholique, réduit à un rôle d'estampilleur officiel, y voit une réduction de sa compétence. Le ministère de l'Éducation fait une contreproposition: d'une part, le Comité catholique conservera l'initiative dans la préparation des programmes, quitte à se faire conseiller par l'Office catéchistique; d'autre part, le Service de l'enseignement religieux du ministère de l'Éducation assumera l'application de ces programmes.[20] L'épiscopat accepte. Mais d'autres problèmes, tels les coûts du Service de pastorale, se posent. Mgr Coderre suggère que l'épiscopat passe une entente officielle avec le gouvernement, «une espèce de concordat», précise-t-il. Mgr Roy en discute les termes avec le ministre de l'Éducation en février 1966. Les deux parties s'entendent sur cinq propositions:

> 1. L'Église a le droit et le devoir de dispenser l'enseignement religieux catholique. Le ministère veille à l'enseignement religieux sous l'angle de l'organisation et de la discipline scolaire.
> 2. Il appartient à l'Église de déterminer les textes à utiliser et la pédagogie à suivre pour l'enseignement doctrinal donné aux élèves catholiques.
> 3. Le choix des responsables de l'enseignement religieux au sein du ministère, tels que les conseillers et les inspecteurs, sera fait après entente avec le délégué de l'épiscopat.

4. Le Service d'aumônerie et de pastorale scolaire est un service régulier des écoles.
5. Le Service d'aumônerie et de pastorale scolaire est défrayé par la commission scolaire.

Le système scolaire

1. *Paliers de la nouvelle structure scolaire*

— L'enseignement pré-scolaire	(l'école maternelle: enfants de 5 ans)
— L'enseignement élémentaire	(l'école élémentaire par classes d'âge de 6 à 12 ans)
— L'enseignement secondaire	(l'école secondaire — 5 années d'études)
— L'enseignement collégial	(le collège d'enseignement général et professionnel, appelé cégep, soit 2 années, soit 3 années d'études)
— L'enseignement universitaire	(l'université ou les grandes écoles: 3 années et plus)
— L'enseignement aux adultes	

2. *Organismes publics ayant juridiction en matière d'éducation chrétienne*

— Le Conseil supérieur de l'éducation qui collabore directement avec le ministre de l'Éducation comprend 24 membres dont au moins 16 doivent être de foi catholique; le sous-ministre associé de foi catholique et le président du comité catholique en font partie d'office.

— Le comité catholique, composé de 15 membres dont cinq sont nommés par l'Assemblée des Évêques du Québec, et dont les 10 autres sont nommés par le lieutenant-gouverneur en conseil, après consultation d'organismes de parents et d'éducateurs, et après agrément de l'Assemblée des Évêques du Québec. Le sous-ministre associé de foi catholique est d'office membre adjoint du comité catholique.

Cette entente est le fondement juridique des trois règlements que publie le Comité catholique en juin 1967. Ces règlements marquent une étape importante dans l'aménagement de la confessionnalité scolaire. Le premier détermine

---

Ce comité est chargé:
- de reconnaître comme catholiques les institutions d'enseignement confessionnelles;
- de faire des règlements sur l'éducation chrétienne, sur l'enseignement religieux et moral, sur le service religieux, sur la qualification, au point de vue religieux et moral, du personnel dirigeant et enseignant dans les institutions d'enseignement reconnues comme catholiques;
- d'approuver, au point de vue religieux et moral, les programmes, les manuels et le matériel didactique pour l'enseignement dans les institutions d'enseignement reconnues comme catholiques;
- de recevoir et entendre les requêtes et suggestions des associations, des institutions et de toute personne sur toute question de sa compétence;
- de faire effectuer les études et recherches qu'il juge nécessaires et utiles à la poursuite de ses fins.

— Le service de l'enseignement catholique dont se dote le sous-ministre associé de foi catholique pour l'accomplissement de sa fonction de responsable de l'orientation et de la direction générale des écoles reconnues comme catholiques.

3. *Modalités de la prise en charge de l'éducation chrétienne au niveau des commissions scolaires*

Chaque commission scolaire a la responsabilité d'assurer les services adéquats pour une éducation chrétienne authentique dans ses écoles. On peut dire qu'actuellement cela s'exprime:
— par des écoles catholiques;
— par les responsabilités confiées aux directions d'école;

les exigences générales d'une école catholique; le deuxième réglemente la qualité de l'éducation catholique et du service religieux; le troisième explicite les qualités requises, au point de vue religieux et moral, du personnel dirigeant et enseignant.

— par la fonction du conseiller en éducation chrétienne qui, dans chaque commission scolaire, doit orienter, animer et évaluer les activités relatives à l'éducation chrétienne;
— par les conseillers pédagogiques en enseignement religieux et moral;
— par les professionnels en animation pastorale dont la tâche est d'élaborer et de réaliser un programme d'action répondant aux objectifs et aux politiques de la pastorale d'ensemble de l'école;
— par la coordination de la pastorale scolaire avec la pastorale paroissiale et la pastorale diocésaine;
— par la participation des jeunes à la vie chrétienne de l'école;
— par la responsabilité et l'engagement chrétien des parents à l'intérieur des comités de parents et des comités d'école;
— par la responsabilité et l'engagement chrétien des professeurs en enseignement religieux et moral, la formation des maîtres, la recherche de leurs attentes et de leurs besoins, une animation, un ressourcement et un perfectionnement soutenus.

Il faut noter qu'en certains endroits, des contrats d'association existent entre les commissions scolaires catholique et protestante pour permettre aux catholiques de recevoir dans ces écoles protestantes l'enseignement religieux catholique et de jouir d'un service de pastorale.

4. *L'enseignement privé*

Nos diocèses comptent aussi un certain nombre d'institutions qui, aux niveaux élémentaire, secondaire et collégial, constituent le secteur privé de l'enseignement,

Une réglementation spéciale détermine les conditions de travail des directeurs de pastorale. Ses lacunes seront source de conflits jusqu'en septembre 1971.[21] La mise en place des cégeps nécessite d'autres négociations. Au printemps de 1968, l'épis-

---

complémentaire au secteur public. Ces institutions, pour la plupart dirigées par des clercs ou des communautés enseignantes, prolongent la tradition d'enseignement que l'Église a particulièrement développée au Québec jusqu'à la récente prise en charge plus générale de l'éducation que l'État a assumée avec la réforme scolaire entreprise au milieu des années 60.

Il y a, dans nos sept diocèses, 13 institutions privées au niveau élémentaire, 61 au niveau secondaire, 15 au niveau collégial. La population étudiante servie en 1973-74 est respectivement de 3564, 28 604, 8793 étudiants.

Ces institutions d'enseignement ont une existence juridique. Leur rôle s'inscrit dans le contexte des droits fondamentaux énoncés dans le préambule de la loi du ministère de l'éducation (1964): droit de l'enfant à l'éducation; droit des parents de choisir l'école qui, selon leur conviction, assure le mieux le respect de ce droit de l'enfant; droit des personnes et des groupes de créer des institutions d'enseignement autonomes et de bénéficier à cette fin des moyens administratifs et financiers nécessaires. Une autre loi, celle de l'enseignement privé, sanctionnée en 1968, est venue consacrer ces droits et prévoir divers statuts juridiques qui peuvent être accordés à ces institutions.

La qualité de l'enseignement et de la formation dispensés par ces institutions est reconnue dans notre milieu. Sans entraver le développement désiré du secteur public — l'ensemble de la clientèle scolaire du secteur privé ne représentait dans la province, en 1973-74, que 5,7% de toute la clientèle scolaire — ces institutions fournissent un apport original, inspiré par une volonté ecclésiale de service à l'entreprise d'éducation.

(Extrait de *Inter-Montréal*, 1973.)

La réunion de fondation de l'Office national de catéchèse, en 1966.
Haut: Robert Lane (Ouest canadien); Robert Gaudet (Québec); Charles Mathieu (C.C.C.); Léonard Rochon (Ontario); Paul Breau (Maritimes).
Bas: Mgr Robichaud (Maritimes); Mgr Coderre (Saint-Jean).

copat rencontre les représentants de la Fédération des cégeps. La rencontre est cordiale et on s'entend sur l'organisation de la pastorale dans ce secteur scolaire.

Dans cet espace aménagé par l'épiscopat, les agents pastoraux ont à créer des ‹lieux d'apprentissage de la foi», de ressourcement et de vie en Église. Ils sont aidés par l'Office catéchistique provincial — qui deviendra en 1971 l'Office de catéchèse du Québec. De 1964 à 1968, cet office procède à une refonte des programmes et des manuels d'enseignement religieux à l'élémentaire. Les textes prennent en compte l'évolution du catéchisé et la promotion d'une foi vivante. Leur objectif est d'amener les jeunes à prendre en charge leur vie dans un regard de foi. En septembre 1964, *Viens vers le Père*, un catéchisme destiné aux enfants de six et de sept ans, est introduit dans les écoles élémentaires. Il marque le passage des textes doctrinaux aux «instruments de catéchèse multiples et appropriés aux âges psychologiques de l'enfant». Ce premier tome est suivi de *Célébrons ses merveilles* (1965), *Rassemblés dans l'amour* (1966), *Nous avons vu le Seigneur* (1967), *Préparer la terre nouvelle* (1968), *Selon ta promesse* (1969) et *Bâtir ensemble* (1971). La parution de ces ouvrages avait été précédée en mai 1964 d'un congrès de catéchèse qui, tenu sous les auspices du Centre catéchistique de Montréal, avait réuni quelque mille deux cents agents pastoraux et les plus grands noms de la catéchèse internationale. Elle avait coïncidé avec le lancement de la première revue canadienne de catéchèse, *le Souffle*. En 1965, une autre équipe de catéchètes commence la préparation d'une série de manuels à l'usage des étudiants du secondaire. Le premier volume, *Regard neuf sur un monde nouveau*, paraît en 1966. Les autres suivent à intervalle régulier: *Regard neuf sur la vie* (1968 et 1969), *Un sens au voyage* (1970 et 1971) et la *Force des rencontres* (1972).[22]

Le catholicisme québécois s'affirme un haut lieu de la catéchèse contemporaine. Les manuels à l'usage des enfants connaissent un succès phénoménal: ils sont traduits en six langues et distribués dans quatorze pays. Cette réussite masque, cependant, des problèmes de fond. Ceux-ci tiennent à une évolution rapide des milieux de vie. Le milieu scolaire évolue: des professeurs prennent leur distance avec le catholicisme, et d'autres, mal préparés à l'enseignement catéchistique, manquent d'encadrement. Le milieu familial change aussi: de plus en plus d'enfants vivant dans des milieux paganisés ne connaissent rien des choses de la foi. Les parents pratiquants sont eux-mêmes dépaysés, tant par la pédagogie que par le contenu. Une catéchèse qui ne s'adresse pas à une clientèle engagée dans une communauté chrétienne est en porte à faux. Oeuvre d'un témoin, elle exige un engagement que bien des catéchètes et des étudiants ne veulent plus assumer. En décembre 1967, un rapport confidentiel informe l'épiscopat que «l'enseignement de la catéchèse dans les écoles manque de vigueur intellectuelle. Elle est devenue synonyme de perte de temps, de bla-bla».[23] En mai 1969, «la guerre des catéchismes» étale sur la place publique un malaise qui couvait sous la cendre. Cette guerre soulève des problèmes plus graves que certaines incorrections doctrinales et une pauvreté de contenu. Elle remet en cause l'institution elle-même traversée de courants idéologiques divers, avec ses coordonnateurs sans statut ni fonction bien définis, ses catéchètes agnostiques, ses tensions entre clercs et laïcs et ses étudiants à la conscience sécularitée.[24] Le milieu impose de plus en plus de limites à l'école confessionnelle. Faut-il amender la législation scolaire pour tenir compte de cette situation nouvelle? À l'automne de 1970, des propos de Guy Saint-Pierre, ministre de l'Éducation, portent à croire que le gouvernement s'oriente dans cette voie. Les évêques craignent qu'on en vienne à proposer la morale naturelle comme base d'enseignement religieux au lieu de l'éducation de la foi.[25] L'épiscopat dépêche auprès du ministre son Comité épiscopal de l'éducation.

Les propos du ministre visent sans doute le projet de loi concernant l'organisation scolaire dans l'île de Montréal (projet de loi 62), déposé devant l'Assemblée nationale durant l'automne de 1969. Conçu pour clarifier la situation scolaire montréalaise, le projet gouvernemental poursuivait quatre objectifs: l'égalité des services, la démocratisation de l'enseignement, la participation des parents et le respect du pluralisme religieux. De fait, le projet de loi était une réponse à la crise linguistique. Il entendait faciliter, sinon imposer, l'accès de l'école française aux anglophones et aux néo-Québécois. Dès le dépôt du projet de loi, l'Office de l'éducation de l'archevêché de Montréal avait procédé à une large consultation, dont les résultats avaient été communiqués aux évêques en décembre de la même année. Ces résultats étaient négatifs: «la neutralisation subite des structures — tant au plan linguistique qu'au plan religieux — ne tient pas suffisamment compte des diversités réelles, des mentalités actuelles et des cheminements nécessaires». L'épiscopat avait alors pris la décision de faire connaître son désaccord, et Mgr Grégoire avait, en son nom, déposé un mémoire devant le Comité permanent de l'éducation de l'Assemblée nationale. Après avoir réaffirmé le désir de collaboration de l'épiscopat, le mémoire rappelait la primauté «des objectifs pédagogiques sur les voies organisationnelles», le droit des groupes religieux à des services qui leur conviennent, le rôle de l'école catholique et l'opportunité de lui donner un support juridique, enfin la nécessité d'effectuer cette réforme dans un climat serein. Mgr Grégoire demandait des garanties additionnelles et, par «fidélité au réel», une «restructuration progressive». Le 17 novembre 1970, ce projet de loi tient une large place dans les discussions qui réunissent le ministre Saint-Pierre, accompagné de ses sous-ministres, et le Comité épiscopal de l'éducation. Le ministre promet que le projet de loi 62 sera amendé «pour tenir compte de la religion, de la langue et de la participation des parents».[26] Le ministre tient parole. Le projet est retiré et remplacé, le 6 juillet 1971, par le projet 29. Le deuxième projet s'apparente au premier: il est conçu pour garantir la langue et non la foi. Il est issu d'une pensée centralisatrice qui, au dire des évêques, remet tout entre les mains du ministre de l'Éducation.[27] L'épiscopat ne croit pas bon de formuler des modifications à ce projet qu'il juge, de toute façon, anticonstitutionnel. Le veto des évêques, entre autres, force le premier ministre Robert Bourassa à retirer son projet, en décembre 1971.

Le jardin œcuménique

Il n'est pas sûr qu'on ait réussi à adapter la confessionnalité des écoles aux temps présents. Les espaces œcuméniques aménagés sur la place publique, sorte de carrefours où les gens de bonne volonté mais de confessions différentes peuvent échanger librement, semblent promis à un avenir plus durable. Les architectes du Temple s'affairent à les multiplier. L'engouement pour l'œcuménisme repose sur un double conditionnement. Un conditionnement spirituel d'abord. En faisant cheminer le catholicisme vers la liberté religieuse, la réconciliation avec les autres chrétiens et le dialogue avec les incroyants, Vatican II a ouvert les vannes à des aspirations latentes mais profondes, assurant par le fait même le triomphe de l'esprit de générosité sur l'instinct de conservation. Cet esprit-là imprègne, par exemple, le congrès canadien de la famille, tenu à Ottawa, en juin 1964: il se déroule «dans une liturgie de fraternisation universelle», à laquelle participent dix-neuf communions religieuses. «Pourquoi, se demandent nombre de participants, avons-nous attendu si longtemps?»[28] Vatican II va dans la même direction que le conditionnement social. La division des Églises chrétiennes est un scandale qui les affaiblit toutes. Face à la sécularisation et à l'éclatement de la société occidentale, les chrétiens ont intérêt à refaire l'unité perdue et à mettre en commun leurs ressources. Ces deux tendances sont à la base de l'intense activité œcuménique qui caractérise les Églises chrétiennes canadiennes. Celles-ci ne recherchent pas une unité au rabais. À preuve, les *Principles of union*, votés en mai 1965 par l'Église anglicane canadienne, rappellent clairement les divergences, tant sur la nature que sur les structures de l'Église, qui la séparent de l'Église unie du Canada.[29] Il en est de même des Journées œcuméniques, tenues au Collège Loyola durant l'été de 1965, durant lesquelles les conférenciers insistent sur les contradictions des traditions chrétiennes.[30]

Le mouvement œcuménique dispose d'outils efficaces. Le Conseil canadien des Églises groupe la plupart des chrétiens canadiens, à l'exception des catholiques.[31] De son côté, la C.C.C. se dote d'une Commission épiscopale de l'œcuménisme, puis, en 1966, d'un Office national d'œcuménisme, avec une section de langue anglaise à Toronto et une autre de langue française à Montréal. En mars de la même année, l'Église unie du Canada ouvre à Montréal un premier Centre d'information et d'œcuménisme. Confié à un pasteur journaliste, Claude de Mestral, le centre vise à évangéliser ceux qui sont en quête de foi et à «établir des rapports avec les autres Églises chrétiennes».[32] Il dispose déjà, du côté catholique, d'un interlocuteur empressé, le Centre d'œcuménisme de Montréal que dirige Irénée Beaubien, s.j. L'instruction *Matrimonii sacramentum* (mars 1966) qui assouplit la législation relative aux mariages mixtes vient tout juste d'accroître l'audience de ce centre. En levant l'excommunication qui frappait les catholiques mariés devant un pasteur non catholique et en n'exigeant plus que les conjoints unis dans un mariage mixte s'engagent par écrit à élever leurs enfants dans la religion catholique, l'Église catholique a donné un gage de sincérité qui, au dire des protestants, «stimulera la fraternité chrétienne et les relations œcuméniques».[33] L'enthousiasme qui règne dans la préparation du Pavillon chrétien sur la «Terre des hommes» (Expo 1967) en témoigne. Sept communautés chrétiennes, à l'instigation du Centre d'œcuménisme de Montréal, y participent. Le projet, dont le symbole est une croix en Tau de forme primitive, est grandiose. Axée sur la représentation des divers aspects de la condition humaine, sa préparation devient un point de convergence où les Églises chrétiennes s'efforcent de trouver les «bonnes questions» susceptibles d'amener les chrétiens «à saisir la signification profonde de leur foi».[34]

Le Pavillon chrétien amorce un virage décisif. Ce projet crée des liens d'estime, de compréhension et d'affection favorables à un accroissement du dialogue et à une concertation de l'action. Ainsi, les agences catholiques, protestantes et civiles concertent leurs efforts à ce moment-là pour soulager la famine en Inde. L'habitude se prend de collaborer dans les campagnes de bienfaisance, l'action syndicale et le *lobbying* auprès du gouvernement. À l'automne de 1966, Irénée Beaubien, à titre d'observateur, assiste au Conseil général de l'Église unie du Canada, à Waterloo (Ontario). Ces assises acceptent les *Principles of union* soumis en 1965 par l'Église anglicane. Un an plus tard, en décembre 1967, une vingtaine de délégués catholiques et une trentaine d'autres protestants sont réunis, avec la bénédiction des Églises chrétiennes, en session d'études au Centre marial des Pères montfortains. À l'ordre du jour: l'œcuménisme. Cette première consultation interconfessionnelle et bilingue enclenche la mise sur pied en 1968 d'un comité multiconfessionnel et permanent chargé «de promouvoir une action commune sur des questions d'intérêt mutuel: culte commun en certaines occasions, étude de la Bible, dialogue entre chrétiens et Juifs, promotion de la paix».[35] Deux mois plus tard, les représentants de l'Église catholique et de l'Église luthérienne s'entendent «pour considérer les possibilités d'un dialogue au plan doctrinal, spirituel et pratique».[36] Des réunions régionales ont lieu à Toronto, à Montréal et à Saskatoon. Elles culminent, à l'automne de 1969, dans une réunion nationale à Port Credit (banlieue de Toronto), où sont discutés les mariages mixtes, un rituel commun pour le baptême et les catéchismes populaires. La portée de ces événements n'échappe pas aux observateurs avertis. Le dialogue œcuménique débouche sur l'action.

L'œcuménisme n'absorbe pas tout l'effort missionnaire de l'Église québécoise. Celle-ci se soucie encore d'assurer aux immigrants «la continuation sans heurts de leur vie chrétienne». C'est dans ce but qu'en 1969 le diocèse de Montréal met sur pied un Office des néo-Canadiens — qui deviendra plus tard l'Office des communautés ethniques. Par ailleurs, en janvier 1970, la C.C.C. et la province jésuite canadienne-française mettent sur pied un Office national pour le dialogue avec les non-croyants. Le père Paul Morisset, s.j., en est le premier directeur. L'incroyance est un signe des temps qu'il faut essayer de comprendre par le dialogue. Le centre a mission de mener des recherches sur l'incroyance, d'organiser avec les incroyants des rencontres fraternelles et de sensibiliser le peuple chrétien à ce phénomène.

3. LES DOULEURS DE L'ENFANTEMENT

L'Église a deux dimensions, l'une est institutionnelle et l'autre événementielle. La restauration du temple institutionnel n'est que la face visible d'une entreprise de plus vaste envergure: l'édification du peuple de Dieu. Créer des espaces et aménager des structures est une chose, édifier un peuple en est une autre. Les hommes s'interrogent, non les pierres. C'est pourquoi un peuple s'édifie en marchant. La marche, parce qu'elle interpelle, est purificatrice. Elle est porteuse de sens et source de fraternité. Elle est aussi grosse de tensions. Et ces tensions donnent lieu à la plus grave crise qu'ait connue le catholicisme québécois.

Cette crise du catholicisme québécois participe à la crise d'identité qui étrangle la catholicité tout entière. Les trompettes de Vatican II ont annoncé le grand départ. Délaissant les terres plantureuses d'Égypte, selon l'expression du théologien Bernard Lambert, sur lesquelles, par un jeu subtil d'intransigeance et de compromission, elle s'était installée confortablement en retrait du monde moderne, l'Église romaine s'est mise en marche, sans trop savoir où elle allait. Le pape n'arrive pas à tenir en colonne compacte ce peuple en mouvement. Les chefs des tribus ne s'entendent pas sur la route à suivre, disputant au pape l'honneur de battre la marche. La curie tenant son regard tourné vers l'arrière renâcle. Les lévites veulent se fondre dans la cohue, et celle-ci, se disperser dans les terres des Chananéens. Le peuple remet en cause la crédibilité de ses chefs et la pertinence de maintenir un système ecclésial façonné à la mesure d'un peuple sédentaire. La tribu québécoise, cependant, jadis la plus enracinée sur les terres d'Égypte et la plus en retrait du monde moderne, ressent de façon particulièrement aiguë les souffrances du dépouillement.

Le désarroi du clergé séculier

Vatican II a remis en question les arrangements qui prévalaient au sein de l'Église entre clercs, religieux et laïcs, introduisant une sorte de nivellement des statuts, des rôles et des styles de vie. Au Québec, la sécularisation de la société et le changement social renforcent cette orientation. L'Église québécoise n'a plus la responsabilité ni du devenir collectif ni de larges secteurs de la vie sociale. Elle ne régit plus le cycle des fêtes. Le couple clercs/laïcs n'a plus de sens. «Que devient le clerc dans une société urbanisée, anonyme, où l'instruction se généralise, où le savoir est technique et spécialisé, et où les individus sont pris en charge par la société?»

Les prêtres séculiers sont désorientés. Ils sont environ 4510 en 1969, dont 4356 exercent une fonction pastorale. Parmi ceux-ci 1662 sont curés (38,2%), 1025 sont vicaires (23,5%), 194 sont directeurs scolaires (4,6%), 592 sont professeurs

«Autrefois, on disait: le pape a parlé. Aujourd'hui, on dit: le Concile (les évêques) a parlé. Quand les gens pourront-ils parler eux-mêmes?» (Charles Lambert et Roméo Bouchard)

«Trois peurs affectent le clergé: peur d'avoir à gagner sa vie, peur d'avoir à se marier, peur d'avoir à vivre dans le monde profane.» (Charles Lambert et Roméo Bouchard)

(13,6%), 430 sont aumôniers scolaires (9,9%), 278 sont aumôniers de services (6,4%) et 175 sont aumôniers diocésains (4%).[37] La moitié d'entre eux exerce une tâche secondaire, soit dans le secteur scolaire, soit dans la pastorale dominicale. Les genres de vie sont aussi diversifiés que les fonctions. Les trois quarts des curés de campagne vivent seuls; les autres avec un ou des vicaires. Par contre, à peine 20% des curés de ville vivent seuls. Ce clergé, à 15% près, dit la messe et récite le bréviaire quotidiennement. Il est en voie de laisser tomber bien des pratiques secondaires: à peine 50% des prêtres font régulièrement action de grâce, 40% récitent le chapelet, 24% lisent la Bible, 22% font lecture spirituelle et 18% rendent visite au Très Saint Sacrement. Environ 15% semblent n'avoir aucune autre pratique régulière que la messe et le bréviaire.

Ces clercs constituent un corps social traversé de courants divers. Ils ont tendance à remettre en cause leur mode d'action, leur rapport au monde et leur célibat. Ils se sentent partagés entre des tâches trop nombreuses et réclament une «spécialisation des tâches respectueuses des charismes individuels».[38] Plusieurs sont las d'être les frères convers des évêques: à peine 53% des clercs sont satisfaits de leurs relations collectives avec leur Ordinaire — chez les moins de 36 ans, le taux d'insatisfaction est de 60%. D'autres sont agacés d'être sans cesse conviés par des «experts» à de nouveaux styles de vie, comme si les sessions intensives de recyclage avaient toutes les vertus d'une fontaine de Jouvence. Ressentant le besoin de se rapprocher du peuple, d'exprimer ses problèmes et de témoigner de ses aspirations, la plupart des clercs n'arrivent pas à trouver comment opérer cette identification au peuple.

De plus en plus, la question du célibat focalise le mécontentement et le malaise au sein du clergé. Paul VI, en novembre 1964, n'avait pas jugé opportun de laisser les Pères conciliaires débattre de cette question, ayant le «propos de renforcer l'observance du célibat». Les deux schémas conciliaires sur le prêtre (*Optatam illius* du 28 octobre 1965 et *Presbyterorium ordinis* du 7 décembre 1965) déclarent qu'il convient que les prêtres pratiquent une «continence parfaite», afin de mieux se consacrer «au service de l'humanité nouvelle», de mieux manifester «le mariage mystérieux institué par Dieu où l'Église possède le Christ comme unique époux» et d'annoncer ce Royaume «où les enfants de la résurrection ne prennent ni femme ni mari» (*Presbyterorium ordinis*). Le Concile avait débouché non sur la suppression mais sur l'approfondissement du célibat, laissant, cependant, certains espoirs aux opposants, puisqu'il ne «reniait pas la pratique différente de ses origines» ni ne blâmait «la pratique actuelle des Églises orientales».[39] En juin 1967, le décret *Sacerdotalis caelibatus* en maintenant comme pratique exclusive le célibat déçoit. Les clercs expriment leur mécontentement dans les mass media: le célibat obligatoire, perçu davantage comme «un mode de présence dans la vie ecclésiale que comme un état religieux», enfreindrait la liberté de conscience. Ce n'est pas là l'opinion de quelques «têtes chaudes». Les deux tiers des séculiers seraient favorables au principe de l'option face au célibat.[40] Sans doute pour faire baisser la pression, l'épiscopat procède durant l'été de 1970 à une large consultation auprès des clercs et des laïcs, avant d'arrêter sa position sur cette question en vue du synode romain de 1971.[41]

Le malaise se généralise au sein du clergé. Mais la morphologie sociale de ce corps tempère la vicacité de sa réaction: 62% des clercs sont d'origine rurale, donc très conservateurs; 44% des clercs en ministère paroissial vivent en milieu isolé et la pyramide des âges montre des signes de vieillissement précoce, car 40% des clercs ont plus de cinquante ans. Les observateurs discernent trois attitudes chez le clergé. Des clercs, soit par «fuite des responsabilités ou une obéissance mal comprise», s'enferment dans une attitude attentiste. Le plus grand nombre mettent leur espoir dans une libération progressive des «excroissances et des durcissements de l'histoire». Parce qu'ils ont perdu la foi ou ne peuvent concilier «leur sincérité et les attentes de leur Ordinaire» ou qu'ils ne voient plus la pertinence de leur rôle, plusieurs décrochent.

Point de données officielles sur ces départs mais des approximations. De 1964 à 1969, cent soixante-trois séculiers décident de décrocher: dix-sept ne demandent aucune autorisation, cent douze obtiennent une dispense et trente-quatre cas sont encore à l'étude en 1969. Avec trente-neuf départs, Montréal est le diocèse le plus touché mais, si on tient compte des effectifs totaux, les diocèses les plus affectés sont ceux de Saint-Jean, Amos, Valleyfield, Hauterive où le taux de défection atteint 6% du clergé. Ce mouvement de laïcisation semble en expansion jusque vers 1973. Québec enregistre seize départs de 1964 à 1969 mais trente-quatre de 1964 à février 1973. Chicoutimi en consigne quatre de 1964 à 1969 et vingt-deux de 1964 à 1974. Point d'informations officielles non plus sur le profil des laïcisés. Un indice révélateur pourtant: à Chicoutimi, tous les laïcisés ont été ordonnés entre 1952 et 1967 et représentent 13,7% des ordonnés durant cette période. La génération de l'après-guerre est la plus vulnérable. La laïcisation constitue une expérience pénible pour les individus.

Les procédures sont rigoureuses et lentes. La communauté confine parfois le laïcisé à un état de sous-laïcat, qui en certains endroits équivaut à une excommunication pratique. La Hiérarchie n'a plus recours à ses services — même si le laïcisé demeure disponible; la famille et les proches le rejettent et en certaines localités l'opinion publique le considère comme un renégat. La plupart des laïcisés se marient et continuent de travailler dans des secteurs qui sont dans le prolongement de leurs activités sacerdotales. Dans le diocèse de Québec, 40% des trente-quatre laïcisés œuvrent dans l'enseignement, 17% dans la fonction publique et 10% dans l'administration scolaire.

Le malaise qui prévaut au sein du clergé affecte douloureusement l'épiscopat. Il en fait une priorité pastorale. La Commission épiscopale du clergé de la C.C.C. suggère, en avril 1968, que dans chaque diocèse les prêtres élisent un des leurs pour recevoir leurs confidences et servir d'intermédiaire auprès de l'Ordinaire. De plus, la dite commission souhaite que la C.C.C. crée un conseil national du clergé et qu'elle organise un centre médico-psychologique de consultation qui serait «un centre d'accueil à l'esprit apostolique». Le 29 janvier 1970, l'exécutif de la C.C.C. fait pression sur la Sacrée Congrégation pour la doctrine de la foi, afin qu'elle accélère les procédures de laïcisation. En mars, la C.C.C. suggère à Rome la mise sur pied d'un tribunal canadien qui analyserait et recommanderait les cas de dispense. Rome s'oppose à ces mesures, mais promet, fin avril, d'améliorer les procédures et d'accélérer l'étude des dossiers.

Les départs ne sont que l'un des symptômes de ce malaise généralisé. Un autre qui interpelle toute la communauté chrétienne serait la baisse des ordinations. Déjà bien enclenchée en 1957, la diminution des ordinations s'accentue à compter de 1968. C'est la conséquence inéluctable d'une chute dramatique des entrées au grand séminaire en 1964: quarante-cinq recrues de moins que la moyenne annuelle de la période quinquennale précédente! Le «manque de foi et de générosité», comme on se plaît à le dire en certains milieux, ne saurait expliquer cette baisse des vocations. Les causes profondes sont ailleurs. Aux yeux des jeunes, le prêtre fait figure d'étranger, voire d'asocial, dans la société. Il donne le témoignage de valeurs (célibat, obéissance passive) en contradiction avec les valeurs privilégiées par la société profane. Mais, à y regarder de près, parler de baisse des vocations serait peut-être, dès le départ, mal poser le problème. À l'heure de la promotion du laïcat, il se pourrait que l'Esprit inspire d'autres formes d'engagement; il se pourrait aussi que ce signe appelle un autre type de formation des prêtres. Depuis 1963, «la crise des vocations» est au centre des préoccupations pastorales des évêques. La Commission du clergé de l'A.E.Q. souligne le manque d'authenticité du témoignage que donne le clergé diocésain. Les prêtres ne témoignent pas d'«un don total» ni de la «bonté de Dieu»; ils «vivent dans l'individualisme et ne travaillent pas en équipe».[42] Un ancien supérieur de grand séminaire remet en question ces maisons qui «fonctionnent à la manière des usines de contre-plaqué (veneer ou plywood). On y juxtapose le dogme et la morale, on y superpose le droit canon et l'Écriture sainte, la spiritualité et la patristique, et tout le reste, on met de la colle, on chauffe et l'on presse en étuve». Le Centre national des vocations ecclésiastiques tient des sessions d'études: cinq cents clercs, le 8 août 1967, assistent, dans l'amphithéâtre du Collège de Rigaud, au congrès de la pastorale des vocations. Sous l'égide de la Commission épiscopale du clergé s'élaborent lentement les éléments d'une «pastorale de recrutement active et compétente» au plan diocésain.

Des congrégations désemparées

Les forces de changement n'épargnent pas les congrégations, remettant en question toutes les dimensions de la vie religieuse. Le mouvement de sécularisation oblige les communautés à se délester d'un grand nombre d'œuvres. Ce dépouillement affecte l'identité des communautés, les engagements individuels pris autant par désir de vivre l'état religieux que de se dévouer à une œuvre en particulier, de même que le comportement professionnel désormais soumis à la syndicalisation et au contrat individuel.[43] Une réflexion angoissée

L'Église se dépouille: le cas des Viateurs

1962: Les Viateurs cèdent la revue *le Jeune Naturaliste* à l'A.C.F.A.S.
1963: Fermeture du juvénat de Berthierville.
1965: Vente du Collège de Matane à la Commission scolaire régionale du Golfe.
Début de l'abandon massif de la direction de certaines écoles publiques.
1966: Abandon de la ferme-école de Napierville.
Les Éditions du Renouveau pédagogique acquièrent les droits de propriété des Viateurs sur les manuels d'histoire et de mathématiques.
1967: Fermeture de l'Orphelinat Saint-Georges (Joliette).
Le Juvénat Saint-Viateur de Montréal-Nord devient l'École secondaire Pascal-Lajoie.
Le Juvénat Saint-Viateur de La Ferme (Abitibi) devient le Pavillon Saint-Viateur. Il est loué à la Commission scolaire régionale de Harricana.
1968: Vente de la Librairie Saint-Viateur (Montréal).
Achat du Collège de Cornwall par le gouvernement de l'Ontario.
La Corporation du Séminaire de Joliette cède son cours collégial. Elle ne conserve que le cours secondaire, moyennant une entente avec la Commission scolaire régionale de Lanaudière.
Le Collège d'Outremont et le Collège Rigaud négocient le statut d'école secondaire privée associée à une commission scolaire. Le Collège Champagneur de Rawdon devient une école secondaire sous contrat avec des commissions scolaires régionales.
1969: Ouvert en 1968, le Collège Rigaud-de-Vaudreuil (ancien Collège Bourget) ferme ses portes en 1970.

(D'après Paul-André Turcotte, *L'éclatement d'un monde*, Fides, Montréal, 1981.)

révèle l'urgent besoin d'une théologie de la vie religieuse. La découverte de la liberté créatrice, de l'autonomie de la conscience individuelle et de la décision personnelle déplace la frontière qui sépare l'état laïque de l'état religieux, tout en instaurant au sein des communautés une tension entre l'épanouissement de la personne et les exigences de la vie communautaire. Cette situation oblige les communautés à repenser leur témoignage, à se «re-situer comme collaborateurs de la mission de l'Église». Elle débouche sur une grave crise d'appartenance.[44]

Cette remise en question s'effectue dans l'effervescence d'une société en mutation. Celle-ci accable les congrégations de reproches nombreux et variés: elles accapareraient les emplois des laïcs; elles concurrenceraient injustement l'entreprise privée dans le domaine de l'imprimerie et de la librairie; elles érigeraient en entreprises commerciales les lieux de pèlerinage; elles capitaliseraient au détriment de la santé de leurs membres; elles seraient plus près des riches que des pauvres, évitant de s'engager dans les points chauds de la pauvreté urbaine; elles feraient montre de paternalisme et «d'un esprit d'économie à courte vue» dans les relations de travail. Les critiques les plus vives concernent leur absence de témoignage sur la pauvreté évangélique. Claude Ryan avait relevé, et synthétisé, en 1963, les griefs les plus courants:[45]

> 1. Spéculation abusive dans le domaine immobilier. Les communautés profitent sans aucune préoccupation sociale ou communautaire de la plus-value que prennent leurs propriétés avec le temps. Elles acquièrent des propriétés dont elles n'ont pas un réel besoin pour les revendre avec d'intéressants profits.
> 2. Politique peu rationnelle dans le domaine immobilier. Des économes se laissent séduire par des vendeurs ou des courtiers hâbleurs. Des communautés en sont venues à placer leur argent dans des compagnies spécialisées dans le prêt usuraire aux petites gens. La faillite de la United Loan Corporation a révélé qu'une communauté y avait investi des centaines de milliers de dollars.
> 3. Tendance à se mettre des obligations trop lourdes sur le dos. Les communautés endossent des projets mo-

numentaux qui les obligent bientôt à aller quêter des subsides et à accepter des compromissions auprès des pouvoirs publics.
4. Mesquinerie dans les rapports administratifs et financiers avec les petites gens. Des communautés traitent avec leurs débiteurs, notamment dans le domaine hospitalier, sur une stricte base d'affaire.
5. Manque de sens des proportions dans l'administration des biens matériels. Des supérieurs lésinent sur de très petites choses et investissent inconsidérément dans des dépenses somptuaires.
6. Manque de gestion communautaire à l'intérieur même des communautés religieuses. Les sujets ne sont pas informés de la situation financière de leur communauté et n'ont pas l'occasion d'en discuter.

Au mitan des années 1960, une atmosphère d'incertitude et d'anxiété prévaut donc dans les communautés. Les théologiens ne s'accordent pas sur les fondements de la vie religieuse. Les supérieurs s'inquiètent de l'absence d'une relève. Les sujets redoutent les difficultés d'un recyclage. La crise engendre les mêmes effets dans les congrégations que chez les séculiers; peut-être, cependant, y revêt-elle un caractère encore plus aigu. Les départs sont nombreux: on en dénombre cent quarante-sept chez les Viateurs entre 1968 et 1972. Le recrutement se tarit. Ce dernier phénomène présente une intensité variable d'une communauté à l'autre. Dès les années 1950, les instituts des frères éducateurs avaient été affectés par la sécularisation: deux cents juvénistes donnaient à peine vingt scolastiques.[46] Les frères de Saint-Gabriel qui avaient 33 novices en 1939 n'en avaient plus que 23 en 1953 et 3 en 1964. À partir de 1958, cette tendance s'était généralisée. Chez les Sœurs de Notre-Dame du Saint-Rosaire, le recrutement avait marqué des signes d'essoufflement à la fin des années 1950: la communauté avait recruté 210 sujets entre 1958 et 1962, comparativement à 253 pour la période quinquennale précédente. Le tarissement était survenu de dramatique façon: soixante et onze entrées de 1963 à 1965 inclusivement.[47] Une publicité «triomphaliste et sentimentale», inspirée des techniques du marketing — sœurs en avion, élégance du costume, état supérieur de la vie religieuse — n'avait pu alors relancer le mouvement des vocations religieuses.[48]

La laïcisation et le refus de s'engager dans la vie communautaire sont des réponses individuelles. La réflexion est une solution collective. En 1964, l'épiscopat contacte la Conférence religieuse canadienne pour qu'on étudie «les problèmes de l'orientation des communautés religieuses dans le contexte social actuel». Rome entreprend d'imposer et de baliser cette réflexion qui se poursuit à la grandeur de la catholicité. Le décret conciliaire *Perfectae Caritatis* (28 octobre 1965) oriente la réflexion dans trois directions: le «retour aux sources de la vie chrétienne et à l'inspiration originelle des instituts», la vie communautaire, enfin la mission. Ce décret renverse les perspectives traditionnelles. Désormais, les constitutions des congrégations devront situer les engagements religieux «dans une perspective théologale plutôt que morale ou juridique», insister sur la vie communautaire, faite du respect de la personne, de l'accueil, de la présence et du partage, plutôt que sur «une vie commune basée sur le renoncement et l'uniformité», préciser enfin une mission en Église délestée des œuvres encombrantes et ouverte à une action plus diversifiée.[49] Deux autres documents, *Christus Dominus* et *Mutuae Relationes* insistent sur une insertion des religieux dans la vie diocésaine qui tiendrait compte, cependant, de leur identité propre.

Ces textes romains éclairent un mouvement de réforme qu'anime la Conférence religieuse canadienne. L'heure est aux colloques et aux congrès. Au début de mars 1968, six mille religieuses de Montréal s'interrogent collectivement sur leur identité et leur apostolat.[50] Les chapitres des congrégations procèdent à une révision en profondeur de leur constitution. Les offices diocésains se préoccupent d'insérer les religieux dans la pastorale d'ensemble. En 1969, un Office des religieux, rattaché au Département des relations intérieures de la C.C.C., coordonne l'action de l'épiscopat et de la C.R.C. Ce n'est pas le lieu ici de suivre en détail cette réforme. Rappelons qu'en 1967 la C.R.C.-Q. (section québécoise) charge un comité d'étudier la nature, la composition, les objectifs et le financement des offices diocésains des religieux; en septembre

1968, elle demande aux offices diocésains des religieux de centrer leurs efforts sur l'intégration des religieux dans la pastorale d'ensemble. Cette intégration ne va pas de soi. Encore en 1971, les problèmes sont nombreux et aigus, même si des diocèses se sont dotés d'une Association des supérieurs majeurs, d'un Conseil des religieux et d'un Conseil des religieuses. Les doléances les plus courantes demeurent les mêmes:

1. Les diocèses s'enferment dans des perspectives locales et non ecclésiales.
2. Les diocèses intègrent les individus, non les congrégations. L'intégration individuelle fait perdre le sens de l'appartenance à une congrégation.
3. Des curés considèrent trop souvent les religieux comme des domestiques, et les offices diocésains hésitent à donner aux religieux des responsabilités vraies.
4. Les religieux professionnels (enseignants et hospitaliers) sont exclus de la vie diocésaine, la pastorale mettant l'accent sur les «œuvres organisées et patronnées par le diocèse».

Chaque communauté vit la crise d'une façon qui lui est propre. Bien souvent, c'est un événement qui provoque une crise d'identité. Voyons quelques cas. Les Jésuites sont davantage touchés par la sécularisation que par Vatican II. L'échec de leur projet d'université a infléchi le taux de persévérance des sujets et tari celui du recrutement, forçant la communauté vers 1965 à se tourner vers de nouveaux champs d'apostolat: les milieux défavorisés et le Tiers-Monde. Celle-ci abandonne le Scolasticat de l'Immaculée-Conception (1968) et, en 1969, elle ferme le Collège Sainte-Marie et le Collège Saint-Ignace. Elle se désengage du Collège Saint-Charles-Garnier et transforme son noviciat de Saint-Jérôme en maison de retraites. L'apostolat intellectuel demeure une dominante, non une exclusivité. Des Jésuites se mettent à l'œuvre dans Saint-Henri, un quartier défavorisé.

Les Dominicains, qui sont à l'avant-garde du renouveau religieux, ne sont pas ébranlés par le limogeage du père Bradet, le directeur de *Maintenant*. Par ses prises de position audacieuses, la revue avait, à quelques reprises, fait sourciller l'épiscopat. Un numéro mettant en question la position de l'Église en matière de régulation des naissances provoque une réaction plus vive. Des évêques auraient fait pression sur le général des Dominicains qui, de Rome, ordonne la destitution du directeur. Le père Bradet et ses amis portent l'affaire dans les mass media, profitant de l'occasion pour soulever le problème de l'expression d'une opinion publique dans l'Église, de même que celui de la signification de l'obéissance religieuse. Faisant de sa révocation une affaire person-

---

LES PRÉDICATEURS REMETTENT LEUR PASTORALE EN QUESTION
1964

C'est dans un climat de franchise remarquable que s'est déroulée cette semaine à Montréal la session d'étude des prédicateurs, une des premières initiatives d'un «service intercommunautaire» nouvellement fondé.

Ils sont plus de 400 au Québec appartenant à une vingtaine de congrégations religieuses différentes à s'adonner à cette forme d'activité pastorale.

Les plus lucides d'entre eux sont nettement conscients de l'urgence de faire leur aggiornamento.

Le fait est là, brutal: cette forme traditionnelle de ministère a subi chez nous une chute considérable au cours des toutes dernières années. Les maisons de retraites fermées accusent une baisse inquiétante du nombre de leurs retraitants; les retraites paroissiales tombent en désuétude; le prédicateur tonnant la vérité du haut de la chaire éprouve de plus en plus le sentiment de crier dans le vide.

En revanche, de nouvelles formes de prédication sont apparues: grandes missions, missions régionales, retraites spécialisées qui posent aux prédicateurs des exigences inconnues jusqu'ici et pour lesquelles leur formation antérieure les a peu préparés.

Beaucoup de prédicateurs, nous a dit l'un d'entre eux, ne se sentent plus à l'aise dans leur condition de «perpétuels parachutés» dans des milieux auxquels ils

nelle, le père Bradet désamorce, de ce fait, une réaction communautaire. Son successeur, le père Vincent Harvey, suscite de plus vives discussions au sein de la communauté, quand il prend sur lui de mettre *Maintenant* au service d'une seule idéologie et d'un seul projet de société. Il encourt le désaveu de la communauté qui cesse de soutenir financièrement la revue.

De leur côté, les Rédemptoristes connaissent leur crise en 1967. Un des leurs, Aurèle Motard, publie un article per-

> sont totalement étrangers. Ils sentent le besoin d'un plus grand enracinement dans la communauté chrétienne où ils sont invités.
>
> Ils ont également le sentiment que les missions de francs-tireurs sont vaines. Ils redécouvrent la fécondité du travail d'équipe.
>
> Telle communauté, c'est le cas des frères-mineurs capucins par exemple, n'accepte plus qu'à certaines conditions les demandes qui lui viennent des paroisses: ils travailleront en équipe, prendront le temps de s'enraciner dans le milieu, viseront moins à l'enseignement verbal du haut de la chaire qu'à l'évangélisation sous le mode de «l'animation sociale».
>
> C'est dans ce climat d'interrogations parfois angoissantes que s'est créé l'an dernier, à la suite d'une retraite au sanctuaire de Sainte-Anne-de-Beaupré, prêchée par le père Kuns, des Fils de la Charité, le Service intercommunautaire des prédicateurs.
>
> Cet organisme, qui rassemble aujourd'hui des membres de 17 communautés religieuses, est dirigé par un comité provisoire formé des pères Aurèle Motard, rédemptoriste, Jean-Joseph Lemire, capucin, et Raymond Huot, dominicain.
>
> La présente session d'étude, qui se tient au Centre montfortain, porte sur l'avenir de la prédication. Elle rassemble quelque 150 participants.
>
> (*Le Devoir*, 13 janvier 1964.)

cutant, «Feu le prédicateur». La thèse de l'auteur est claire: la «prédication extraordinaire» est une formule usée; elle ne récupère plus les «pécheurs et les distants»; elle ne s'enracine plus dans le terreau socio-culturel qui lui donnait son sens et sa portée. Mieux vaudrait lui substituer la catéchèse aux adultes, les missions outre-mer, l'animation pastorale dans les diocèses. La thèse du père Motard produit un effet-choc, suscitant un vif débat sur les orientations de la communauté qui conduira, en 1973, à une vaste enquête.

Il est trop tôt pour tenter un bilan de l'évolution des communautés durant la décennie 1960. Les monographies font défaut. Retenons un indicateur de la gravité de la crise que traversent les communautés. De 1961 à 1971, dans l'Inter-Montréal — lieu où sont concentrés 70% des religieux-prêtres du Québec, 50% des frères et 60% des religieuses — les effectifs des prêtres-religieux se maintiennent, ceux des frères diminuent de moitié et ceux des religieuses, de 22%.

La révolte des militants

Vatican II qui a valorisé le laïcat, délesté l'Église de certaines institutions confessionnelles pour mieux sauvegarder l'universalité de sa mission, misé sur la conscience individuelle pour «médiatiser les appels du Christ et les exigences du monde profane, aurait dû relancer l'action catholique dont la mission est d'évangéliser le monde. Au Québec, Vatican II coïncidant avec une mutation de l'organisation sociale a un tout autre impact. En valorisant l'autonomie du monde profane, il renforce la polarisation des énergies par la construction de la cité profane. C'est l'édification de celle-ci qui, dans l'immédiat, canalise «les engagements totaux et permanents».[51] De plus, l'orientation dominante de Vatican II, centrée sur une option en faveur des pauvres, sur une ouverture à tous les hommes et sur une redécouverte des valeurs de fraternité, favorise l'éclosion d'une gauche chrétienne qu'inspirent les courants de libération humaine. La sensibilité de cette génération de militants chrétiens, «caractérisée par l'immédiateté ou le goût du provisoire et du spontané, la créativité, la mobilité et le sens du relatif» (*Inter-Montréal*, 1973), s'accommode mal des formules traditionnelles de l'action catholique. Enfin, la nouvelle ecclésiologie de Vatican II, tout en libérant un flot d'énergies, exige un effort d'adaptation, une conversion dont bien peu de militants sont capables à court terme. Les mouvements — ou du moins la plupart d'entre eux — n'arrivent pas à se situer dans une perspective communautaire, à s'ouvrir aux valeurs de témoignage et aux problèmes apostoliques, à incarner leur engagement dans un vécu quotidien.

Sur la trame tissée par Vatican II et le changement social, les mouvements d'action catholique générale s'orientent vers l'inconnu. Les ligues du Sacré-Cœur et les Dames de Sainte-Anne, déclarées en 1962, à titre expérimental, mouvements d'action catholique générale, modernisent leur spiritualité et leur action. Au printemps de 1966, les ligues deviennent Chrétiens d'aujourd'hui et les Dames de Sainte-Anne, Mouvement des femmes chrétiennes. Tous deux empruntent à l'action catholique spécialisée leurs méthodes de travail, mais s'en distinguent par un agir apostolique centré sur la paroisse ou la communauté des croyants. Ils éprouvent, cependant, de la difficulté à s'insérer dans la communauté paroissiale, ayant à se définir par rapport au Conseil paroissial, responsable des objectifs pastoraux, et par rapport à d'autres associations, elles aussi engagées dans l'action paroissiale, tels l'Association féminine d'éducation et d'action sociale (A.F.E.A.S.), les Filles d'Isabelle et les Chevaliers de Colomb. La survie des associations semble parfois avoir priorité sur les besoins communautaires. Par ailleurs, ces associations ont peine à maintenir leurs effectifs qui sont attirés par de nouvelles formes de regroupement, notamment les mouvements de type *Encounter* qui rassemblent les couples en vue d'un approfondissement d'une spiritualité familiale, et d'autres associations issues de situations marginalisantes: les divorcés, les défavorisés, etc. En ces temps d'adaptation, ce sont les associations de jeunesse qui semblent les plus dynamiques. Le guidisme et le scoutisme conservent leur vitalité. La Croisade eucharistique, devenue à la fin de l'année 1965 Jeunesse en marche (J.E.M.), s'oriente vers l'apostolat au service de la pastorale. Tout en gardant sa spiritualité issue de l'Apostolat de la prière, elle se présente comme le «complément de la catéchèse, une école de formation liturgique et missionnaire, un lieu où l'on fait l'apprentissage de la responsabilité».

Le discours projette l'image d'une grande effervescence au sein des associations d'action catholique générale. Les enquêtes ponctuelles renvoient, cependant, à des situations fort variables qui reflètent l'anémie de la vie paroissiale. À titre d'exemple, voici la situation qui prévaut dans l'Église de l'amiante en 1966-1968: les associations sont trop nombreuses «et le plus souvent inefficaces»; les curés les disent «stagnantes» et ont peine à en dresser un inventaire exact. «Ces mouvements, observe Raymond Lemieux qui a enquêté sur le terrain, ne trouvent pas les moyens pratiques de la conversion et sombrent dans l'indifférence et des fidèles et du clergé».[52]

L'élan serait-il dans le camp de l'action catholique spécialisée, dont la spiritualité s'enracine dans les appels du monde et la responsabilité collective des chrétiens? Le 14 octobre 1966, les évêques de langue française suspendent la constitution de l'Action catholique canadienne (A.C.C.) promulguée en 1952, de même que tous les organismes qui en sont issus. Le geste est sans précédent. Il touche directement quelque vingt-cinq dirigeants. Il amène la mise à pied de quatre permanents laïques et le rappel de l'aumônier général de la J.E.C. Une crise financière fournit à l'épiscopat l'occasion de cette intervention. Mais s'agit-il uniquement de finances? L'action catholique spécialisée comptait en 1961 quelque 28 000 membres, soit 16800 étudiants dans la J.E.C., 7000 travailleurs dans la J.O.C. et le M.T.C., 4200 jeunes dans la J.R.C., la J.I.C., l'A.C.R. et le Renouveau chrétien. Ces associations sont très centralisées, souffrant d'une hypertrophie de leur secrétariat national et du rachitisme de leur organisation diocésaine. Toutes connaissent des tensions entre les objectifs apostoliques qu'elles poursuivent et les actions socio-politiques qu'elles entreprennent. Toutes aussi éprouvent de la difficulté à se situer face à la Hiérarchie, rapport que les décrets conciliaires n'ont pas précisé de façon concrète. Des associations font double emploi: l'urbanisation du Québec ne semble plus justifier la présence simultanée d'une J.O.C. et d'une J.R.C. La J.O.C. et le M.T.C. semblent reposer sur des bases solides: ils ont une spiritualité vivante, une pédagogie expérimentée, des équipes dynamiques et des secrétariats actifs et adéquats. Par contre, la J.E.C. ne s'est pas remise de la crise qui l'a secouée récemment: son attrait pour la fraternité entre tous les hommes et pour l'action socio-politique l'amène à mettre une sourdine à la formation religieuse de ses membres et à une action de type apostolique. En France, la J.E.C. connaît les mêmes tiraillements. Lors de son congrès de juin 1966, tenu à l'Université Laval, le thème de la participation des étudiants au syndicalisme, à la prise en charge de leur milieu et à la construction de la cité terrestre accapare le discours. D'autres facteurs, telles la désaffection de la jeunesse «vis-à-vis les valeurs religieuses incarnées par l'Église» et la restructuration des milieux scolaires par les cégeps, minent la J.E.C. Elle a un rival, l'Union générale des étudiants du Québec (U.G.E.Q.), qui lui dispute sa clientèle et avec lequel elle ne sait trop comment procéder: doit-elle noyauter cette union ou lui imposer un organisme confessionnel?

La situation qui prévaut inquiète l'épiscopat qui n'arrive pas, par ses secrétariats diocésains, à imprimer une orientation aux mouvements d'action catholique spécialisée ni à contenir leurs exécutifs nationaux. Il s'interroge aussi sur l'opportunité de maintenir une action catholique mandatée par l'Ordinaire. Vatican II n'a-t-il pas convié tout le laïcat, en vertu de la consécration baptismale, à assurer la tâche missionnaire de l'Église? Ne conviendrait-il pas aussi d'ouvrir l'action catholique canadienne à toutes les formes d'engagement du laïcat?

Vue sous cet angle, la crise financière dans laquelle se débat l'action catholique spécialisée apparaît moins une cause qu'une occasion d'intervention. Le 7 octobre 1966, les dirigeants de l'A.C.C., qui préparent l'exercice financier de 1967, soumettent trois propositions à l'épiscopat: 1. hausser de 102 000$ à 162 000$ la subvention annuelle de l'épiscopat, dont 78 500$ seront versés aux secrétariats nationaux; 2. enquêter sur le financement du laïcat dans l'Église; 3. consulter le laïcat organisé pour définir les priorités de l'Église. Ces propositions sont un révélateur du malaise qui prévaut entre le laïcat organisé et la Hiérarchie. Le 14 octobre, les évêques font connaître leurs décisions: 1. versement d'une allocation annuelle de 13 000$; 2. suspension de la constitution de l'A.C.C.; 3. mise sur pied d'une commission d'enquête sur la situation du laïcat organisé; 4. formation d'un comité provisoire de l'A.C.C. qui serait composé du président (Renaud Chapdelaine) et de l'aumônier (Mgr Laurent Potvin), tous deux très proches de la Hiérarchie. La décision est brutale. Elle jette la consternation dans les milieux d'action catholique spécialisée. On ne sait si elle procède d'un propos délibéré de casser une équipe ou de la maladresse d'un épiscopat peu habitué encore au dialogue. Une rencontre avec la Commission épiscopale de l'action catholique et de l'apostolat laïque débouche dans une impasse. Le 23 octobre, dirigeants et aumôniers tiennent alors une conférence de presse et convoquent, pour le 5 novembre, leur conseil national respectif. L'opinion publique réagit vivement à ce geste unilatéral de l'épiscopat, forçant la Commission épiscopale à surseoir à l'application des recommandations et à donner aux membres de l'action catholique jusqu'au 10 novembre pour faire connaître leur opinion.

L'imbroglio est total: on ne sait si ce sursis laisse en place l'exécutif et les dirigeants congédiés. Le débat s'envenime. Le 26 octobre, la Commission épiscopale mandate l'abbé Charles-E. Mathieu, secrétaire général de la C.C.C., de prendre toutes les mesures utiles pour faciliter le dialogue entre les parties, l'autorisant même à former un comité de liaison à Montréal. Le dialogue se noue péniblement. Des points de convergence existent: les deux parties sont d'accord pour refondre la constitution de l'A.C.C., reconnaître que l'action catholique de milieu n'épuise pas la force apostolique du laïcat et rechercher des formes nouvelles de présence dans le milieu. Mais les désaccords sont profonds. Les militants laïques n'acceptent pas le procédé retenu pour démembrer l'A.C.C. Ils réclament le droit de participer à l'établissement des priorités pastorales, convaincus qu'ils sont que les associations spécialisées ne reçoivent pas la quote-part qui leur revient dans le financement de la pastorale. Ils diffèrent d'opinion avec l'épiscopat qui reproche aux organismes nationaux de l'action catholique spécialisée d'être trop directifs et trop centralisateurs. Les dirigeants ont la sympathie de l'opinion publique. Le 3 novembre, Claude Ryan, ancien président de l'A.C.C. et directeur du *Devoir*, publie un éditorial sur «l'exercice de l'autorité au lendemain du Concile». Plus de deux cents laïcs, la plupart des anciens militants, demandent à l'épiscopat de réviser sa décision. L'abbé Mathieu, jamais à court d'imagination, s'efforce, mais en vain, de présenter le geste des évêques comme un «geste de confiance envers le laïcat sans précédent dans le monde» et le résultat d'un «souci démocratique». En insistant sur l'enquête projetée et en escamotant le démembrement de l'A.C.C., l'abbé Mathieu attise le feu et s'attire de cinglantes répliques. Le 7 novembre, Mgr Potvin, qui n'a guère la confiance du laïcat, annonce sa démission.[53]

Les assises des conseils nationaux, le 5 novembre, permettent aux dirigeants de soumettre au comité de liaison formé par l'abbé Mathieu une proposition en trois points: 1. que les mouvements d'action catholique continuent à travailler ensemble à l'intérieur d'une structure de coordination nationale; 2. que cette structure soit dotée d'un secrétariat et d'un secrétaire; 3. qu'on fasse enquête sur les structures. Le 17 février 1967, le comité de liaison remet son rapport à l'exécutif de la C.C.C. Celui-ci le soumet à l'attention de l'épiscopat qui, le 8 avril, rend sa décision. Il propose: 1. la tenue d'une commission d'enquête sur l'avenir de l'action catholique; 2. la formation d'un comité provisoire d'action catholique qui sera sous la responsabilité d'un secrétaire à temps partiel; 3. le maintien du rappel de l'aumônier de la J.E.C.; 4. l'octroi de fonds supplémentaires pour régler la crise financière. L'A.C.C. accepte ces propositions, sauf la J.E.C. Celle-ci trouve inacceptable le maintien du rappel de son aumônier, l'absence d'une structure de communication avec l'épiscopat et la mise sur pied d'un comité provisoire dépouillé de toute responsabilité. Ces raisons masquent une crise profonde. Les dirigeants de la J.E.C. remettent en cause l'Église-institution dans son ensemble, lui reprochant son monolithisme et sa structure hiérarchisée. Cette crise, dont les origines remontent aux années 1950, connaît son dénouement en janvier 1968. Le Comité national de la J.E.C. annonce qu'il rompt avec l'Église.

Les dirigeants diocésains de Montréal, de Québec et de Saint-Jérôme appuient cette décision. Les autres forment un comité provisoire.

La rupture de la J.E.C. ne clôt pas la crise dans laquelle se débat l'action catholique spécialisée. Les facteurs qui l'ont engendrée sont toujours à l'œuvre. En 1970, lors du congrès mondial qu'elle tient à Ottawa, la J.R.C. met l'accent sur l'action et s'engage dans la voie de la politisation. La J.O.C. effectue un virage identique. La crise s'amplifie. Elle a deux dimensions: une crise de la foi chez les militants et une incapacité des communautés chrétiennes à mettre sur pied un mouvement pastoral qui intégrerait les aspirations et les expériences issues du courant de libération humaine. «La pastorale de l'Église, déplore un militant de la J.R.C., n'est pas organisée de façon qui tienne compte des objectifs et de l'action de la J.R.C., ni en général des réalités sociales, de sorte que les gens qui s'engagent sont amenés à prendre leurs distances par rapport à l'Église.»

Une Église qui sert à quoi?

Prendre ses distances avec l'Église, c'est aussi l'attitude d'un grand nombre de fidèles. Le phénomène va de soi. Le peuple de Dieu incarné au Québec a une conscience tenue à distance d'elle-même, non autonome, qui l'apparente à un robot télécommandé par un pouvoir social. La dynamo ecclésiale s'épuisant, ce peuple est amené tout naturellement à s'alimenter à la vision du monde et aux idéologies des nouveaux pouvoirs sociaux.[54] Il conserve peut-être sa foi, mais chemine au milieu de paysages désacralisés que la religion traditionnelle ne balise plus. Il lui faudra du temps pour apprendre à effardocher avec une conscience autonome ses propres pistes de vie, si tant est qu'un peuple puisse jamais se libérer!

Pour l'heure, le changement social propose de nouveaux comportements. Il impose un autre *way of life*. Il compose un nouvel univers symbolique, au sein duquel il est bien difficile de discerner ce qui est révélation de Dieu, vérité scientifique et opinion humaine. Des directives pontificales, telles certaines relatives à la liturgie et au port de l'habit religieux, surprennent par leur caractère tatillon et «sans lien avec la vraie vie»; des prises de position sur la place et sur le rôle des femmes, sur le divorce, sur l'avortement et sur la sexualité déçoivent. L'épiscopat a beau nuancer les textes romains, distinguer dans ses prises de position entre l'ordre religieux et l'ordre politique, le peuple bougonne. En octobre 1966, la décision prise par l'épiscopat de ne pas s'opposer à la modification de l'article du Code criminel interdisant la vente des contraceptifs laisse espérer une ouverture. Mais, en mars 1967, son opinion sur la législation canadienne du divorce, qu'il expose devant un comité parlementaire canadien, déçoit. L'épiscopat donne le feu vert aux législateurs, pourvu que la nouvelle législation s'inscrive «dans une politique positive de la famille», mais il maintient le feu rouge pour le peuple de Dieu: «les lois civiles sur le mariage ne changeront en rien la loi de l'Église sur le même sujet».[55] Par comparaison avec l'attitude de l'Église unie et de l'Église anglicane, qui tout en valorisant la dignité du mariage et l'idéal de son indissolubilité acceptent en pratique le divorce, la position de l'Église catholique paraît à plusieurs rétrograde. La Déclaration sur la liberté religieuse, adoptée par Vatican II le 7 décembre 1965, avait laissé entrevoir en ce domaine un changement de politique. En 1968, le refus de considérer l'avortement comme une affaire purement personnelle, du fait que la vie d'une autre personne est en jeu, suscite d'autres remous. La promotion du respect de la vie humaine par l'éducation, par l'aide aux mères célibataires et par les ressources de la médecine, bref par «une adéquate politique sociale et familiale», ne crée pas un consensus dans le peuple.[56]

Plus que tout autre, un événement survient qui cristallise le mécontentement et renforce le courant de désaffection envers l'Église: l'encyclique *Humanae vitae* sur la régulation des naissances que Paul VI rend publique le 29 juillet 1968. Longtemps attendu, le document aborde une question à laquelle le peuple a déjà donné une réponse en acceptant l'usage des moyens mécaniques et chimiques de régulation des naissances. L'Église avait bien à quelques reprises dénoncé ces pratiques, mais l'attitude discrète et souple de l'épiscopat depuis le Concile avait accrédité en certains milieux l'idée que le *birth control* était une affaire personnelle — tout au plus l'une de ces questions qu'on discute dans l'intimité avec le frère André ou la bonne sainte Anne. Déjà en 1963, l'épiscopat québécois s'inquiétait de ce que «beaucoup de médecins et de prêtres sembl[ai]ent ignorer tout à fait les directives de Pie XII».[57] De fait, de Paul VI le peuple attend moins une réponse qu'un *placet*. Lui, cependant, donne sa réponse: «tout acte matrimonial doit rester ouvert à la transmission de la vie». Jamais au Québec un document romain n'a suscité une telle effervescence. Un indicateur: dans le seul mois d'août, *le Devoir* publie plus de soixante articles reliés à cette question. Très tôt, la surprise et l'embarras font place à la consternation, puis à la contestation, puis à la désaffection. Jean-Pierre Proulx, journaliste, le note dans *le Devoir*: le vrai signe de la crise ne serait pas les hauts cris des dissidents, mais l'indifférence de la masse des fidèles qui continue «à se comporter comme si rien ne s'était passé».[58]

Humanae vitae divise les esprits et broie les cœurs. L'épiscopat adopte une attitude prudentielle, reportant à l'automne ses commentaires. Les théologiens relèvent le caractère non infaillible de l'encyclique, le primat de la conscience sur les directives, l'attitude autoritaire qui a présidé à la fabrication du document et la conception «statique et biologisante de la nature» dont s'inspire Paul VI. Les curés montréalais prônent «la soumission dans une grande ouverture d'esprit»; plus timorés, ceux de Québec rappellent la loi naturelle et l'autorité du magistère. La masse des fidèles met en doute la crédibilité de ce magistère et l'utilité d'une Église qui, comme Josué, veut arrêter le cours du soleil. Solidaires de Rome mais aussi de leur peuple, les évêques multiplient les consultations, à la recherche d'une solution à la quadrature du cercle.

C'est un épiscopat canadien soucieux qui se réunit à Winnipeg, le 14 septembre. À l'ordre du jour, *Humanae vitae*; sur la table, des rapports de trois commissions épiscopales, des avis de théologiens... aussi cent télégrammes en provenance des fidèles et une requête signée par trois cent cinquante prêtres de l'Ouest canadien. Cette requête supplie l'épiscopat de «laisser aux individus le soin de décider en

Des mères de famille qui ne veulent plus retourner à l'époque de la lampe à pétrole

«J'ai lu et relu le texte de l'encyclique. Je n'arrive pas à croire que Paul VI ait pu rédiger un message qui ne respecte pas la maturité, la conscience personnelle des catholiques, en matière de régulation des naissances. C'est pour moi un véritable cauchemar», nous dit Mme Simone Chartrand, mère de sept enfants, très active dans différents mouvements syndicaux et familiaux du Québec.

«Je revois toute l'angoisse des femmes devant l'incertitude d'une méthode comme Ogino, leurs frustrations, l'incompréhension des hommes, le dialogue de sourd entre clergé et couple, le retour à une vie spirituelle axée sur le péché à ne pas faire ou à s'accuser d'avoir fait, etc.» «Cette époque», nous dit encore Mme Chartrand, «était pour moi, complètement révolue et j'ai basé toute ma pédagogie familiale sur la responsabilité que doit assumer chaque enfant, chaque adulte, devant les actes qu'ils posent. Comment voulez-vous qu'aujourd'hui, j'enseigne à mes grands enfants ce retour à l'obéissance aveugle d'un principe énoncé par un homme qui a préféré se laisser guider par l'aile conservatrice de l'Église plutôt que d'accepter l'évolution?»

Ce qui est le plus inquiétant dans ce message c'est qu'il coupe des liens qui existaient encore entre une certaine jeunesse et l'Église tout en ne faisant pas un pas vers un rapprochement des Églises. En effet, «pourquoi les catholiques seraient-ils plus respectueux de la morale naturelle que ceux des autres Églises qui pourtant admettent de laisser ce problème à la conscience personnelle des époux», nous dit Mme Chartrand.

Au terme «paternité responsable», poursuit cette mère de famille, j'aurais bien préféré «parenté responsable». «Il y a belle lurette que nous avons appris que dans le couple, les deux sont également responsables de la naissance et de l'éducation des enfants.»

(*Le Devoir*, 6 août 1968, p. 11.)

toute conscience de l'attitude à prendre sur la régulation des naissances». L'épiscopat adopte le point de vue de ses prêtres. Le communiqué de presse du 27 septembre porte l'empreinte d'une solidarité et d'une volonté de dialogue avec le peuple de Dieu. Il propose une pastorale de cheminement, laquelle se veut une invitation à un dépassement, respectueuse de la faiblesse humaine, des situations et des voix de la conscience individuelle. Des conflits peuvent exister entre l'amour conjugal et la paternité responsable, entre la santé de la mère

---

UNE ÈRE RÉVOLUE

Une autre mère de famille, Mme Claire Guillemette de Montréal, nous communique sa déception à la suite de la publication de l'encyclique. Elle le fait sous forme de lettre que nous avons dû raccourcir, faute d'espace.

«Comment au 20e siècle croire encore à l'extase et aux miracles? La société est à l'âge adulte et aucune religion ne peut plus se prévaloir de droits de paternité, d'autorité et d'infaillibilité. Il est malheureux que le Pape Paul VI n'ait pas été mieux inspiré et ait commis, publiquement, une erreur de jugement, mais cela, me semble-t-il, ne peut engager toute la chrétienté à le suivre.»

Pour Mme Guilmette, surtout au Québec, les années de la grande noirceur sont terminées. Les temps sont révolus où les catholiques agissaient par la crainte, la peur ou l'ignorance. Depuis plusieurs années, le climat chrétien était à la grande détente et nos cadres religieux avaient réussi à établir avec nous un dialogue de confiance.

Pour cette mère de famille il n'y a plus de retour possible ... les femmes ne retourneront pas à Ogino, pas plus qu'elles ne retourneront à la lampe à pétrole. Dans leur esprit, «l'amour conjugal» ne sera plus jamais synonyme de «péché» quels que soient les moyens employés pour planifier les naissances.

(*Le Devoir*, 6 août 1968, p. 11.)

et la venue d'un enfant, dont le dénouement relève de la conscience.

En libérant les consciences individuelles — sans, cependant, leur masquer ni leurs devoirs ni les impératifs d'un christianisme pleinement assumé — le document épiscopal évite une crise majeure au sein de l'Église canadienne en général et de l'Église québécoise en particulier. Il appelle la mise en place d'une pastorale familiale, fondée sur une réflexion théologique du mariage et axée sur la formation de la conscience par des cours de préparation au mariage.[59] Il ne stoppe pas, cependant, la désaffection grandissante des fidèles à l'égard d'une Église dont personne ne sait si elle est trop prophétique ou trop installée dans une culture. *Humanae Vitae* provoque une autre hémorragie: de nombreux militants engagés dans des mouvements familiaux et dans l'action sociale décrochent.

4. UN ÉPISCOPAT PIÉGÉ

Les évêques n'ont pas qu'à édifier l'une des tribus d'Israël. Ils ont aussi à la garder en communion avec tout le peuple de Dieu. Vatican II a défini l'Église universelle «une communion d'Églises locales régies par la communion des évêques, avec le pape comme centre et gardien de l'unité». L'incarnation de cette représentation de l'Église pose problème. Elle déborde les frontières d'une simple internationalisation de la curie. Elle appelle une conversion des esprits, un partage des pouvoirs entre le centre et la périphérie, la mise en place de canaux de communication et de structures de coresponsabilité, afin que cette Église s'édifie dans une tension féconde entre le haut et le bas. Giovanni Battista Montini, devenu Paul VI en 1963, à l'âge de soixante-six ans, est responsable de l'évolution de l'Église. Il a à inventer un nouveau modèle de papauté: le Concile a bien situé les évêques dans la collégialité, mais il n'y a pas situé le pape. Celui-ci est-il plus qu'un président de séance avec voix prépondérante? Les conservateurs trouvent leur nouveau chef un peu démagogue; les progressistes le disent faible. Pris entre des extrêmes qui incarnent l'ancienne et la nouvelle ecclésiologie, dont le Concile lui-même n'a pu tirer une synthèse harmonieuse, Paul VI suit le scénario classique en pareilles circonstances: il s'installe au centre. Il dit oui à la réforme de la curie et non à sa liquidation; oui aux réformes sociales et non à la violence; oui aux réunions périodiques d'un synode universel et non à son noyautage par une aile marchante ou reculante. Cette manière de procéder lui semble celle qui entrave le moins l'action de l'Esprit, du temps et des épiscopats nationaux, tout en assurant la sauvegarde de la nécessaire unité de l'Église.[60]

Un métier à réinventer

Le pape n'est pas seul à réinventer son métier. Les évêques sont confrontés au même problème. On ne saurait être évêque à la manière d'antan. Pour être toujours le dépositaire d'une autorité qui vient d'en haut et d'un intérêt général, un évêque est d'abord le serviteur de ses frères et le médiateur qui exprime leurs aspirations... Sa place n'est pas sur un trône mais au milieu des siens. Autant que l'image, ce sont les conditions d'exercice du métier qui ont changé. La sensibilité du peuple n'accepte plus le paternalisme ou la tyrannie — ces deux écueils du pouvoir épiscopal.[61] Les oukases et les imprécations d'un Savonarole, les appels à la croisade, les déclarations abstraites tirées des traités de morale, les interventions qui sont des «déclarations et non des engagements» n'éveillent plus de résonnance dans les consciences individuelles.[62] Le peuple a besoin de se sentir aimé, de percevoir dans l'exercice du magistère la tendresse caritative d'un frère qui partage son humaine condition. Au sein même du catholicisme québécois, une opinion publique longtemps refoulée réclame une pastorale de l'événement qui se raccroche au vécu des fidèles, un style de leadership qui, prenant ses distances avec le mandarinat hautain, soit en «symbiose avec les interrogations et les angoisses du peuple de Dieu».[63] Cette opinion publique s'appuie sur de nouveaux courants théologiques et les prises de position des théologiens d'avant-garde. Le modèle thomiste n'est plus une référence — du moins la seule référence. Les rapports de la Hiérarchie avec les théologiens évoluent. Le phénomène est mondial. Le pape Paul VI déplore que les théologiens «s'arrogent la permission d'énoncer des opinions qui leur sont propres», et auxquelles ils confèrent l'autorité qu'ils contestent au pape. Dans l'affaire *Humanae Vitae*, les prises de position des théologiens sont révélatrices de ces nouveaux rapports. La crise de crédibilité qui frappe la hiérarchie se double d'une crise d'identité. La montée du mouvement nationaliste au Québec a modifié le statut de l'Église. Celle-ci n'est plus une Église-nation et son discours ne peut plus être ni englobant ni totalisant.

À l'euphorie du Concile succède donc la grisaille du quotidien. De retour de Vatican II, l'épiscopat se fait discret, évitant les consignes. Ce silence interpelle. Les observateurs les plus optimistes y pressentent une stratégie pour laisser le laïcat endosser ses responsabilités, une sorte de virage inaugurant un nouveau mode «d'insertion de l'action de l'Église dans le monde profane» (*abbé Gérard Dion*). D'autres concluent à une incapacité de gouverner la barque de Pierre par grosse mer. En novembre 1967, la démission surprise du cardinal Léger paraît leur donner raison. Bien sûr, la décision du cardinal d'aller œuvrer en Afrique s'inscrit dans «une logique de foi et de vie». Elle correspond à un profond besoin de sincérité.[64] Mais ce geste pourrait en même temps être le geste d'un homme qui se sent dépassé par les événements. Ses proches ont observé la difficulté que le cardinal éprouve à endosser les rôles désormais dévolus à un évêque, à se dégager des clichés d'une apologétique déphasée et à renouveler son anthropologie.[65] Au dire de l'un de ses biographes, le cardinal est resté un homme d'ancien régime. Et c'est le cas de l'ensemble de l'épiscopat qui, théoriquement d'accord avec la nouvelle théologie, demeure prisonnier de ses mentalités. Les renaissances sont toujours laborieuses ... et rarement bien réussies.

Le cardinal Léger avait donné du panache à l'épiscopat. Son départ crée un vide. L'attitude prudentielle qui caractérise l'agir épiscopal laisse percevoir «un dépaysement intellectuel face aux exigences de l'heure» et un manque de leadership.

L'inspiration vient d'ailleurs: de quelques théologiens et des cadres qui ravitaillent l'Assemblée épiscopale en idées et en projets.[66] Parlant de la déclaration de l'épiscopat canadien sur *Humanae vitae*, un évêque confie à ses intimes: «Vous l'aimez? remerciez-en les *periti* qui nous ont adressé pendant notre réunion à Winnipeg une mise en demeure solide. C'est leur ultimatum qui a fait peur à plusieurs d'entre nous.» N'accablons pas, cependant, ces hommes qui formés à la pêche côtière se trouvent du jour au lendemain aux prises avec une tempête en haute mer. Ils ont, au moins, le courage de tenir le timon et de se mettre à l'écoute. Dans le cadre de la C.C.C. et de l'A.E.Q., ils multiplient les séances d'information et les ateliers de travail auxquels prêtres et laïcs sont conviés. Un fait s'impose: l'ère des stars — non des chefs charismatiques — est révolue. L'heure est à l'action collective.

Vivre la communion

Calmes et dignes, les évêques réinventent au jour le jour leur métier. Mais cela demande du temps. Et du temps, ils n'en ont guère. Chaque jour amène son lot de problèmes particuliers qu'il faut résoudre à travers une réflexion soutenue sur des problèmes à plus long terme. L'un de ceux-ci, l'aménagement des structures de collégialité, se fait pressant. Vatican II a jeté les bases d'une théologie des Églises particulières. Il a insisté sur la communion de l'évêque avec son peuple, des évêques entre eux et des conférences épiscopales nationales avec Rome. Il a donné à ces conférences un statut officiel dans le gouvernement de l'Église. Le *motu proprio Ecclesiae sanctae* (6 août 1966) leur accorde une vingtaine de pouvoirs — pouvoirs jadis dévolus aux évêques mais qu'avec le temps Rome avait récupérés. La réorganisation des épiscopats nationaux, trop souvent dans le passé coupés de leur base et réduits par Rome à un rôle d'exécutants, est une priorité. En ce domaine, l'Église québécoise dispose déjà de structures de collégialité: l'Assemblée épiscopale de la province civile de Québec et la Conférence catholique canadienne. Il suffit d'adapter ces structures au temps présent, dans les perspectives du décret conciliaire: «une Conférence épiscopale est une assemblée dans laquelle les prélats d'une nation ou d'un territoire exercent conjointement leur charge pastorale par des formes et des méthodes d'apostolat appropriées aux circonstances présentes».

Le fonctionnement de l'A.E.Q. pose problème. Sa juridiction vis-à-vis de la C.C.C. est à redéfinir: «la communion entre les évêques du pays l'amène à la C.C.C.», mais «l'unité pastorale de base que constitue le Québec» l'incite à accroître ses responsabilités. Le désir de construire une pastorale «de bas en haut et non pas de haut en bas» oriente la réflexion en ce sens.[67] N'était-ce des évêques francophones en dehors du Québec, peut-être l'épiscopat québécois demanderait-il que la C.C.C. se fractionne en assemblées régionales, ne conservant une compétence que dans les questions d'un intérêt très général. L'A.E.Q. manque aussi d'enracinement dans les chancelleries diocésaines, dans le laïcat organisé et dans la masse des fidèles. Les évêques travaillent trop en vase clos. Ils n'ont pas d'antennes qui les tiendraient à l'écoute des besoins et des aspirations du peuple. L'A.E.Q. manque enfin d'un organe administratif efficace pour donner suite à ses décisions. Ces lacunes amènent l'épiscopat québécois, à l'automne de 1966, à doter son Assemblée d'un secrétariat permanent que dirigera l'abbé Jean-Marie Lafontaine, aviseur moral de la C.S.N. et professeur à l'Université de Montréal. Ce secrétariat assumera quatre fonctions: 1. préparer la documentation nécessaire aux délibérations des évêques et tenir les procès-verbaux de leurs réunions; 2. donner suite à leurs décisions collectives; 3. coordonner l'activité des divers commissions et comités; 4. entreprendre des études ponctuelles. Les évêques évitent, pour le moment, de clarifier la compétence de l'A.E.Q., convaincus qu'en cette matière l'empirisme amènera graduellement une démarcation des responsabilités entre l'A.E.Q. et la C.C.C.[68]

La mise en place d'un secrétariat est l'amorce d'une réforme plus profonde. L'Assemblée doit être plus que la réunion d'une vingtaine d'évêques. Elle a à devenir un organisme communautaire au service des Églises diocésaines. En mars 1968, trois évêques proposent la mise sur pied d'un exécutif dont la nécessité se fait impérative: l'A.E.Q. dispose de quatorze comités! Un exécutif pourrait sélectionner, sérier et faire étudier les questions — peut-être même en régler un certain nombre sur le champ. Il pourrait aussi alléger le processus administratif et voir à ce que des solutions possibles accompagnent les états de question soumis à l'Assemblée.[69] On réfère la question à un comité spécial dont le rapport donne lieu, en novembre 1969, à un débat au terme duquel l'Assemblée accepte la création d'un exécutif, adopte le code de procédure en vigueur à la C.C.C. et forme un autre comité spécial pour «étudier la nature et le fonctionnement de l'A.E.Q.». En février 1970, elle procède à l'élection du premier exécutif et, en mai, elle décide que les réunions de l'Assemblée seront suivies d'une conférence de presse.

Ces innovations jaillissent d'une réflexion continue menée par le comité spécial qui tient le contact avec les entités diocésaines. En février 1971, l'Assemblée décide qu'à compter de 1972 elle ne tiendra plus que deux sessions par année, en mars et en septembre.[70]

En septembre de la même année, le comité spécial dépose son rapport final. Il recommande que l'A.E.Q. devienne une région ecclésiastique dans le sens indiqué par *Christus Dominus*. Cette proposition se dégage «d'une solidarité vécue depuis cent ans» et de la nécessité de bâtir une pastorale par le bas, donc à partir d'un milieu sociologiquement homogène. La proposition contient une description de la juridiction de l'A.E.Q. Seraient de son ressort: l'éducation, l'enseignement religieux, la pastorale caritative, les questions sociales, l'apostolat laïque, la vie et la formation du clergé et les communications sociales. La proposition donne lieu à une discussion serrée. Des évêques craignent d'être taxés de séparatistes, même si une «assemblée régionale» existe au Manitoba. Mais l'idée que la pastorale nécessite «une assemblée ancrée dans les réalités socio-culturelles» triomphe des résistances. L'A.E.Q. se rallie au principe de la régionalisation.[71] La Conférence religieuse canadienne avait déjà accepté ce principe en 1967 en procédant à l'établissement de quatre assemblées.

Parallèlement à l'A.E.Q., la C.C.C., elle aussi, ressent le besoin de s'adapter. Dès sa nomination à titre de secrétaire

> ## Un vieux rhumatisme au sein de l'épiscopat canadien
>
> «On a tourné autour du pot assez longtemps et c'est le temps de se parler ouvertement et franchement», a soudain déclaré au micro un évêque ontarien anglophone, originaire du Québec, Mgr Alexander Carter, de Sault-Sainte-Marie. «Je trouve que les évêques du Québec ne sont pas une minorité ici, a-t-il poursuivi. S'ils se sentent un peu dépaysés au sein de la C.E.C.C., c'est peut-être qu'ils ne sont pas à leur aise lorsqu'ils sont en dehors du Québec. Après avoir entendu ce qu'il s'est dit sur les frustrations de certains évêques québécois dans notre organisme, je crois qu'il faut et que nous devons nous poser la question: est-ce que nous voulons une ou deux conférences épiscopales canadiennes. Quant à moi, je serais très humilié et très découragé si nous devions en venir à nous scinder en deux conférences. Quelle image de l'Église projetterions-nous, en effet, si les évêques du Québec se séparaient de la C.E.C.C.? ... Je crois que le problème auquel nous faisons face présentement n'est pas un malaise, c'est une maladie. Et cette maladie ne sera pas guérie par des vœux pieux ...»
>
> (*Le Soleil*, 28 octobre 1982, p. D-20.)

au printemps de 1964, l'abbé Charles-E. Mathieu avait fait parvenir au cardinal Léger ses vues sur l'évolution de cet organisme. Son mémoire comprenait une critique: «les évêques s'en remettent trop aux permanents», acceptant «presque sans étude ou discussion leurs recommandations». Il comportait aussi un programme en trois points: la reprise en main de la C.C.C. par les évêques, l'apprentissage du travail en équipe et la planification d'une action d'ensemble. Le mémoire finissait sur une note prophétique: «Au moment de l'action concertée apparaîtra alors, selon toute probabilité, l'opportunité de décentraliser la C.C.C. et de réévaluer ses services en relation avec ceux des chancelleries diocésaines, de l'Assemblée épiscopale du Québec et celle du Manitoba.» C'est ce programme que la C.C.C. entreprend de réaliser. En septembre 1966, le diligent abbé Mathieu fait parvenir aux évêques les deux premières parties d'un *Rapport sur l'évaluation et la réorganisation de la C.C.C.* La dernière partie paraîtra en novembre 1967. Le dépôt du rapport enclenche une série de réformes. En octobre, les évêques entérinent les recommandations les plus importantes. Ils créent un comité exécutif (cinq membres) doté de vagues pouvoirs: il pourra «agir dans les affaires nouvelles entre les réunions». Ils remanient le conseil qui, désormais, fonctionnera avec des comités permanents présidés par des membres de l'exécutif. Ils forment une Commission centrale, sorte de «conseil augmenté» qui sera présidé par le président de la C.C.C. et où siégeront les membres du conseil et les présidents des commissions épiscopales. En janvier 1967, l'exécutif porte à douze le nombre des commissions épiscopales qui, désormais, couvriront tout le champ pastoral. En septembre, l'Assemblée mandate un comité spécial pour étudier la nature et le rôle de la C.C.C. à la lumière de Vatican II. Les travaux de ce comité, joints aux pressions de l'A.E.Q., déboucheront en 1973 sur la régionalisation de la C.C.C. En 1976, la C.C.C. deviendra la Conférence des évêques catholiques canadiens (C.E.C.C.).

Plus éloignée de la base que l'A.E.Q., la C.C.C. tente de s'en rapprocher par la mise sur pied de conseils, dont la fonction serait d'associer clercs et laïcs à ses travaux. L'initiative vient de la Commission épiscopale de l'action sociale qui, en août 1966, propose la création d'un Conseil national d'action sociale. La C.C.C. le met sur pied en décembre. Il comprend quatorze membres: trois clercs et onze laïcs, dont deux femmes, tous engagés dans l'action sociale. En novembre 1969, un comité spécial composé de quarante-deux membres tient une première réunion pour réfléchir sur «la formation éventuelle d'un Conseil pastoral canadien».[72]

Voir Rome ... et ne pas mourir

Le ressourcement à la base est un des pôles de la tension qui commande l'évolution des conférences épiscopales. L'autre est Rome. La logique de Vatican II, caractérisée par la liberté d'expérimentation, le droit au dissentiment en certaines matières, la pertinence des traits originaux des Églises locales et la collégialité dans l'exercice du pouvoir, conduit à un réaménagement des rapports entre les Églises particulières et Rome, entre le centre et la périphérie. À travers la catholicité, cette opération s'effectue dans un climat tendu. Paul VI, qui redoute les schismes, semble plus enclin à la déconcentration qu'à la décentralisation.

Les relations entre l'épiscopat canadien et Rome, via la Délégation apostolique, n'échappent pas au climat qui prévaut alors. En septembre 1967, le délégué apostolique, Mgr Emmanuele Clarizio, s'efforce d'assainir la situation. Il exprime à l'épiscopat canadien son désir d'intensifier les contacts entre la délégation et la C.C.C. par des consultations, par des rencontres fréquentes entre les équipes des deux organismes et par des entrevues avec les évêques. Il tend la branche d'olivier en prenant sur lui, à partir du 23 octobre 1967, d'annoncer en primeur, par pli confidentiel, les informations importantes qui lui parviennent. Mais Rome reportant sans cesse la décentralisation, les relations se tendent. La commission chargée par le pape de réformer le droit canonique consulte peu et travaille dans des perspectives anciennes. La réforme liturgique s'enlise dans la minutie. La publication de *Humanae vitae*, sans la consultation des épiscopats, est source d'embarras — les évêques ont pris connaissance du texte par la voie des journaux. L'épiscopat se sent dans une position inconfortable. La décision qu'il prend d'ouvrir à tout le peuple de Dieu le débat sur le rôle du prêtre dans la société moderne témoigne de son désir d'autonomie et d'originalité dans le respect des prérogatives pontificales. Mgr Emmet Carter, de London, déclare que la «centralisation romaine est devenue une chose impossible [...] Nous ne pouvons pas donner plus de liberté à nos prêtres et aux laïcs, si nous ne sommes pas libres nous-mêmes. Nous sommes tiraillés entre Rome et nos diocèses».[73]

Le délégué apostolique décide de nettoyer la situation. S'adressant à l'Assemblée plénière de la C.C.C. le 16 avril 1969, il fait d'abord une affirmation générale, valable à la grandeur de la catholicité: chez plusieurs personnes, sans exclure certains évêques, la «collégialité est un moyen courant d'exciter la révolte contre Rome». Cette entrée en matière lui permet d'aborder son sujet: «Ici au Canada, j'ai souffert personnellement, en silence, de ces manifestations, tantôt pauvrement camouflées, tantôt données ouvertement.» Et de préciser sa pensée: certains évêques, qui font montre de vénération et de soumission devant le délégué, ne cachent pas ni leur opposition ni leurs sarcasmes quand ils sont réunis en groupe. Concrètement, il déplore des fuites dans l'information, des indiscrétions lors des consultations, une trop grande condescendance envers des mass media qui «salissent l'image de l'Église». Cette déclaration fait sensation. Le président de la C.C.C. demande par écrit un supplément d'information. Le cardinal Roy, accompagné du cardinal H.E. Flahiff, de Winnipeg, remettra en main propre au pape une lettre de réassurance au nom de l'épiscopat canadien. En mai, le délégué explicite davantage sa pensée. Le malaise tiendrait à quatre ou cinq évêques, et son discours référait à quelques cas, notamment au fait que l'épiscopat avait communiqué récemment à la presse deux documents qui n'avaient pas encore reçu l'approbation de Rome; l'un concernait la procédure de nomination des évêques et l'autre, le célibat ecclésiastique. En juillet, Rome par le cardinal Villot manifeste sa confiance dans l'épiscopat canadien, tout en souhaitant une amélioration des relations entre la C.C.C. et la Délégation apostolique.

La lettre du cardinal Villot clôt une affaire qui, à distance, semble n'avoir été qu'un incident. Mais un incident révélateur d'un climat, des susceptibilités de gens imbus de leur pouvoir et d'une évolution qui remet en cause, à n'en point douter, tant le rôle du délégué que l'attitude profonde qui doit éclairer la pratique de sa fonction. L'aménagement du principe de communion en un processus collégial pleinement vécu débouche sur des interactions entre le centre et la périphérie qui peuvent faire l'économie d'une supervision inquisitrice. Survenant au lendemain de cet incident, le synode de l'automne de 1969, le deuxième depuis Vatican II, en fait la preuve. Contrairement au synode de 1967 qui avait abordé de nombreuses questions, tels la réforme du droit canon, les mariages mixtes, le rôle des femmes dans l'Église, etc., l'ordre du jour de celui-ci n'en comporte qu'une seule. Le synode s'en tiendra à l'examen «des formes susceptibles d'assurer une meilleure coopération et des contacts plus fructueux entre les conférences épiscopales et le Saint-Siège, voire entre les conférences elles-mêmes». Mgr Alexander Carter, de Sault-Sainte-Marie, conduit la délégation canadienne. Il dispose d'un mandat: défendre une plus large autonomie des Églises particulières. Il a en main un texte élaboré collégialement par l'épiscopat.[74] Curieux paradoxe: un évêque qui ne comprend rien au désir d'autonomie des Québécois se rend à Rome plaider la cause de l'autonomie de l'Église canadienne! Serait-ce que, lui aussi, ne se sent pas à l'aise en dehors de son milieu? La presse internationale prévoit un synode orageux, une âpre lutte en vue du pouvoir entre les tenants de la primauté de Pierre et les partisans de la responsabilité conjointe des évêques. Ouvert dans les tensions qui caractérisent les luttes de pouvoir, le synode se déroule dans la sérénité qui accompagne la recherche du bien commun. Le synode réaffirme le principe de subsidiarité, et le pape accepte le principe d'un synode ordinaire avec secrétariat permanent, de même que l'étude par un groupe de théologiens des implications concrètes de la primauté et de la collégialité. Mgr Carter retient du synode qu'il importe que le «Saint-Père ne se réserve que ce qui est nécessaire — d'une nécessité manifeste — au bien de l'Église universelle et à l'unité de la foi et de la doctrine». Le rapport qu'il en fait à l'épiscopat est clair: il appartiendra aux conférences épiscopales de veiller à l'application du principe de subsidiarité.[75]

L'application de ce principe nécessite des échanges continus et directs avec le Vatican. La C.C.C. procède en 1970 à une révision de ses mécanismes de communication avec le Saint-Siège. Chaque année, son président et son vice-président séjourneront à Rome pour échanger avec les membres de la curie et rencontrer le Saint-Père. Le but de ce voyage n'est pas tant «de s'expliquer et de déplorer» que de «commenter, suggérer, présenter des requêtes, évaluer la vie et les œuvres de l'Église canadienne». La C.C.C. envisage d'autres mécanismes pour harmoniser ses relations avec le

Vatican: une représentation permanente à Rome, l'établissement de liens plus personnels avec le Saint-Père, des invitations aux membres de la curie de venir séjourner au Canada, etc. Ces mesures porteront peut-être fruit plus tard. Dans l'immédiat, les relations avec Rome demeurent marquées par la lenteur proverbiale de la curie et la méfiance du Vatican à l'égard des Églises particulières. Encore à la fin de 1971, les évêques canadiens se «heurtent souvent à Rome à un mur de pierre». Des demandes réitérées concernant l'accélération «des procédures dans les cas de laïcisation de prêtres et dans les causes de mariage sont toujours sans réponse». C'est, disent certains observateurs, le prix à payer pour l'Église canadienne perçue dans la catholicité, depuis *Humanae vitae*, comme l'une des Églises locales les plus progressistes.[76]

Ces propos sont-ils des rumeurs ayant un certain fondement ou des commérages «d'esprits mal tournés»? On ne sait pas. Mais cette lenteur et cette méfiance ne se comprennent que dans un contexte plus large: les efforts de la curie pour ralentir le processus de décentralisation du pouvoir et de déconcentration de l'administration au sein de l'Église. À l'été de 1971, la mise au jour d'un projet de «loi fondamentale de l'Église», sorte de constitution qui serait le «fondement juridique et théologique» des lois ecclésiastiques, démasque la manœuvre de la curie. Le projet accorde au pape tous les droits et tous les pouvoirs; il conçoit l'Église comme un vaste royaume, et les Églises particulières, comme des provinces. Ce texte sorti tout droit de Vatican I a été élaboré en secret par des membres d'une commission cardinalice chargée de réviser le code canonique. Les évêques avaient reçu le document en février 1971 et devaient se prononcer individuellement avant septembre.[77] Commis à l'autonomie des Églises particulières et à l'esprit de Vatican II, l'épiscopat canadien maintient une attitude conforme à son engagement. Il soumet le document à des experts, puis procède à une réflexion collective qui l'amène à retenir l'essentiel de leur conclusion: «le texte soumis à l'étude ne devrait même pas être repris comme document de travail. Il ne serait pas suffisant de le modifier: l'esprit général doit être révisé».[78]

La Nonciature apostolique

Ces relations internes contrastent avec celles que le gouvernement canadien cherche à entretenir avec le Vatican. L'établissement de relations diplomatiques avec le Saint-Siège est une question ancienne, l'une de celles qui divisent les Canadiens. Pierre-Elliot Trudeau, élu premier ministre en 1968, en fait une priorité de sa politique extérieure. Ses motivations sont complexes. Il est catholique; il est convaincu de la nécessité de collaborer avec les institutions internationales vouées à la défense des droits de l'homme et au maintien de la paix. Depuis la seconde guerre mondiale, l'Église catholique n'a cessé par ses grands textes pontificaux, par ses interventions ponctuelles et par son activité générale de promouvoir ces idéaux. La paix, qu'elle soit de l'ordre individuel ou national ou international, a été un thème dominant de Vatican II. De son côté, le Canada s'est aussi ouvert aux problèmes internationaux. Il se sent de plus en plus engagé dans l'établissement d'un ordre international basé sur la justice. Par cette ouverture sur le monde, la tolérance a fait quelque progrès dans le cœur des Canadiens: les préjugés religieux, toujours vivaces en dépit de la sécularisation, ont perdu de leur mordant. Faut-il élargir cette problématique? En mars 1962, la Société Saint-Jean-Baptiste, forte de soixante-huit mille membres, avait prié le gouvernement du Québec d'établir une Délégation générale auprès de l'État du Vatican. C'était, à ses yeux, affaire de «dignité nationale», de «respect des croyances, d'attachement au pape». Trudeau est aussi un politicien retors. L'ouverture au Vatican serait un geste politique rentable dans la bataille qu'Ottawa livre à Québec à propos de la représentation internationale. Ce serait aussi un geste riche en dividendes électoraux — une illusion de plus!

Les négociations se déroulent rondement. Le 17 janvier 1969, le premier ministre met le pape au courant de ses intentions — c'est peu de temps après que le ministre Lionel Chevrier eut terminé son voyage diplomatique en Afrique francophone. Le 16 octobre, il annonce que le Canada établit des relations diplomatiques avec le Saint-Siège. Le Canada aura son ambassade au Vatican et, à Ottawa, la Délégation

L'ouverture des relations diplomatiques avec le Vatican

Excellence Révérendissime,

La Délégation Apostolique s'empresse de communiquer que prochainement, probablement mercredi, 15, ou jeudi, 16 octobre courant, le Gouvernement du Canada annoncera l'établissement de relations diplomatiques avec le Saint-Siège.

On se souvient que, déjà le *17 janvier 1969*, le Premier Ministre Pierre Elliott Trudeau avait soumis personnellement ce projet à Notre Saint-Père le Pape Paul VI.

La démarche définitive fut formulée à Rome par le Gouvernement canadien, le *27 mai 1969*.

Le *29 juillet suivant*, la Délégation Apostolique répondait au Gouvernement que le Saint-Siège désirait qu'il examine prudemment auprès des divers secteurs du Pays, catholiques et non-catholiques, si ces relations diplomatiques seraient bien acceptées et si elles seraient vraiment utiles à l'harmonie du Canada.

Le *14 août*, le premier Ministre communiquait personnellement que les sondages faits auprès de l'opinion publique et dans les différents secteurs représentatifs de la Nation avaient été positifs; que les relations diplomatiques avec le Saint-Siège étaient demandées à l'initiative du Gouvernement canadien, pour le bien des citoyens et en vue de collaborer avec le Saint-Siège à la défense des droits de l'homme et au maintien de la paix dans le monde; et qu'il sollicitait avec insistance l'établissement de ces relations au *plus tôt possible*.

Le *17 septembre*, le Secrétaire d'État aux Affaires Extérieures du Canada, monsieur Mitchell Sharp, insistait à son tour vigoureusement pour recevoir *sans délai* une réponse du Saint-Siège.

Le *3 octobre*, le même Ministre, par l'intermédiaire de Monsieur Marcel Cadieux, Sous-Secrétaire d'État aux Affaires Extérieures, faisait savoir que le Gouvernement désirait une réponse du Saint-Siège, *dans quelques jours*.

En conséquence, le *10 octobre*, le Saint-Siège chargeait

Son Excellence Monseigneur Alexander Carter, Évêque de Sault-Sainte-Marie et Président de la Conférence catholique canadienne, qui est à Rome pour le Synode des Évêques, de donner une réponse favorable à l'Ambassade du Canada en Italie, et demandait en même temps à cette Délégation Apostolique de fournir pareille réponse directement au Gouvernement canadien.

Déjà, le *3 septembre* dernier, le Délégué Apostolique, au cours d'une réunion régulière à la Délégation, avait fait part aux Excellentissimes Membres de l'Exécutif de la Conférence catholique canadienne des démarches faites par le Gouvernement du Canada.

Enfin, tout récemment, le *30 septembre*, la Délégation Apostolique qui, à la demande du Saint-Siège avait fait l'an passé (juin 1968) un sondage parmi les Membres de l'Épiscopat, entreprenait une autre consultation, mais plus large cette fois, auprès des mêmes.

On a raison de penser que, ces jours derniers, le Secrétaire d'État de Sa Sainteté, Son Éminence le Cardinal Jean Villot, a pu obtenir directement sur ce sujet l'opinion positive de l'Excellentissime Président de la Conférence épiscopale et des autres Membres de l'Épiscopat actuellement à Rome.

L'annonce de l'établissement des relations diplomatiques sera faite publiquement, en même temps que la nomination d'un Ambassadeur par le Saint-Siège et que celle d'un pro-Nonce Apostolique à Ottawa.

Cette nouvelle demeure confidentielle jusqu'au moment de sa publication, conjointement par le Gouvernement canadien, à Ottawa, et par le Saint-Siège, à Rome.

La Délégation Apostolique reste à l'entière disposition de tous les Excellentissimes Membres de la Hiérarchie pour fournir les renseignements qui pourraient être désirés et qu'elle serait à même de donner.

Veuillez agréer, Excellence Révérendissime, l'expression de mon entier dévouement en Notre-Seigneur.

(Le délégué apostolique aux évêques, 12 octobre 1969.)

apostolique sera élevé par le Saint-Siège au rang de Nonciature. Tout au long des négociations, l'épiscopat canadien et le délégué apostolique sont demeurés en retrait, ni l'un ni l'autre n'exerçant de pressions. C'est là «une affaire de gouvernement civil». Le délégué apostolique a même fait savoir au primat de l'Église anglicane que Rome tenait «plus à l'union des Églises chrétiennes, base solide et sûre de la paix parmi les hommes», qu'à des relations diplomatiques. La prudence est de mise: il ne faut pas réveiller le lion qui sommeille dans tout ultra-protestant. Le gouvernement et l'Église s'empressent de lui donner un os à ronger. Le gouvernement nomme Everett Robbins, Irlandais catholique du Manitoba, ambassadeur. Le président de la C.C.C. fait une déclaration rassurante: l'Église catholique canadienne ne «cherche aucun changement de statut et ne veut pas de situation privilégiée»; les évêques catholiques continueront leur activité œcuménique «sur une base *d'égalité*, d'estime et d'amour fraternel».[79] Ces cautions ne sont pas de trop. *L'Evening Telegram* et le *Globe & Mail*, coiffés d'un chapeau de tolérance de fraîche date, appuient la décision du gouvernement canadien, insistant toutefois sur le fait que le Vatican est le rempart contre le communisme et un poste d'écoute diplomatique non négligeable, dont les États-Unis et l'Angleterre tirent déjà parti. Les chefs de l'opposition parlementaire se font sarcastiques: Robert Stanfield parle «d'une erreur regrettable»; John Diefenbaker, le lion des Prairies, déplore qu'on ait introduit dans la vie canadienne «ce facteur de division et de malaise»; le chef du Nouveau Parti démocratique, T.C. Douglas, juge la décision «inappropriée et malvenue».[80] Les chefs des Églises chrétiennes se montrent courtois mais réservés.

* *
*

En 1971, l'Église québécoise, comme nombre d'Églises particulières, vit des heures difficiles. Cette crise a un nom: identité. Elle a un terreau social: la sécularisation. Elle a un événement originel: la rencontre avec la liberté.

Le choc est brutal mais fécond. Le corps épiscopal est en voie de renouvellement. Mgr Gaston Hains (Amos) est docteur en sciences sociales et Mgr René Audet (Joliette) possède une formation en économique. Mgr Gilles Ouellet (Rimouski) est riche d'une expérience missionnaire. Mgr Guy Bélanger (Valleyfield) a participé à la mise en place des structures scolaires régionales. La permissibilité de l'épiscopat met les éléments dynamiques du catholicisme en situation d'assumer leurs responsabilités et d'encourir des risques. Point de diocèse qui n'élabore pas collectivement un projet pastoral. Au sein des synodes, des rencontres, des sessions de formation, le peuple chrétien approfondit sa religion, les congrégations religieuses redéfinissent leurs orientations et les laïcs apprennent à dire leur foi. Mais le bruit des choses qui meurent recouvre encore la voix des choses qui naissent.

ÉPILOGUE
L'ESPÉRANCE MISE À L'ÉPREUVE

D'après l'après-concile, le catholicisme québécois a vécu le mystère pascal. Il a connu les affres du Vendredi saint: d'abord le dépouillement de la fonction historique qu'une société pauvre lui avait assignée quelque cent ans plus tôt, puis la perte des certitudes dans lesquelles une certaine lecture de Vatican I l'avait ancré, enfin l'extinction graduelle de ses rôles de suppléance. Il a subi au milieu de la dispersion des siens, du ricanement des autres et de l'indifférence du grand nombre la mise au tombeau de son Église-nation. En cette année 1971 — obscure comme une vigile — ils sont encore nombreux, cependant, ceux qui cherchent dans les signes des temps les lueurs annonciatrices d'une aube pascale.[1]

1. Le rapport Dumont

Les chrétiens ont un lieu pour dire leurs attentes et rêver leurs rêves: la Commission d'étude sur les laïcs et l'Église. Créée à l'automne de 1968 par l'épiscopat, celle-ci a mission d'étudier «la participation du laïcat à la mission de l'Église» et «l'avenir de l'action catholique». Elle est présidée par un

Le pape Jean-Paul II et le corps épiscopal québécois en 1983.

laïc, de surcroît un sociologue. Parmi les douze membres qui la composent, neuf sont des laïcs, dont quatre femmes. Responsable de cette commission, Fernand Dumont rêve, lui, d'un concile pour apprivoiser cette réforme «venue d'ailleurs»,«rompre le silence», poser les vraies questions à partir des sommations d'ici. «Un concile québécois, écrit-il, cela voudrait dire de longs palabres publics, des discussions aussi enchevêtrées que les silences qui nous obsèdent.»[2] Ce que les évêques n'osent entreprendre, la commission tente de l'accomplir. Son secrétariat travaille en liaison avec des comités d'animation diocésains. Elle-même visite tous les diocèses, recevant des mémoires — plus de huit cents! — et tenant des rencontres autant pour susciter une expression d'opinions que pour jeter les bases d'un vigoureux dialogue intra-ecclésial. Le rapport qu'elle dépose en décembre 1971 porte l'espérance des clairs matins. Ce n'est pas un bilan mais un diagnostic, pas une froide analyse scientifique mais le manifeste de chrétiens concernés par l'avenir de l'Église d'ici, pas la proclamation de la théologie nouvelle mais le patient questionnement d'un héritage et l'ébauche d'un projet qui laisse «place à l'initiative et à la discussion».[3]

Le rapport diagnostique un état de crise religieuse dont les symptômes les plus apparents sont le déclin de la pratique cultuelle, l'abandon du sacerdoce, l'indifférence de la jeunesse et l'éclatement de la communauté chrétienne. Face à la participation, au leadership religieux, à l'adaptation aux temps présents, la commission relève un éventail d'attitudes entre deux points extrêmes; l'Église monarchique et l'Église démocratique. Elle note l'absence de consensus sur un projet mobilisateur et déplore le défaut de participation des chrétiens mais, par contre, constate une intense «recherche d'un bonheur humain et terrestre», un profond désir de libération, un effort de «redéfinition de l'identité personnelle et collective». L'interrogation sur l'héritage dégage les valeurs vivantes à réincarner dans «des formes et des tâches nouvelles». L'idée d'une Église-communion, sacrement de salut pour tous les hommes, dont la mission est de faire pénétrer l'Évangile «dans toutes les dimensions de la création», imprègne tout le rapport. Elle donne au projet sa consistance: récapituler dans le Christ les projets humains et le projet divin. Elle fixe ses objectifs: faire de l'Église «le lieu du service, de la fraternité, de la signification». Elle suggère une stratégie: «viser d'abord les lieux naturels d'évangélisation», «multiplier les cellules de ressourcement» et élaborer «une pédagogie de la quotidienneté». Le message est clair. L'effort en vue d'adapter les structures et d'enrichir l'expression de la foi qui a dominé la décennie 1960 doit «s'inscrire dans une stratégie d'évangélisation plus large et plus diversifiée, impliquant d'autres dispositifs et d'autres initiatives».[4]

L'heure n'est plus à la récupération mais à la conversion. Ce message atteint une communauté blessée mais bien vivante. Le catholicisme domine encore la réalité religieuse québécoise: 86% de la population s'en réclament. Ces catholiques sont répartis en 1888 paroisses enchâssées dans vingt-deux diocèses, eux-mêmes intégrés dans quatre zones régionales: Inter-Québec, Inter-Montréal, Inter-Ouest et Inter-Est. Les diocèses ont atteint un niveau de restructuration assez avancé qui varie en fonction de leur taille et de leurs besoins. Les évêques

L'Église et la société québécoise

Bien des questions neuves et, partant inhabituelles, sont posées à la conscience du chrétien québécois concernant l'Église: faut-il faire une Église pour le monde ou un monde pour l'Église? Une Église lieu de prière ou lieu de vie? orientée vers la vie présente ou vers la vie future? une Église riche ou pauvre? une simple cellule de l'Église universelle ou une Église vraiment québécoise? Une Église désengagée ou libre? etc. Toutes ces questions ont été portées péniblement chez nous, dans la pratique (puisqu'on y peut répondre assez aisément en principe ou en théorie); et elles ont engendré bien des divisions que reflètent deux catéchèses, deux morales, deux pratiques... et l'opposition actuelle entre deux formes de renouveau: le mouvement du renouveau charismatique (qui reçoit une assez large part des bénédictions ecclésiastiques officielles) et le mouvement des Politisés chrétiens ou des Chrétiens pour le socialisme (pratiquement tenu dans la marginalité et sur lequel l'Église officielle garde le silence). On peut ramener ces questions et ces oppositions à l'option décisive suivante: faut-il travailler à sauver l'Église ou, dans l'Église, à sauver le monde des hommes?

Les orientations du Rapport Dumont à cet égard étaient claires: il faut 1) partir du terrain humain (ou de la vie réelle concrète et de ses «lieux naturels»), 2) donner priorité à l'action et au service dans une vie résolument orientée vers les autres (et vers les plus pauvres de ces «autres») plutôt qu'à une fraternité de type intimiste, 3) accepter comme une richesse la diversité d'appartenance et d'action. Mais l'Église du Québec n'était pas prête à un tel virage. Son élan missionnaire l'avait jusqu'à tout récemment poussée à envoyer prêtres et religieux dans les «terres de mission» bien plus qu'à envisager de façon neuve les défis proprement québécois.»

(Guy Bourgeault, «Québec: une Église tente le diagnostic de sa propre crise», *Concilium*, 114, 1976, p. 130.)

gouvernent dans un esprit de coresponsabilité, se souciant d'être présents à leurs fidèles et d'intégrer davantage laïcs et religieux dans la pastorale diocésaine.[5] Ils peuvent compter sur un personnel permanent, compétent, disponible et dévoué. Le clergé séculier comprend 5241 membres et les 171 congrégations, quelque 42 000 religieux et religieuses. Même si ce personnel constitue une population en voie de vieillissement — l'âge moyen des séculiers est de quarante-huit ans — et s'il est mal réparti sur l'ensemble du territoire, il demeure le point d'appui d'une réforme en profondeur, d'autant plus que l'apostolat laïque a perdu de son élan depuis la crise qui a ébranlé l'action catholique spécialisée. Les communautés chrétiennes disposent de lieux de rassemblement, plus spécialement la paroisse et l'école confessionnelle, privée ou publique. Les «communautés de base», ces «groupements spontanés et informels de dix à trente personnes» qui, aux yeux des sociologues, «le plus souvent rassemblent des chrétiens provenant de milieux aisés et fortement scolarisés», sont un lieu en émergence dont il est malaisé de prévoir l'avenir. Enfin, pour n'avoir plus de grands quotidiens à son service, l'Église n'en dispose pas moins encore de nombreux canaux de communication. Les diocèses ont un office de communication ou un service de presse. Ces organismes publient des journaux, des revues et des bulletins spécialisés. Ils tiennent le contact avec les media locaux qu'ils alimentent en information et avec qui ils préparent des reportages et des émissions. Grâce à eux, les mass media s'ouvrent davantage à la nouvelle religieuse. Au sein de la communauté chrétienne, des laïcs et des communautés continuent de publier des périodiques catholiques. En 1983, l'Association canadienne des périodiques catholiques (A.C.P.C.) regroupera «une soixantaine de publications qui rejoignent mensuellement plus d'un million de lecteurs».

Aux yeux des observateurs[6], trois éléments de la situation sont problématiques. Les artisans de l'application des orientations conciliaires ont été des clercs et des spécialistes issus de la même couche sociale d'où sont sortis les artisans de la Révolution tranquille. Ce sont eux qui ont défini les besoins, établi les priorités et enclenché les réformes. Assistera-t-on à un ressac populaire analogue à la résistance et au mécontentement que la Révolution tranquille suscite? La sécularisation a refoulé l'Église dans une position de retrait. Son discours n'est plus dominant. La Hiérarchie constitue au cœur de la cité un lobby guère plus influent que les autres. Clercs et religieux sont en minorité dans les organismes publics qui gèrent les établissements de santé, d'instruction et d'assistance. D'autres cosmologies ont acquis droit de cité. Sur quoi donc débouchera la prise de conscience de la minorisation: des combats d'arrière-garde, des accommodements ou des innovations? Enfin, ce catholicisme québécois, qui a toujours vécu d'emprunts, par mimétisme, saura-t-il traduire le Concile dans le contexte d'ici, «retrouver un langage signifiant et porteur d'espérance susceptible de conduire à une présence audacieuse et novatrice des catholiques dans la cité»? Le catholicisme québécois cantonnera-t-il son activité dans le champ du salut individuel des âmes ou travaillera-t-il au «salut collectif»? La réponse à cette question engage l'avenir: ou le catholicisme québécois deviendra un lâche réseau de petites communautés de foi centrées sur elles-mêmes ou il redeviendra le lieu de rassemblement d'un peuple chrétien.[7] Ces questions et bien d'autres relèvent d'une même problématique: la capacité de la communauté chrétienne à inventer une synthèse harmonieuse des valeurs propres à l'Évangile, au catholicisme et à la culture québécoise.

2. LE RESSAC POPULAIRE

Le peuple dispose de plusieurs voies pour exprimer son état d'âme: décrocher en est une et s'obstiner en est une autre. À l'intérieur de ces comportements, les variantes sont nombreuses.

Durant la décennie 1970, le décrochage prend de l'ampleur. Chrétiens sans anticorps, les Québécois au contact de la sécularisation attrapent la «bougeotte» comme les Amérindiens contractaient la petite vérole à trop fréquenter les Blancs. Ce comportement semble renvoyer à une sensibilité religieuse éteinte. De fait, il masque diverses attitudes sur lesquelles on est mal informé. Contentons-nous de les énumérer. Qu'ils deviennent indifférents, agnostiques ou athées, certains décrochent de tout univers religieux. D'autres prennent leur distance «pour circonscrire les questions préalables à un retour à la foi» et à certaines formes de pratique cultuelle. Une minorité, en quête de la sécurité, du merveilleux et de la compréhension qu'un catholicisme trop bien installé et trop intellectualisé n'offre plus, change de camp. L'essaimage vers les sectes, favorisé par la marginalisation de l'Église qui ouvre à la concurrence le «marché des religions», semble le revers d'un mouvement réformiste qui a épuré son imagerie, stylisé sa liturgie et supprimé les intermédiaires entre Dieu et les hommes. Ces convertis auraient de vingt à trente ans, seraient d'un tempérament conservateur et rigoriste et vivraient en retrait de la cité. Dans la seule ville de Lévis, on recense en 1981 dix-huit sectes.[8] Il est une dernière catégorie de décrochés: ceux qui, butinant ici et là «ce qui répond au besoin du moment», choisissent la religion qui fait l'affaire. Ce syncrétisme favorise l'émergence d'une culture religieuse populaire.

Les décrochages sont surtout le lot de la génération de l'après-guerre, celle qui a le moins intériorisé le catholicisme traditionnel — on note le même phénomène dans les départs du clergé séculier et des congrégations. Les générations antérieures tendent à demeurer fidèles: «la majorité des pratiquants sont des gens de plus de quarante ans», constate Mgr Jean-Marie Fortier en 1982. Ces pratiquants sont traversés de courants opposés et, au fil des ans, en viennent à s'affirmer à travers trois tendances.

Les traditionalistes expriment un sentiment religieux en quête de sécurité, donc tout le contraire d'une foi qui est abandon et confiance. Ces fidèles se sentent bousculés par les rituels en langue vernaculaire, l'assouplissement de la morale et la déconfessionnalisation des œuvres. Ils marchent dans la foulée de Mgr Marcel Lefebvre, ancien archevêque de Dakar, chef incontesté du mouvement traditionaliste dans l'Église romaine. Ils contestent sur deux fronts: la liturgie et la confessionnalité. En refusant ouvertement d'accepter le missel de Paul VI, le seul rite de messe autorisé dans l'Église latine, le curé Yves Normandin, de la paroisse Sainte-Yvette

(Montréal), agite le brandon de la révolte. L'éviction du curé de sa cure en novembre 1975 ne stoppe pas la contestation. Au moins sept prêtres montréalais l'appuient. En province, des groupes de dissidents se forment. Le curé Normandin se rend en Europe rencontrer Mgr Lefebvre. De retour, il déclare que «Rome a cessé d'être l'Église catholique. Elle est devenue schismatique», n'ayant pas craint de se rapprocher des «protestants, des communistes et des francs-maçons».[10] Mgr Lefebvre visite discrètement le Québec et, en 1977, érige en banlieue de Shawinigan-Sud un séminaire où le mouvement dressera ses chiens de garde de la tradition. Sur le front confessionnel, on n'est pas moins actif. Un nouveau bataillon, l'Association des parents catholiques (A.P.C.), formé à même les anciennes unités de moralité, tient bon en première ligne. En 1977, il remporte les hauteurs de la Commission des écoles catholiques de Montréal où il s'empare de la majorité des sièges. Quelques mois plus tard, il entreprend le siège de la Colline parlementaire, la pilonnant de cinq cent mille signatures en faveur du maintien des écoles privées.

À leur insu, les traditionnalistes en tenant les yeux fixés sur la contre-réforme (saint Pie V) nient l'action de l'Esprit dans les temps présents. Ils lui substituent l'action de l'Autorité et la passivité de la Tradition. Les charismatiques choisissent la voie inverse: l'abandon aveugle au souffle de l'Esprit. Le mouvement est issu du pentecôtisme américain. Importé au Québec en 1970 par le père Jean-Paul Régimbal, o.ss.t., de Granby, il connaît une expansion fulgurante. Il tient un premier congrès en août 1973 au Collège Loyola (5000 participants) et un autre (6500 personnes) à l'Université Laval en 1974. En décembre 1978, il compte entre 40 000 et 60 000 membres, possède une revue (*Selon sa parole*) et des centres de formation, tels la Maison Jésus-Ouvrier à Ville-Vanier, l'Alliance à Trois-Rivières, l'Eau-Vive à Granby et le Jourdain à Montréal. Le Renouveau charismatique se définit «un souffle nouveau qui passe sur les chrétiens» ou encore «les dons du Saint-Esprit que le peuple chrétien a déjà reçus, qui étaient en veilleuse et qui reçoivent de nos jours une nouvelle impulsion». En proposant une «relation simple, directe, vécue et expérimentalement sentie avec Dieu», le Renouveau charismatique rencontre les attentes de nombreux fidèles en rupture de ban avec la cérébralité de l'Église-institution et attachés aux nouvelles valeurs, tels «la spontanéité, la créativité, la découverte du corps, l'expérience subjective, le vécu, le senti, le présent». Il recrute ses adhérents dans toutes les couches sociales, plus particulièrement parmi «les gens d'âge mûr et de sexe féminin faisant partie des classes moyennes».[11] Ce mouvement issu du peuple déconcerte les détenteurs du pouvoir dans l'Église. Ceux-ci essaient de le récupérer. En septembre 1973, l'épiscopat mandate un théologien pour agir comme agent de liaison auprès du Renouveau charismatique et souhaite que dans chaque diocèse «un prêtre remplisse une fonction analogue».[12] En avril 1975, un message spécial de l'épiscopat canadien met en garde les charismatiques contre l'émotionnalisme, le fondamentalisme (interprétation littérale de l'Écriture). Il les incite à la prudence et à l'ouverture vers l'engagement social, tout en leur donnant le feu vert. Des sociologues voient dans ce jeu de cape épiscopal le prélude de la mise en tutelle du mouvement charismatique.[13]

Le Renouveau charismatique est axé sur l'expérience personnelle de la prière et de la rencontre avec Dieu conduisant à un engagement permanent dans l'Église. Les Politisés chrétiens, par contre, partent des appels et des besoins du monde pour vivre leur relation avec Dieu. «Croire en Jésus-Christ, c'est une option fondamentale et une pratique radicale de solidarité avec les plus démunis.» Les charismatiques et les politisés ne font pas bon ménage. Un prêtre ouvrier de Québec, le père B. Fortin, déclare: «Je me sens mal à l'aise lorsque je me trouve dans une foule jubilante de chrétiens qui frappent des mains. Je me demande s'ils sont au courant que le monde meurt de faim... Quand ces chrétiens imposent les mains sur d'autres, sur qui le font-ils: les opprimés ou les oppresseurs?» Les Politisés chrétiens — quelque 250 membres réguliers et 200 membres périphériques — s'inspirent de la théologie de la libération. Ils ne s'encombrent pas de structures trop rigides: deux commissions, l'une de théologie et l'autre politique, animent ce mouvement. Ils constituent, de fait, un réseau de communautés — Centre de pastorale en milieu ouvrier (C.P.M.O.), J.O.C., M.T.C. — qui trouvent leur expression

Le congrès du Renouveau charismatique en 1974, à l'Université Laval.
(Photo Paul Hamel)

dans *Vie ouvrière*. Les Politisés chrétiens ont en commun «d'être engagés dans une action en faveur des défavorisés, de réclamer une option socialisante pour le Québec, tout en cherchant une vision chrétienne de l'action sociale».[14] Ils se sentent marginalisés dans une communauté chrétienne «qui ne peut comprendre l'Évangile parce qu'elle n'a pas de contact avec les démunis».[15] Au congrès de Cap-Rouge en 1974, ils batttent la charge contre l'Église-institution et on les devine prêts à jeter les bases d'une Église parallèle. La résurgence de l'action catholique spécialisée vers 1975, une ouverture croissante de la communauté chrétienne à l'appel des démunis, un plus grand souci de la Hiérarchie d'accorder sa praxis à son discours les convainquent qu'il y a place pour eux dans l'Église. Lors du congrès de 1979, ils se sentent non plus marginalisés mais

Politisés chrétiens, 28 mars 1983.

La marche funèbre de la J.O.C., le 8 mars 1981 à Montréal.

en minorité. Ils ont conscience d'être un regroupement dans l'Église et de former l'Église populaire, lieu de rassemblement des ouvriers et des démunis. Ils privilégient trois champs d'action: la misère sociale engendrée tant par les structures que par la conjoncture économique, la promotion des droits humains et la libération des peuples d'Amérique latine.[16]

3. La réponse à la déclérIcalisation:
   un régime d'accommodements

Le processus de désintégration de la culture cléricale traditionnelle continue son œuvre de sape. Le taux de pratique cultuelle est en chute libre. Les sociologues l'évaluent à 45% en 1982, soit 75% en milieu rural, 70% en milieu urbain résidentiel et à un maximum de 15% en milieu urbain instable. Les clercs sont une espèce en voie d'extinction. Les sources de recrutement se tarissent. Voyons le cas de Chicoutimi. On y dénombre 70 ordinations de 1958 à 1967, 30 de 1968 à 1977. Cette année-là, on prévoit deux ordinations par an dans les années à venir, pour autant que le mouvement de reprise des entrées, observé en 1975 dans quelques diocèses, soit un phénomène durable. Le clergé séculier constitue un corps social «vieillissant et en décroissance rapide».[17] Les 3097 prêtres recensés en 1977 ont une moyenne d'âge de cinquante ans — à peine 2% d'entre eux ont moins de trente ans et 15% moins de quarante ans. Cette moyenne était de quarante-huit en 1971, quarante-quatre en 1961. Le quart des effectifs des séculiers atteint l'âge de la retraite. Les prévisions sont pessimistes. Le démographe Gilles Roy a calculé que de 1966 à 1981 le nombre de prêtres diocésains est passé de deux cent vingt à cent soixante-neuf dans le diocèse de Saint-Jean et il prévoit qu'il n'y en aura plus, en 1991, que quatre-vingt-cinq pour desservir une population qui aura triplé. Saint-Jean n'est pas un cas exceptionnel. Valleyfield ne dispose que de trois ordinations de 1975 à 1982 pour compenser la perte de trente-deux prêtres. Les communautés sont aux prises avec le même problème. En 1978, il n'y a plus que 2387 frères et 26 786 sœurs au Québec. En cette seule année, les frères recrutent cent dix candidats, mais perdent par décès et départs cent soixante-quinze sujets; quant aux sœurs, elles accueillent cent quatre-vingts postulantes et déplorent la perte de 1250 membres. Le vieillissement devient un problème aigu. En 1982, 42% des sœurs ont plus de soixante-cinq ans.

L'institution ecclésiale est sur le déclin. Force est de s'accommoder de la situation. La Hiérarchie n'a d'autre choix que d'aller au plus pressé. Elle s'efforce de pallier la diminution des effectifs par le regroupement des paroisses, le recyclage des prêtres et des religieux, le travail en équipe, le désengagement institutionnel et l'insertion des religieux et des laïcs dans la pastorale. Derrière ces palliatifs se profile une stratégie à plus long terme: «rendre tout entière ministérielle une Église jadis cléricale». De fait, la prise de conscience de la consécration baptismale et l'urgence des besoins font surgir de nouvelles formes d'engagement. De plus en plus de religieux et de laïcs se consacrent «à temps plein» à des tâches pastorales, notamment l'éducation de la foi, la préparation aux sacrements, l'animation de la liturgie et le service de la charité.[18] Cette situation est une invite à l'instauration d'un diaconat permanent et à de nouveaux ministères. En juin 1967, le *motu proprio* de Paul VI, *Sacrum diaconatus ordinem*, précisé plus tard par la lettre apostolique *Ad pascendum* (15 août 1972), avait réinstauré le diaconat permanent, dont la mission est d'être «un lien organique entre les structures hiérarchiques de l'Église et les structures mobiles d'une communauté vivante». Les premiers diacres apparaissent dans le diocèse de Québec en 1972. Leur nombre s'accroît rapidement. On en recense quatre-vingt-trois dans l'Église québécoise en 1980. Ils œuvrent en des domaines très divers: liturgie, éducation de la foi, œuvre sociale.[19] Ils ont en commun d'être des animateurs permanents de groupes de laïcs. Inspirés des anciens ordres mineurs conduisant à la prêtrise, les nouveaux ministères sont des «services précis», assumés par des laïcs, «de grande importance pour une Église locale et comportant une certaine stabilité».[20] On les dit «ministères institués», par opposition aux ministères ordonnés (diacre, prêtre, évêque) par l'imposition des mains. Deux anciens ordres mineurs, le lectorat (service de la Parole) et l'acolytat (service de l'Eucharistie), jadis de simples échelons menant à la prêtrise, deviennent des réalités ecclésiales stables. Ces nouveaux ministères n'épuisent pas toutes les formes stables d'engagement et de service; il n'est pas exclu que des ministères radicalement nouveaux puissent surgir en réponse à des appels inédits. Ces ministères ont un impact sur les orientations de la pastorale des vocations. Celle-ci n'est plus axée sur la relève des clercs et des religieux, mais cherche d'abord à «éveiller tous les chrétiens au dynamisme de leur vocation baptismale et à la mission de l'Église». Elle prend des modalités différentes «selon le cheminement personnel des chrétiens et selon la responsabilité qu'ils peuvent assumer dans l'Église».[21]

À la décléricisation de l'Église correspond une restructuration interne et de nouvelles orientations pastorales. À la décléricalisation de la société correspond la recherche d'une nouvelle présence au monde, en mots savants, «d'une nouvelle fonctionnalité sociale». Cette recherche s'effectue à travers les accommodements inévitables qu'imposent les conjonctures. Ainsi, l'expansion des activités étatiques amène l'Église à signer périodiquement des ententes qui aménagent de nouveaux arrangements sur l'école privée, sur l'enseignement de la religion et sur la pastorale dans les écoles publiques, ou encore sur la pastorale et sur le salaire des aumôniers dans les établissements de santé et de bien-être social, etc. Considérons le cas de l'éducation. L'épiscopat choisit d'exercer son dynamisme dans ce secteur par mode de présence et de concertation avec les instances publiques: le Conseil supérieur de l'éducation doté d'un Comité catholique et d'un Comité protestant et le Service de l'enseignement catholique du ministère de l'Éducation. Cette concertation s'effectue par le truchement du Comité épiscopal de l'éducation, des offices diocésains d'éducation et de diverses associations.[22] Cette action concertée concourt à l'émergence d'un nouveau réseau d'écoles publiques catholiques. En 1974, le Comité catholique publie *Voies et impasse*, un document qui place la dimension religieuse au centre du projet éducatif du milieu québécois, et il élabore les règlements qui devront régir les établissements d'enseignement catholique. Un postulat inspire le Comité catholique: le service de pastorale scolaire et l'enseignement religieux constituent les deux facettes d'une même pédagogie de la foi. Quelque mille agents pastoraux, payés à même les fonds publics, exercent ce ministère, soit en tant que «conseillers en éducation chrétienne» chargés de guider le directeur général d'un établissement et d'animer le personnel affecté à la pastorale, soit en tant «qu'animateurs de pastorale» chargés d'élaborer des activités de pastorale et de liturgie dans l'école. Par ailleurs, l'enseignement religieux est obligatoire à l'élémentaire et durant les deux premières années du secondaire — sauf en cas de demande expresse des parents. Cet enseignement est optionnel aux autres niveaux: un élève à ce stade peut préférer à un enseignement religieux un cours de sciences morales ou de culture religieuse. Par contre, dans les collèges publics (cégeps), un cours d'enseignement religieux n'est offert que si un nombre suffisant d'étudiants en font la demande.

Semblable effort d'adaptation et d'innovation anime aussi les communautés religieuses. Elles vendent à l'État certains biens, écoles, asiles et hôpitaux, et en mettent d'autres à la disposition du public. L'Église-pouvoir tend à devenir l'Église-service. Les revenus de ces ventes servent à prévoir une retraite convenable aux sujets âgés ou «retournent à la société sous forme de contributions financières, la plupart du temps non lucratives, dans des projets sociaux, religieux ou spirituels».[23] Le montant et le détail de ces transactions sont inconnus du public. Par ailleurs, les congrégations s'efforcent de repérer de nouveaux services et d'adapter leurs membres au changement. Citons le cas des Sœurs des Saints Noms de Jésus et de Marie. L'éducation demeure encore en 1976 le secteur où elles sont le plus à l'aise, mais elles s'engagent davantage dans l'éducation des handicapés et des enfants retardés et dans l'accueil des immigrants. Nombreuses sont celles qui œuvrent en paroisse comme vicaire ou animatrice de liturgie, ou encore qui font du bénévolat auprès des mères célibataires, des aveugles et des personnes âgées. Les religieuses en général sont «toutes disposées à dispenser des services», mais leur problème serait «de savoir vers qui diriger leurs efforts».[24]

4. La tentation au désert

Quelle direction prendre? Les colonnes en marche dans l'inconnu désertique connaissent ces moments d'incertitude quand leur boussole s'affole ou que la réfraction de la lumière projette sur l'horizon les oasis d'antan. La tentation de la fuite, d'un retour en arrière, à tout le moins d'une halte prolongée, brouille l'onde de la mémoire. Le catholicisme québécois continue de ressentir l'angoisse du désert. La tentation qui l'assaille a un ressort: la curie romaine; elle a un visage sécurisant: l'orthodoxie; elle dispose d'un alibi: la nécessité de consolider la réforme.

En ces matières où Rome imprime le rythme de la marche, le catholicisme québécois commence à marquer le pas. Le phénomène s'observe en liturgie. Des expériences anarchiques inquiètent Rome qui ordonne de ralentir l'allure. L'édition canadienne du *Missel romain* (1975) et divers rituels fixent les acquis. Le mouvement liturgique s'oriente vers l'éducation de la foi par la préparation aux sacrements, afin d'amener le peuple «à retrouver le sens des gestes qu'il pose». Les équipes pastorales au service de la consolidation de la réforme liturgique disposent d'impressionnants moyens de diffusion. Novalis, une maison d'édition rattachée à l'Université Saint-Paul, publie un missel hebdomadaire, *Prions en Église*. Le Centre Alpec (Animation de la liturgie par l'expression et la communication) met en circulation un répertoire original de chant et de musique sacrés. Des périodiques, *Vie liturgique, la Documentation liturgique, le Bulletin national de liturgie* mettent à la disposition des pasteurs et des fidèles un matériel riche et varié pour les célébrations liturgiques. L'innovation fait place à la répétition.

À l'instar de la réforme liturgique, le torrent œcuménique devient une calme rivière — pour ne pas dire une rivière souterraine. Au sein de l'Église universelle, les opposants aux orientations majeures de *Gaudium et Spes* pointent le secrétariat de l'Unité, dont le siège est à Rome, comme l'un des grands responsables de la crise de la foi dans la catholicité et de la perte de son identité. Les anciens adages — «L'Église romaine est la seule vraie église» ou encore *Roma locuta causa finita* — les problèmes internes, les divergences de vues sur les services que l'Église peut rendre aux peuples opprimés constituent un verrou qui obstrue le cours naturel de l'œcuménisme. De l'extérieur, le mouvement œcuménique canadien semble piétiner, même si le Groupe mixte de travail (GMT), mis sur pied en 1968 par le Conseil canadien des églises et la Conférence catholique canadienne, continue de susciter des projets inter-Églises axés sur des besoins concrets et à se préoccuper de l'entrée de l'Église catholique dans le Conseil canadien des églises. La fusion en 1975 de l'Office national d'œcuménisme, rattaché à la Conférence catholique canadienne, et du Centre d'œcuménisme du diocèse de Montréal en un Centre canadien d'œcuménisme est un événement sans grande portée historique. À quoi sert un instrument si on ne sait trop quoi faire avec? Les voies de l'œcuménisme sont peut-être moins la réunification prochaine des Églises chrétiennes occidentalisées que la découverte de la profondeur de l'homme, la reconnaissance des valeurs religieuses et spirituelles des autres cultures et une intelligence plus totalisante de l'universalité de l'Église.

La tentation de l'orthodoxie se fait sentir aussi dans les interventions épiscopales qui véhiculent «plus fréquemment et plus fermement», dans un vocabulaire à la mode, les enseignements moraux traditionnels. En décembre 1973, la déclaration épiscopale sur la formation de la conscience situe, en pratique, le magistère au-dessus de la conscience: «pour suivre sa conscience et demeurer catholique, quelqu'un doit d'abord et avant tout observer l'enseignement du magistère!».[25] Elle limite singulièrement la portée libératrice des commentaires que le même épiscopat avait formulés sur *Humanae Vitae*. Un conservatisme de même souche imprègne certaines prises de position sur des questions d'une grande actualité. Considérons deux cas: la place des femmes dans l'Église et l'enseignement de la théologie. Au cours d'une rencontre avec l'épiscopat canadien au printemps de 1971, une soixantaine de femmes engagées dans divers mouvements sociaux réclament que «les femmes soient reconnues comme membres à part entière de l'Église avec les mêmes droits, privilèges, responsabilités que les hommes,» que le droit canon soit épuré de tout sexisme, que les femmes puissent accéder à tous les ministères et que le clergé change d'attitude vis-à-vis la sexualité et le plaisir.[26] Ces doléances émeuvent les évêques qui, d'abord embarrassés, multiplient les comités, les enquêtes et les rencontres, puis appuient les efforts qu'en divers milieux on déploie pour ouvrir les Congrégations du Saint-Siège aux femmes et leur rendre accessibles le lectorat et l'acolytat.[27] Leurs démarches ne sont pas vaines. Les femmes accèdent à diverses fonctions. En 1977, elles représentent 31,4% des effectifs des conseils diocésains de pastorale et 57,2% de ceux des conseils paroissiaux. On dénombre dix-sept religieuses et six femmes laïques parmi les quatre-vingt-neuf directeurs d'offices diocésains et vingt-huit religieuses et dix-sept femmes laïques parmi les soixante-trois directeurs adjoints. Mais ce sont là les miettes de la table du riche et, pour de nombreuses femmes, une utilisation à peine voilée du *cheap labor* féminin. En 1976, la Congrégation pour la doctrine de la foi se prononce contre le sacerdoce féminin: «Le prêtre est signe du Christ. Il doit donc être un homme!» Au dire de Marie-Andrée Roy, l'Église demeure «un solide bastion d'hommes célibataires, misogynes, résistant à tout changement significatif du statut des femmes dans la société». C'est une vue aussi traditionnelle des choses qui amène en 1976 l'épiscopat à refuser à des prêtres mariés ou réduits à l'état laïque, le droit d'enseigner dans les facultés de théologie. Le sacerdoce et le célibat étant inséparablement liés, ce serait «un contresens pédagogique» que d'admettre un prêtre marié à dispenser un enseignement à de futurs prêtres.[28]

5. Devenir sel et lumière

Le catholicisme québécois vit dans l'entre-deux: les accommodements d'aujourd'hui et les cohérences de demain. Il n'a pas encore de projet bien défini. En optant pour l'homme, et partant pour les peuples et les nations, Vatican II lui a donné une visée: être le point de convergence des valeurs véhiculées par le mouvement social et des idéaux évangéliques. Cette visée lui commande d'être une terre d'espérance, un lieu où la liberté a un espace, un milieu d'accueil et de résistance pour les opprimés.

Chantier 1981.

Semer l'espérance chrétienne dans le cœur des hommes! C'est là la mission essentielle de l'Église. Paul VI l'a définie un appel à évangéliser, «de façon vitale, en profondeur et jusque dans leurs racines, la culture et les cultures de l'homme *(Evangelii Nuntiandi)*». La prise de conscience des engagements que comporte cette mission engendre l'idée d'une éducation permanente de la foi des adultes. Renforcée par les expériences catéchistiques de la dernière décennie, cette idée devient un projet qui s'impose dans le catholicisme québécois dès 1972. Cette année-là, l'Office de catéchèse enclenche deux expériences qu'il ne cessera d'animer. La première a pour nom Chantier. C'est une entreprise d'éducation populaire à l'échelle du Québec que les participants vivent sur le mode de l'apprentissage. Elle propose trois objectifs: acquérir de l'information sur un problème, analyser ses propres attitudes et

Le Centre d'animation spirituelle de Montréal fait un premier bilan

Le directeur du Centre d'animation spirituelle, l'abbé René Bernard, p.s.s., a présenté la semaine dernière aux évêques canadiens, dans le cadre de leur réunion printanière à Ottawa où ils étudient les tendances actuelles du renouveau spirituel au Canada, une nouvelle formule de retraite qui se veut une «forme d'aide centrée sur la croissance des personnes dans la vie selon l'Esprit».

Cette formule, expérimentée depuis au moins cinq ans, dit l'abbé Bernard, vise à favoriser le développement d'une spiritualité qui comprend toute la vie. Il s'agit d'une formation qui vise l'homme en développement dans tous les aspects de sa vie personnelle et de sa vie de relation avec les autres ou avec Dieu. L'axe d'attention demeure toujours les mécanismes de fonctionnement humain et les lois de croissance.

Ainsi l'approche pédagogique sera centrée sur les personnes et leur vécu à lire en profondeur; elle vise une expérience plus qu'un savoir, elle intègre la prise de conscience, l'éclairage de la Parole et l'orientation d'action.

On peut présumer que cette méthode est redevable pour une bonne part aux théories récentes de la psychologie (animation, croissance personnelle) de même qu'aux réflexions tant philosophiques que théologiques suscitées par les rapides changements dans la société qui ont profondément ébranlé des attitudes et des schèmes de pensée qui traduisaient des manières de comprendre et de vivre la présence au monde, les relations entre les hommes et même la relation à Dieu.

Ainsi au cœur même de toutes ces activités d'animation qui se déploient de nos jours, le Centre d'animation spirituelle de Montréal s'efforce d'inventer de multiples formes d'intervention qui visent directement le devenir spirituel de l'homme. Ce groupe d'une douzaine de personnes (prêtres, religieux et religieuses) place au centre de sa recherche «l'homme spirituel et sa constitution, ses dynamismes et ses lois de croissance. La pointe de l'attention, tout en gardant une vision intégrale de l'homme, reste l'action intérieure de l'Esprit et ses répercussions dans tous les secteurs de son activité».

Les objectifs du Centre visent à «contribuer à la croissance des autres sur tous les plans, mais surtout dans la disponibilité à l'Esprit du Christ. Et contribuer aussi à la formation de guides spirituels pour les individus ou pour les groupes». C'est pourquoi, jusqu'à présent, ce service a été offert presque exclusivement aux prêtres, religieux et religieuses. Au cours des cinq dernières années, 25 000 personnes ont été rejointes, dans les diverses régions du pays.

L'abbé Bernard fait ressortir qu'au cours des dix dernières années, nous sommes passés d'une recherche tâtonnante au développement d'une spiritualité qui engage toute la vie, et pas seulement les temps réservés à la prière.

Parmi les thèmes qui trouvent le plus de résonnances actuellement, celui du discernement spirituel communautaire prend suffisamment de relief pour constituer un courant. Ce courant représente sûrement un pas en avant, affirme l'abbé Bernard, par rapport à l'étape antérieure plus soucieuse de récupérer l'humain.

Parler de discernement spirituel, c'est sans doute viser à reconnaître l'action de l'Esprit de Jésus dans la vie des personnes, c'est aussi opérer un jugement critique pour retenir ce qui est bon, mais c'est surtout chercher à délibérer et à décider selon une démarche qui donne toutes les chances de saisir ce que Dieu veut d'un groupe de personnes qui doit prendre des options face à un problème, à une situation ou un projet concret.

(*Le Devoir.*)

les modifier s'il y a lieu, réaliser une action locale. L'Office de catéchèse du Québec prépare le matériel documentaire et dispense des stages de formation d'animateurs. Les diocèses s'occupent de constituer les équipes et de les animer sur place. En 1975, Chantier rassemble 42 216 participants répartis en 3415 groupes. Les thèmes qu'il explore relient les valeurs évangéliques au vécu: la société de consommation (1974), la famille et la société (1975 et 1976), le travail (1977), etc. La seconde expérience, *2000 ans après Jésus-Christ*, est une interpellation. Elle est l'annonce de Jésus-Christ et de son message. Elle consiste en des émissions, d'une durée de trente minutes, radiodiffusées le dimanche matin à l'antenne des stations privées. Son contenu se résume à une réflexion et à des témoignages sur un thème, tels la solidarité, le partage, etc. Chaque émission peut donner lieu à des regroupements d'auditeurs qui échangent leurs impressions.[29] Ces deux expériences sont les plus spectaculaires. Il en est de moindre envergure mais non moins prometteuses, tels les centres de formation de la foi, les sessions bibliques, les séminaires spirituels. Toutes ces expériences ont en commun de faire de l'Écriture l'aliment principal de la foi, d'utiliser les théories de la psychologie sur l'animation et la croissance personnelle et de rejoindre l'homme total, c'est-à-dire l'homme dans la communauté vivante qui le nourrit et le prolonge. Il reste, cependant, au catholicisme québécois à dégager les valeurs évangéliques des dépôts sédimentaires dans lesquels le cours du Temps les a enfouies. La christianisation de certaines valeurs profanes est le prix à payer pour que le catholicisme devienne une terre d'espérance pour ceux qui se cherchent «une foi et une morale pour la semaine».[30]

La fécondation des valeurs profanes suggère au catholicisme d'ouvrir en son sein un espace pour la liberté. Dans *Ecclesiam suam* (6 août 1964), Paul VI a balisé une nouvelle voie que les Pères conciliaires avaient pointée du doigt: le dialogue franc et ouvert avec le monde dont l'Église est distincte, mais auquel elle n'est pas étrangère. Cette voie n'est pas familière au catholicisme québécois. L'Église d'hier était un ghetto en dehors du monde, un Sinaï du haut duquel la Hiérarchie imposait ses projets aux hommes et n'en descendait que pour condamner ce qui ne venait pas d'elle. Le peuple pouvait-il faire autre chose qu'élever des veaux d'or? L'Église d'aujourd'hui apprend à faire des projets humains, apprend aussi à «être avec», à «faire confiance», à «lutter aux côtés de». Quand les Québécois ont commencé dans les années 1960 à se chercher un nouveau projet de société en dehors de l'Église, celle-ci a été prise de court. Où et comment allait-elle se situer dans les débats publics? Elle a résisté à l'appel de ceux qui s'efforçaient de l'inféoder à un projet temporel. Elle a passé outre à la requête de la Société Saint-Jean-Baptiste de ne pas publier de lettre pastorale à l'occasion du centenaire de la Confédération canadienne; elle a refusé l'invitation des États généraux du Canada français en 1967 et, l'année suivante, elle a résisté aux pressions d'une section de la Société Saint-Jean-Baptiste qui souhaitait qu'on arborât le drapeau fleurdelisé dans ou devant toutes les églises paroissiales. S'inspirant de la distinction des plans, jadis proposée par Jacques Maritain et vécue péniblement en action catholique, l'Église retient quatre principes qui éclaireront ses rapports avec la Cité: 1. l'État, de soi non confessionnel, doit être religieux, c'est-à-dire favoriser l'épanouissement de la religion; 2. les nations ont le droit de décider librement de leur choix de société; 3. le respect et l'acceptation des autres; 4. les projets politiques sont contingents et n'interprètent donc jamais adéquatement l'Évangile. Les événements politiques — la Crise d'octobre (1970), l'avènement du Parti québécois (novembre 1976), la charte de la langue française (1977), le Référendum (1980) — amènent l'Église québécoise à traduire ces postulats dans une action concrète à deux volets. D'une part, la Hiérarchie en communion avec les chrétiens assume un rôle de «discernement, d'identification et de clarification des enjeux». Elle veille à ce que les citoyens disposent de l'éclairage nécessaire pour évaluer la cohérence entre les projets temporels et les valeurs évangéliques, à ce que l'information soit juste et complète, à ce que le débat se situe au-delà des préjugés et des intérêts particuliers. D'autre part, la Hiérarchie laisse aux communautés chrétiennes la responsabilité de choisir les options qu'il convient de prendre et incite individuellement les chrétiens à être présents et actifs dans les lieux où s'élaborent

Une session d'étude de la Centrale nationale de la J.O.C., durant la Semaine de la J.O.C. en 1978.

et se prennent les virages décisifs. D'application délicate, cette position prête encore flanc à la critique, du fait que les conditions d'exercice qu'elle présuppose ne soient pas encore remplies. La plus évidente de ces conditions serait que l'Église québécoise soit libre de tout carcan, que ce soit les liens trop contraignants avec la Conférence catholique canadienne ou une confessionnalité scolaire financée par l'État, ou une trop grande inféodation de ses cadres aux classes riches, etc. Ces jougs pourraient l'amener à des compromissions et à des marchandages, porter atteinte à la crédibilité de son message et confiner aux parvis du temple ses membres les plus engagés.

Cette position renvoie à une question fondamentale: peut-on être au cœur de la Cité et ne pas prendre parti officiellement? Les Pères conciliaires avaient bien vu que l'option pour l'homme comporte un corollaire: «une option préférentielle» pour les pauvres. La formule est belle mais lourde d'ambiguïtés. Le catholicisme québécois l'avait comprise dans les années 1960 comme la nécessité d'un certain dépouillement institutionnel, d'une certaine révision d'un style de vie et d'une certaine prise de la parole sur la justice et la dignité de l'homme. Une minorité de chrétiens seulement l'avait alors interprétée comme un appel pressant fait à l'Église pour qu'elle «s'associe et s'engage avec les hommes dans les projets des hommes». Cette pensée animait les militants du MTC-JOC, les prêtres qui s'impliquèrent dans les Opérations Dignité en Gaspésie (1970-1971) et la poignée de prêtres et de religieux qui travaillaient en milieu ouvrier à Montréal et à Saint-Jérôme. Le risque que des communautés chrétiennes en viennent à déplaire aux riches ou à réduire leur horizon aux dimensions d'un projet temporel freine un temps la présence active de l'Église dans les milieux défavorisés. Entre engagés sociaux et la Hiérarchie le dialogue tarde à s'établir. Sous l'action des textes sociaux de Paul VI, du dynamisme des engagés sociaux et des relations plus intenses entre l'Église canadienne et les communautés de base de l'Amérique latine, un déblocage s'effectue. Le colloque de Cap-Rouge en novembre 1974, à l'occasion duquel deux cent vingt-cinq militants chrétiens en milieu ouvrier étalent leurs attentes et leurs frustrations, marque un tournant. L'épiscopat consacre en 1976 deux sessions à l'étude de la pastorale en milieu ouvrier et défavorisé, auxquelles participent cent vingt personnes, dont quarante en provenance des milieux ouvriers. Les participants insistent sur le fait que «l'Évangile vécu doit obligatoirement passer par le concret des luttes sociales et politiques», que l'Église ne peut pas ne pas être engagée quand l'homme est concerné, que sa pastorale en milieux ouvriers doit avoir un caractère éducatif, une dimension collective et publique et être libre face aux puissances publiques ou privées. Les participants ne dégagent pas de consensus, mais explorent ensemble des pistes. La Hiérarchie retient que l'Église doit donner une voix et des canaux d'expression aux ouvriers et aux démunis. La parole des évêques, comme en témoignent leurs messages récents sur le chômage, sur les luttes de libération, sur la crise économique, se radicalise. En janvier 1983, l'épiscopat pointe nommément les effets néfastes de la politique monétariste du gouvernement Trudeau, qui assure la prédo-

Un milieu d'accueil et de résistance pour les opprimés

Le dimanche 30 janvier — Pour permettre l'accueil quotidien d'une centaine de démunis et l'hébergement à plus long terme (maximum de trois mois) de vingt hommes et de dix femmes en difficultés, 1 200 000$ auront été nécessaires pour l'achat et la rénovation de l'ancien hôtel Château Champlain, face à la Gare du Palais, à Québec, et 300 000$ devront être recueillis chaque année pour en assurer le fonctionnement.

L'archevêque de Québec, Mgr Louis-Albert Vachon, a procédé aujourd'hui à la bénédiction de ces locaux qui s'appelleront Maison de l'Auberivière. L'œuvre est due à l'initiative du Conseil régional de pastorale de la Basse-Ville et les fonds ont été fournis par les communautés religieuses. Une corporation est propriétaire de l'édifice et c'est le Frère Raymond Tremblay, de l'Ordre hospitalier de Saint-Jean-de-Dieu, qui est le directeur de la maison.

(*L'Église canadienne*, 17 février 1983, p. 379.)

Le mardi 11 janvier — L'épiscopat canadien reçoit de nouveaux appuis à la suite de sa lettre sur l'économie canadienne et la crise. Dans un communiqué commun, le Mouvement des travailleurs chrétiens, Développement et Paix, le Centre de pastorale en milieu ouvrier, l'Entraide missionnaire et *Relations* soutiennent que ce sont les stratégies du grand patronat et des gouvernements qui peuvent être taxées d'incompétence et d'amateurisme, avec le cynisme en plus, et non pas les évêques qui se placent du côté des plus démunis.

L'Union des producteurs agricoles s'est aussi dite d'accord avec l'opinion des évêques, suivant en cela les autres centrales syndicales. Les réactions «extrêmement négatives qui fusent des milieux patronaux et gouvernementaux» n'étonnent pas le président de la centrale, M. Jacques Proulx.

(*L'Église canadienne*, 20 janvier 1983, p. 316.)

minance du capital et de la technologie sur les travailleurs. C'est tout le cœur du catholicisme québécois qui, continuant une tradition ancienne, s'ouvre largement aux opprimés, aux défavorisés et aux laissés pour compte de la société de consommation.

Les nouvelles voies qu'expérimente le catholicisme québécois exigent un dépouillement total de l'Église, tant matériel que culturel et spirituel. Elles appellent aussi l'émergence de nouveaux types de témoins évangéliques. C'est vers les communautés qui se disent et s'engagent, les chrétiens qui mettent leurs pratiques quotidiennes en accord avec l'Évangile et les militants qui s'efforcent dans les débats publics de réconcilier l'héritage et le projet que se tourne aujourd'hui l'espérance des chrétiens.

Liste des sigles

AAEQ	Archives de l'Assemblée des évêques du Québec
AAQ	Archives de l'archevêché de Québec
AEG	Archives de l'évêché de Gaspé
AEV	Archives de l'évêché de Valleyfield
ASJCF	Archives de la Société de Jésus, province du Canada français
AUM	Archives de l'Université de Montréal
RHAF	Revue d'histoire de l'Amérique française
RS	Recherches sociographiques
RSCHEC	Revue de la Société canadienne d'histoire de l'Église catholique
SRQ	Semaine religieuse de Québec

NOTES ET RÉFÉRENCES

Chapitre I: Arriver en ville, 1939-1950

1. *Le Devoir*, 21 avril 1973, p. 7.
2. 2. Mgr Courchesne à Lionel Groulx, 15 septembre 1939. Cité dans Lionel GROULX, *Mes mémoires*, IV: 228.
3. Procès-verbal de la réunion des archevêques et évêques de la province civile de Québec, 26 septembre 1939.
4. Rodrigue Villeneuve à François-Xavier Ross, 24 janvier 1942, AEG, *Tiroir 35*.
5. Procès-verbal de la réunion des archevêques et évêques de la province civile de Québec, 10 décembre 1940.
6. *Ibid.*, 10 février 1942.
7. Rodrigue Villeneuve à François-Xavier Ross, 25 mars 1942, AEG, *Tiroir 35*.
8. François-Xavier Ross à Philippe-Servide Desranleau, 27 mars 1942; aussi: François-Xavier Ross à Rodrigue Villeneuve, 28 mars 1942, AEG, *Tiroir 35*.
9. Philippe-Servide Desranleau à François-Xavier Ross, 30 mars 1942, AEG, *Tiroir 35*.
10. Procès-verbal de la réunion des archevêques et évêques de la province civile de Québec, 5 mai 1942.
11. F.-A. ANGERS, «Est-ce ainsi qu'on fait la guerre sainte?», *L'Action nationale*, octobre 1942: 88.
12. François-Xavier Ross à Eugène L'Heureux, 2 avril 1942, AEG, *Tiroir 35*.
13. *Le Devoir*, 4 et 10 août 1944.
14. Cette lettre se trouve dans le Fonds du journal *l'Action catholique*, ANQ, AP-428-63, 2009.
15. Rapport du Comité provincial d'action catholique, 26 août 1942, ASJCF, *Fonds Papin Archambault*, R-3, 46, 1-15.
16. Lettre du R.P. Philippe Bélanger, s.j., assistant directeur général des ligues du Sacré-Cœur, 1940, AAR, *Dossier Action catholique*.

17. Procès-verbal de la réunion des archevêques canadiens, 28-29 octobre 1942. L'appendice au procès-verbal donne copie de la lettre envoyée par le cardinal Villeneuve à Mackenzie King, 2 novembre 1942.
18. Procès-verbal de la réunion des archevêques et évêques de la province civile de Québec, 30 janvier 1940.
19. *Ibid.*, 7 mai 1940.
20. *Ibid.*, 19 février 1941.
21. *SRQ*, 7 mars 1940.
22. Rodrigue Villeneuve à Adélard Godbout, 6 mars 1940, AEV, *Archevêques 1936+*.
23. Procès-verbal de la réunion des archevêques et évêques de la province civile de Québec, 19 février 1941.
24. *Ibid.*, 6 mai 1941.
25. *Ibid.*, 17 septembre 1941.
26. *Ibid.*, 1er février 1944.
27. *L'Aide à la colonisation. Pour une politique vigoureuse et rationnelle*, Montréal, École sociale populaire, 1944, 32 p., Coll. Brochures, n° 369.
28. *La colonisation dans la province de Québec*, Montréal, École sociale populaire, 1945, 32p., Coll. Brochures, n° 378.
29. *Mémoire confidentiel aux évêques sur la colonisation. Automne 1958.* Remis par les missionnaires-colonisateurs. 6 pages. Annexe au procès-verbal de la réunion des archevêques et évêques de la province civile de Québec.
30. *Premier rapport de la Commission d'assurance-maladie de Québec sur le problème des garderies et de la protection de l'enfance.* Québec, Imprimeur du roi, 1944, 62p. Ce rapport est souvent appelé: *Premier rapport Garneau*.
31. *Le Devoir*, 11 février 1944.
32. Procès-verbal de la réunion des archevêques et évêques de la province civile de Québec, 1er mai 1945.
33. *Ibid.*, 25 septembre 1945.
34. S.Q. 1944, 8, Geo VI, chap. 33.
35. Procès-verbal de la réunion des archevêques et évêques de la province civile de Québec, 5 et 27 février 1946.
36. *Ibid.*, 27 février 1946.
37. *Ibid.*, 1er décembre 1942.
38. *Le Devoir*, 1er août 1944, p. 7.
39. Joseph LEDIT, «Les Témoins de Jéhovah», *Relations*, vol. 7, n° 2, février 1947: 43-46.
40. *Saturday Night*, 7 février 1950.
41. Procès-verbal de la réunion des archevêques et évêques de la province civile de Québec, 24 septembre 1940.
42. *Le Devoir*, 10 mai 1935, p. 10-11.
43. Procès-verbal de la réunion des archevêques et évêques de la province civile de Québec, 27 septembre 1932.
44. *Ibid.*, 10 février 1942.
45. *Ibid.*, 5 mai 1942.

46. Procès-verbal de la réunion des archevêques canadiens, 28 et 29 octobre 1942.

47. On lira Gérald FORTIN, «Le milieu rural et son évolution», Texte manuscrit. Aussi Fernand DUMONT, «La paroisse, une communauté», Communauté chrétienne, janvier-février 1962: 21-30.

48. Wilfrid GARIÉPY, La paroisse urbaine, Montréal, École sociale populaire, 1953, 31p., Coll. Brochures, n° 469.

49. Mémoire soumis par Mgr Philippe-Servide Desranleau en 1945.

50. Procès-verbal de la réunion des archevêques et évêques de la province civile de Québec, 1er mai 1945.

51. Guy FORTIN, «Pie X. Le pape de la musique sacrée», Revue Saint-Grégoire, décembre 1951: 1-7.

52. Procès-verbal de la réunion des archevêques et évêques de la province civile de Québec, 14 décembre 1943.

53. Robert GAUDET, «Activités catéchistiques dans le diocèse de Joliette», Le Séminaire, septembre 1955: 141-146; décembre 1955: 210-219.

54. Lettre de J.-O. Plante, auxiliaire de Québec, à Mgr Ross, 4 décembre 1941, AEG, Tiroir 35.

55. Les informations factuelles concernant le mouvement Lacordaire et Jeanne-d'Arc nous ont été fournies par le père Ubald Villeneuve.

56. Procès-verbal de la réunion des archevêques et évêques de la province civile de Québec, 4 décembre 1945.

57. Ibid., 1er et 3 mai 1945.

58. Relations a fait campagne en faveur des terrains de jeux entre 1941 et 1945.

59. Procès-verbal de la réunion des archevêques et évêques de la province civile de Québec, 24 septembre 1940. Aussi, Claude Ryan, L'action catholique au Canada, octobre 1956, 9 p., AUM, Fonds de l'Action catholique, 0-0-5.

60. Ibid., 7 mai 1940.

61. Procès-verbal de la réunion des archevêques canadiens, 28-29 octobre 1942.

62. Laurent MORIN, Évolution du Comité national d'action catholique, de septembre 1945 à décembre 1952. Rapport polycopié remis à l'épiscopat, février 1953.

63. André-J. BÉLANGER, Ruptures et constantes, Montréal, HMH, 1977, 219p.; p. 35-61.

64. Mgr Eugène Lapointe à Joseph-Papin Archambault, 25 juillet 1945, ASJCF, Fonds Papin Archambault, R-3, 53, 5-56.

65. Nous avons largement puisé nos informations sur les prises de position de Mgr Georges Courchesne dans la thèse de Noël Bélanger.

66. Procès-verbal de la réunion des archevêques et évêques de la province civile de Québec, 1er décembre 1942.

67. Ibid., 23 février 1943.

68. «Syndicalisme ouvrier et questions ouvrières», Congrès des au-

môniers des associations patronales et ouvrières, Sainte-Anne-de-Beaupré, 9-12 avril 1945, 29 p. Polycoplé.

69. J.-d'Auteuil RICHARD, «L'enseignement social dans la C.T.C.C.», *Relations*, vol. 1, n° 6, juin 1941: 160-161.

70. Procès-verbal de la réunion des archevêques et évêques de la province civile de Québec, 27 février 1945.

71. Jacques ROUILLARD, «Mutations de la Confédération des travailleurs catholiques du Canada, 1940-1960», *RHAF*, vol. 34, n° 3, décembre 1980: 377-405.

72. Cette allocution fut prononcée par le père Lévesque au Palais Montcalm à Québec, en 1940.

73. Lettre de Mgr Georges Courchesne à Georges Desjardins, 16 avril 1946, ASJCF, *Fonds Papin Archambault*, R-3, 10, 130.

74. Procès-verbal de la réunion des archevêques et évêques de la province civile de Québec, 1-3 mai 1946.

75. Communiqué du cardinal Villeneuve aux journaux, 10 février 1946.

76. Procès-verbal de la réunion des archevêques et évêques de la province civile de Québec, 24 septembre 1946.

77. *Relations*, vol. 7, n° 10, octobre 1947.

78. Jacques COUSINEAU, s.j., *L'Église d'ici et le social, 1940-1960. La Commission sacerdotale d'études sociales*, Montréal, Bellarmin, 1982, 287p. On y trouve, entre autres, les lettres de Mgr Courchesne à Maurice Duplessis.

79. Procès-verbal de la réunion des archevêques et évêques de la province civile de Québec, 14 décembre 1948.

80. Lettre du cardinal Adéodat-Jean Piazza au délégué apostolique, 16 juin 1950, ASJCF, *Fonds Papin Archambault*, R-3, 18, 2-24.

81. Les renseignements ont été puisés dans *Le Congrès marial d'Ottawa*, Gardenvale, Harpell's Press Co-operative, 1948, 345p.

Chapitre II: Confort et affrontements, 1950-1957

1. Les informations sur l'Affaire Charbonneau sont tirées des *Mémoires* du chanoine Groulx, du reportage de Renaude Lapointe intitulé «L'histoire bouleversante de Mgr Charbonneau»,, de *Le prince de l'Église. Le cardinal Léger*, écrit par Micheline LACHANCE et des mémoires du père Ceslas-Marie Forest, o.p. On lira aussi de Claude RYAN, «Bilan d'un épiscopat fructueux», *Le Devoir*, 11 décembre 1967, p. 4.

2. Ceslas-Marie Forest précise dans ses mémoires que le père Suarez lui a affirmé que l'accusation était contenue dans un mémoire de Mgr Courchesne. Mais, à l'évêché de Rimouski, il n'existe aucune copie d'un tel mémoire.

3. Dans *Perspectives sociales*, XXV, 2 (mars-avril 1970), Gérard DION donne de précieuses informations sur l'origine de la lettre collective. Mgr Charbonneau était d'accord avec cette façon de procéder.

4. Nous empruntons largement dans cette section à l'ouvrage de Denise ROBILLARD, *Le cardinal Paul-Émile Léger, archevêque de Montréal, 1950-1967. Son évolution idéologique à partir de ses interventions publiques*, thèse présentée en Sciences religieuses, Université d'Ottawa, 1972, 2 volumes, 642p. Voir aussi Micheline LACHANCE, *Le prince de l'Église. Le cardinal Léger*, Montréal, Les Éditions de l'Homme, 1982, 427p.

5. La «nouvelle morale» a donné lieu à quelques articles dans *Relations*. Voir le numéro d'octobre 1952. La Sacrée Congrégation du Saint-Office interdit l'enseignement de la nouvelle morale le 24 mars 1956.

6. Communiqué de l'épiscopat sur l'action catholique, 29 septembre 1956.

7. L'Action catholique canadienne a effectué trois recensements: août-septembre 1953, avril 1955, novembre 1957 - mars 1958. Ces recensements sont approximatifs et ne peuvent être comparés globalement, car tous les diocèses n'ont pas toujours retourné les feuilles de recensement. Les données sur l'action catholique spécialisée semblent exactes, mais celles relatives à l'action générale nous semblent plus approximatives. Ces relevés sont conservés aux AUM, *Fonds de l'action catholique*.

8. J.-A. VIDAL et Laurent MORIN, *Mémoire de l'Action catholique canadienne sur l'action catholique et la formation nationale*, 30 avril 1952, 11 + 2p. Polycopié.

9. *Relations*, octobre 1958: 270.

10. Rapport de la Commission épiscopale du clergé, décembre 1957.

11. André-J. BÉLANGER, *op. cit.*, p. 131.

12. Hubert GUINDON, «The social evolution of Quebec reconsidered», *The Canadian Journal of Economic and Political Sciences*, novembre 1960: 533-551.

13. Richard ARÈS, «Le problème de l'anticléricalisme au Canada français», *Relations*, novembre 1952: 282-285.

14. André-J. BÉLANGER, *op. cit.*, p. 197-198.

15. Gilles BIBEAU dans *Les Bérets blancs* et André-J. BÉLANGER dans *Quatre idéologies en éclatement* ont identifié sommairement des filiations.

16. Procès-verbal de la réunion des archevêques et évêques de la province civile de Québec, 5 mai 1953.

17. Mgr J.-C. Leclaire à Mgr Charles-Omer Garant, 14 mai 1956.

18. Ainsi, la loi canadienne des hôpitaux exige que les établissements qui participent au régime de l'assurance-hospitalisation soient gérés par «une corporation distincte de la corporation de mainmorte» qui groupe les membres de la communauté religieuse qui possède l'institution. Certaines clauses prévoient aussi la participation des laïcs à la direction de la corporation. *Rapport Castonguay*, I: 57-58.

19. Rapport du comité des prêtres directeurs [des services] diocésains, Québec, 16 janvier 1957.

20. Procès-verbal de la réunion des archevêques et évêques de la province civile de Québec, 11 décembre 1956.
21. *Ibid.*, 10 mai et 4 octobre 1938.
22. *Ibid.*, 17 février 1948.
23. *Relations*, avril 1958, p. 85.
24. Procès-verbal de la réunion des archevêques et évêques de la province civile de Québec, 2 mai 1944.
25. Mgr Albini LeBlanc à Mgr Maurice Roy, 6 décembre 1948, AEG, *Lettres non classées*.
26. Procès-verbal de la réunion des archevêques et évêques de la province civile de Québec, 11 février 1947.
27. *Ibid.*, mars 1952.
28. Jacques MORDRET, *Le Centre catholique du cinéma de Québec et l'Institution Rex Film*, s.l., n.d., 3 p. Polycopié.
29. Jacques COUSINEAU, «Garder à la C.T.C.C. son âme», *Relations*, septembre 1959: 227-233.
30. *Le Devoir*, 5 janvier 1955 et 29 avril 1955.
31. Voir: Jacques ROUILLARD, *op. cit.*, p. 175-177.
32. Procès-verbal de la réunion des archevêques et évêques de la province civile de Québec, 4 décembre 1945.
33. Hozaël AGANIER, Rapport présenté à la Commission épiscopale de l'Action catholique canadienne, 14 mai 1960.
34. *Relations*, avril 1949: 100-101; Camille POISSON, *Les vocations sacerdotales au Canada français*, Montréal, Institut social populaire, [1948], 24p.
35. Procès-verbal de la réunion des archevêques et évêques de la province civile de Québec, 28 septembre 1937.
36. Wilfrid GARIÉPY, *La paroisse urbaine*, Montréal, Institut social populaire, 1953, 32p. Coll. Brochures, n° 469.
37. Mgr Langlois à Mgr Lafortune, 27 juillet 1942, AEV, Boîte: *Évêques, 1931+*.
38. Hubert GUINDON, «The social evolution of Quebec reconsidered», *Canadian Journal of Economic and Political Sciences*, XXVI, novembre 1960: 533-551.
39. Cette description emprunte largement à des documents de travail, en date de décembre 1957, décembre 1959 et septembre 1961.
40. Mgr Alfred Langlois au pape, 15 octobre 1950, AEV, Boîte: *Évêques, 1931+*.
41. Mgr Eugène Lapointe à Joseph-Papin Archambault, 28 avril 1938, ASJCF, *Fonds Papin Archambault*, R-3, 17-1, 100.
42. *Le Séminaire*, vol. 1, n° 2, 15 août 1936: 37-38.
43. Nous empruntons nos données à l'ouvrage déjà cité de Denault et Lévesque.
44. *Manque-t-on de prêtres au diocèse de Québec?*, Québec, L'Oeuvre diocésaine du recrutement sacerdotal, 1949, 41p.; p. 38.
45. Procès-verbal de la réunion des archevêques et évêques de la province civile de Québec, 5 mai 1953.

46. *Mémoire schématique sur les rapports entre l'épiscopat, le clergé et les frères enseignants. En provenance du Secrétariat général des frères enseignants,* mars 1954, 8p.

47. Léon Guindon à Mgr Albini LeBlanc, 24 mars 1948, AEG, Lettre non classée.

48 Gérard GENDRON, *La contribution financière du clergé séculier et des communautés religieuses à l'enseignement dans la province de Québec,* thèse présentée à l'École des Hautes Études commerciales, mars 1946, 45p.

49. *Mémoire sur les relations entre les syndicats affiliés à la Fédération nationale catholique des services (C.T.C.C.) et les institutions d'hospitalisation dirigées par les communautés religieuses,* 28 novembre 1956, 24p.

50. Procès-verbal de la réunion des archevêques et évêques de la province civile de Québec, 2 mai 1944.

51. *Ibid.,* 24 septembre 1946.

52. *Ibid.,* 11 décembre 1951.

53. *Ibid.,* 10 mai 1938.

54. *Mémoire respectueusement présenté à Nos Seigneurs les Évêques de la province de Québec par les Supérieurs provinciaux des Frères enseignants sur les occupations parascolaires,* printemps 1955, 4p.

55. L'évolution des Clercs de Saint-Viateur a été étudiée par Paul-André TURCOTTE, *L'éclatement d'un monde,* Montréal, Bellarmin, 1981, 366p.

56. Les rumeurs faisaient du père Guillemette, o.p., qui œuvrait à Montréal dans le secteur de l'assistance publique, l'un des rédacteurs de cette loi.

57. *Relations,* septembre 1954: 258-260.

58. Nous empruntons ces données à Adrien BOUFFARD, «Une enquête sur le catholicisme dans le monde», *Prêtre et Missions,* avril-juin 1953: 41-105.

59. Adrien BOUFFARD, «L'Église missionnaire canadienne», *Le Messager,* janvier-juin 1959: 3-13.

60. *Ibid.,* 30-41.

61. *Bulletin de l'Union missionnaire du clergé,* mars 1947: 22-23.

62. Adrien BOUFFARD, «Une enquête sur le catholicisme dans le monde», *Prêtre et Missions,* avril-juin 1953: 55-56.

63. En 1955, la lettre apostolique de Pie XII au cardinal Piazza, président de la Conférence générale de l'épiscopat de l'Amérique latine, explicite la stratégie du catholicisme en Amérique latine. Elle donne lieu à la création, la même année, du C.E.L.A.M., Conférence épiscopale latino-américaine qui coordonnera l'apostolat dans tous les pays de l'Amérique latine.

64. Jacques LANGLAIS, *Les Jésuites du Québec en Chine (1918-1955),* Québec, Les Presses de l'Université Laval, 379; p. 300.

65. Procès-verbal de la réunion des archevêques et évêques de la province civile de Québec, 26 septembre 1945.

Chapitre III: À fenêtres et portes ouvertes, 1958-1965

1. C'est le thème de *Ad Petri cathedram*, encyclique-programme de Jean XXIII, 29 juin 1959.
2. Peter BERGER, *La religion dans la conscience moderne*, Paris, Éditions du Centurion, 1971, 287p.
3. Paul-Émile CHARBONNEAU, «La mission générale, amorce d'une pastorale d'ensemble», *Communauté chrétienne*, vol. 1, n° 3, mai-juin 1962: 141-147; Marc-André LESSARD, «L'apport de la sociologie à la pastorale d'ensemble», *Communauté chrétienne*, vol. 3, n° 16, juillet-août 1964: 292-297; Jean-Marie TILLARD, Pastorale d'ensemble, pastorale d'Église», *Communauté chrétienne*, vol. 3, n° 16, juillet-août 1964: 273-291; Paul-Émile CHARBONNEAU, «Le renouveau pastoral», *Relations*, février 1966: 43ss.
4. Les documents pontificaux fondamentaux sur le renouveau liturgique sont: Pie X, *Motu proprio sur la musique sacrée*, 22 novembre 1903, et *Motu proprio Ab hinc duos annos*, 23 octobre 1913; Pie XI, *Miserentissimum Redemptor*, 8 mai 1928, et la Constitution apostolique *Divini Cultus*, 20 décembre 1928; Pie XII, *Mystici Corporis*, 29 juin 1943, *Mediator Dei et hominum*, 20 novembre 1947, et *Instruction sur la musique et la liturgie*, 3 septembre 1958.
5. Sur les arts sacrés et leur évolution, on lira *L'art religieux contemporain au Canada*, Québec, 1952, 68+26p.; Nicole TARDIF-PAINCHAUD, *Dom Bellot et l'architecture religieuse au Québec*, Québec, Les Presses de l'Université Laval, 1978, 262p.
6. Procès-verbal de la réunion du comité exécutif de l'A.C.C., 29 mai 1961, p. 4, AUM, *Fonds de l'action catholique*.
7. *Lignes d'orientation suggérées pour le développement et la coordination de l'action catholique et de l'apostolat laïque dans l'avenir immédiat*. Rapport préparé par la Commission épiscopale d'action catholique et d'apostolat laïque, mai 1961, 25p.
8. J.-D. BROSSEAU, o.p., «Notre apostolat auprès des protestants», *Relations*, janvier 1954: 19-21. Sur le mouvement œcuménique, voir les mémoires de W.A. Visser't HOOFT, *Le temps du rassemblement*, Paris, Seuil, 1973, 478p.
9. Irénée BEAUBIEN, s.j., «Du discours au dialogue», *Le Devoir*, 17 janvier 1977, p. 5.
10. *L'université dit NON aux Jésuites*, Montréal, Les Éditions de l'Homme, 1961, 158p. Cet ouvrage donne un aperçu des diverses opinions sur la question.
11. La section consacrée au frère Untel a été remaniée avec le concours de Nicole GAGNON.
12. «Si j'ai voulu être professeur [...] c'est peut-être pour qu'il n'y ait plus, dans la mesure où cela dépend de moi, personne qui vive à tâtons; c'est peut-être pour libérer les captifs, selon la calme grandeur de ce passage de saint Thomas: ‹Protéger un homme contre un genre d'oppression quelconque est un acte qui se rattache à la rédemption des captifs.›» (Frère

Untel [J.-P. DESBIENS], *Sous le soleil de la piété*, Montréal, Les Éditions du Jour, 1965.)

13. Ces raisons sont explicitées dans *Mémoire présenté par le comité exécutif de la Confédération des travailleurs catholiques du Canada, à l'intention de NN.SS. les Archevêques et Évêques de la province de Québec touchant la confessionnalité de la C.T.C.C.*, septembre 1959, 34 + 10p. Polycopié.

14. Ces arguments sont développés dans: *Projet. La C.T.C.C. et son orientation syndicale. Mémoire préparé par un groupe d'aumôniers de la C.T.C.C.*, [1959], 120p. Polycopié.

15. *Considérations d'anciens aumôniers fondateurs de syndicats catholiques, sur l'union de le C.T.C.C. avec la C.T.C.*, 27 juillet 1959, 37p. Polycopié.

16. Procès-verbal de la réunion des archevêques et évêques de la province civile de Québec, 26 et 27 septembre 1960.

17. *La Presse*, 1ᵉʳ février 1962, p. 11.

18. *L'assistance publique à domicile. Mémoire présenté par Caritas-Canada*, Montréal, février 1962, 57p. Polycopié.

19. Paul-André TURCOTTE, *L'éclatement d'un monde*, Montréal, Bellarmin, 1981, 366p., plus spécialement p. 7-133.

20. On trouvera dans Léon DION, *Le Bill 60 et la société québécoise*, Montréal, HMH, 1967, la liste des amendements proposés, à la page 140, note 1.

21. En 1966, les deux parties signeront une entente intitulée «Convention entre l'Église catholique romaine de la province de Québec et le ministère de l'Éducation de la province de Québec».

22. Marcel POIRIER, «Une réforme inachevée. La revue *Communauté chrétienne*, 1962-1972, dans *Idéologies au Canada français, 1940-1976*, éditées par Jean-Paul MONTMINY et autres, tome III: 299-322.

23. Serge GAGNON, *Aujourd'hui Québec, février — décembre 1965*, dans *Idéologies au Canada français, 1940-1976*, éditées par Jean-Paul MONTMINY et autres, tome I: 288-313.

24. *Adhésion des religieuses et des religieux enseignants à la C.I.C. Exposé de la question*, 1963, 9 pages, Polycopié, AAEQ, Tiroir 606.

Chapitre IV: Une Église en crise, 1965-1971

1. Nous empruntons aux travaux des sociologues les matériaux qui servent à esquisser les éléments de cette crise. Nous renvoyons plus particulièrement aux travaux du Centre de recherche en sociologie religieuse (Université Laval) et à ceux publiés dans *Recherches sociographiques*. Voir aussi *Inter-Montréal, 1973*.

2. Nous avons puisé la matière de cette section dans les revues canadiennes spécialisées dans la liturgie.

3. La Constitution conciliaire fait la synthèse de l'effort de réflexion accompli depuis la parution de *Mediator Dei*. Jean-Marie Tillard, o.p., en fait un commentaire dans *Liturgie et vie chrétienne*, 40, décembre 1963: 283-288. Ce numéro donne le texte intégral de la constitution, qui avait été suivie d'un *motu proprio* de Paul VI (*Sacram liturgiam*, 25 janvier 1964).

4. Ce conseil avait été créé en janvier 1964 à la suite du *motu proprio Sacram liturgiam*. En mars, il comprend quarante-trois membres représentant vingt-sept pays. Il fera appel à 191 experts.

5. Ces instructions sont: *Instruction sur la musique dans la liturgie* (5 mars 1967); *Deuxième instruction pour la mise en œuvre de la constitution sur la liturgie* (*Tres abhinc annos*, 4 mai 1967); *Instruction sur le culte du mystère eucharistique* (27 mai 1967).

6. La Commission sacerdotale de pastorale liturgique a été créée en 1957. Elle est devenue nationale en 1961. Cette année-là, on établissait à Montréal le Secrétariat national de liturgie, sous la direction du père Gaston Fontaine, c.r.i.c.

7. En certaines paroisses, des éléments de la nouvelle liturgie étaient déjà en vigueur. Sur les significations de la nouvelle liturgie de la messe on lira: Jean-Paul AUDET, «Pourquoi tant de changements dans la messe», *Liturgie et vie chrétienne*, 60, avril-juin 1967: 109-124.

8. Le grand ménage du printemps a donné lieu dans le diocèse de Montréal à la publication d'un directoire pastoral pour la construction et le réaménagement des églises.

9. *Liturgie et vie chrétienne* dans sa livraison d'août 1965 analyse les nouveaux rituels en usage.

10. Annibale BUGNINI, «Le nouveau calendrier liturgique fait-il scandale?», *L'Église de Québec*, 3 juillet 1969: 527-532. Aussi, p. 533-534.

11. Nous empruntons la matière de cette section à des rapports officiels et officieux dans l'Église québécoise, notamment à *Inter-Montréal*, 1973.

12. Roch PAGÉ, *Le Conseil diocésain de pastorale*, Montréal, Fides, 1969, 187p.

13. Mario PAQUETTE, *Les conseils presbytéraux du Québec: coresponsabilité des prêtres et de l'évêque dans le gouvernement de l'Église particulière*, Montréal, Fides, 1973, 318p.

14. André BEAUCHAMP, «Le renouveau dans la paroisse», *Relations*, février 1966: 45s.

15. On trouve dans *Communauté chrétienne* et *Relations* une abondante littérature sur la paroisse. On aura profit à lire aussi: P. Vianney LALANDE, «Communauté de base: solution aux problèmes de nos paroisses», *Le Séminaire*, 1972: 42-55.

16. *Rapport du comité sur la nature et le fonctionnement de l'A.E.Q., 1971*. Dactylographié.

17. *Le Devoir*, 26 avril 1969.

18. *Ibid.*, 27 septembre 1969.

19. Paul-Marcel LEMAIRE, «La confessionnalité scolaire selon le rapport Parent», *Communauté chrétienne*, vol. 5, n° 30, novembre-décembre 1966: 429-437.

20. À l'époque, ce service ne comprend que deux fonctionnaires. On augmente leur nombre avec les années. Le 16 juillet 1969, ces fonctionnaires sont regroupés dans une équipe qui, par un décret du 15 avril 1970, sera intégrée dans un Service de l'enseignement catholique.

21. Le statut des coordonnateurs est ambigu. À l'élémentaire, il n'y a pas de normes de financement: des corporations épiscopales doivent en certains lieux verser leur salaire. Au secondaire, les commissions scolaires ont une norme, 11$ par étudiant, et un ratio, un coordonnateur par six cents étudiants, mais elles n'ont pas un tarif uniforme pour les salaires.

22. Nous avons puisé la matière de cette section dans la revue *le Souffle*, plus spécialement dans la livraison d'octobre 1974.

23. Procès-verbal de la réunion des archevêques et évêques de la province civile de Québec, 14 décembre 1967.

24. *Ibid.*, 14 et 15 mai 1969.
25. *Ibid.*, 16 et 17 septembre 1970.
26. *Ibid.*, 16 et 17 décembre 1970.
27. *Ibid.*, 15 et 16 septembre 1971.
28. *Le Devoir*, 12 mars 1966, p. 5.
29. *Relations*, juillet 1965: 194.
30. *Ibid.*, août 1965, p. 240.
31. Il est à noter que l'Église unie, qui regroupe les presbytériens, les méthodistes et les baptistes, a été fondée en 1924.
32. *Le Devoir*, 12 mars 1966, p. 5.
33. *Ibid.*, 21 mars 1966. L'application de cette instruction amènera la C.C.C. et le Conseil canadien des églises à travailler ensemble.
34. *Ibid.*, 11 avril 1966, p. 3.
35. *Le Devoir*, 7 décembre 1967. Ce comité prend le nom de Groupe mixte de travail. Il est composé de sept catholiques nommés par la C.C.C. et de sept protestants nommés par le Conseil canadien des Églises.
36. *Ibid.*, 17 février 1968.
37. Paul STRYCKMAN, *Les prêtres du Québec aujourd'hui*, 1, p. 110-111.
38. Pierre HURTEAU, «Malaise du clergé et problème de structures», *Le Devoir*, 6 novembre 1968, p. 4; 7 novembre, pp. 4-5; aussi Paul Stryckman, *op. cit.*, 2, pp. 414s.
39. *Relations*, avril 1965: 102.
40. Johannes de Silentio (pseud.), «Sacerdoce du XXe siècle et célibat», *Le Devoir*, 23 janvier 1968; voir aussi: Paul Stryckman, *op. cit.*, 1, pp. 183ss.
41. *Le Devoir*, 8 août 1971, p. 11.
42. Rapport de la Commission du clergé, 10-11 juin 1963.
43. On trouvera dans André Turcotte, *op. cit.*, une bonne analyse de l'impact sur les religieux du passage de l'enseignement vécu comme

une vocation à l'enseignement perçu comme une activité professionnelle communautaire.

44. Les matériaux de ce paragraphe proviennent en partie de *Inter-Montréal*, 1973.

45. *La vie des communautés religieuses* a publié en juin 1963 un dossier sur la pauvreté dans lequel on trouve de nombreux témoignages, particulièrement celui de Claude Ryan dont nous extrayons la «substantéfique moëlle».

46. «Mémoire schématique sur les rapports entre l'épiscopat, le clergé et les frères enseignants», mars 1964, 8p., AAEQ, *tiroir 430*.

47. Sœur Marthe Saint-Pierre, *Du recrutement et de la persévérance des sujets dans la Congrégation des Sœurs de Notre-Dame du Saint-Rosaire*, Ottawa, Université Saint-Paul, manuscrit, 10 janvier 1966, 15 + 6p.

48. P.-M. LEMAIRE, «En feuilletant la publicité des sœurs», *Communauté chrétienne*, vol. 4, n° 22, juillet et août 1965: 376-381.

49. Alice MIGNAULT, «Les religieux. Les communautés ont retrouvé leur identité et leur spécificité», *Le Devoir*, 8 avril 1982, p. 30. Voir aussi: Marguerite Jean, *op. cit.*, chapitre 19.

50. *La religieuse dans la cité — Congrès des religieuses de Montréal, 1968*, Montréal, Fides, 1968, 319p. (Coll. Foi et Liberté).

51. *Rapport Dumont*, p. 212.

52. Raymond LEMIEUX, *L'Église de l'amiante*, Québec, Centre de recherches en sociologie religieuse, 1968, pp. 137s.

53. Ces informations sur le déroulement de la crise sont tirées du *Devoir* qui suit de très près la situation.

54. Gary CALDWELL, «La baisse de la fécondité au Québec à la lumière de la sociologie québécoise», RS, XVII, 1, 1976: p. 19-20.

55. En mars 1969, l'épiscopat réitérera la même opinion lors de l'introduction dans le Québec du mariage civil. Voir: *Le Devoir*, 14 mars 1969, p. 10.

56. L'épiscopat canadien a fait deux déclarations sur l'avortement en 1968: la C.C.C. en a fait une en février et son conseil d'administration une deuxième en décembre.

57. Procès-verbal de la réunion des archevêques et évêques de la province civile de Québec, 18-19 mars 1963.

58. *Le Devoir*, 24 décembre 1968, p. 2.

59. «Déclaration de l'épiscopat québécois», *Le Devoir*, 5 mai 1969, p. 11.

60. Bernard LAMBERT, «Le prochain synode des évêques à Rome. La difficile recherche de nouveaux modes de coordination entre Rome et les Églises nationales», *Le Devoir*, 26 septembre 1969, p. 5-7. Aussi du même auteur, «Le cardinal Suenens et le malaise post-conciliaire», *Le Devoir*, 28 juillet 1969, p. 4.

61. Jean-Claude LECLERC, «L'exercice du pouvoir dans l'Église d'ici», *Le Devoir*, 4 et 6 mars 1967.

62. *Les interventions de l'Église du Québec et/ou des évêques dans les événements dans la société québécoise*, décembre 1972, Polycopié, AAEQ.
63. *Le Devoir*, 3 mars 1968, p. 8.
64. «Pourquoi je quitte le navire au moment où il affronte la tempête», *Le Devoir*, 10 novembre 1967.
65. Denise ROBILLARD, *op. cit.*, pp. 621-630.
66. *Lettre à Messieurs les évêques du Canada*, Québec, mardi le 4 mars 1969; elle est signée par les membres laïques, prêtres et religieux d'un des sous-comités du Livre blanc sur l'épiscopat.
67. Bernard LAMBERT, «Une Église à l'image du Québec tiraillé», *Le Devoir*, 24 janvier 1970, p. 5.
68. *Le Devoir*, 20 septembre 1966, p. 7.
69. Procès-verbal de la réunion des archevêques et évêques de la province civile de Québec, 29 mars 1968.
70. *Ibid.*, 9 et 10 décembre 1971.
71. *Ibid.*, 15-16 septembre 1971.
72. *Le Devoir*, 19 novembre 1969.
73. *Ibid.*, 21 avril 1969, p. 9.
74. *Ibid.*, 21 avril 1969, p. 9.
75. *Ibid.*, 26 novembre 1969, p. 6.
76. *Ibid.*, 27 novembre 1971, p. 9.
77. *Ibid.*, 26 juillet 1971. Lire l'éditorial de Claude Ryan. Cette livraison donne le texte *in extenso* du document.
78. *Ibid.*, 24 septembre 1971, p. 6.
79. *Ibid.*, 17 octobre 1969, p. 9.
80. *Loc. cit.*

Épilogue: L'espérance mise à l'épreuve

1. Nous empruntons les articulations de ce chapitre à Jean-Paul Rouleau et autres, *La religion au Québec: situation présente et avenir*, un texte polycopié de 53 pages, et à Bernard Lambert, un théologien qui a régulièrement commenté l'actualité. Nous puisons notre information surtout dans *le Devoir* et dans le *Rapport présenté par l'Assemblée des évêques du Québec, à l'occasion de la visite quinquennale à Rome*, 1978, Polycopié, 157p.
2. Fernand DUMONT, «Le silence de l'Église au Québec», *Relations*, décembre 1969: 348-350.
3. *Commission d'étude sur les laïcs et l'Église. L'Église du Québec: un héritage, un projet*, Montréal, Éditions Fides, 1971, 323p. *(Rapport Dumont)*.
4. Jacques Racine a présenté un résumé du rapport et un bilan de son impact sous le titre de «La co-responsabilité dix ans après le Rapport Dumont», *L'Église canadienne*, 3 avril 1980: 455-458. Aussi, Guy Bourgeault,

«Québec: une Église tente le diagnostic de sa propre crise», *Concilium*, 114, 1976: 127-133.

    5. *Traits principaux des diocèses, leurs réalisations, leurs objectifs pastoraux*. Rapport polycopié présenté par le Comité sur la nature et le fonctionnement de l'A.E.Q., 16 décembre 1970, AAEQ.

    6. Lire notamment les travaux de Bernard Lambert, Jacques Racine et Jean-Paul Rouleau.

    7. Richard ARÈS, s.j., «L'oraison, problème politique, et l'Église du Québec», *Relations*, décembre 1965: 346-348.

    8. *Un nouveau phénomène: la multiplication des groupes religieux*, Lévis, Conseil régional de pastorale de la Rive-Sud du diocèse de Québec, 1982, 350p.

    9. *Le Devoir*, 11 novembre 1975, p. 4.

    10. *Ibid.*, 27 août 1976, p. 1.

    11. Ces citations sont extraites d'une entrevue que le père Jean-Paul Rouleau, s.j., a donné au *Soleil*, les 18 et 20 décembre 1978.

    12. *Le Devoir*, 17 septembre 1973, p. 7.

    13. Jacques ZYLBERBERG et Jean-Paul MONTMINY, «L'Esprit, le pouvoir et les femmes. Polygraphie d'un mouvement culturel québécois», *Recherches sociographiques*, XXII, I, janvier-avril 1981: 49-104.

    14. Jean-Paul ROULEAU et autres, *op. cit.*, p. 30-31.

    15. *Le Devoir*, 10 avril 1972.

    16. Gilles THIBAULT, «L'Engagement social. Le dénominateur commun reste l'option en faveur des pauvres», *Le Devoir*, 8 avril 1982, p. 19.

    17. Gilles ROY, «Les prêtres. Une population vieillissante et en décroissance rapide», *Le Devoir*, 8 avril 1982, p. 32-33.

    18. *Rapport présenté par l'Assemblée des évêques du Québec*, 1978, p. 96.

    19. Gérard-E. BRUNELLE, «Les diacres s'interrogent», *L'Église canadienne*, 11 décembre 1980: 248-249.

    20. *Le Devoir*, 4 mars 1975, p. 6.

    21. *La pastorale des vocations au Canada — secteur français. Plan d'action*. Mémoire présenté à l'A.E.Q. en 1973.

    22. Ces informations sont tirées du *Rapport présenté par l'Assemblée des évêques du Québec*, 1978, p. 59-68.

    23. Jean-Paul ROULEAU et autres, *op. cit.*, p. 19-20.

    24. «Des religieuses créeraient un centre d'aide», *Le Soleil*, 9 février 1983, p. B-6.

    25. *Le Devoir* a publié plusieurs articles sur cette question; voir les éditions du 12 et 21 décembre 1973, celle du 21 mai 1974.

    26. Marie-Andrée ROY, «Les femmes dans l'Église», *Le Devoir*, 8 avril 1982.

    27. Lettre du président de la Conférence catholique canadienne au cardinal Jean Villot, secrétaire d'État, 15 mai 1975.

28. *Le Devoir* a publié plusieurs documents sur l'Affaire de la Faculté de théologie de l'Université de Montréal; voir notamment: 20 et 21 janvier 1976, 2 juillet 1976.

29. Cette description de l'éducation permanente de la foi est tirée du *Rapport présenté par l'Assemblée des évêques du Québec*, 1978, p. 68-71.

30. Jacques RACINE, «La co-responsabilité dix ans après le Rapport Dumont», *L'Église canadienne*, 3 avril 1980: 455-458.

ORIENTATIONS BIBLIOGRAPHIQUES

1. *Sources manuscrites*

Les archives de l'Église ne sont pas encore ouvertes aux chercheurs. L'épiscopat nous a autorisé, cependant, à prendre connaissance des procès-verbaux de ses réunions. Ces documents constituent l'épine dorsale de notre documentation. Nous l'avons complétée par les *Notes manuscrites de Mgr Paul Bernier (1958-1964)* déposées aux Archives de l'évêché de Gaspé, par certains documents en provenance des divers comités de l'A.E.Q., par le *fonds de l'Action catholique canadienne* conservé aux Archives de l'Université de Montréal.

2. *Périodiques*

Les périodiques constituent une exceptionnelle source d'information. Ils couvrent tous les aspects de la vie religieuse. Nous avons inventorié systématiquement *Relations*, la revue critique des Jésuites, dont la collection constitue en quelque sorte les annales du catholicisme québécois contemporain. L'émergence dans les années 1960 d'une opinion publique au sein de l'Église nous a amené à inventorier *Le Devoir*, un quotidien indépendant mais de tendance catholique. Les revues spécialisées, telles *Communauté chrétienne, Liturgie et vie chrétienne, Laïcat et mission*, nous ont fourni les survols indispensables à la compréhension de l'évolution de la catéchèse, de la liturgie, de la pastorale et des missions. Nous avons puisé largement notre information dans ces revues spécialisées.

3. *Sources imprimées*

Acte du premier congrès religieux canadien. Ottawa, Conférence religieuse canadienne, 1954, 739p.

Archambault, Joseph-Papin, s.j. *La moralité publique*. Montréal, École sociale populaire, 1945. 32p. (Coll. «Brochures», n° 383).

L'assistance publique à domicile. Mémoire présenté par Caritas-Canada. Février 1962. 57 p. Polycopié.

Banville, Charles. *Les opérations dignité*. Québec, Le Fonds de recherches forestières de l'Université Laval, 1977. 128p. Polycopié.

Boismenu, Gérard, Laurent Mailhot et Jacques Rouillard. *Le Québec en textes, 1940-1980*. Montréal, Boréal Express, 1980. 574p.

Borduas, Paul-Émile. *Projections libérantes*. Saint-Hilaire, Mithra-Mythe, 1949.

Bouffard, Adrien, «Quelques statistiques sur... Le Canada missionnaire», *Prêtre et Missions*, X, 3 (juillet-septembre 1949): 177-186.

————, «Une enquête sur le catholicisme dans le monde», *Prêtre et Missions*, XIV, 2 (avril-juin 1953): 41-105.

Brunelle, Gérard-E., «Les diacres s'interrogent», *L'Église canadienne*, 11 décembre 1980: 248-249.

Le Canada ecclésiastique. Montréal, Beauchemin, 1886-1974. Publication annuelle.

Caron, Jean, Jean Duclos et Guy Paiement, «Crise du clergé, crise de l'Église», *Le Devoir*, 28 mars 1968, p. 4-5; ibid., 29 mars 1968, p. 4-7; ibid., 30 mars 1968, p. 4-8.

Charbonneau, Réal. *L'Action catholique canadienne. Le mouvement familial dans la province de Québec. Dossier de renseignements*. Novembre 1961. 40p. Dactylographié.

Code de musique sacrée et Liste des pièces recommandées pour le culte divin (messes, motets, cantiques, morceaux d'orgue). Publié par le Comité interdiocésain de musique sacrée de la province de Québec. Québec, Les Presses de l'Université Laval, 1952. 86p. Une édition provisoire a paru en 1951.

Commission d'étude sur les laïcs et l'Église. L'Église du Québec: un héritage, un projet. Montréal, Fides, 1971. 323p.

Conférence religieuse canadienne. Missionnaires catholiques canadiens. Statistique 1981. Ottawa, Conférence religieuse canadienne, (c1982). Polycopié.

Le Congrès marial d'Ottawa (18-22 juin 1947). Gardenvale, Harpell's Press Co-operative, 1948. 345p.

Le Congrès marial national. Cap-de-la-Madeleine, 5-15 août 1954. Rapport illustré. Cap-de-la-Madeleine, 1954. 151p.

Cousineau, Jacques. *Réflexions en marge de «La grève de l'amiante». Contribution critique à une recherche*. Montréal, Institut social populaire, septembre 1958. (Coll. «Les Cahiers», n° 4).

——, «Garder à la C.T.C.C. son âme.» *Relations*, septembre 1959: 227-233.

La C.T.C.C. et son orientation syndicale. Projet. Mémoire préparé par un groupe d'aumôniers de la C.T.C.C. Ad usum privatum. [Montréal, ©1959]. Polycopié.

Desbiens, J.-P. [frère Untel]. *Les insolences du frère Untel*. Préface d'André Laurendeau. Montréal, Les Éditions de l'Homme, 1960. 158p.

Dion, Gérard et autres. *Réformes de structure dans l'entreprise*. Québec, Département de relations industrielles, 1949. 112p.

Deuxième congrès national des prêtres-adorateurs du Canada (section française). Québec, du 20 au 24 juin 1949. Québec, Angers & Frères, 1950. 587p.

L'enseignement confessionnel. Textes de l'épiscopat du Québec. L'Église aux quatre vents. Montréal, Fides, 1966. 450p.

Gariépy, Wilfrid. *La paroisse urbaine*. Montréal, Institut social populaire, 1953. 32p. (Coll. «Brochures», n° 469).

Gaudrault, Rév. Père P.-M. *Neutralité, non-confessionnalité et l'École sociale populaire, par le R.P. P.-M. Gaudrault, o.p.* Montréal et Ottawa, Éditions du Lévrier, 1946. 60p.

Grégoire, Mgr Paul. *Avis de l'archevêque catholique de Montréal sur le projet de loi concernant l'organisation scolaire sur l'île de Montréal. Note soumise à la Commission permanente de l'éducation de l'Assemblée nationale du Québec*. Montréal, 23 février 1970. 12p. Polycopié.

Groulx, chanoine Lionel. *Mes mémoires*. Montréal, Fides, 1970-1974. 4 vols.

Le laïcat et les missions. Rapport de la quatrième semaine d'études missionnaires du Canada, tenue à Montréal du 16 au 22 octobre

1950. Ottawa, Les Éditions de l'Université d'Ottawa, 1951. 273p.

Lévesque, Georges-Henri, o.p., «La C.C.C., la neutralité raciale et la non-confessionnalité», *Ensemble*, décembre 1945: 2-5 et avril 1946: 3-5.

La libération de la classe ouvrière. Les travailleurs catholiques de France réclament d'importantes réformes économiques et sociales. Plusieurs évêques appuient leurs revendications. Montréal, École sociale populaire, juin 1945. (Coll. «Brochures», n° 377).

Lignes d'orientations suggérées pour le développement et la coordination de l'Action catholique et de l'apostolat laïque dans l'avenir immédiat. Rapport préparé par la Commission épiscopale d'action catholique et d'apostolat laïque. Signé: Lionel Audet, Albert Sanschagrin et Percival Caza. Mai 1961. 25p. Dactylographié.

Mémoire présenté par l'aumônier général de la Confédération des travailleurs catholiques du Canada, à l'intention de NN.SS. les archevêques et évêques de la province de Québec, touchant la confessionnalité de la C.T.C.C. Confidentiel. Décembre 1959. 180p. Polycopié.

O'Neill, Louis-C. *La chaire de Mgr Desranleau, discours colligés et présentés par Louis-C. O'Neill.* Sherbrooke, Apostolat de la presse, 1953.

La participation des travailleurs à la vie de l'entreprise. Compte rendu des journées sacerdotales d'études sociales de 1947. Montréal, 1949. 100p.

Rapport de la Commission d'enquête sur la santé et le bien-être social (Rapport Castonguay). Quatrième partie, volume VI, les services sociaux. Québec, Gouvernement du Québec, 1972. 381p.

Rapport présenté par l'Assemblée des évêques du Québec à l'occasion de la visite quinquennale à Rome, 1978. Polycopié. 2 vols.

Regards sur Montréal catholique. Pour une pastorale d'ensemble. Dieu est notre père. La grande mission de 1960. Diocèse de Montréal, 6 mars au 10 avril 1960. Montréal, Secrétariat de la Grande Mission 1960, 1959. 56p.

La réforme liturgique. Documents du Saint-Siège et de l'Épiscopat canadien, 1963-1964. Ottawa, Secrétariat national de pastorale liturgique, 1965. 267p.
La religieuse dans la cité. Congrès des religieuses de Montréal, 1968. Montréal, Fides, 1968. 319p. (Coll. «Foi et Liberté»).
Statistiques des congrégations religieuses du Canada, 1981. Ottawa, Conférence religieuse canadienne, mai 1981. 43 + 3p. Polycopié.
Statistiques sur le clergé canadien selon les régions ecclésiastiques et les secteurs linguistiques. Ottawa, Conférence des évêques catholiques du Canada, [1980]. 95 + 62p.
Tout un peuple se dresse. Le discours du sénateur Bouchard à la Chambre Haute soulève la réprobation générale des Canadiens français et resserre leur unité d'un bout à l'autre du pays. Montréal, École sociale populaire, 1944. 32p. (Coll. «Brochures», n° 366).
Trudeau, Pierre-Elliot, et autres. *La grève de l'amiante*. Montréal, Éditions Cité Libre, 1956. 430p.
L'Université dit non aux Jésuites. Préface de Léon Lortie. Montréal, Les Éditions de l'homme, 1961. 158p.

4. *Études scientifiques et commentaires critiques*

«L'action du clergé et de la hiérarchie catholique dans la grève de l'amiante, (13 février-1er juillet)», *Civiltà Cattolica*, 3 décembre 1949. Reproduit dans la *Documentation catholique* du 7 mai 1950.
Arès, Richard, s.j., «Le Québec à la Conférence d'Ottawa», *Relations*, janvier 1950: 9-21; février 1950: 32-36.
———, *Le fédéralisme. Ses principes de base et sa valeur humaine*. Montréal, École sociale populaire, 1951. 32p. (Coll. «Brochures», n° 441).
———, «Anticléricalisme, cléricalisme et sens de l'Église», *Relations*, décembre 1952: 310-314.
———, «Notes sur la crise religieuse au Canada français», *Relations*, avril 1956: 88-91.
———, «Le fait religieux au Canada», *Relations*, janvier et février 1963: 11-12 et 38-41.
———, «La grande pitié de nos minorités françaises», *Relations*, mars 1963: 65-68.

———, «Le fait français à Montréal», *Relations*, avril 1963: 96-99.

———, «Droits et libertés de base en éducation», *Relations*, novembre 1963: 313-314.

———, «⟨L'Oraison, problème politique⟩ et l'Église du Québec», *Relations*, décembre 1965: 346-348.

———, *L'Église et les projets d'avenir du peuple canadien-français*. Montréal, Bellarmin, 1974. 277p.

Audet, Jean-Paul, «Pourquoi tant de changements dans la messe?», *Liturgie et vie chrétienne*, avril-juin 1967: 109-124.

Beaubien, Irénée, s.j., «Du discours au dialogue. Un quart de siècle au service de l'unité des chrétiens», *Le Devoir*, 17 janvier 1977, p. 5.

———, «D'où sommes-nous partis?», *Le Devoir*, 23 avril 1980, p. 11.

Beauchamp, abbé André, «Le renouveau dans la paroisse», *Relations*, février 1966: 45-46.

Bélanger, André-J. *Ruptures et constantes. Quatre idéologies du Québec en éclatement: La Relève, la JEC, Cité Libre, Parti Pris*. Montréal, Hurtubise HMH, 1977. 219p. (Coll. «Sciences de l'homme et humanisme», n° 8).

Bélanger, Guy, «La grève de Murdochville, 1957», *Labour/Le Travailleur*, Automne et printemps 1981-1982, 8-9: 103-135.

Bélanger, Noël. *Mgr Georges Courchesne et les mouvements d'Action catholique*. Thèse présentée à l'École des gradués de l'Université Laval, 1982. 563p.

Bernier, Mgr Paul, «Un grand archevêque», *L'Apostolat des missionnaires Oblats de Marie Immaculée*, mars 1947: 14-20.

———, «Le mouvement des conversions au Canada français», *Bulletin de l'Union missionnaire du clergé*, X, 3 (septembre 1947): 126-130.

———, «La coopération apostolique Canado-Amérique Latine», *Messager*, XV, 6 (avril-juin 1960): 153-209.

Bibeau, Gilles. *Les Bérêts blancs. Essai d'interprétation d'un mouvement québécois marginal*. Montréal, Éditions Parti pris, 1976. 187p.

«Bilan d'une revue et d'un mouvement 1964-1975», *Le Souffle*, 52, juin 1975. Numéro spécial sur l'évolution de la catéchèse.

Bouchard, Jacqueline. *Facteurs de sortie des communautés religieuses féminines du Québec*. Thèse présentée à l'Institut de psychologie de l'Université de Montréal, 1970. 353p.

Boucher-Saint-Pierre, Denyse. *Mon ami Bradet*. Montréal, Fides, 1973. 207p.

Bourgeault, Guy, «Québec: une Église tente le diagnostic de sa propre crise», *Concilium*, 114, 1976: 127-133.

Brosseau, Jean-Dominique, o.p., «Notre apostolat auprès des protestants», *Relations*, janvier 1954: 19-21.

Bugnini, Annibale, «Le nouveau calendrier liturgique fait-il scandale», *L'Église de Québec*, 3 juillet 1969: 527-532.

Caldwell, Gary, «La baisse de la fécondité au Québec à la lumière de la sociologie québécoise», *RS*, XVII, 1 (1976): 7-22.

Campbell, Michel-M., «Réforme liturgique ou révolution culturelle», *Liturgie et vie chrétienne*, 82 (octobre-décembre 1972): 217-228.

Campeau, Charles-Édouard, «L'agonie de la petite propriété à Montréal», *Relations*, décembre 1941: 314-316.

———, «Nos classes moyennes à Montréal», *Relations*, mars 1943: 67-69.

Charbonneau, Mgr Paul-Émile, «Le renouveau pastoral», *Relations*, février 1966: 41-44.

———, «La mission générale, amorce d'une pastorale d'ensemble», *Communauté chrétienne*, mai-juin 1962: 141-147.

Charbonneau, Réal, «L'Action catholique et l'apostolat des laïcs au Canada français», *Laïcat et mission*, avril 1962: 97-108.

Charpentier, Alfred, «Le travail féminin dans nos usines de guerre», *Relations*, mai 1942: 128-130.

Chêné, Yolande. *L'affaire Bradet*. Montréal, Les Éditions du Jour, 1965. 120p.

Cousineau, Jacques, s.j., «L'évolution confessionnelle de la C.T.C.C.», *Relations*, décembre 1959: 316-320.

———, *L'Église d'ici et le social, 1940-1960. La commission sacerdotale d'études sociales*. Montréal, Bellarmin, 1982. 287p.

David, Hélène, «La grève et le bon Dieu», *Le mouvement ouvrier au Québec*, édité par Fernand Harvey, Montréal, Boréal Express, 1980, p. 163-184.

De Koninck, Charles. *Quelques précisions de doctrine sur la sobriété*. Québec, Les Presses universitaires Laval, 1951. 61p.

Delalande, P. Vianney, o.f.m. *Québec métropolitain. Étude de trois zones pastorales selon la méthode de «contact global»*. Québec, Centre de recherches en sociologie religieuse, 1968. 202p.

Delorme, Arthur, p.s.s., «Il nous faut des prêtres», *Relations*, avril 1949: 100-101.

Denault, Bernard et Benoît Lévesque. *Éléments pour une sociologie des communautés religieuses au Québec. Sociographie générale des communautés religieuses au Québec (1837-1970)* et *Éléments de problématique* par Bernard Denault. *Les communautés religieuses françaises au Québec: une émigration utopique (1837-1876)* et *Étude de sociologie historique* par Benoît Lévesque. Préface de Gilles Martel. Montréal et Sherbrooke, Université de Sherbrooke et Les Presses de l'Université de Montréal, 1975. 220p.

Desgagné, chanoine G., «Liturgie et apostolat des laïcs», *Cahiers d'action catholique*, 179, octobre 1955: 33-42.

Désilets, Andrée, Jean-Guy Lavallée et Louise Brunelle-Lavoie. *Les 25 ans de l'Université de Sherbrooke*. Sherbrooke, Les Éditions de l'Université de Sherbrooke, 1982. 148p.

Dion, Gérard. *L'œuvre des terrains de jeux de Québec*. Québec, Les Éditions du Cap Diamant, 1943. 122p.

———, et autres. *Les valeurs chrétiennes et l'éducation*, Québec, Les Presses de l'Université Laval, 1967. 290p.

Dion, Léon. *Le bill 60 et la société québécoise*. Montréal, Hurtubise HMH, 1967. 197p. (Coll. «Aujourd'hui»).

Dionne, Y., «Le laïcisme au Canada français», *Parti pris*, 4 (1964): 4-22.

Dorris, Roland, «Étude et ministère pastoral», *Le Séminaire*, septembre 1952: 168-173.

Dumais, Monique. *L'Église de Rimouski dans un contexte de développement régional, 1963-1972.* Montréal, Fides, [©1978]. 395p. (Coll. «Essais et recherches»).

Dumont, Fernand, «Sociologie d'un diocèse canadien: aspects méthodologiques», *RSCHEC*, 1956-1957: 31-38.

―――, «La paroisse, une communauté», *Communauté chrétienne*, I, 1 (janvier-février 1962): 21-30.

―――, «Le silence de l'Église du Québec», *Relations*, décembre 1969: 348-350.

―――, et autres. *Situation et avenir du catholicisme québécois.* Montréal, Leméac, 1983. 2 vol.

«Du perron de l'Église à la place publique», *L'Église canadienne*, XVII, 6 (17 novembre 1983): 173-176.

Durand, Jocelyne, et autres. *La déconfessionnalisation de l'école. Ou le cas de Notre-Dame-des-neiges.* Montréal, Libre Expression, 1980. 275p.

Fournier, Marcel. *Communisme et anti-communisme au Québec (1920-1950).* Montréal, Albert Saint-Martin, 1979. 165p.

Fournier, Norbert c.s.v., «Une race qui s'éteint: les spécialistes en catéchèse», *L'Église canadienne*, 11 décembre 1980: 245-247.

―――, *Où en est notre mouvement catéchétique?* Texte dactylographié, [©1963]. 6p.

Gagnon, Ernest, «Refus global», *Relations*, octobre 1948: 292-294.

Gagnon, Serge, «Aujourd'hui Québec, février-décembre 1965», *Idéologies au Canada français, 1940-1976*, éditées par Jean-Paul Montminy et autres, tome 3: 288-313.

Gariépy, Wilfrid, s.j., «Nos terrains de jeux», *Relations*, août 1943: 214-216.

―――, «les Ligues du Sacré-Cœur», *Relations*, mars 1958: 64-66.

Garigue, Philippe. *La vie familiale des Canadiens français.* Montréal, Les Presses de l'Université de Montréal, 1962. 142p.

Gaudet, Robert, et Réginald Marsolais, «Activités catéchistiques dans le diocèse de Joliette», *Le Séminaire*, septembre 1955: 141-146; ibid., décembre 1955: 210-219.

Genest, Omer, «Nos ouvriers opprimés», *Relations*, novembre 1942: 291-293.

Germain-Brodeur, Elizabeth. *Le clergé catholique du Canada. Analyse sociographique*. Québec, Centre de recherches en sociologie religieuse de l'Université Laval, 1973. 62p.

Gignac, Louis-André, «La réforme liturgique au Québec», *Communauté chrétienne*, février 1966: 58-60.

Girard, Marc, «En marge du cas Lefebvre. Où est la vraie Église?», *Le Devoir*, 7 septembre 1976, p. 4.

Girard, Mathieu, «La pensée politique de Jules-Paul Tardivel», *RHAF*, XXI, 3 (décembre 1967): 397-428.

Hamel, abbé Hector. *L'adolescence québécoise sans religion*. Québec, Institut de catéchèse, 1967. 386p.

Hurteau, Pierre, «Malaise du clergé et problème de structures», *Le Devoir*, 6 novembre 1968, p. 4; ibid., 7 novembre, p. 4-5.

Jean, Marguerite. *Évolution des communautés religieuses de femmes au Canada, de 1639 à nos jours*. Montréal, Fides, 1977. 317p.

Lachance, Micheline. *Le prince de l'Église. Le cardinal Léger*. Montréal, Les Éditions de l'Homme, 1982. 427p.

Lacroix, Benoît, «Les ambiguïtés de la vocation religieuse féminine», *Communauté chrétienne*, août 1965: 309-316.

Lambert, Bernard, o.p., «Le cardinal Suenens et le malaise post-conciliaire», *Le Devoir*, 28 juillet 1969, p. 4.

————, «Le prochain synode des évêques à Rome. La difficile recherche de nouveaux modes de coordination entre Rome et les Églises nationales», *Le Devoir*, 26 septembre 1969, p. 5 et 7.

————, «Une Église à l'image du Québec tiraillé», *Le Devoir*, 24 janvier 1970, p. 5.

————, «Une vacance de l'Église dans le monde ouvrier», *Dossier «Vie ouvrière»*, 109, novembre 1976: 532-536.

————, «L'Église du Québec au lendemain du 15 novembre», *Le Devoir*, 3 décembre 1976: 5.

————, «Pastorale d'ensemble et pèlerinage. Orientations pour la pastorale des sanctuaires», *L'Église canadienne*, 18 mars 1982: 425-432.

Lapointe, Renaude. *L'histoire bouleversante de Mgr Charbonneau*. Montréal, Les Éditions du Jour, [©1962]. 160p.

Leclerc, Jean-Claude, «L'exercice du pouvoir dans l'Église d'ici», *Le Devoir*, 4 et 6 mars 1967.

Lemaire, Paul-Marcel, «En feuilletant la publicité des sœurs», *Communauté chrétienne*, avril 1965: 309-316.

———, «La confessionnalité scolaire selon le Rapport Parent», *Communauté chrétienne*, 1966.

Lemieux, Raymond. *L'Église de l'amiante*. Québec, Centre de recherches en sociologie religieuse, 1968. 282p. Polycopié.

Lessard, Marc-André et Jean-Paul Montminy, «Les religieuses du Canada: âge, recrutement et persévérance», *RS*, VIII, 1 (janvier-avril 1967): 15-47.

Lewis, Jacques, s.j., «Renouveau et dynamismes intérieurs de l'Église au Québec», *Relations*, février 1966: 38-40.

Longpré, Anselme. *Un mouvement spirituel au Québec, 1931-1962. Un retour à l'évangile*. Montréal, Fides, 1976. 186p. (Coll. «L'Église du Québec», n° 4).

Manque-t-on de prêtres au diocèse de Québec? Nos besoins immédiats. Nos effectifs réels. Publié sous les auspices de l'Oeuvre diocésaine du recrutement sacerdotal par un ami de l'Oeuvre. Québec, L'Oeuvre diocésaine du recrutement sacerdotal, 1949. 41p.

Mignault, Alice, «Les religieux. Les communautés ont retrouvé leur identité et leur spécificité», *Le Devoir*, 8 avril 1982, p. 30.

Les milieux sociaux urbains au Canada. Rapport d'une enquête. Tome 1: Données analytiques. Tome 2: Synthèse générale. Montréal, L'Action catholique canadienne, [©1960]. 2 vol. Polycopié.

Montminy, Jean-Paul, éd., et autres. *Idéologies au Canada français*. Québec, Les Presses de l'Université Laval, 1971-1982. (Coll. «Histoire et sociologie de la culture», n° 5). 6 vol.

Morissette, Gaston. *Pastorale en marche*. Montréal, Rayonnement, 1960. 207p.

Pagé, Roch. *Le Conseil diocésain de pastorale. Lieu du dialogue entre les laïcs, les religieux, les clercs et l'évêque*. Montréal, Fides, 1969. 187p.

Panneton, Georges. *Chronique mariale; Trois-Rivières, Cap-de-la-Madeleine*. Trois-Rivières, Le Bien Public, 1955. 117p. (Coll. «L'Histoire régionale», n° 17).

Paquette, Mario. *Les Conseils presbytéraux au Québec: coresponsabilité des prêtres et de l'évêque dans le gouvernement de l'Église particulière*. Montréal, Fides, 1973. 318p.

Parent, Rémi, «L'Église du Québec. Une Église en mal de sujet», *Critère*, 31, Printemps 1981: 191-222.

Parisé, Robert. *Georges-Henri Lévesque, père de la renaissance québécoise*. Montréal, Éditions Internationales Alain Stanké, 1976. 172p.

Pariseau, Jean. *Le service de l'aumônerie militaire et le bilinguisme*. Ottawa, Service historique du quartier général de la Défense nationale, 18 novembre 1981. (Coll. «Étude», n° 14). 12p. Polycopié.

Perigny, Jean et Jean-Marc Charron. *L'éducation de la foi des adolescents*. (S.l.n.éd.), 25 janvier 1971. 8p. Dactylographié.

Plante, Albert, s.j., «Une réussite aux Trois-Rivières», *Relations*, décembre 1944: 314-317.

Poirier, Marcel, «Une réforme inachevée. La revue Communauté chrétienne, 1962-1972», *Idéologies au Canada français 1940-1976*, éditées par J.-P. Montminy et autres, III: 299-322.

Poisson, Camille, *Les vocations sacerdotales au Canada français*. Montréal, Institut social populaire, [1948]. 24p.

Proulx, Jean-Pierre, «Humanae vitae a fait de 1968 une année de crise», *Le Devoir*, 24 décembre 1968, p. 2.

Racine, Jacques, «La co-responsabilité dix ans après le Rapport Dumont», *L'Église canadienne*, 3 avril 1980: 455-458.

Richard, J.-d'Auteuil, «L'enseignement social dans la C.T.C.C.», *Relations*, juin 1941: 160-161.

Riel-Fredette, Marquita. *Analyse d'un mouvement social: la J.E.C.* Thèse de maîtrise présentée en sociologie à l'Université de Montréal, 1962. V-96p.

Robillard, Denise. *Le cardinal Paul-Émile Léger, archevêque de Montréal, 1950-1967. Son évolution idéologique à partir de ses interventions publiques*. Thèse présentée à l'École des études supérieures pour l'obtention du grade de

Ph.D. en sciences religieuses, à l'Université d'Ottawa, 1979. 643p.

Rouillard, Jacques, «Mutations de la Confédération des travailleurs catholiques du Canada, 1940-1960», *RHAF*, décembre 1980: 377-406.

———. *Histoire de la C.S.N., 1921-1981.* Montréal, Boréal Express, 1981. 355p.

Rouleau, Jean-Paul et autres. *La religion au Québec: situation présente et avenir.* [©1978]. 53p. Polycopié.

Routhier, François, et Grégoire Tremblay. *Le profil sociologique du séminariste québécois.* Québec, Centre de recherches en sociologie religieuse, 1968. 165p.

Roy, Gilles, «Les prêtres. Une population vieillissante et en décroissance rapide», *Le Devoir*, 8 avril 1982, p. 32-33.

Roy, Marie-Andrée, «Les femmes dans l'Église. Des piétinements institutionnels et des avancées féministes», *Le Devoir*, 8 avril 1982.

Ryan, Claude, «L'Action catholique a-t-elle un avenir?», *Laïcat et mission*, 14-15 avril 1962: 143-182.

———, «Bilan d'un épiscopat fructueux. Les 17 années du cardinal Léger», *Le Devoir*, 11 et 12 décembre 1967, p. 4.

Stryckman, Paul. *Les prêtres du Québec aujourd'hui.* Québec, Centre de recherches en sociologie religieuse, 1970. 2 vols. [Enquête effectuée en 1968-1969]

Thibault, Gilles, «L'engagement social. Le dénominateur commun reste l'option en faveur des pauvres», *Le Devoir*, 8 avril 1962, p. 19.

Tremblay, Marc-Adélard. *L'identité québécoise en péril.* Sainte-Foy, Les Éditions Saint-Yves Inc., 1983. 287p.

Turcotte, Paul-André. *L'éclatement d'un monde. Les Clercs Saint-Viateur et la Révolution Tranquille.* Montréal, Les Éditions Bellarmin, 1981. 366p.

Valiquette, Stéphane, «Les Églises du Canada en quête d'unité chrétienne», *Relations*, janvier 1968: 16-18.

Villain, Maurice, s.m., «La Commission de «Foi et Constitution»: de Lauzanne 1927 à Montréal 1963», *Relations*, juillet 1963: 192-195.

Zylberberg, Jacques et Jean-Paul Montminy, «L'Esprit, le pouvoir et les femmes. Polygraphie d'un mouvement culturel québécois», *RS*, XXII, 1 (janvier-avril 1981): 49-104.

Liste des cartes

Diocèses missionnaires sous la direction d'un Ordinaire canadien   194

Le Canada: un pays de mission, 1959   195

Répartition géographique des missionnaires canadiens, 1958   200

Liste des tableaux

Tableau 1:	Répartition des paroisses du Québec et du diocèse de Montréal suivant leur population en 1932 et en 1962	57
Tableau 2:	Répartition des diocèses selon la population catholique en 1964	61
Tableau 3:	Mandat accordé à diverses associations dans les dix-sept diocèses du Québec en 1953	123
Tableau 4:	Effectifs de l'action catholique générale dans le Canada français, 1953-1958	125
Tableau 5:	Effectifs de l'action catholique spécialisée dans le Canada français, 1953-1958	126
Tableau 6:	Effectifs québécois de l'action catholique canadienne, 1953-1958	126
Tableau 7:	Répartition diocésaine des militants québécois de l'action catholique spécialisée, 1953-1958	127
Tableau 8:	Proportion des femmes dans l'action catholique spécialisée canadienne, 1953-1958	127
Tableau 9:	Cadres et employés dans l'action catholique canadienne en 1958, à l'exclusion des sections et des services	128
Tableau 10:	Les services en action catholique, 1958	130
Tableau 11:	Évolution numérique du clergé, 1931-1961	162
Tableau 12:	L'enseignement au Grand Séminaire de Montréal, 1935-1936	171
Tableau 13:	Évolution numérique des religieux et des religieuses au Québec, 1931-1961	173

Tableau 14:	Orientations des nouvelles communautés, 1930-1969	173
Tableau 15:	Moyenne des salaires des enseignants, au primaire et au supérieur, en dollars, 1949-1950	184
Tableau 16:	Le catholicisme dans le monde, 1953	192
Tableau 17:	Missionnaires canadiens dans le monde, 1932-1958	193
Tableau 18:	Responsabilité des évêques d'origine canadienne dans les missions, 1958	196
Tableau 19:	Les missionnaires laïques en juin 1958	203
Tableau 20:	Conversions au catholicisme dans les diocèses du Québec, 1936-1945	204
Tableau 21:	Chronologie d'une mutation, 1963-1971	274

Liste des encarts

L'idéologie du pluralisme	26
L'assistance publique à Montréal	38
Le temps des ruptures	54
Mouvements et organismes de jeunesse	76
La responsabilité laïque: Mythe ou réalité	80
Lettre du père Édouard Gouin, P.S.S., à un correspondant québécois	114
Les sirènes du temporel	129
La ligue de vigilance sociale, 1946	148
Les ressorts d'une dévotion	150
La complainte des braves gens	182
La religion des Canadiens français	218
La laïcité	232
Le mouvement laïque de langue française	236
Gouvernements et Affaires sociales	247
Communiqué de l'épiscopat du Québec sur l'éducation, 1963	255
Devant deux portraits de notre mère	271
La réforme liturgique dans le diocèse de Chicoutimi	285
Fonctionnement de l'Inter-Montréal	293
Le système scolaire	298
L'Église se dépouille: Le cas des Viateurs	315
Les prédicateurs remettent leur pastorale en question, 1964	320
Des mères de famille qui ne veulent plus retourner à l'époque de la lampe à pétrole	331
Une ère révolue	332
Un vieux rhumatisme au sein de l'épiscopat canadien	339

L'ouverture des relations diplomatiques avec le
Vatican 346
L'Église et la société québécoise 354
Le centre d'animation spirituelle de Montréal fait un
premier bilan 370
Un milieu d'accueil et de résistance pour les opprimés 376

INDEX DES NOMS CITÉS

A

AGANIER, Hozaël, 224
AMBROISE, le père. Voir: Lafortune.
ANGERS, François-Albert, 20
ANTONIUTTI, Ildebrando, 21, 22, 23, 111, 112, 114
ARCHAMBAULT, Joseph-Papin, 30, 33, 34, 49, 84, 96, 185, 186
ARÈS, Richard, 121, 136, 254
ARMSTRONG, Gilberte, 67
AUTEUIL, Richard Ruest d', 69

B

BAGGIO, Sebastiano, 113
BALLANTYNE, Murray, 43
BEAUBIEN, Irénée, 228, 229, 306, 307
BÉGUIN, Albert, 138
BÉLANGER, Guy, 349
BÉLANGER, Noël, 22
BÉLANGER, Ovila, 64
BELLAVANCE, Samuel, 78, 121
BERNARD, René, 370, 371
BERNIER, J.-Alfred, 148
BERNIER, Paul, 50, 238, 241, 242, 245, 251, 253
BLOUIN, Jean-Guy, 77
BOLTÉ, Émile, 87
BORDUAS, Paul-Émile, 136
BOUCHARD, T.-D., 28, 29, 31
BOURASSA, Henri, 20, 48
BOURASSA, Robert, 305
BOUVIER, Émile, 44, 87, 97
BRADET, Ulric Henri-M., 319, 320

BRENT, Charles, 228
BROUILLÉ, Jean-Louis, 261
BROWN, Lewis H., 98
BRUCHÉSI, Paul, 15, 16, 112

C

CABANA, Georges, 227, 240, 241, 242, 253
CADIEUX, Fernand, 77
CARTER, Alexander, 339, 343, 347
CARTER, Emmet, 341
CASSULO, Andrea, 48
CAZA, Percival, 296
CHALOULT, René, 146
CHAMPAGNE, Pierre-A., 279
CHAPAIS, Thomas, 34
CHAPDELAINE, Renaud, 326
CHARBONNEAU, Joseph, 16, 21, 22, 23, 43, 51, 58, 72, 73, 79, 110, 111, 112, 113, 114, 116, 148, 164
CHARLIER, L., 186
CHENU, Marie-Dominique, 186
CLARIZIO, Emmanuele, 341
CLÉMENT, Marcel, 138
CODERRE, Gérard-Marie, 227, 297
COHEN, Hirsh, 148
COHEN, H.T., 148
COMEAU, Jean-Baptiste, 254
CÔTÉ, Georges, 87
COULOMBE, Alphonse, 148
COURCHESNE, Georges, 16, 22, 23, 79, 80, 94, 96, 99, 101, 112, 113, 126, 140, 141, 178, 180

COUSINEAU, Jacques, 84, 97, 158
COX, Carolyn, 186

D

DAVISON, W.H., 148
DE GRANDPRÉ, Marcel, 254
DEHASE, Philippe, 148
DESCHAMPS, Alphonse-Emmanuel, 15
DESMARAIS, Marcel, 157
DESRANLEAU, Philippe-Servule, 16, 17, 19, 22, 23, 25, 51, 64, 72, 96
DESROSIERS, J.-B., 84
DIEFENBAKER, John, 348
DION, Gérard, 87, 239, 243, 325
DIXON, John, 148
DOMENACH, Jean-Marie, 138
DORÉ, Victor, 31
DOUGLAS, T.C., 348
DOUVILLE, Arthur, 94, 111, 227, 245, 252
DUBOIS, Arthur, 88
DUBOIS, Marcel, 289
DUMONT, Fernand, 114, 351, 352, 354
DUPLESSIS, Maurice, 13, 22, 33, 40, 44, 45, 46, 48, 97, 98, 112, 113, 114, 115, 141, 142, 143, 145, 179, 238, 249
DU TREMBLAY, Pamphile, 34

EF

EREAUX, L.-P., 148
EVEN, Louis, 138
FERLAND, Arthur, 70
FILION, Gérard, 138
FISET, Eugène, 17
FLAHIFF, H.E., 342
FLANIGAN, J. Cyril, 148
FOLLIET, Joseph, 138
FONTAINE, Gaston, 281
FORTIER, Jean-Marie, 357
FORTIN, Gérald, 53
FORTIN, Gérard, 145
FOURNIER, Roland, 24
FRÉCHETTE, Louis-Athanase, 59
FRENETTE, Émilien, 252

G

GARANT, Charles-Omer, 141, 243
GARIÉPI, Wilfrid, 56
GARNEAU, Antonio, 37, 38, 41
GASPARRI, Enrico, 64
GAUDRAULT, P.-M., 94, 95
GAUDREAULT, Laure, 180
GAUTHIER, Georges, 21, 42
GENDRON, Gérard, 176
GEORGE VI, 15
GÉRIN-LAJOIE, Paul, 76, 250, 252
GIBEAU, Eugène, 98
GODBOUT, Adélard, 13, 29, 30, 31, 32, 33, 37, 40, 66, 83, 186
GODBOUT, Jacques, 236
GOTMAN, Jean, 272
GOUIN, Paul, 34
GRÉGOIRE, Paul, 295, 304, 305
GRENIER, Henri, 95
GRENON, Léopold, 77
GROULX, Lionel, 16, 34, 78
GUAY, Edgar, 77
GUINDON, Hubert, 167

H

HAMELIN, Louis-Edmond, 162
HÉBERT, Jacques, 138, 146
HUBERT, Bernard,d
HUOT, Maurice, 67
HUTCHISON, Bruce, 13

JK

JACQUEMET, Joseph-Amédée, 66
JEAN XXIII, 101, 209, 210, 211, 212, 238, 255, 295
JOLICOEUR, Fernand, 76
JUNEAU, Pierre, 76, 77
JUNKER, Matt, 148
KING, William Lyon Mackenzie, 17
KNORR, Nathan H., 44, 45

L

LABRIE, Napoléon-Alexandre, 16, 99, 144, 157, 179
LACOUTURE, Onésime, 24, 25
LAFONTAINE, Jean-Marie, 337

INDEX DES NOMS CITÉS

LAFORTUNE, Ambroise, 239
LAMBERT, Bernard, 309
LANGLAIS, Jacques, 202, 203
LANGLOIS, Alfred, 25, 142, 169
LAPOINTE, Ernest, 15, 17
LAPOINTE, Eugène, 79, 170
LAURENCE, Gérard, 152
LAURENDEAU, André, 138, 231, 239, 240
LAURIN, Camille, 77
LEBLANC, Albini, 176
LEBRET, Louis-Joseph, 138
LECLAIRE, Jean-Charles, 85, 87, 141
LEDIT, Joseph, 23, 145, 146
LEFEBVRE, Marce, 357, 258
LEGAULT, Émile, 156, 157
LÉGER, Paul-Émile, 115, 116, 117, 118, 119, 120, 134, 139, 142, 147, 160, 215, 224, 227, 229, 240, 241, 242, 248, 249, 257, 294, 335, 339
LELIÈVRE, Roland, 67
LEMIEUX, Raymond, 324
LÉRY, Louis C. de, 151
LESAGE, Jean, 238, 246
LÉVESQUE, Georges-Henri, 92, 93, 94, 95, 96, 186
LIÉNART, Achille, 211

MNO

McCANN, James J., 105
McGUIGAN, James Charles, 42, 43, 106
MADAULE, Jacques, 138
MADIRAN, Jean, 138
MALO, Adrien, 23, 63, 72, 157
MARTEL, Jules, 62
MARTIN, Albertus, 102, 198, 227, 241, 242, 245, 251, 253
MATHIEU, Charles-E., 266, 267, 327, 339, 340
MÉNARD, Eusèbe-Marie, 173
MESTRAL, Claude de, 306
MINVILLE, Esdras, 34
MONTINI, J.-B., 25, 102
MORISSET, Gérard, 217
MOTARD, Aurèle, 321, 322
MOUNIER, Emmanuel, 86, 138

NELLIGAN, Charles Léo, 15
NORMANDIN, Yves, 357, 358
O'NEILL, Louis, 239
OUELLET, Gilles, 349

P

PARENT, Charles-Eugène, 126
PAUL VI, 294, 311, 329, 330, 331, 332, 333, 334, 341, 346, 357, 363, 369, 372, 375
PEARSON, Lester B., 146
PELLETIER, Georges-Léon, 245, 253
PELLETIER, Gérard, 77, 81, 138
PERRIER, Hector, 31
PERRIER, Philippe, 94
PERROUX, François, 138
PEYTON, Patrick, 147, 150
PIAZZA, Adéodat-Jean, 101
PICARD, Gérard, 158
PICHETTE, Henri, 87
PIE V, 358
PIE IX, 14, 43
PIE X, 31, 151, 211, 216
PIE XI, 71, 74, 84, 152, 217, 244
PIE XII, 15, 21, 25, 71, 88, 101, 102, 112, 113, 117, 138, 140, 159, 164, 209, 217, 221, 228, 330
POIMBOEUF, Marcel, 138
POTVIN, Laurent, 326, 327
POWER, Charles Gavan, 15
PROULX, Jacques, 376
PROULX, Maurice, 155

R

RACICOT, Armand, 226
RACINE, Paul, 148
RÉGIMBAL, Jean-Paul, 358
RICHER, Léopold, 47, 138
RODOMAR, O.W., 148
RONCARELLI, Frank, 46
RONDEAU, Jean, 254
ROSS, François-Xavier, 16, 18, 20, 23, 58
ROULEAU, Alfred, 77
ROULEAU, Raymond-Marie, 21
ROUSSEAU, Louis, 95
ROY, Marie-Andrée, 368

Roy, Lucien, 76
Roy, Maurice, 99, 143, 155, 160, 183, 249, 250, 251, 252, 253, 256, 260, 294, 342
Russel, Charles T., 44
Ryan, Claude, 77, 220, 224, 225, 316, 327

S

Saint-Laurent, Louis, 105
Saint-Pierre, Guy, 304, 305
Seng, Magnus, 148
Sharp, Mitchell, 346
Stanfield, Robert, 348
Stock, Stanley S., 148

TU

Tessier, Albert, 154
Thibon, Gustave, 138

Trudeau, Pierre Elliott, 138, 239, 240, 241, 242
Tuttle, Harry G., 102, 207
Untel, le frère (Jean-Paul Desbiens), 238, 239, 240, 241, 242

VWXY

Vachon, Alexandre, 102, 207
Vachon, Louis-Albert, 376
Valeri, Valerio, 188, 242
Van Bossum, Guillaume, 204
Veilleux, Napoléon, 180
Vézina, Albert, 67
Villeneuve, J.-M. Rodrigue, 14, 16, 20, 22, 23, 42, 43, 44, 49, 66, 78, 93, 94, 120, 159, 164, 180, 201, 205, 207
Villeneuve, Ubald, 66
Villot, Jean, 342, 347
Whelan, Laurence P., 58, 59, 111
White, Edwin J., 148
Yrttimaa, John, 148

INDEX ANALYTIQUE

AB

Action catholique, 71-72, 120-133, 223-227, 322-328, 360
Asbestos (grève d'), 97-100
Assemblée des évêques du Québec (AEQ), 20-21, 50-52, 241, 336-338
Association catholique de la jeunesse canadienne (ACJC), 78, 112-121
Bible, 63
Bien-être social, 36-42, 141-143, 245-248

C

Catéchèse, 63-64, 296-305
Cercles Lacordaire et Jeanne d'Arc, 64-68
Charbonneau (démission de Mgr), 109-116
Charismatiques, 358-359
Cinéma, 153-155
Clergé séculier, 160-172, 308-314, 362-363
Colonisation, 33-36
Commonwealth Cooperative Federation (CCF), 42-44
Communautés religieuses, 172-191, 264-264, 314-322
Communisme, 144-146
Conférence catholique canadienne (CCC), 48-52, 337-340, 341-345
Congrès marial d'Ottawa, 103-108
Corporatisme, 26-27
Culture (transformation de la), 26-29, 134-140, 152-157, 229-245, 272-279, 356-363

D

Déconfessionnalisation, 88-96, 158, 160
Délégation apostolique, 340-345, 346-348
Diocèses:
refonte de la carte des, 57-61
structures diocésaines, 286-294
nomination des évêques, 294-296
interdiocèses, 292
Dumont (le rapport), 351-356

EFGH

Élites, 83-85, 135-140
Épiscopat:
et la guerre, 14-20
situation de, 21-22, 109-111, 210-212, 333-336
Féminisme, 30-31, 367-368
Guerre mondiale (Seconde), 11-24
Humanæ Vitæ, 328-333

I

Idéologie, 85-88, 136-140
Industrialisation, voir: Transformations sociales.
Instruction publique, 31-32, 249-259, 296-305

LMNO

Lacouturisme, 20-25
Liturgie, 62-63, 216-223, 279-286, 366
Loi des liqueurs, 30
Missions, 189-207
Nonciature apostolique, 345-348
Œcuménisme, 227-229, 305-308
Œuvre des terrains de jeu, 69-71

PR

Paroisses (subdivision des), 53-57
Pastorale, 62-68, 116-120, 145-152, 157-158, 213-216, 260-264, 296-305, 328-333, 351-356, 364-366, 368-377

Presse catholique, 46-48, 138-139, 152-153, 199-200, 260-264
Radio, 157-158

STUV

Sécularisation, 229-238, 243-259
Syndicalisme, 82-88, 97-101, 140-142, 158-160, 178-184, 243-245
Témoins de Jéhovah, 44-46
Transformations socio-économiques, 11-12, 26, 272-279
Université (des Jésuites), 229-232
Untel, le frère (Jean-Paul Desbiens), 238-243
Vatican II, 209-211, 269-272

TABLE DES MATIÈRES

Avant-propos — 7

Chapitre I : Arriver en ville, 1939-1950 — 11

1. Tensions au sein de l'épiscopat. *Un cardinal sur la brèche. Un prophète encombrant.* — 14
2. Une société sans projet. *L'avortement du projet libéral. L'agonie du projet clérical. Une querelle de frontière. La sainte alliance.* — 26
3. L'institution et les pressions de l'environnement. *La Conférence catholique canadienne. La subdivision des paroisses. La refonte de la carte des diocèses.* — 48
4. En quête d'un renouveau pastoral. *La pastorale traditionnelle se remet en question. De nouveaux champs d'apostolat. L'action catholique canadienne.* — 62
5. De nouveaux rapports au monde profane. *La formation des chefs. Une nouvelle stratégie. L'enjeu d'une bataille de moines. Une Église engagée dans la cité.* — 82
6. Les derniers feux d'une chrétienté. *La madone itinérante. La fête populaire.* — 102

Chapitre II : Confort et affrontements, 1950-1957 — 109

1. Hiérarchie et laïcat. *La droite s'impose. Un évêque en action. Un effort de clarification. Les laïcs à l'œuvre et à l'épreuve.* — 109
2. Les avatars d'une utopie. *L'irruption des valeurs profanes. Un allié peu sûr. Des adversaires irréductibles. L'émergence d'une culture de masse. La défection de la C.T.C.C.* — 133

3. Le clergé ou la sclérose de l'Église traditionnelle. *Un métier moins attrayant. Des fonctionnaires en soutane. Les travaux et les jours.* 160
4. Les communautés entre ciel et terre. *Entre clercs et laïcs. Entre l'amour et la justice. Entre la gauche et la droite. Entre la liberté et l'autorité.* 172
5. Les missions ou la reproduction de l'Église québécoise. *Aux quatre coins du monde. L'intendance du missionnaire. Sur le front intérieur.* 189

Chapitre III: À fenêtres et portes ouvertes, 1958-1965   209

1. Un agir apostolique communautaire. *La pastorale d'ensemble. Le salut est collectif. Une forme d'action à repenser. L'ouverture aux frères séparés.* 213
2. Mort d'une Église-nation. *Non aux Jésuites. Libérer les captifs. Déconfessionnaliser le travail. Laïciser les institutions. Étatiser l'instruction publique.* 229
3. En quête de nouveaux modes de présence au monde. *Le défi de l'information. Les frères et les sœurs délaissent leurs ghettos.* 259

Chapitre IV: Une Église en crise, 1965-1971   269

1. Édifier le peuple de Dieu. *Le Temple symbolique. Le réaménagement des espaces ecclésiaux. Une question délicate: le choix des évêques.* 279
2. Les jardins du Temple. *Le jardin scolaire. Le jardin œcuménique.* 296
3. Les douleurs de l'enfantement. *Le désarroi du clergé séculier. Des congrégations désemparées. La révolte des militants. Une Église qui sert à quoi?* 308
4. Un épiscopat piégé. *Un métier à réinventer. Vivre la communion. Voir Rome... et ne pas mourir. La Nonciature apostolique.* 33

Épilogue: L'espérance mise à l'épreuve   351

1. Le rapport Dumont. 351
2. Le ressac populaire. 356
3. La réponse à la décléricalisation: un régime d'accommodements. 362

4. La tentation au désert.	366
5. Devenir sel et lumière.	368
Liste des sigles	379
Notes et références	381
Orientations bibliographiques	397
Liste des cartes	411
Liste des tableaux	412
Liste des encarts	414
Index des noms cités	417
Index analytique	421

Achevé d'imprimer le 8 août 1984
par les travailleurs des ateliers des Éditions Marquis
à Montmagny
pour les Éditions du Boréal Express